MW01707555

LA BRODERIE*
en 260 points

Jennifer Campbell
Ann-Marie Bakewell

LA BRODERIE*
en 260 points

méthode et application

marabout

SOMMAIRE

COMMENT UTILISER CET OUVRAGE

Les aiguilles à coudre, qui étaient déjà d'un usage courant en Europe 20 000 ans avant J.-C., servent depuis longtemps à réaliser des points décoratifs ou utilitaires. Au cours des siècles, de nombreux points de broderie ont vu le jour, destinés pour la plupart à des usages précis. Les 263 points abordés dans ce livre incluent tous les points de base de la broderie ainsi que des points couramment rencontrés de nos jours. Chaque point est présenté à l'aide d'une ou plusieurs photographies qui le montrent fini, d'un texte court qui explique comment l'utiliser et d'instructions détaillées accompagnées de schémas illustrant sa réalisation. Tous les noms de points sont indiqués dans l'index situé à la fin du livre (p. 248). L'ouvrage, truffé de conseils et d'astuces qui permettent d'obtenir un résultat parfait, est divisé en cinq parties. La première, « Les notions de base », s'adresse plus particulièrement à ceux qui font leurs premiers pas en broderie. Elle décrit les fournitures employées en broderie, explique comment suivre un modèle et donne les techniques de base de la broderie.

Les trois parties suivantes traitent des trois principaux types de broderie et des points qui les composent. Le chapitre « La broderie sur tissu » regroupe les points traditionnels, y compris à fils comptés et perlés. Il commence par une description des types de broderie libre, puis répertorie les points, classés en treize catégories pour pouvoir les retrouver facilement. Le chapitre « Les smock » présente les techniques de base et les points utilisés pour réaliser des smocks. Le chapitre « La tapisserie » aborde la broderie sur canevas et passe en revue divers points classés en huit catégories.

Le chapitre « La finition » propose différentes manières de mettre en valeur les broderies finies et livre des conseils précieux pour les garder intactes pendant de longues années.

Vous pouvez utiliser ce livre de différentes façons en fonction de votre niveau :

- Si vous cherchez un point précis, consultez l'index qui vous renverra à la page voulue.
- Si vous cherchez un point pour un modèle particulier, reportez-vous au chapitre concerné (« La broderie sur tissu », « Les smocks » ou « La tapisserie ») et feuilletez-le en observant les photographies des points jusqu'à ce que vous trouviez celui qui vous convient.
- Si vous débutez, familiarisez-vous tout d'abord avec les bases de la broderie en lisant « Les notions de base ». Choisissez le type de broderie que vous prévoyez de réaliser (sur tissu, à smocks ou sur canevas) et lisez le début du chapitre concerné. Lisez ensuite l'introduction au groupe de points qui vous intéresse, puis les explications du point précis que vous souhaitez broder.
- Vous pouvez bien entendu aussi vous contenter de feuilleter cet ouvrage pour le plaisir ou lorsque vous êtes en quête d'inspiration.

conseils pour les gauchers

Si vous tenez l'aiguille de la main gauche, travaillez en sens inverse des instructions fournies dans cet ouvrage (de gauche à droite quand l'explication indique d'aller de droite à gauche et vice versa). Formez vos boucles dans le sens opposé à celui indiqué. Les points à effectuer de haut en bas se font toutefois toujours de haut en bas.

les notions DE BASE

Les points sont la base de toute broderie mais le résultat final vient de leur association avec un tissu, un ou plusieurs fils, un motif et le talent de la personne qui brode.

LES SUPPORTS

La plupart des tissus peuvent se broder, mais certains points nécessitent des supports ayant un tissage particulier. Jadis, le lin, solide et indéformable, était le tissu préféré des brodeuses. Choisissez votre tissu en fonction de votre modèle, en particulier si les points sont mis en valeur par le fond sur lequel ils se détachent. Lavez le tissu avant de le broder pour éviter qu'il ne rétrécisse une fois brodé.

les toiles simples (ou pour broderie traditionnelle)

Ces toiles se caractérisent par un tissage serré dont les fils se distinguent mal. Elles se brodent sans tenir compte des fils du tissu. Les plus utilisées en broderie sont les toiles de coton, la batiste, le voile, la mousseline, le damas, le lin, la soie, l'organza et le satin.

La plupart des broderies sont réalisées sur des fonds unis, mais les tissus imprimés donnent également de bons résultats à condition que leurs motifs s'accordent à la broderie. Les toiles à carreaux, à rayures ou à pois réguliers peuvent aussi être brodées à fils comptés.

Les tissus synthétiques, extensibles ou au tissage lâche doivent parfois être renforcés pour être brodés. L'opération consiste à fixer sur l'envers du tissu une triplure ou un film hydrosoluble et à broder en piquant à travers les deux couches avant d'ôter le renfort provisoire.

les toiles à trame régulière

Ces toiles ont le même nombre de fils de trame et de chaîne au centimètre et servent de supports aux points qui nécessitent de compter les fils du tissu. Leur grosseur est indiquée par le nombre de fils (ou de points) au centimètre. Plus on compte de fils (ou de points) au centimètre, plus la broderie sera fine. Les toiles à trame régulière sont :

Les étamines de lin ou de coton, toiles unifil disponibles de 7 à 14 fils/cm.

La toile Aïda, dont le tissage forme des carrés délimités, à chaque angle, par un trou dans lequel on pique l'aiguille. Elle existe en différentes grosseurs, indiquées par leur nombre de points au centimètre (de 3 à 7 points/cm).

La toile Hardanger, à double fil de chaîne et double fil de trame, disponible en 9 et 10 fils/cm.

le canevas

Le canevas est un tissu ajouré solide qui sert de support aux tapisseries (p. 172). Le tire-fil permet de broder à fils comptés sur les toiles simples.

De haut en bas : voile, toile Hardanger, étamine de lin, toile de lin, toile Aïda à 5,5 points/cm, canevas.

LES FILS

Il existe de nombreux fils à broder, dotés chacun de caractéristiques particulières. Les fils se choisissent en fonction du tissu, du type de broderie et des points.

les fils de coton

Ils sont très appréciés des brodeuses.

Le coton mouliné, ou fil floche, est le fil le plus utilisé en broderie. Très polyvalent, il sert aussi bien à réaliser des points traditionnels et des smocks que des tapisseries sur canevas fin. Il est constitué de six brins séparables et se brode par aiguillées d'un ou plusieurs brins. Il est vendu en écheveaux. Travaillez avec des aiguillées de 40 cm au plus pour que le fil ne perde pas son éclat.

Le coton perlé, particulièrement solide, est un fil brillant constitué de deux brins torsadés non divisibles. Polyvalent, il sert à réaliser des ouvrages variés (point de croix, smocks, tapisserie, etc.). Son épaisseur est indiquée par un numéro (3, 5, 8 et 12, le n° 3 étant le plus épais).

Le coton spécial à broder est un coton doux non divisible qui convient à toutes les broderies, et particulièrement aux points délicats. Il existe en différentes épaisseurs : les n° 12, 16, 20 et 25 sont disponibles dans des couleurs variées, mais le n° 35 (le plus fin) n'existe qu'en blanc.

Le fil fleur est un fil de coton fin d'aspect mat. Non divisible, il est recommandé pour broder sur du lin. Chaque brin a l'épaisseur de deux brins de coton mouliné.

De gauche à droite : soie (deux), rayonne, fil fleur (deux), fil métallisé, coton perlé, coton spécial à broder, coton mouliné, laine de type persan, laine à tapisserie, laine Médicis (deux) et laine à broder de type crewel.

les fils de soie

Très solides, les fils de soie sont disponibles sous différentes formes.

La soie moulinée est vendue en écheveaux de fil de quatre ou six brins. Elle est nettement plus brillante que le coton mouliné et s'utilise comme lui.

On trouve également dans le commerce des filaments de soie non torsadée qui servent à broder des ouvrages fins et d'épais fils de soie torsadés non divisibles.

Les fils de soie ne sont pas tous grand teint. Ils se nettoient à sec et doivent rester à l'ombre, même une fois brodés, car ils pâlissent rapidement lorsqu'ils sont exposés au soleil. Il est donc prudent d'acheter dès le début tout le fil nécessaire car leur couleur peut varier d'un bain à l'autre.

la rayonne à broder

La rayonne (soie artificielle) a le même aspect que la soie. Elle coûte nettement moins cher, mais peut être difficile à manier. Pour faciliter le travail, passez le fil entre deux doigts mouillés avant de broder. Placer les fils au congélateur pendant quelques heures permet aussi de réduire leur charge en électricité statique.

Prélevez le nombre de brins nécessaires (p. 23) et prenez des aiguillées courtes.

les fils métallisés

Les fils métallisés (en or, argent, cuivre ou aluminium) se trouvent dans des épaisseurs et des textures variées. Jadis réservés aux détails en raison de leur coût élevé, ils sont désormais disponibles dans des versions synthétiques meilleur marché. Utilisez des aiguillées courtes car ils s'usent facilement, ce qui les rend difficiles à broder.

la laine

La laine, très résistante, sert souvent à réaliser des tapisseries, des tentures et des coussins.

La laine à broder de type crewel est une laine fine à deux brins qui sert à broder sur tissu comme sur canevas et dont plusieurs fils peuvent être associés pour mieux couvrir le support.

La laine à tapisserie est constituée de quatre brins non séparables et sert à réaliser des broderies et des tapisseries.

La laine de type persan est constituée de deux brins qui peuvent être séparés. Elle est plus épaisse que la laine à broder, mais plus fine que la laine à tapisserie.

La laine médicis est une laine à broder très fine, plus fine que la laine à broder de type crewel.

La laine à tapis, épaisse et résistante, sert à confectionner des tapis en tapisserie.

la mise en forme

Le support d'une broderie se déforme parfois en cours de travail, en particulier quand on réalise des points obliques. Il faut alors procéder à la mise en forme de l'ouvrage, opération qui consiste à l'étirer pour lui rendre sa forme originale.

Prenez une planche un peu plus grande que la broderie. Agrafez dessus une fine toile de coton. Tracez une grille sur la toile (en espaçant les lignes de 2 ou 3 cm) avec un feutre indélébile. Vous pouvez aussi agrafer sur la planche un tissu à carreaux comme le vichy.

La mise en forme est plus facile à réaliser sur tissu mouillé. Vérifiez que votre ouvrage ne rétrécit pas au lavage et que vous avez utilisé des fils grand teint. Si c'est le cas, plongez l'ouvrage dans de l'eau froide puis posez-le sur la planche, endroit vers le bas (envers vers le bas, si la broderie contient des points en relief). Tirez doucement sur les bords pour redonner sa forme originale au tissu, en vous aidant de la grille, puis punaisez les bords sur la planche en allant du milieu vers les angles.

Laissez sécher l'ouvrage puis enlevez-le de la planche. Renouvelez l'opération si nécessaire.

LES AIGUILLES

Chaque type de broderie nécessite l'emploi d'une aiguille particulière.

Les aiguilles à broder sont de longueur moyenne, elles ont un bout pointu et un chas grand et long. Généralement utilisées pour la broderie traditionelle et le point de croix, elles sont numérotées de 1 à 10, celles du n° 10 étant les plus fines.

Les aiguilles chenilles sont pointues, plus grosses que les précédentes et dotées d'un plus grand chas. Elles servent à broder les tissus et les fils épais comme la laine de type crewel. Leurs numéros vont de 14 à 26, celles du n° 26 étant les plus fines.

Les aiguilles à tapisserie, de longueur moyenne, sont dotée s d'un bout arrondi et d'un grand chas. Elles sont utilisées sur étamine et sur canevas pour éviter d'en abîmer les fils. Leurs numéros vont de 14 à 26, celles du n° 26 étant les plus fines.

Les aiguilles à chapeau ne sont pas effilées comme les autres et leur chas ne forme pas de relief particulier. Très longues, elles sont utiles pour faire les points de nœud et de poste, et peuvent également servir à broder des perles. Leurs numéros vont de 1 à 11, celles du n° 11 étant les plus fines.

Les aiguilles à perles, très longues et très fines, ont un petit chas. Elles sont pratiques pour enfiler les perles, mais leur souplesse oblige à les manier avec le plus grand soin.

De haut en bas : trois aiguilles à broder et trois aiguilles à tapisserie.

La taille de l'aiguille a son importance. Son chas doit être assez grand pour recevoir le fil afin de ne pas l'abîmer en passant à travers le tissu, mais il ne doit pas être trop grand, pour ne pas former dans le tissu un trou plus grand que le diamètre du fil à broder.

ASTUCE

Le chas des aiguilles est plus large d'un côté que de l'autre car il est créé à l'aide d'un poinçon. Si vous avez du mal à enfiler une aiguille, tournez-la et essayez de l'autre côté !

TAMBOURS ET MÉTIERS À BRODER

Les tambours et les métiers à broder servent à tendre le tissu pour qu'il ne se déforme pas en cours de broderie. Ils ralentissent parfois légèrement le travail car ils obligent à broder chaque point en deux mouvements (p. 22).

Les tambours sont constitués de deux anneaux. Placez le tissu sur l'anneau le plus petit, élargissez le plus grand à l'aide de sa vis et glissez-le sur le premier anneau. Ne serrez pas la vis une fois le grand anneau en place afin de ne pas déformer le tissu.

Ôtez le tambour à chaque fois que vous avez fini de broder afin que les anneaux ne marquent pas la toile. Quand celle-ci est placée dans le tambour, ne tirez pas dessus pour l'en retirer, dévissez toujours la vis avant afin d'ouvrir le tambour.

Les métiers à tisser, moins utilisés que les tambours, sont très pratiques pour les grands ouvrages. Le tissu est tendu et maintenu en place sur le métier par des lacets, des agrafes ou des punaises.

ASTUCE

Pour ne pas vous abîmer les mains, enfilez un dé à coudre sur le majeur de la main placée sous le métier à broder.

REPORT DES MOTIFS ET GRILLES

Les motifs des broderies se transfèrent sur le tissu de différentes manières, en fonction des supports et de la technique de broderie utilisée. Les transferts à chaud et l'utilisation des grilles sont les méthodes les plus utilisées.

les transferts à chaud

Les transferts à chaud sont faciles à utiliser mais laissent sur le tissu des traits indélébiles qui doivent être recouverts par la broderie. Ils donnent de meilleurs résultats sur les tissus lisses comme les toiles de coton (p. 10). Ils sont toujours vendus avec un mode d'emploi très explicite.

Si vous préférez réaliser vos propres transferts, tracez le motif voulu sur du papier calque épais avec un stylo ou un crayon ordinaire puis :

1 Retournez le papier et repassez sur les traits avec un crayon transfert.

2 Épinglez le tissu, endroit vers le haut, sur une planche matelassée (type planche à repasser). Posez le transfert à l'endroit voulu, crayon à transferts vers le bas.

3 Appliquez un fer chaud sur chaque zone du motif, sans faire glisser le fer.

4 Soulevez délicatement l'un des angles du papier pour vérifier que le motif a bien été transféré.

5 Si nécessaire, appliquez de nouveau le fer, en veillant à ne pas brûler le tissu.

Appuyez sur le transfert avec le fer à repasser.

Tissu à broder une fois le transfert fini.

la méthode du décalquage

Le motif peut être décalqué sur un tissu ou un canevas assez fin et de couleur claire. Pour cela, avec du ruban adhésif, fixez le motif à reporter sur une surface plate, posez le tissu ou le canevas dessus, maintenez-les en place avec du ruban adhésif et décalquez le motif.

Fixer le motif et le tissu sur une vitre à l'aide de ruban adhésif facilite le décalquage.

S'appuyer sur une vitre permet aussi de faire ressortir nettement tous les traits.

Vous pouvez décalquer le motif avec un feutre indélébile, un stylo à encre soluble dans l'eau ou un crayon à mine en craie.

Les feutres indélébiles laissent des traits que la broderie devra entièrement recouvrir.

Les stylos à encre soluble dans l'eau sont pratiques pour les tissus lavables, car leurs traits disparaissent au lavage.

Les crayons à mine en craie laissent des traits légers qui disparaissent facilement au brossage ou au lavage. La craie ayant tendance à s'effacer rapidement, il faut parfois repasser le crayon sur les traits pour que le motif ne s'efface pas en cours de travail.

le papier carbone de couturière

Il est parfait pour reporter les motifs sur des tissus lisses. Sa couleur se choisit en fonction de celle du tissu car il laisse parfois des marques indélébiles.

Placez le papier carbone sur le tissu puis posez le motif sur le tout. Maintenez les trois couches en place à l'aide de ruban adhésif et repassez sur les traits du motif avec un crayon pointu.

les films hydrosolubles

Ils peuvent également servir à transférer un motif. Reportez le motif sur le film, posez ce dernier sur le tissu et assemblez les deux couches au point de bâti. Brodez à travers le film puis suivez les instructions du fabricant pour ôter ce dernier et défaites les points de bâti.

Brodez sur le film hydrosoluble.

comment modifier la taille d'un motif

Si votre motif n'a pas la taille voulue, agrandissez-les ou réduisez-la à l'aide d'une photocopieuse. N'oubliez pas que si vous modifiez beaucoup la taille d'un motif, vous devrez parfois modifier ses détails.

les grilles

Les motifs destinés à être brodés sur étamine ou sur canevas sont généralement présentés sous forme de grilles. Chaque fil ou point est représenté à l'aide d'une couleur ou d'un symbole et chaque grille est accompagnée d'une légende (p. 42).

Les grilles indiquent le centre du motif à l'aide de deux lignes qui permettent de placer le motif au milieu de l'ouvrage. Pour trouver le milieu d'un tissu, pliez-le en deux horizontalement puis verticalement et marquez les plis au point de bâti. Le centre du tissu se trouve à l'intersection des fils de bâti. Pour centrer le motif sur le tissu, faites correspondre les lignes au point de bâti et celles du milieu de la grille et utilisez-les comme guide pour compter les fils de trame. Si le motif n'est pas centré sur le tissu, faites des lignes au point de bâti à l'endroit voulu et utilisez-les de la même façon pour broder le motif.

Il existe deux types de grilles : celles dont chaque case représente un point et celles dont chaque ligne représente un fil du support.

Dans le premier cas, chaque case représente un carré de toile Aïda, un fil de canevas ou un ou deux fils d'étamine de lin. Lorsqu'un point est fait sur plus d'un fil ou d'un carré, les cases concernées sont entourées par un trait en gras.

Lorsque les lignes de la grille représentent les fils du support, les points sont indiqués par des traits épais. Ce type de grille est très pratique pour broder les motifs complexes car il précise l'emplacement exact de chaque point.

Les grilles qui suivent représentent le même motif à l'aide de couleurs, puis de symboles.

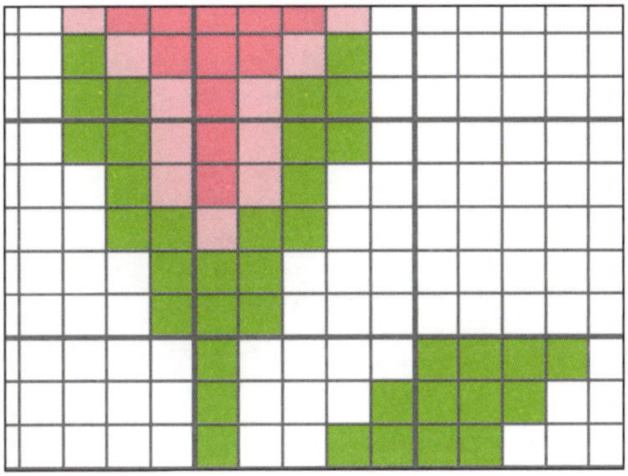

Chaque point est ici représenté par une case colorée.

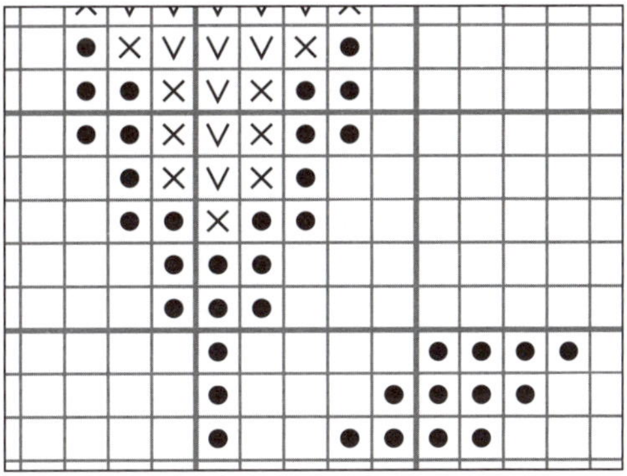

Chaque point est ici représenté par un symbole.

Les motifs symétriques ou répétitifs ne figurent pas toujours dans leur totalité. Broder une bordure à motif répétitif à partir d'une grille ne pose pas de problème à condition d'espacer régulièrement les motifs. Pour cela, comptez le nombre de fils de la bordure et trouvez son centre. Calculez combien de motifs entiers elle

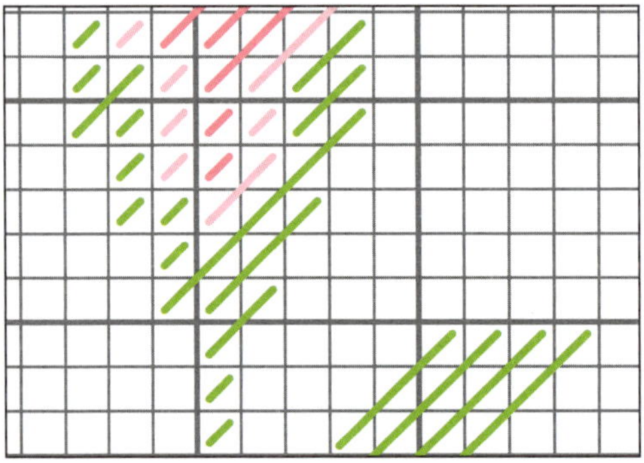

Chaque point est ici représenté par une ligne colorée.

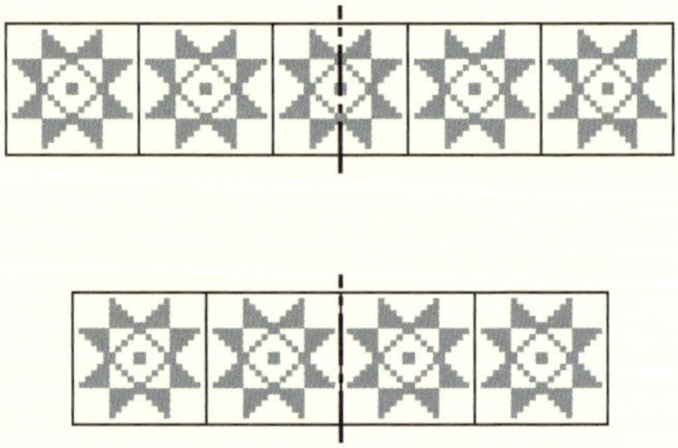

Répartissez régulièrement les motifs sur les bordures à partir du centre.

peut contenir et modifiez si nécessaire l'espace entre les motifs. Brodez en commençant au centre de la bordure : si cette dernière contient un nombre de motifs impair, brodez un motif au centre ; si elle en contient un nombre pair, placez un motif de chaque côté du centre (voir en haut à droite).

Si la grille ne reproduit qu'une partie d'un motif symétrique, commencez par broder la partie qu'elle représente, puis tournez la grille pour broder le reste du motif. Si le motif est parfaitement symétrique, suivez la grille en inversant ses cases comme si vous la regardiez dans un miroir.

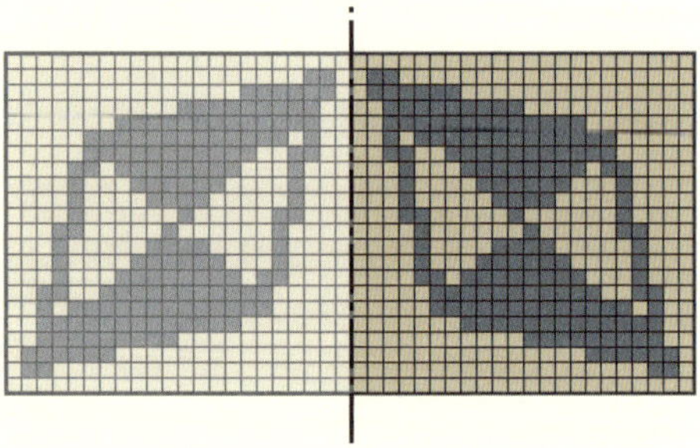

Les motifs symétriques peuvent se broder à partir de la même grille, comme si elle était placée devant un miroir.

LES TECHNIQUES DE BASE

comment préparer le support

- Vérifiez que votre tissu est grand teint et ne rétrécit pas au lavage.
- Vérifiez que votre tissu est assez grand pour contenir le motif choisi entouré d'une bonne marge de chaque côté.
- Prévoyez une marge suffisante pour pouvoir monter votre ouvrage. Si vous souhaitez encadrer votre broderie, laissez au moins 5 cm de tissu tout autour de la broderie.
- Ourlez les bords du tissu au point arrière pour éviter qu'ils ne s'effilochent. (Ne les recouvrez surtout pas de ruban adhésif, car ce dernier risquerait de décolorer le tissu et d'attirer la poussière.)

comment enfiler une aiguille

1 Coupez le bout du fil à angle droit.

2 Humidifiez l'extrémité du fil et vérifiez que vous le tenez dans le sens du grain, pour qu'il ne frise pas quand vous le glisserez dans le chas de l'aiguille. Pour cela, passez le fil entre vos doigts et choisissez le sens dans lequel il est le plus doux.

3 Choisissez une aiguille au chas assez grand pour ne pas abîmer le fil en piquant dans le tissu.

4 Glissez le fil dans le chas de l'aiguille. En cas de difficulté, retournez l'aiguille et essayez de l'autre côté ou utilisez un passe-fil.

ASTUCE

Pour enfiler facilement une aiguille avec de la laine ou un fil épais, pliez l'extrémité du fil pour former une boucle, aplatissez la boucle entre deux doigts et glissez-la dans le chas de l'aiguille.

les deux manières de broder

Il existe deux manières de broder : en un mouvement ou en deux.

La première consiste à piquer et à ressortir l'aiguille en un seul mouvement. C'est la plus rapide mais aussi la moins précise. Dans ce livre, elle a été utilisée pour broder les points sur tissu et les smocks.

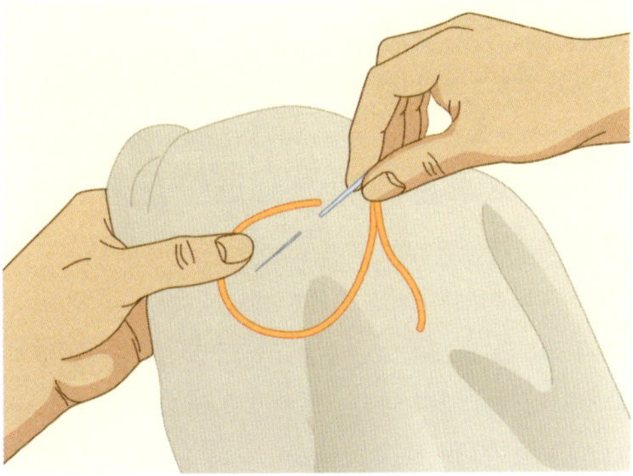

La méthode en un mouvement est la plus rapide mais aussi la moins précise.

La méthode en deux mouvements permet une grande précision. Elle est utilisée en tapisserie et pour broder sur tambour ou sur métier.

Elle consiste à piquer l'aiguille à angle droit dans le tissu ou le canevas puis à la tirer de l'autre côté avant de repartir en sens inverse.

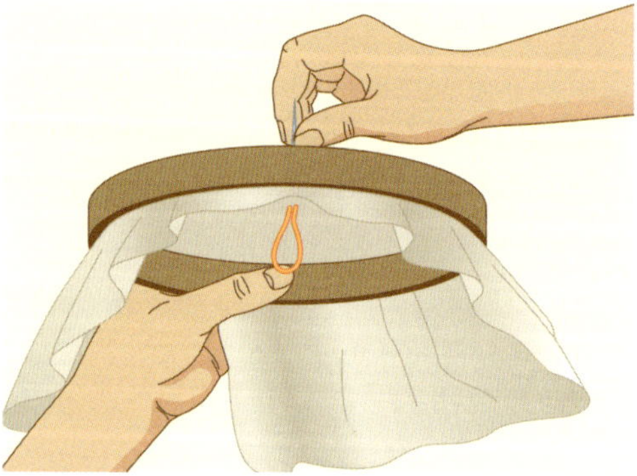

Broder chaque point en deux temps permet un travail très précis.

comment commencer et arrêter le fil

Le fil doit être solidement maintenu dans l'ouvrage pour que les points ne se défassent pas, sans pour autant émailler l'envers de la broderie de nœuds et de fils inesthétiques. Diverses méthodes permettent de commencer et d'arrêter le fil en fonction du type de broderie.

Les points arrière permettent de commencer et d'arrêter le fil ; ils sont pratiques pour les ouvrages qui devront être lavés. Commencez le fil par deux minuscules points arrière, à un endroit où ils seront couverts par la broderie. Faites le second en piquant dans le fil du premier pour plus de sûreté. Terminez l'aiguillée en faisant deux minuscules points arrière sur l'envers du travail puis coupez les fils qui dépassent.

Un nœud provisoire peut presque toujours servir à commencer une aiguillée, en particulier quand il est impossible de cacher des points arrière sous la broderie (en tapisserie, en broderie ombrée, etc.). Faites un nœud à une extrémité du fil et piquez sur l'endroit du travail, à environ 3 cm du début du rang. Sortez l'aiguille sur l'endroit et brodez en prenant le début du fil sous les premiers points. Coupez le nœud et continuez à broder. Pour arrêter le fil, glissez l'aiguille sous quelques points sur l'envers du travail.

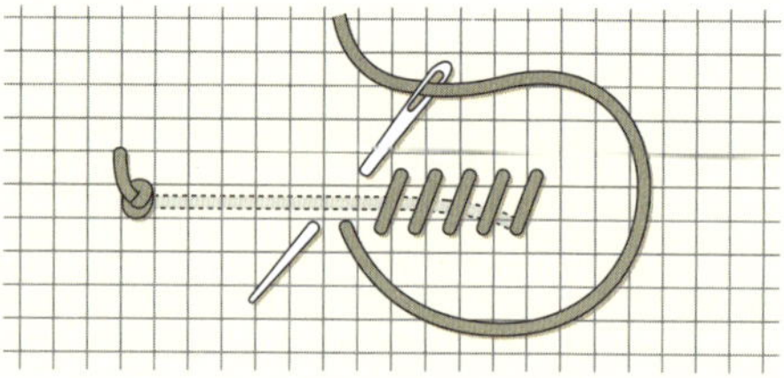

La plupart des fils peuvent être commencés par un nœud provisoire.

Les points arrière provisoires sont utiles quand il est impossible de recouvrir le fil avec des points, par exemple au début de lignes incurvées. Faites quelques petits points arrière à environ 3 cm du début de la broderie, en laissant pendre environ 5 cm de fil sur l'endroit. Brodez vos points normalement et arrêtez le fil en le rentrant sous quelques points. Défaites ensuite les premiers points arrière et rentrez le fil sous quelques points.

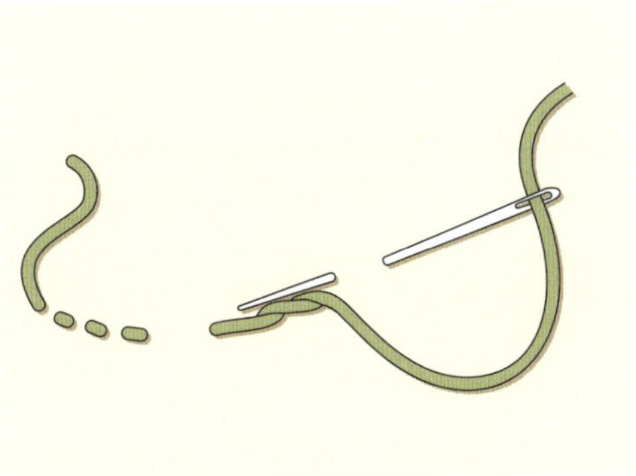

Les points arrière provisoires maintiennent temporairement le fil en place avant d'être défaits.

La méthode la plus simple pour arrêter un fil consiste à glisser l'aiguille sous quelques points sur l'envers du travail.

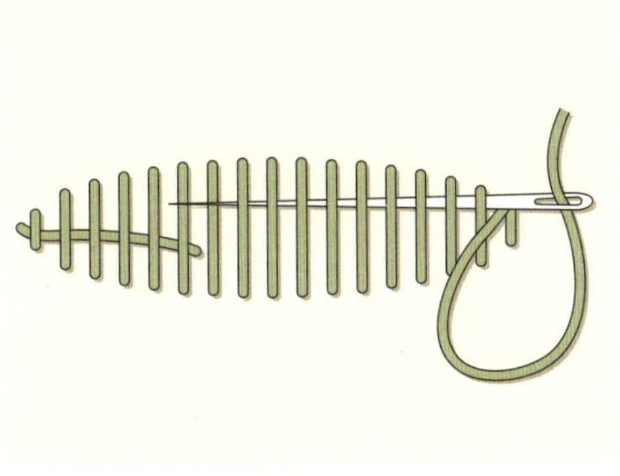

Arrêtez le fil en glissant l'aiguille sous quelques points sur l'envers du travail.

ASTUCE

Pour prélever les brins d'un fil divisible, coupez une aiguillée de la longueur voulue, prenez un brin entre deux doigts et tirez dessus pour le séparer des autres.
Pour obtenir un résultat soigné, si vous brodez avec plusieurs brins, prélevez chaque brin séparément et reformez un fil de l'épaisseur voulue.

bien s'installer

Votre broderie sera beaucoup plus agréable à réaliser si vous êtes confortablement installé. Choisissez un fauteuil muni d'un bon dossier et dont la hauteur vous permet de poser les pieds à plat sur le sol.
Disposez votre matériel à portée de main pour ne pas avoir à vous lever continuellement.
Rangez vos outils et vos fournitures dans une boîte ou un sac à ouvrage et organisez vos fils par couleurs dans des petites boîtes.
Travaillez dans une pièce bien éclairée. L'idéal est de broder à la lumière du jour, en évitant de se placer en plein soleil pour ne pas être gênée par sa réverbération sur les tissus clairs. La nuit et lorsque le ciel est couvert, utilisez une bonne lampe, placée de manière à ce que la main qui brode ne fasse pas d'ombre sur l'ouvrage.

la broderie SUR TISSU

Ce chapitre regroupe les techniques et les points rencontrés en broderie libre et à fils comptés. Les techniques sont variées, mais beaucoup utilisent les mêmes points.

LA BRODERIE LIBRE

La broderie libre, réalisée d'après tracé, peut être exécutée sur n'importe quel type de tissu car elle se brode sans tenir compte des fils de trame et de chaîne. Le motif est généralement tracé sur le tissu (p. 17 et 18) mais peut aussi être brodé à main levée.

Avant de commencer à broder, préparez votre tissu, choisissez vos fils (p. 12 à 14) et brodez un petit échantillon pour vérifier si vous obtenez bien l'effet voulu en termes de densité des points et de couleurs.

La broderie libre se fait généralement avec une aiguille à broder, mais les aiguilles à tapisserie sont parfois préférables pour ne pas percer le tissu. Tendez votre tissu sur un tambour ou un métier à broder pour être sûr que votre motif ne sera pas déformé.

Vous trouverez dans les pages suivantes la description de certaines des principales techniques de broderie sur tissu : broderie crewel, broderie à jours à fils coupés, tirés ou serrés, broderie ombrée, etc.

La broderie crewel est caractérisée par des motifs curvilignes comme ces feuilles.

la broderie crewel

La broderie crewel, également appelée broderie jacobéenne, s'est développée en Europe au XVIIe siècle. Elle servait à l'époque à décorer les tentures et les tissus d'ameublement, alors très en vogue. Elle était réalisée avec de la laine, sur de solides étoffes de laine, de coton ou de lin et ses motifs colorés, souvent complexes, représentaient généralement des feuilles, des fruits et des animaux, entre autres formes curvilignes. Les motifs étaient constitués d'un pourtour et d'un point de remplissage distincts et le fond de l'ouvrage était laissé tel quel. La broderie crewel a connu un regain de popularité à la fin du XIXe siècle.

De nos jours, les motifs propres à la broderie crewel se brodent sur n'importe quelle toile, avec du coton, de la soie ou, comme jadis, de la laine peignée.

Les motifs des broderies crewel sont souvent remplis au point de treillis sur fils couchés.

La broderie crewel se fait avec des aiguilles à broder. Les points de remplissage se réalisent généralement avant les contours des motifs.

les points les plus courants

Les contours se brodent au point de tige (p. 48), au point de chaînette (p. 54) ou à l'aide d'une de leurs variantes. Les motifs se brodent avec un point de remplissage rebrodé ou à fils couchés comme le point de treillis sur fils couchés (p. 109) et le point d'alvéoles (p. 133). Les points de nœud (p. 97 à 100) sont également utilisés comme points de remplissage.

les jours à fils coupés

Les jours à fils coupés, très en vogue au XVIe siècle, permettent de réaliser des ouvrages à l'aspect délicat qui sont en réalité assez solides car chaque jour est bordé au point de feston. Le tissu est brodé, puis les jours sont coupés. Des barrettes brodées relient les bords des jours les plus grands.

Les jours à fils coupés, traditionnellement brodés en blanc sur blanc, servaient jadis à confectionner des cols, des poignets et du linge de table. Ils ont donné naissance à différents types de broderie :

La broderie anglaise est caractérisée par des jours ronds (œillets) et en forme de gouttes aux bords festonnés. Très à la mode à la fin du XIXe siècle, elle s'est développée à partir de la broderie du Ayrshire, qui mêlait jours à fils coupés, broderie libre et points de remplissage en dentelle aux aiguilles.

La broderie de Madère est une variante de la broderie anglaise qui se réalise avec des fils de couleur. Elle doit son nom à l'île de Madère, d'où elle est originaire.

La broderie Richelieu est caractérisée par des picots et des barrettes brodées au point de feston. Elle doit son nom à sa ressemblance avec la dentelle vénitienne du XVIIe siècle.

La broderie Renaissance se fait en coupant le fond de l'ouvrage pour ne garder que les motifs brodés.

Les jours à fils coupés se font sur des tissus serrés, qui ne risquent pas de s'effilocher. Les fils

De nos jours, les broderies ajourées sont souvent réalisées avec des fils colorés qui mettent leurs motifs en valeur.

les plus appropriés pour les broder sont le coton ou la soie moulinés et le coton perlé.

1 Reportez le motif sur le tissu à l'aide de lignes parallèles, pour que les points de feston aient tous la même longueur. Tracez une croix dans chaque zone à couper.

2 Prenez le fil destiné à broder les points de feston et faites une ligne au point avant sur tous les traits, à un endroit où le fil sera recouvert par les points de feston. Brodez les barrettes au point de feston au fur et à mesure que vous les atteignez (vous pouvez aussi les broder toutes avant de faire les points avant).

3 Brodez le motif au point de feston sur les points avant, en veillant à bien recouvrir les bords des zones à couper. Brodez au double point de feston les lignes que vous allez couper des deux côtés.

4 Terminez la broderie.

5 Avec des petits ciseaux très pointus, coupez le tissu aux endroits voulus, aussi près que possible du bord de la broderie.

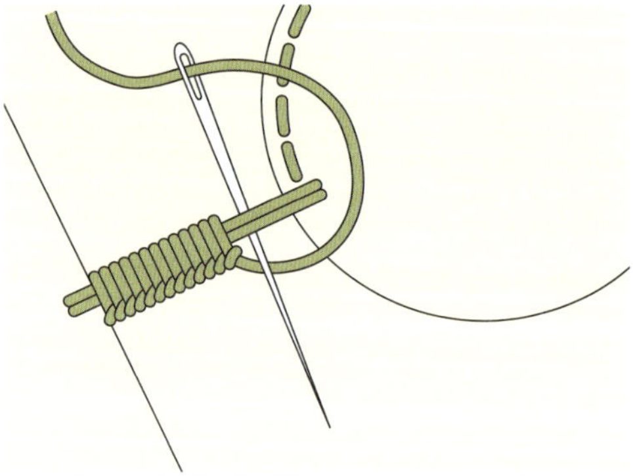

Brodez les barrettes au point de feston.

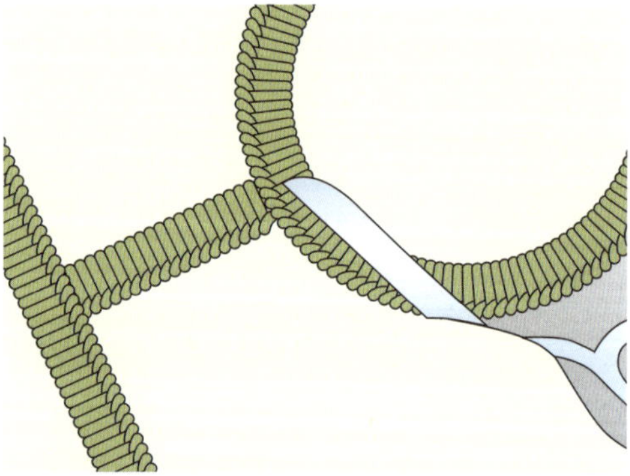

Coupez soigneusement chaque morceau de tissu marqué d'une croix.

les points les plus courants

On utilise le point de feston (p. 81) et ses dérivés. Les broderies à jours à fils coupés peuvent aussi contenir des œillets (p. 92).

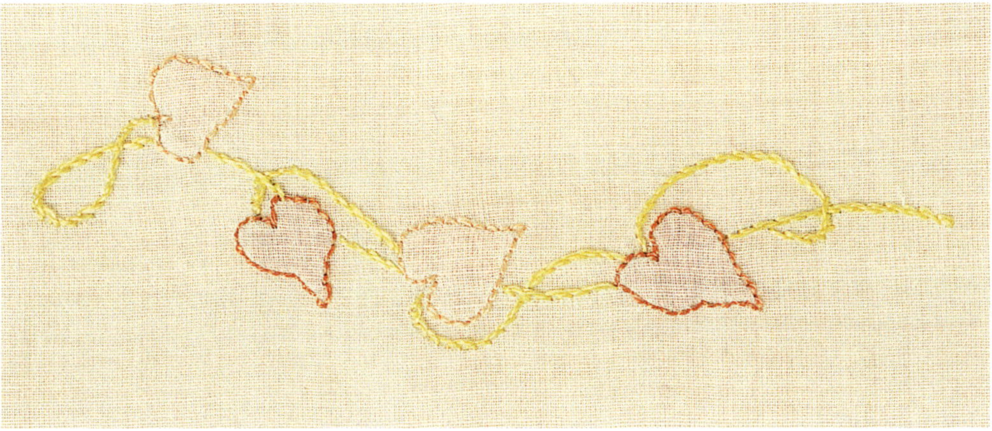

Ce motif en broderie ombrée a été brodé au point de chausson serré avec un brin de coton mouliné.

la broderie ombrée

La broderie ombrée était très populaire au XVIIIe siècle, époque où elle servait à réaliser des broderies en blanc sur blanc. La broderie blanche sur fond blanc a encore des adeptes, mais la technique se réalise désormais également avec des fils colorés, sur des tissus translucides ou semi-translucides comme le voile, l'organdi ou la mousseline. Les fils doivent être assez vifs pour se voir à travers le tissu.

À l'origine, la broderie ombrée était réalisée au point de chausson serré sur l'envers du tissu. De nos jours, elle est parfois brodée sur l'endroit, à l'aide d'une variante du point arrière. Les détails sont brodés sur l'endroit à l'aide de divers points. Chaque partie du motif doit être étroite et assez petite pour être brodée à l'aide de points courts. Des points trop longs seraient difficiles à broder avec une régularité parfaite.

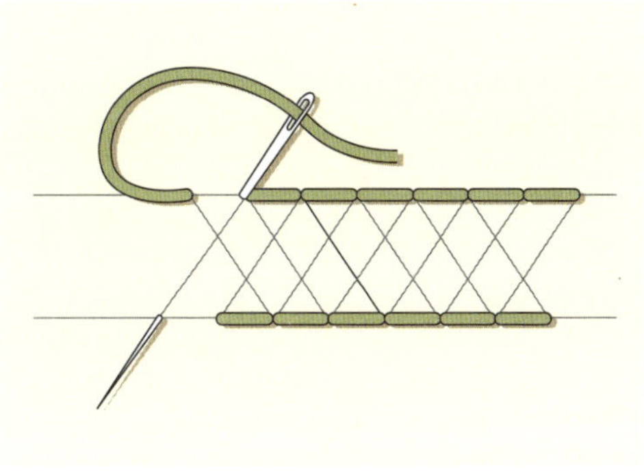

Point d'ombre (ou point de piqûre croisé).

Avant de réaliser une broderie ombrée, reportez le motif sur l'envers du tissu avec un stylo à encre effaçable.

N'oubliez pas que le motif apparaîtra inversé sur l'endroit du tissu une fois la broderie finie. Commencez vos aiguillées par des nœuds provisoires (des points arrière seraient trop visibles une fois l'ouvrage fini).

Les cœurs sont des motifs traditionnels de la broderie chenille-mèche.

les points les plus courants

Le point de base de cette technique est le point de chausson (p. 72). Le point de Holbein (double point avant, p. 51), le point de tige (p. 48), le passé plat (p. 113), et le point de nœud (p. 98) peuvent servir à broder les détails.

la broderie chenille-mèche

Elle a été développée en Amérique au début du XVIIIe siècle par des colons qui utilisaient pour broder les seuls matériaux dont ils disposaient : des sacs de farine et des grosses mèches de coton destinées à fabriquer des bougies. La technique est désormais employée avec toutes sortes de tissus et divers fils de coton. Les tons monochromes (généralement blanc sur blanc) reflètent la simplicité des premiers ouvrages. Les cœurs sont les motifs les plus utilisés.

les points les plus courants

On utilise le point de nœud colonial (p. 99), le point de tige (p. 48), le point de chaînette (p. 54) et le passé plat (p. 113).

les fils métallisés

L'emploi en broderie de matériaux précieux a atteint son apogée aux environs de 1350. Les fils d'or et d'argent étaient alors associés à des perles et à des pierres précieuses pour créer de somptueux vêtements pour les riches et les hommes d'Église.

Les fils métalliques, très coûteux, étaient généralement couchés sur le tissu pour être le plus visible possible. C'était par ailleurs la manière la plus facile de les utiliser car certains s'abîmaient en traversant le tissu et d'autres étaient trop rigides pour cela. De nos jours, on trouve dans le commerce des fils d'or, d'argent, de cuivre et d'aluminium d'épaisseurs variées, disponibles en métal et en imitation.

Il existe plusieurs types de fils métallisés :

La cannetille est formée d'un fil de métal enroulé en spirale comme un petit ressort (mais elle ne reprend pas sa longueur initiale quand on l'étire). Elle est généralement employée en petites longueurs. Coupée en morceaux assez courts, elle peut être appliquée comme des perles (p. 43 à 45). En version très fine, elle est employée en broderie comme un fil.

Le fil retors métallisé est constitué d'au moins deux fils torsadés.

La lame ressemble à un ruban.

Le lurex, fil doux, imite le métal mais est plus facile à utiliser que la plupart des fils métallisés. Il peut avoir différentes finitions.

L'or et l'argent japonais sont des fils lisses de section ronde constitués d'une lame en or, en argent ou en imitation enroulée autour d'une âme en coton, en lin ou en soie.

Les fils métallisés permettent de créer des effets originaux.

Le cordonnet ressemble au précédent, mais est plus épais.

quelques techniques

Les techniques suivantes sont très utilisées pour broder avec des fils métallisés :

La technique de la couchure est employée pour coudre sur le tissu des morceaux de cannetille et de fil retors métallisé. Les points de maintien sont brodés en biais, en tirant sur l'aiguille pour les faire disparaître dans les fils couchés.

Le couché rentré est une méthode à fils couchés qui consiste à faire chaque point de maintien en piquant dans un seul et même trou, en tirant fermement sur l'aiguille pour que le fil couché, comprimé, semble former des points. Cette technique se brode sur des tissus au tissage lâche.

Les extrémités des fils couchés sont rentrées sur l'envers du tissu écartant ses fils avec un stylet ou, si le fil est épais, en dissociant ses brins pour les rentrer un à un. Une fois rentrés, les fils (ou leurs brins) sont cousus sur l'envers avec le fil de maintien.

L'or nué, ou peinture à l'aiguille, développée en Italie, se brode en posant des fils d'or sur le tissu et en les maintenant à l'aide de fils de soie colorés. Les points sont regroupés pour former des motifs. On brode les parties du motif avec différentes aiguillées.

La technique de l'or nué consiste à dessiner des motifs avec des fils couchés métallisés.

Les zigzags en lame se brodent en pliant une lame en zigzag et en faisant un point dans chacun des plis.

Maintenez en place les zigzags en lame en faisant un point dans chaque pli.

La broderie sur cordon consiste à fixer sur le tissu des morceaux de cordon (parfois teints de la même couleur que le fil métallisé) avec un fil couvert de cannetille ou au point de couchure lancée (p. 108).

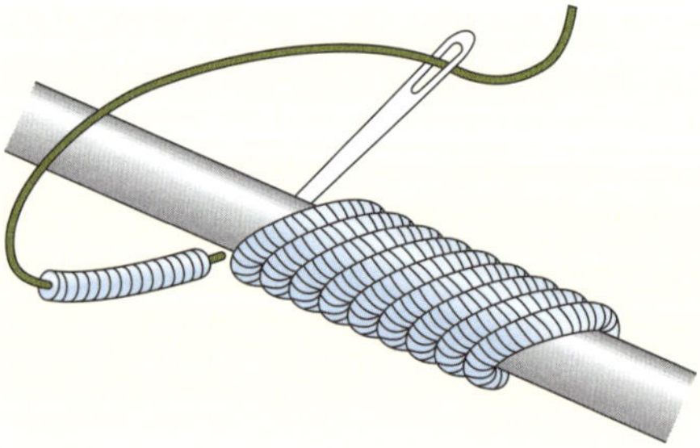

La cannetille peut être appliquée en petites longueurs sur un cordon.

La broderie sur rembourrage en feutrine ou en carton consiste à coudre sur le tissu des morceaux de feutrine ou de carton de la forme voulue, puis à les recouvrir de fils couchés métallisés en piquant au bord des formes les plus petites et, si nécessaire, à travers les plus grandes.

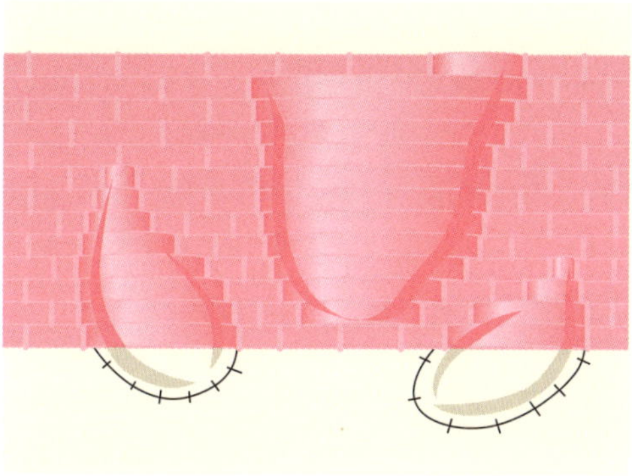

Fixez les fils métallisés en place en piquant aux bords du rembourrage.

Quand vous brodez avec des fils métallisés, utilisez un métier à broder afin de libérer vos deux mains. Les tambours à broder sont à réserver aux petites pièces car ils abîment les fils métallisés si on les referme dessus.
Commencez les fils couchés par un nœud provisoire (p. 22), faites tous les points de maintien puis rentrez sur l'envers les extrémités de tous les fils couchés.

les points les plus courants

Les fils métallisés se brodent généralement à l'aide de points à fils couchés (p. 101-112).

ouvrages matelassés et motifs en appliqué

De nos jours, la plupart des ouvrages matelassés et des motifs en appliqué sont cousus à la machine. Jadis ce travail était fait à la main à l'aide de différents points. Les points les plus employés pour coudre les motifs en appliqué sont le point de feston et ses dérivés (p. 77 à 79) mais d'autres points peuvent également être utilisés comme le point d'épine (p. 86) ou de chaînette (p. 54). Le fil peut être assorti au motif ou au tissu de base ou au contraire trancher avec eux dans un but décoratif. Les détails sont souvent ajoutés à l'aide de points traditionnels. Les points épais comme le point de chaînette (p. 54) et les points de nœud (p. 97 à 100) sont les plus spectaculaires.
Les ouvrages matelassés se cousent principalement aux points avant (p. 47) et arrière (p. 48). De nos jours, il n'est pas rare de voir des ouvrages à la fois matelassés et ornés de motifs en appliqué, en particulier quand ils sont destinés à orner un mur.

Cet élégant motif floral a été réalisé à l'aide de points en relief.

la broderie en relief

La broderie en relief a connu une popularité croissante au cours du XVIIe siècle, grâce aux tableaux brodés, très en vogue à l'époque. Il était alors de mise d'orner ses murs de petits tableaux qui représentaient généralement des scènes bibliques ou mythologiques, des paysages, des jardins ou des animaux. Les personnages et autres sujets qui ornaient ces ouvrages étaient brodés sur des gabarits en bois en forme de tête, de bras, de jambe, etc. Les fils et tissus utilisés étaient en soie et les détails ajoutés à l'aide de perles, de dentelle et de fils métallisés. La tradition perdura au cours des XVIIIe et XIXe siècles, avec une préférence pour les motifs floraux, souvent brodés en laine à l'aide de points en relief.

De nos jours, la broderie en relief est pratiquée selon différentes techniques. Elle demande beaucoup de temps et d'entraînement pour être réussie. Le tissu doit être indéformable et il faut travailler en premier lieu les zones les moins en relief. Vous pouvez coudre au fur et à mesure un tissu fin sur les zones brodées pour éviter de les abîmer en poursuivant l'ouvrage.

Les techniques qui suivent font partie des plus répandues pour broder des ouvrages en relief :

La broderie sur rembourrage consiste à broder au point lancé ou de remplissage sur un rembourrage pour donner du relief à l'ouvrage (p. 115). Pour un relief très marqué, commencez par coudre sur l'ouvrage un morceau de tissu de la forme voulue en laissant ouvert l'un de ses bords. Rembourrez-le avec de la bourre, du coton hydrophile ou de la laine et fermez l'ouverture.

L'ajout de formes en tissu consiste à coudre des petits morceaux sur la broderie, à plat ou en faisant des fronces ou des plis. Un (ou plusieurs) bord du morceau est cousu à petits points et les autres bords sont cousus au point de feston ou d'ourlet.

Les applications brodées sont des petits motifs généralement brodés au point de croix ou au petit point. Brodez le motif sur un morceau de canevas ou d'étamine. Coupez à au moins

5 cm de la broderie et tirez sur les fils pour former des franges. Placez le motif à l'endroit voulu, rentrez chaque « frange » dans le travail et nouez-les deux par deux. Vous pouvez aussi déposer un point de colle sur chaque nœud.

Les applications « armées » sont des formes en tissu dont les bords sont renforcés avec du fil de fer. Coupez deux morceaux de tissu de la forme voulue. Posez-les l'un sur l'autre endroit contre endroit et assemblez leurs bords en laissant une petite ouverture. Crantez la couture si nécessaire et retournez l'ouvrage. Glissez un morceau de fil de fer à l'intérieur et placez-le le long des coutures en le laissant sortir sur 3 cm à chaque extrémité de l'ouverture. Fermez cette dernière et piquez les fils de fer sur l'endroit de la broderie. Recourbez les extrémités des tiges pour former deux boucles et cousez-les sur l'envers du travail.

Les pétales de cette petite fleur ont été brodés à l'aide de picots reprise.

les points les plus courants

Tous les points de broderie, en particulier les points rebrodés, de remplissage ou non (p. 118 à 137) et ceux à fils couchés (p. 101 à 112).

comment créer ses propres modèles

Que vous souhaitiez créer entièrement votre modèle ou adapter un modèle trouvé sous une autre forme, les conseils qui suivent vous aideront à concrétiser votre projet.

Votre ouvrage doit contenir un élément qui attire le regard. Pour le mettre en valeur, brodez-le avec une couleur claire, donnez-lui une forme particulièrement volumineuse, entourez-le de tissu vierge ou placez-le au croisement de lignes convergentes.

Pour écarter tout risque de monotonie, évitez les formes de même taille ou régulièrement espacées et ne répartissez pas uniformément les couleurs (à moins d'opter pour un motif géométrique répétitif). Enfin, n'employez pas trop de points, de couleurs ou de formes différentes pour ne pas détourner l'attention du motif.

LA BRODERIE À FILS COMPTÉS

La broderie à fils comptés se brode sur étamine, en comptant les fils du tissu pour faire chaque point sur un nombre de fils donné. Les motifs sont généralement présentés sous forme de grille (p. 19 et 20).

Préparez le tissu (p. 21) et brodez un petit échantillon pour choisir l'épaisseur du fil et la taille de votre aiguille. La broderie à fils comptés se fait avec une aiguille à tapisserie (à bout rond) afin ne pas fendre les fils du tissu.

Marquez le milieu du tissu et commencez à broder aussi près que possible de ce dernier. Commencez vos fils par un nœud ou quelques points arrière provisoires (p. 22 et 23).

le point de croix

La broderie au point de croix, très populaire, est facile à réaliser et donne de bons résultats du moment que toutes les croix sont croisées dans le même sens. Brodez les points au fur et à mesure que vous les atteignez et complétez toutes les croix avant d'ajouter les contours et les détails.

Les trois-quarts de point de croix sont des points de croix incomplets, qui forment un triangle au lieu d'une croix. Pour broder un trois-quarts de point de croix, faites un point oblique, puis ajoutez un quart de point de croix en sortant l'aiguille dans l'angle voulu et en piquant par-dessus ou sous le milieu du point oblique, pour orienter le point dans la même direction que les autres.

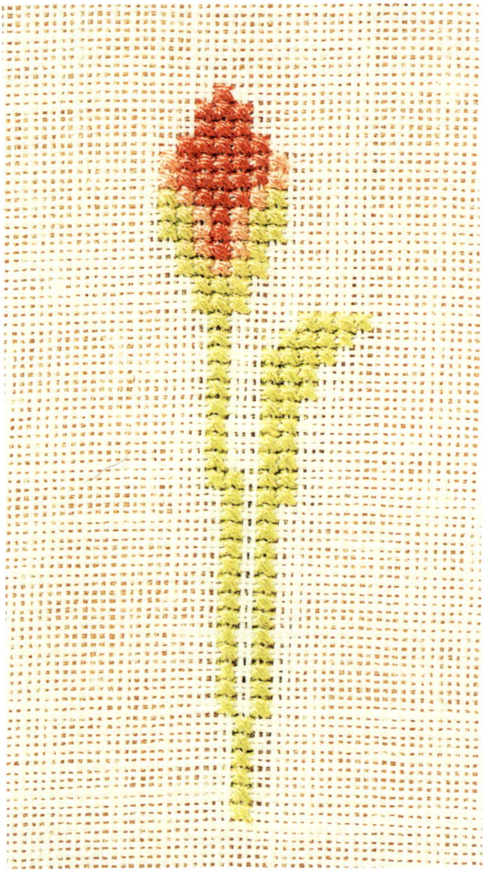

La broderie au point de croix sur toile de lin fait partie des broderies dites traditionnelles.

les points les plus courants

Les points de base de ce type d'ouvrage sont le point de croix (p. 64) et des dérivés. Les contours sont brodés au point arrière (p. 48) ou de Holbein (p. 51) et les détails au point de nœud (p. 98) et au point lancé (p. 91).

Très polyvalent, le point de croix permet de réaliser des motifs géométriques comme figuratifs.

la toile tire-fil

Le tire-fil est une sorte de canevas provisoire qui sert à broder au point de croix sur un tissu trop fin ou trop dense pour compter les fils. Il faut fixer le tire-fil sur le support à broder, puis tendre le tout sur un tambour. Les fils du tire-fil ont la particularité de se dissocier une fois mouillés, ce qui permet de les enlever entièrement une fois la broderie terminée.

Coupez un morceau de tire-fil ayant de chaque côté au moins 5 cm de plus que le motif à broder. Fixez-le au point de bâti sur le tissu en l'alignant avec le droit-fil. Tendez le tout sur un tambour et brodez avec une aiguille pointue. Une fois la broderie finie, ôtez les fils de bâti, mouillez le tire-fil et enlevez ses fils un à un à l'aide d'une pince à épiler.

Pour obtenir une meilleure finition avec un tissu fin ou en jersey, cousez un entoilage au dos de ce dernier. Une fois la broderie finie, coupez l'entoilage au bord de la broderie.

le lin

Le lin est l'un des tissus les plus anciens (des échantillons de lin tissés plus de 6 000 ans av. J.-C. ont été retrouvés en Israël) et était le plus utilisé jusqu'au XVIIIe siècle. Doux, solide et légèrement brillant, il se lave bien, résiste bien à l'usure et peut être fabriqué de manière à ne pas rétrécir au lavage.

Le lin vient de la plante du même nom (*linum usitatissimum*), cultivée presque partout dans le monde, dans des zones marécageuses à moyenne altitude. Les tiges sont mises en bottes et immergées dans de l'eau jusqu'à ce que leur couche externe tombe. Les fibres internes, plus fines, sont ensuite filées puis tissées.

Le lin destiné à la broderie est généralement de couleur naturelle. Tissé en étamine, il convient aux points traditionnels comme aux points à fils comptés. Il est encore très populaire pour les ouvrages fins au point de croix. Le fil de lin à broder donnait jadis un résultat magnifique sur les tissus de base en lin. Il avait toutefois tendance à s'effilocher et ne se trouve plus dans le commerce.

Les motifs des broderies d'Assise se détachent sur un fond brodé et donnent des résultats saisissants quand ils sont réalisés avec le fil bleu traditionnellement employé pour ce type d'ouvrage.

la broderie d'Assise

Portant le nom de la ville italienne où elle a été développée au cours du Moyen Âge, elle sert principalement à réaliser des bordures et des petits motifs, mais aussi des compositions plus importantes.

Technique de réserve, la broderie d'Assise laisse apparaître les motifs dans les espaces non brodés. Ces motifs sont entourés par des points de Holbein brodés avec un fil foncé, puis le fond est brodé au point de croix avec un fil traditionnellement bleu ou rouge vif. Ils représentent des fleurs, des oiseaux et des animaux stylisés et sont parfois entourés d'une bordure au point de Holbein. Les broderies d'Assise sont généralement réalisées sur du lin blanc ou crème.

les points les plus courants

Les points principaux de la broderie d'Assise sont les points de croix (p. 64) et de Holbein (p. 51). Les détails se font au point de nœud (p. 98) et à l'aide de petits points lancés (p. 91).

ASTUCE

Ne laissez jamais d'aiguille plantée dans un ouvrage. Si vous ne brodez pas pendant un certain temps de marquer le tissu.

la broderie noire (ou monochrome)

La broderie noire, parfois appelée «broderie espagnole», s'est répandue à travers l'Europe au XVIe siècle, depuis l'Espagne où elle avait été introduite par les Maures. Ses motifs monochromes sont traditionnellement brodés avec du fil noir sur du lin blanc mais peuvent aussi être agrémentés de fils métallisés et de perles. Jadis, elle servait principalement à décorer des vêtements (chapeaux, poignets, etc.) et des taies d'oreiller.

Souvent, les motifs représentaient des bandes entrelacées ou des feuilles recourbées, généralement brodés au point de Holbein. Les différences de tons étaient obtenues en utilisant des fils d'épaisseurs variées et des points de remplissage plus ou moins denses. De nos jours, ce type de broderie se fait avec des fils perlés ou moulinés, souvent dans d'autres couleurs que le noir, bien que ce dernier donne les meilleurs résultats.

Les motifs géométriques peuvent se broder à partir de grilles. Pour réaliser un motif figuratif, reportez ses contours sur le tissu, puis remplissez chaque zone ombrée avec le point de remplissage voulu avant d'ajouter les contours.

les points les plus courants

Le point de base est le point de Holbein (p. 51), mais les points arrière (p. 48), de tige (p. 48), de chaînette (p. 54), de croix (p. 64) et de passé plat (p. 113) sont également très utilisés.

Les motifs monochromes de la broderie noire sont à la fois sobres et délicats.

ASTUCE

Quand vous utilisez du coton mouliné, veillez à enfiler tous les brins en allant dans le sens du grain. Ils se placeront bien à plat sur le tissu et donneront à l'ouvrage une finition soignée.

Si vos brins de coton mouliné se défont au cours de travail, laissez pendre l'aiguille au bout du fil. Elle va naturellement tourner sur elle-même jusqu'à ce que le fil retrouve la torsion voulue.

Les jours à fils tirés, très élégants, sont souvent utilisés pour orner les bords des nappes et des draps.

les jours à fils tirés

Les jours à fils tirés se font en retirant des fils verticaux ou horizontaux du tissu. Les fils restants sont brodés à l'aide de points décoratifs (p. 143 à 153) qui renforcent le tissu. La technique n'est utilisée qu'en fines bandes, généralement au bord de nappes ou d'autres articles destinés à la maison. Les jours à fils tirés peuvent être associés à des points de broderie traditionnels.

les points les plus courants

Le point le plus utilisé pour réaliser des jours à fils tirés est le point d'ourlet (p. 144).

les jours sans fils tirés

Les jours sans fils tirés (ou à fils serrés) se brodent avec une grosse aiguille et un fil fin et solide. La technique consiste à rapprocher certains fils du tissu pour créer des jours de tailles variées, disposés de manière à former des motifs. Les broderies à fils serrés les plus fines ressemblent à de la dentelle. Cette technique a connu son heure de gloire à Dresde au XVIIIe siècle.

Les broderies ajourées à fils serrés sont agrémentées d'œillets et de pavés de points lancés serrés qui créent des motifs de damier et de grille.

les points les plus courants

On utilise les points à jours sans fils tirés (p. 154 à 157), les point d'œillets (p. 92) et le passé plat (p. 113).

Le motif central et le bord en escalier de cette broderie sont constitués de pavés kloster.

la broderie Hardanger

La broderie Hardanger est une broderie ajourée à fils coupés qui se brode sur étamine. Originaire du district de Hardanger, en Norvège, elle était très en vogue aux États-Unis à la fin du XIXe siècle. Des pavés de points de passé plat, appelés pavés kloster, sont brodés avec un fil épais en coton ou en lin, puis les fils situés entre eux sont coupés. Les fils restants sont brodés au point de cordonnet ou de reprise avec un fil plus fin. La broderie Hardanger se brode traditionnellement avec du fil blanc sur de la toile Hardanger, étamine blanche à tissage serré (9 ou 10 fils/cm), mais la technique peut aussi être réalisée avec des fils colorés sur d'autres types d'étamines unifil à tissage serré.

1 Commencez par broder les pavés kloster, constitués chacun d'un nombre égal de points de passé plat (4 à 6) tantôt horizontaux, tantôt verticaux. Brodez de gauche à droite avec une aiguille à tapisserie en laissant au moins quatre fils horizontaux ou verticaux entre chaque pavé. Les pavés peuvent également être brodés en diagonale en formant un escalier.

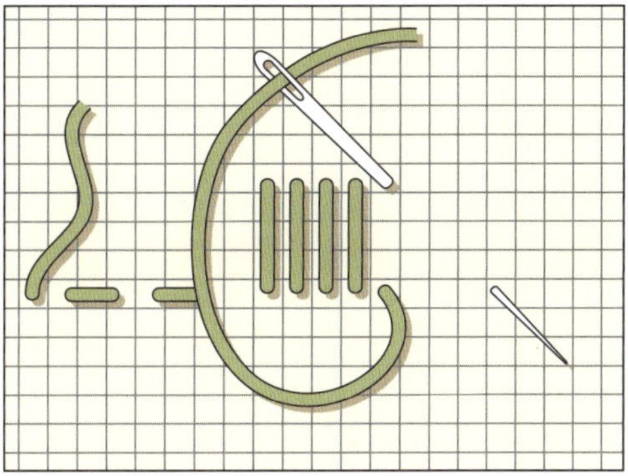

Chaque pavé kloster est ici constitué de 5 points.

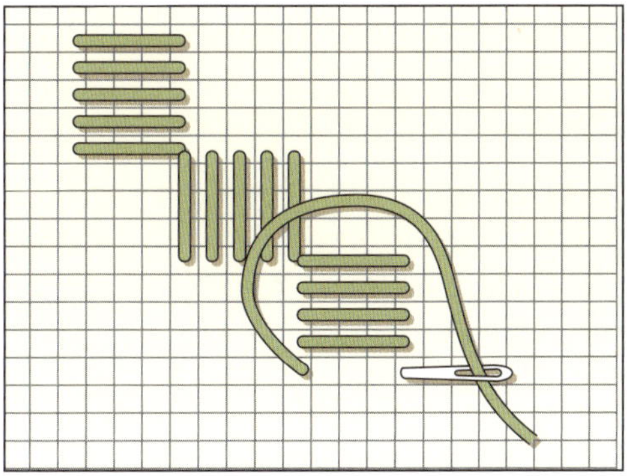

Les pavés kloster se brodent aussi en alternant les points horizontaux et les points verticaux.

Grille d'un motif en Hardanger.

2 Coupez soigneusement les fils situés entre les blocs placés en vis à vis et dont les extrémités se trouvent entre deux points. Vérifiez l'emplacement de chaque fil avant de le couper.
3 Les fils restants peuvent être brodés au point de cordonnet ou de reprise et les jours agrémentés de points décoratifs.

les points les plus courants

On utilise de nombreux points : le passé plat (p. 113), le point de cordon (p. 148), le point de reprise (p. 149), le point d'araignée (p. 151) et le point d'esprit (p. 150, en piquant dans les pavés kloster et non dans des rangées de points de feston).

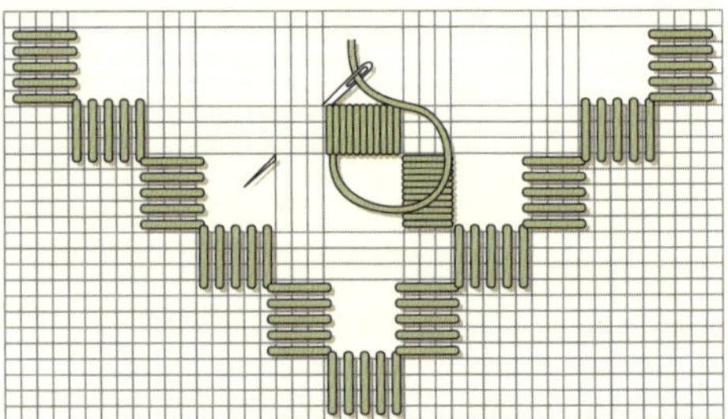

Brodez les fils restants au point de cordonnet ou de reprise pour former des barrettes.

LA BRODERIE PERLÉE

Les sequins, comme les perles, sont parfaits pour donner de l'éclat à une broderie.

L'utilisation des perles en broderie est très ancienne. Elles étaient déjà cousues sur des tissus dans un but décoratif au paléolithique et ont, depuis, apporté relief et éclat à de nombreux types de broderies (vêtements ecclésiastiques au Moyen Âge, tableaux au XIXe siècle ou encore sacs du soir contemporains).

Les perles peuvent aussi servir à créer entièrement des motifs.

N'importe quel petit objet troué peut être fixé sur une broderie (perle minuscule, pierre précieuse, perle en verre, sequin, etc.). La méthode utilisée pour les fixer sur le tissu reste la même.

comment fixer les perles sur le tissu

La technique employée pour fixer une perle isolée sur un tissu est très simple. Faites sortir l'aiguille sur l'endroit du tissu, à l'emplacement voulu. Enfilez la perle sur l'aiguille puis repiquez dans le tissu et arrêtez le fil.

La méthode la plus rapide pour couvrir de perles une zone donnée consiste à enfiler plusieurs perles sur un fil solide, à le coucher à l'endroit voulu et à le maintenir en place en faisant un point entre chaque perle (p. 101 à 103).

les franges de perles

Chaque frange de perles est fixée au tissu séparément. En règle générale, les points sont ensuite cachés par un galon.

Prenez un fil solide et faites un nœud à une de ses extrémités. Glissez l'autre extrémité dans le chas de l'aiguille et enfilez les perles. Fixez la frange à l'endroit voulu à l'aide de points arrière serrés.

comment fixer les sequins

Les sequins peuvent se coudre de différentes façons. Le fil, plus ou moins visible, peut être de la même couleur qu'eux ou au contraire d'une couleur très différente selon le but recherché. Il doit être solide et chaque aiguillée doit être assez courte pour pouvoir passer et repasser sans casser les sequins et le tissu. Les méthodes qui suivent se font de droite à gauche.

méthode à un point

Le fil qui sert à coudre les sequins remplit ici une fonction décorative (voir le schéma ci-dessous).

Sortez l'aiguille en A sur l'endroit du tissu et enfilez un sequin dessus. Piquez en B, à droite du sequin, et sortez l'aiguille en C, à l'emplacement du sequin suivant. La distance qui sépare A et C correspond au diamètre d'un sequin. Continuez à coudre au point arrière les sequins suivants.

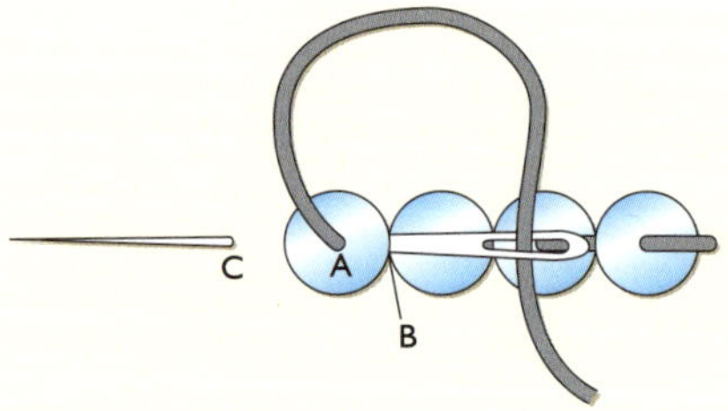

Sequins cousus au point arrière.

méthode à deux points

Le fil forme ici une ligne passant au centre des sequins (voir le schéma de gauche de la page suivante), qui sont solidement maintenus en place.

Sortez l'aiguille en A et enfilez le premier sequin dessus. Piquez en B, à droite du sequin, sortez l'aiguille en C, à gauche du sequin et repiquez en A. Répétez pour coudre les sequins suivants.

Les perles sont parfaites pour confectionner des franges colorées et élégantes.

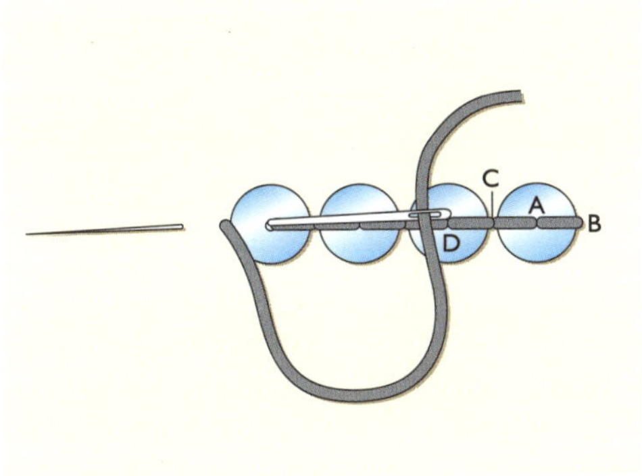

Sequins cousus à l'aide de deux points.

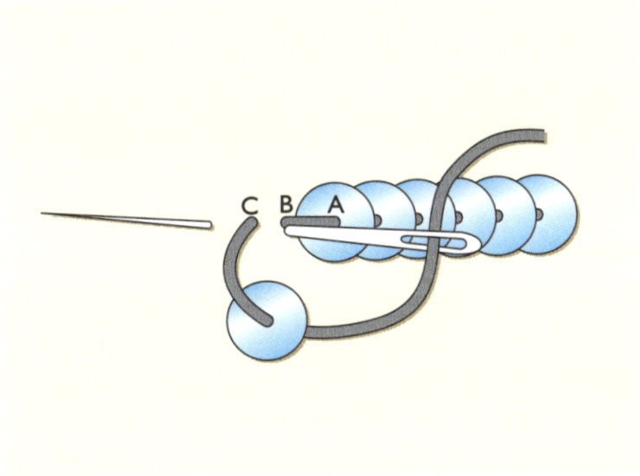

Sequins cousus à points cachés.

méthode à points cachés

Le fil est ici presque caché car les sequins se chevauchent (voir ci-dessus à droite). Sortez l'aiguille en A sur l'endroit du tissu et enfilez un sequin dessus. Piquez en B, à gauche du sequin. Sortez l'aiguille en C. La distance qui sépare B et C doit être égale au rayon d'un sequin. Enfilez soigneusement un sequin, repiquez en B et sortez l'aiguille en D.

méthode avec perles

Les sequins peuvent être maintenus en place à l'aide de perles minuscules. Sortez l'aiguille sur l'endroit du tissu, enfilez dessus un sequin puis une perle et repiquez dans le sequin.

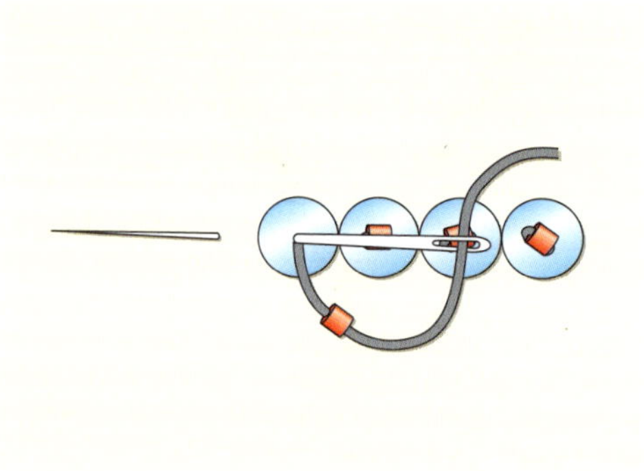

Sequins cousus à l'aide de perles.

comment fixer les éléments décoratifs sans trous

Les petits miroirs et autres objets plats comme les pièces se cousent sur le tissu au point de shisha (ou point de miroir indien).

1 Maintenez l'élément à l'emplacement voulu et sortez l'aiguille en A sur l'endroit du tissu, en bas à gauche près du bord de l'objet. Piquez en B pour former un point horizontal, puis faites un autre point, de C à D.

2 Sortez l'aiguille en E, faites-la passer sur, puis sous le point A-B, sur, puis sous le point C-D et piquez en F. Sortez l'aiguille en G, répétez l'opé-

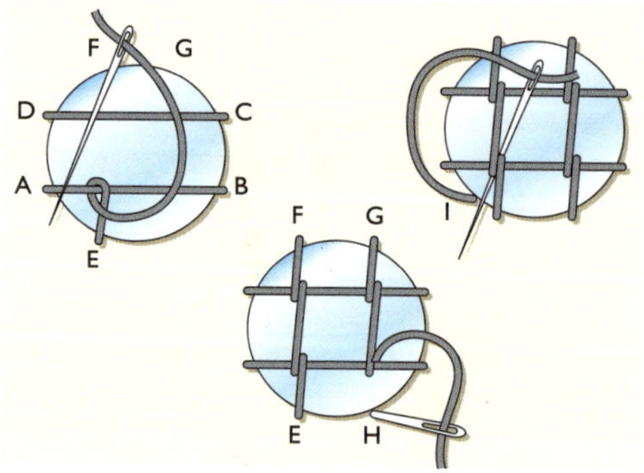

Les objets sans trou sont maintenus en place par une « grille » de points.

ration avec les points C-D et A-B et piquez en H.

3 Sortez l'aiguille en I et glissez-la sous l'intersection la plus proche, en maintenant le fil sur la gauche. Repiquez en I et sortez l'aiguille en J, fil sous l'aiguille.

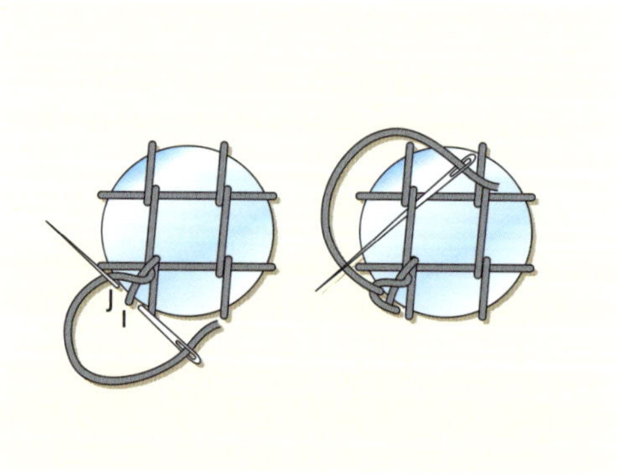

Entourez l'objet d'une bordure décorative pour le maintenir en place.

4 Continuez à broder tout autour de l'objet en faisant passer l'aiguille sous les points de la « grille » et sous leurs intersections.

les points linéaires

Les points linéaires regroupent les points de base de la broderie (point avant, arrière et de tige). Ils peuvent être utilisés tels quels ou rebrodés ; ils sont souvent associés à d'autres points.

Les points linéaires se brodent sur toile simple ou sur toile à trame régulière, avec une aiguille pointue.

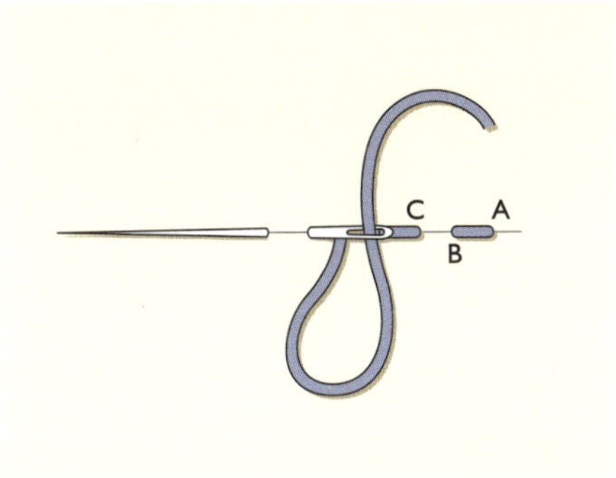

point AVANT

Ce point sert à réaliser des lignes droites ou incurvées. Les points doivent être réguliers, de la même longueur que les espaces qui les séparent (sur trame régulière) ou plus courts (sur toile simple). Brodez de droite à gauche.

1 Sortez l'aiguille en A sur l'endroit du tissu.
2 Piquez en B et sortez l'aiguille en C, de manière à former un petit point.
3 Répétez le nombre de fois voulu.

point ARRIÈRE

Ce point sert à broder des lignes droites ou incurvées et des petits détails. Brodez de droite à gauche.

1 Sortez l'aiguille en A sur l'endroit du tissu.
2 Piquez en B, à droite du point A, et sortez l'aiguille en C, à gauche du point A, à la même distance de A que le point B, pour que tous les points aient la même longueur.
3 Répétez le nombre de fois voulu.

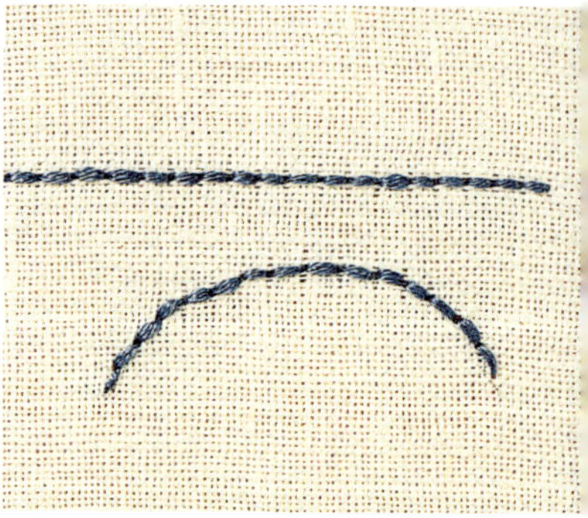

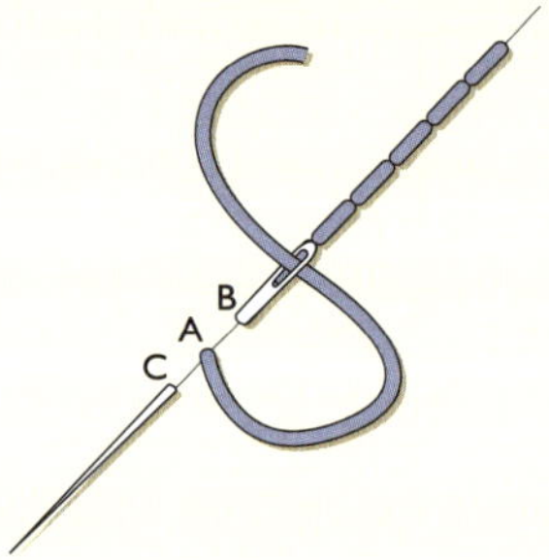

point DE TIGE

Point coulé

Ce point sert à réaliser des lignes droites ou incurvées comme les tiges des fleurs. Brodez de gauche à droite, fil de travail sous l'aiguille. Les points doivent être de même longueur, sauf dans les courbes très marquées, où ils peuvent être plus petits pour former une ligne plus fluide.

1 Sortez l'aiguille en A sur l'endroit du tissu.
2 Piquez en B et sortez l'aiguille en C, à mi-chemin entre A et B. Piquez en D et ressortez l'aiguille à côté du point B, au-dessus du tracé. Répétez le nombre de fois voulu.

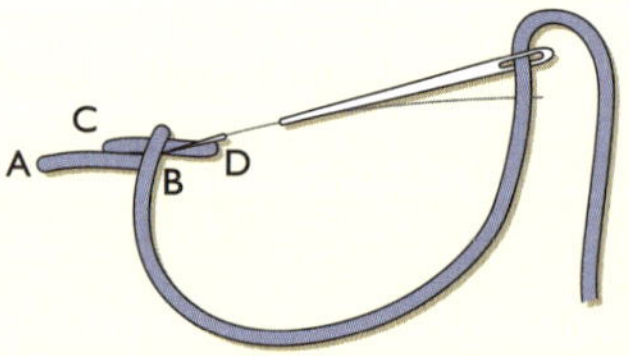

point DE TIGE ÉPAIS

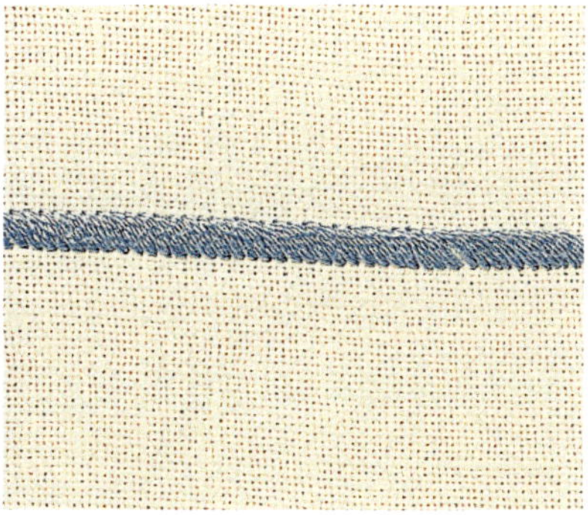

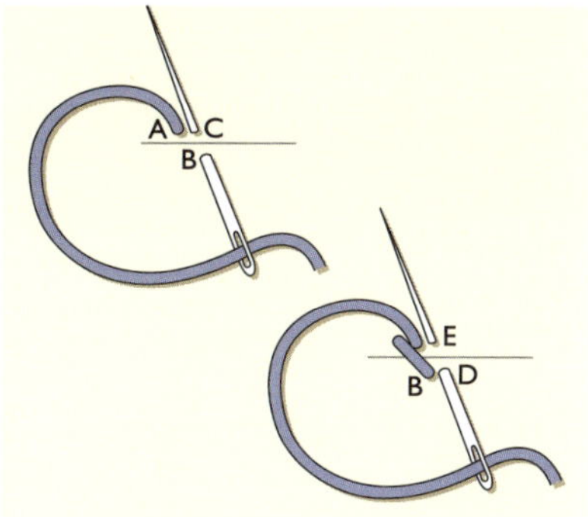

Ce point est une variante large du point de tige simple qui se brode en inclinant davantage l'aiguille par rapport au tracé. Sa largeur dépend de l'inclinaison de l'aiguille. Brodez de gauche à droite.

1 Sortez l'aiguille en A sur l'endroit du tissu.
2 Piquez en B, sous le tracé, et sortez l'aiguille en C, à côté du point A, sans modifier l'inclinaison de l'aiguille.
3 Piquez en D et ressortez l'aiguille en E. Répétez en maintenant toujours le fil à gauche de l'aiguille.

point DE TIGE NOUÉ

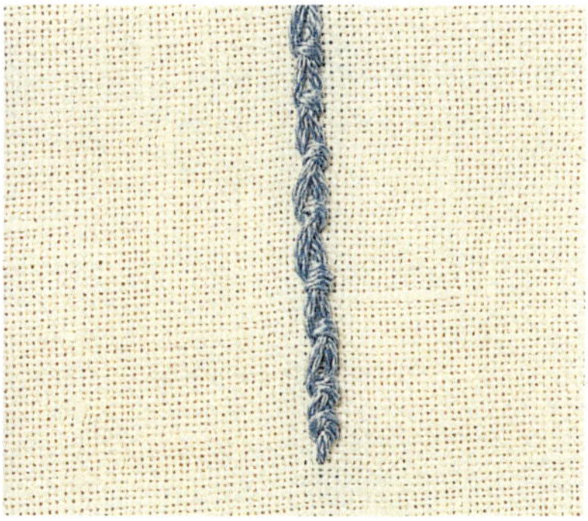

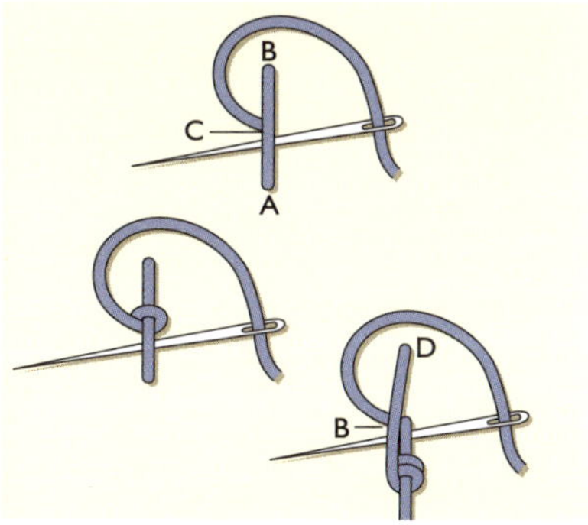

Ce point forme une ligne émaillée de nœuds et sert à souligner les contours. Brodez de bas en haut.

1 Sortez l'aiguille en A sur l'endroit du tissu et piquez en B.
2 Sortez l'aiguille en C, près du milieu du point, et glissez-la sous ce dernier en allant de droite à gauche, fil au-dessus de l'aiguille. Glissez de nouveau l'aiguille sous le point pour former un second surjet sous le premier.
3 Piquez en D et sortez l'aiguille en B. Glissez l'aiguille sous les deux points, toujours de droite à gauche. Répétez comme précédemment pour former le second nœud. Répétez le nombre de fois voulu.

point DE TIGE CONTRARIÉ

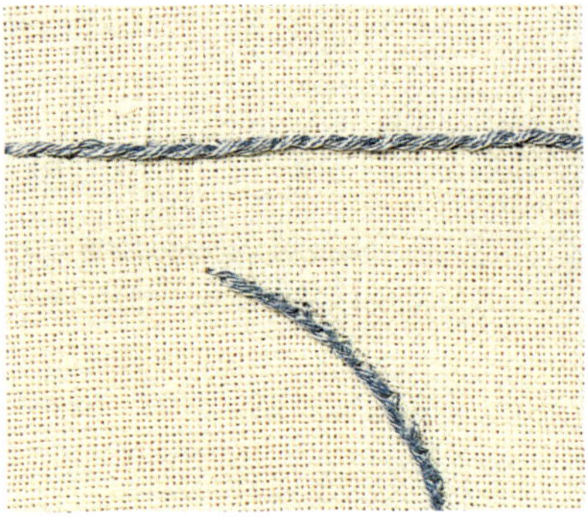

Ce point sert à réaliser des lignes droites ou incurvées et se brode comme le point de tige mais en plaçant le fil au-dessus de l'aiguille. Brodez de gauche à droite et faites des points réguliers.

1 Sortez l'aiguille en A sur l'endroit du tissu.
2 Piquez en B et ressortez l'aiguille en A.
3 Piquez en C et sortez l'aiguille à côté du point B, légèrement sous le tracé. Répétez le nombre de fois voulu.

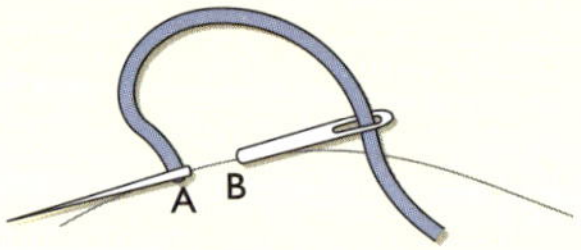

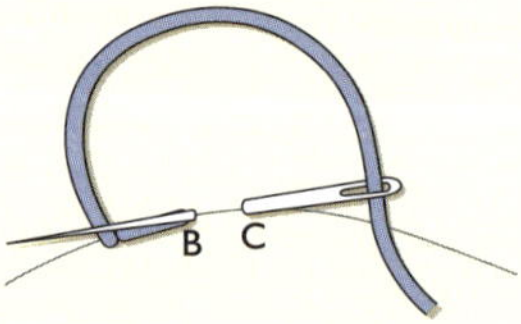

point DE TIGE FENDU

Ce point sert à réaliser des lignes droites ou incurvées et peut aussi faire office de point de remplissage. Brodez de gauche à droite.

1 Sortez l'aiguille en A sur l'endroit du tissu.
2 Piquez en B. Sortez l'aiguille en C, dans le fil du point précédent. Répétez le nombre de fois voulu.

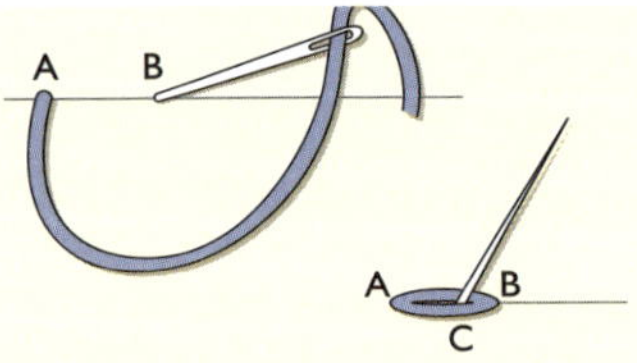

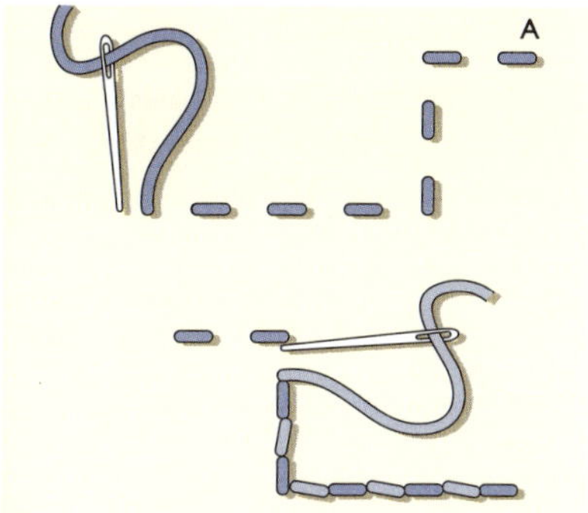

point DE HOLBEIN

Double point avant

Ce point présente le même aspect des deux côtés. Brodez de droite à gauche.

1 Sortez l'aiguille en A sur l'endroit du tissu et brodez une ligne au point avant (p. 47) en faisant les points de la même longueur que les espaces qui les séparent.
2 Retournez le tissu ou reprenez au début de la ligne et brodez une seconde ligne en plaçant les points entre ceux de la première ligne. Sortez l'aiguille sous les points de la ligne précédente et piquez au-dessus pour que les points de la seconde ligne soient légèrement en biais par rapport à ceux de la première.

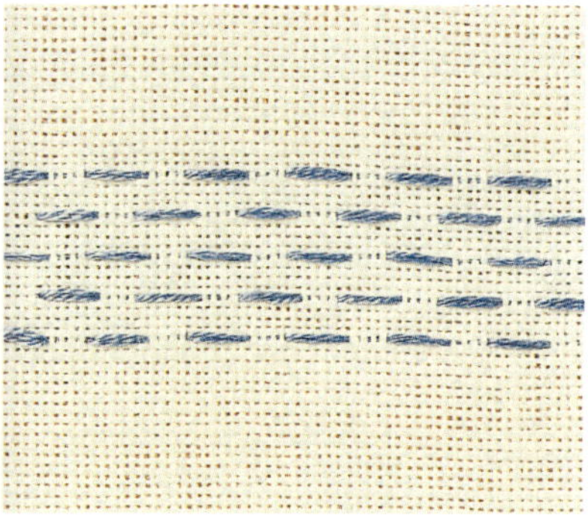

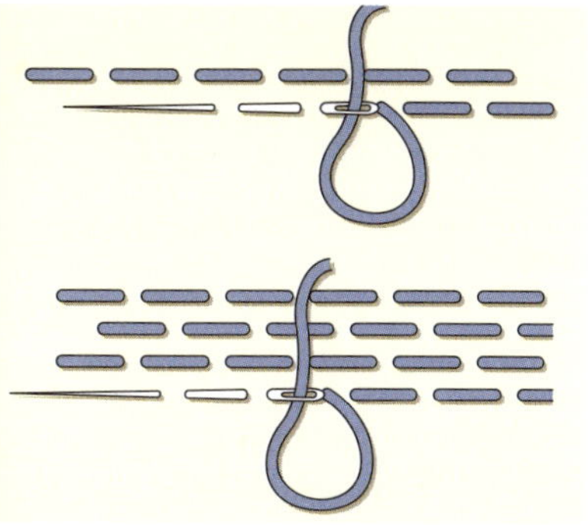

point DE REPRISE

Ce point est constitué de plusieurs rangs de points avant (p. 47) brodés les uns à côté des autres. Il sert à créer des motifs de briques ou de pavés. Brodez de droite à gauche.

1 Brodez un rang au point avant, en faisant les points plus longs que les espaces qui les séparent.
2 Faites les rangs suivants au point avant, à un ou deux fils du premier rang, en alignant les points ou en les plaçant en quinconce selon l'effet voulu.

point DE TRAIT JAPONAIS

Brodez sur trame régulière, de droite à gauche.

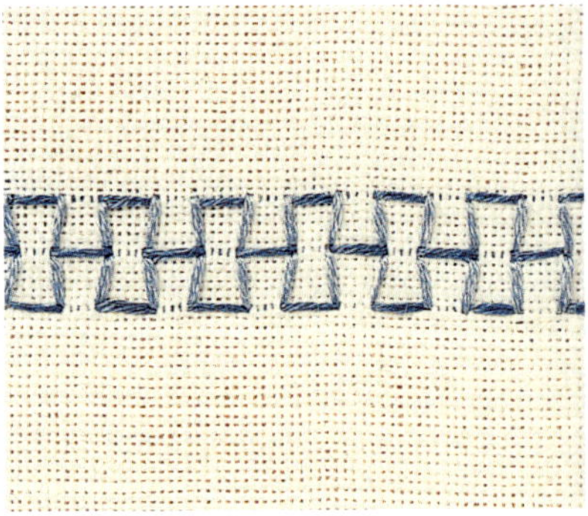

1 Faites au moins deux rangs parallèles au point avant (p. 47), en plaçant les points en quinconce et en les faisant réguliers et plus longs que les espaces qui les séparent. Espacez les rangs de plusieurs fils.
2 Sortez l'aiguille en A sur l'endroit du tissu, sur le rang du haut, et piquez en B, sur le rang suivant, pour relier les deux rangs à l'aide d'un point oblique.
3 Sortez l'aiguille en C, sur le second rang, et piquez en D, sur le premier rang. Répétez le nombre de fois voulu.

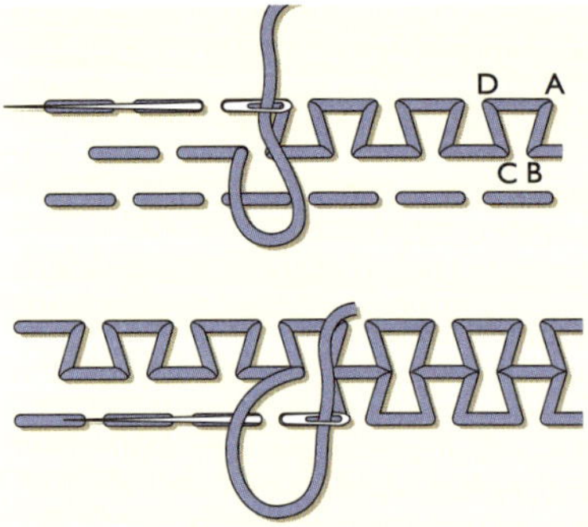

point BOSNIAQUE

Ce point en zigzag peut servir à relier deux étoffes. Brodez de gauche à droite, sur trame régulière ou sur toile simple, en suivant deux lignes parallèles (p. 53).

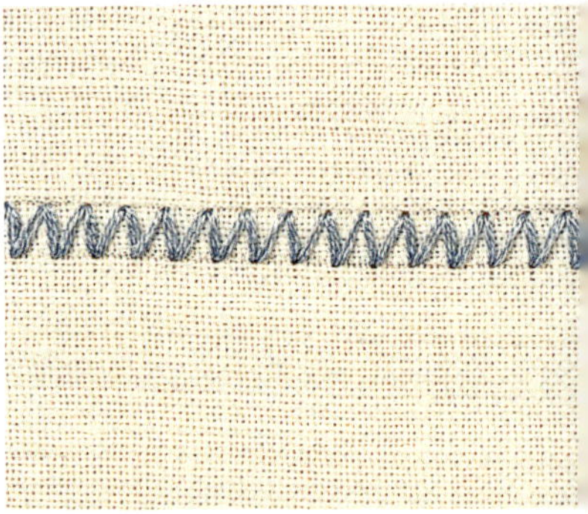

1 Sortez l'aiguille en A sur l'endroit du tissu, sur la ligne du bas, et piquez en B, à la verticale du point A.
2 Sortez l'aiguille en A, dans le même trou que précédemment, et piquez en C, à droite du point B.
3 Sortez l'aiguille en D, à la verticale du point C et repiquez en C, dans le même trou que précédemment.
4 Sortez l'aiguille en D, dans le même trou que précédemment, et piquez en E. Répétez le nombre de fois voulu.

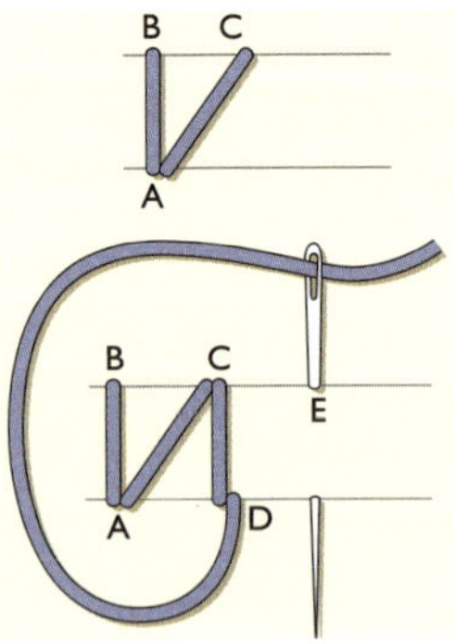

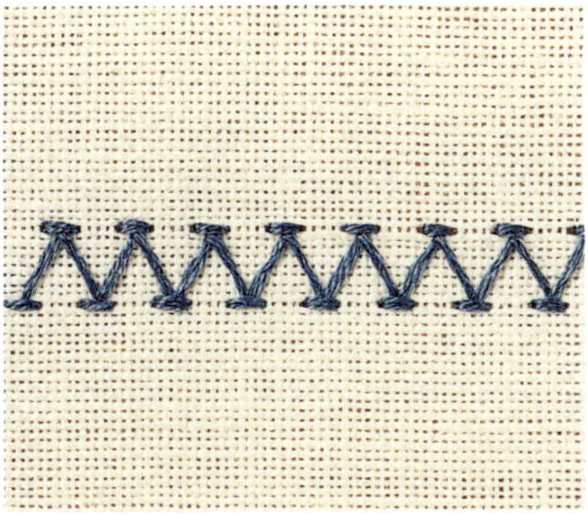

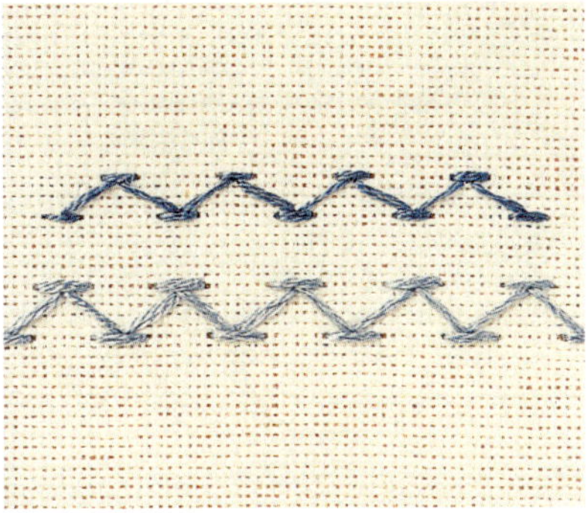

point DE CHEVRON

Ce point sert à réaliser des bordures droites. Brodez sur trame régulière ou sur toile simple en suivant deux lignes parallèles (p. 53). Travaillez de gauche à droite.

1 Sortez l'aiguille en A sur l'endroit du tissu, sur la ligne du bas, et piquez en B pour faire un point droit.
2 Sortez l'aiguille en C, au-dessus du milieu du point.
3 Piquez en D, sur la ligne du haut, sortez l'aiguille en E, piquez en F et sortez l'aiguille en D.
4 Piquez en G, sur la ligne du bas, et sortez l'aiguille en H. Répétez le nombre de fois voulu.

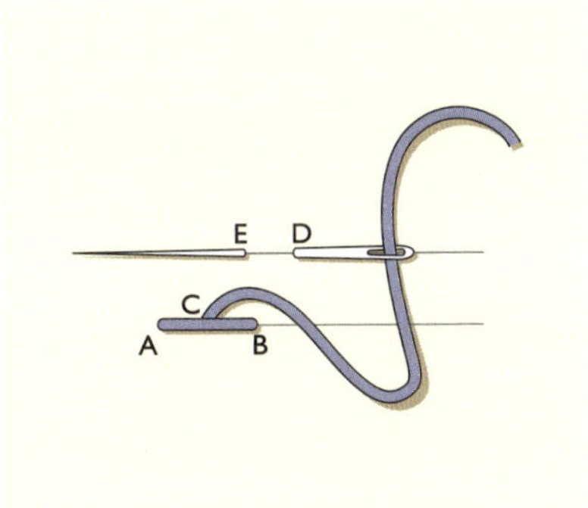

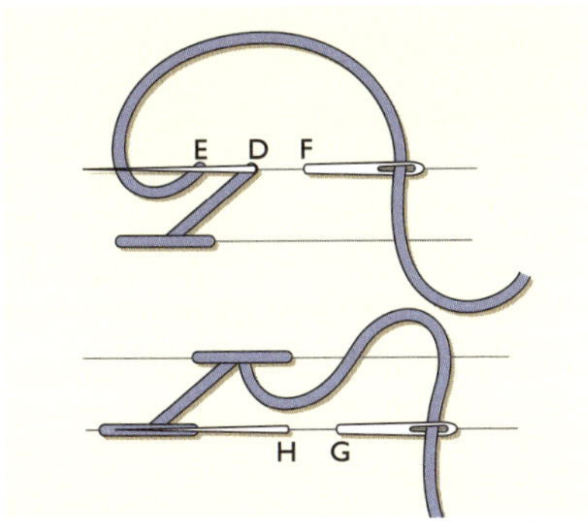

ASTUCE *pour broder en suivant des lignes parallèles*

Pour broder certains points sur une toile simple, il faut tracer sur cette dernière des lignes parallèles qu'il suffit ensuite de suivre pour former des points réguliers et obtenir un travail soigné. Pour cela, utilisez un stylo à encre effaçable (soluble dans l'eau) ou un crayon à mine de craie pointu et une règle en métal, pour un tracé plus net. Si vous tracez plusieurs lignes, mesurez soigneusement l'écartement à leurs extrémités pour qu'elles soient bien parallèles.

le point de chaînette et ses dérivés

Le point de chaînette est l'un des points de base de la broderie sur tissu. Il possède de nombreuses variantes qui, comme lui, servent à broder des lignes et peuvent faire office de point de remplissage quand on les brode en rangs rapprochés. Les boucles doivent toutes avoir la même taille et les points ne doivent pas être trop serrés pour rester arrondis. Le point de chaînette et ses variantes se brodent sur toile simple ou sur toile à trame régulière, avec une aiguille à broder.

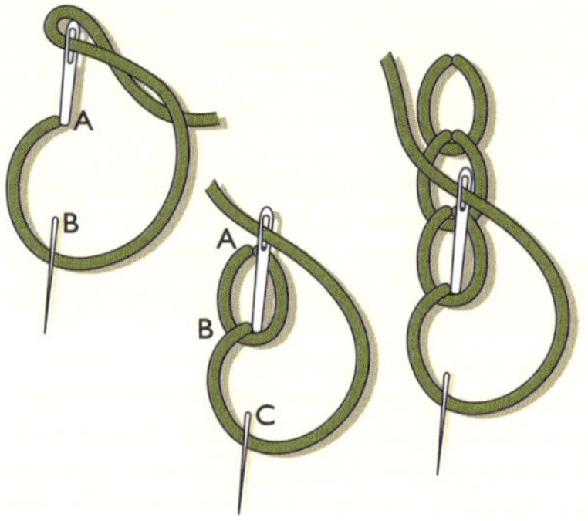

point DE CHAÎNETTE

Ce point sert à broder des lignes épaisses, droites ou incurvées et se brode de haut en bas.

1 Sortez l'aiguille en A sur l'endroit du tissu.
2 Repiquez en A et sortez l'aiguille en B, dans la boucle formée par le fil.
3 Repiquez en B et sortez l'aiguille en C. Répétez le nombre de fois voulu.
4 Terminez par un petit point sur la dernière boucle.

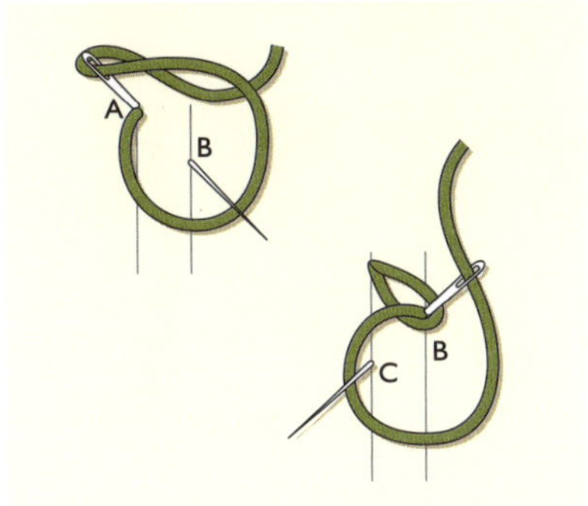

point DE CHAÎNETTE ZIGZAG

Ce point sert à réaliser des zigzags épais. Sur trame régulière, brodez sur un nombre de fils régulier. Sur toile, brodez en suivant deux lignes parallèles (p. 53). Travaillez de haut en bas.

1 Sortez l'aiguille en A sur l'endroit du tissu.

2 Repiquez en A et sortez l'aiguille en B, à droite du point A, dans la boucle formée par le fil.

3 Repiquez en B et sortez l'aiguille en C, à gauche du point B. Répétez le nombre de fois voulu.

4 Terminez par un petit point sur la dernière boucle.

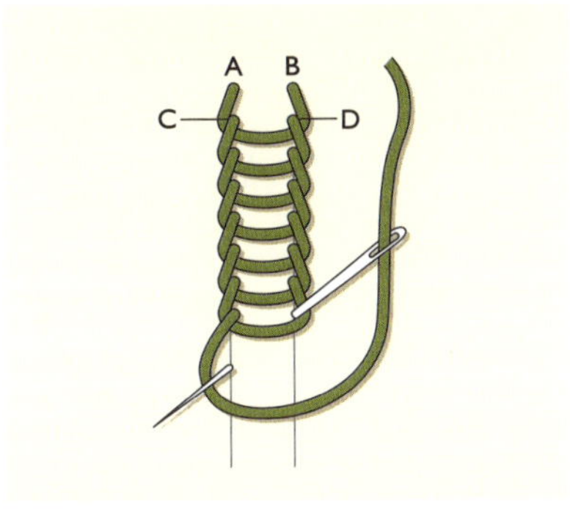

point DE CHAÎNETTE AJOURÉ

Ce point sert à broder des lignes épaisses à texture ajourée. Sur trame régulière, brodez sur un nombre de fils régulier. Sur toile simple, brodez en suivant deux lignes parallèles (p. 53). Travaillez de haut en bas.

1 Sortez l'aiguille en A sur l'endroit du tissu.

2 Piquez en B et sortez l'aiguille en C, dans la boucle formée par le fil. Ne tirez pas trop sur l'aiguille.

3 Piquez en D et sortez l'aiguille en haut à gauche du point suivant. Répétez le nombre de fois voulu.

4 Terminez par un petit point à chaque angle de la dernière boucle.

point de CHAÎNETTE SERRÉ

1 Sortez l'aiguille en A sur l'endroit du tissu, en haut du tracé, et piquez en B pour faire un petit point.
2 Sortez l'aiguille en C, glissez-la de droite à gauche sous le petit point, sans piquer dans le tissu, et repiquez en C.
3 Sortez l'aiguille en D, glissez-la de nouveau sous le petit point et repiquez en D.
4 Sortez l'aiguille en E, faites-la passer sous les deux points de chaînette précédents et repiquez en E. Répétez, en glissant l'aiguille sous deux points à chaque nouveau point.

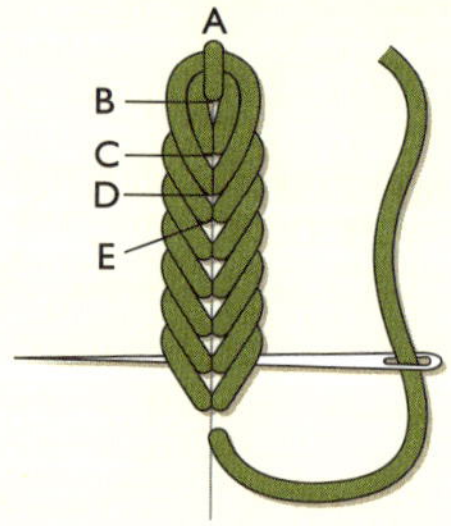

point de CHAÎNETTE DOUBLE

Sur trame régulière, brodez sur un nombre de fils toujours identique. Sur toile simple, brodez en suivant deux lignes parallèles (p. 53). Travaillez de haut en bas, en faisant passer le fil sous l'aiguille à chaque point.

1 Sortez l'aiguille en A sur l'endroit du tissu.
2 Piquez en B, à droite au-dessus du point A et sortez l'aiguille en C, à la même distance du point A que le point B.
3 Piquez en A et sortez l'aiguille en D, en laissant entre A et D un espace de la même longueur que le point B-C.
4 Piquez en C et sortez l'aiguille en E en procédant de la même façon.
5 Répétez et terminez en faisant un petit point sur la dernière boucle.

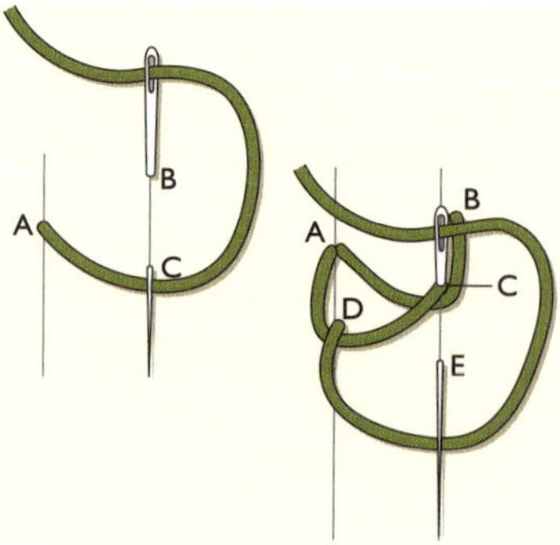

point DE CHAÎNETTE TORSE

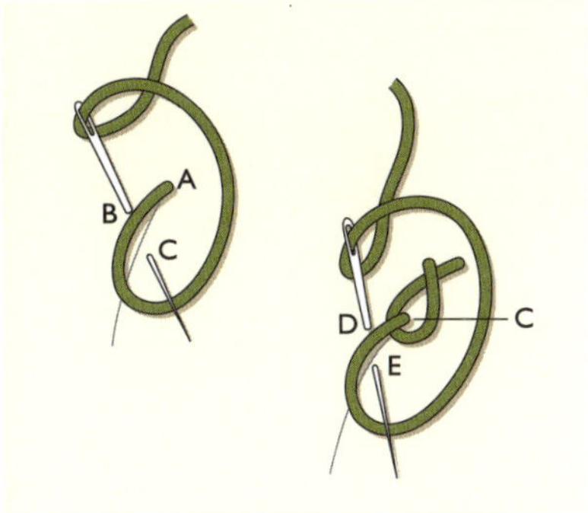

Ce point sert à réaliser des lignes en relief, droites ou incurvées. Il se brode de haut en bas.

1 Sortez l'aiguille en A sur l'endroit du tissu.
2 Piquez en B, à gauche du tracé, et sortez l'aiguille en C, à droite du tracé, en faisant passer le fil sur le tracé puis sous l'aiguille. Pour un résultat soigné, faites des petits points.
3 Piquez en D et sortez l'aiguille en E en procédant de la même façon.
4 Répétez et terminez par un petit point sur la dernière boucle.

point DE CHAÎNETTE CÂBLÉE

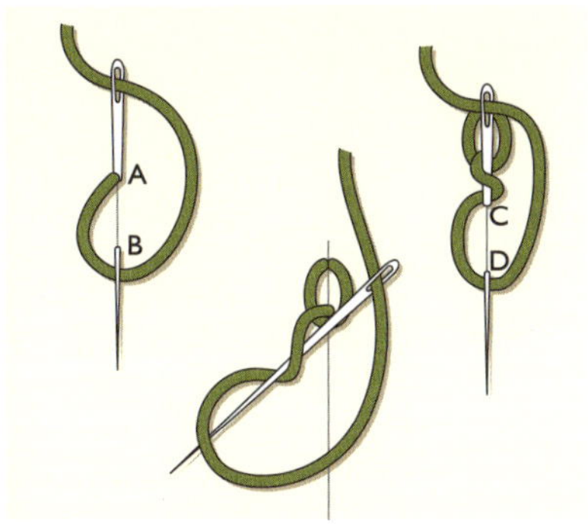

Ce point sert à réaliser des lignes droites ou incurvées. Les points de liaison peuvent être plus ou moins longs selon l'effet voulu. Brodez de haut en bas.

1 Sortez l'aiguille en A sur l'endroit du tissu.
2 Repiquez en A et sortez l'aiguille en B, dans la boucle formée par le fil.
3 Enroulez le fil autour de l'aiguille et maintenez-le en place avec le pouce.
4 Piquez en C pour faire un point de liaison et sortez l'aiguille en D en faisant passer le fil sous l'aiguille.
5 Répétez pour broder les points suivants. Terminez par un petit point sur la dernière boucle.

point D'ÉPINE EN CHAÎNETTE

Ce point permet de réaliser une bordure soignée. Sur trame régulière, brodez sur un nombre de fils toujours identique. Sur toile simple, brodez en suivant deux lignes parallèles (p. 53). Travaillez de haut en bas.

1 Sortez l'aiguille en A sur l'endroit du tissu, sur la ligne de droite.

2 Repiquez en A et sortez l'aiguille en B dans la boucle formée par le fil.

3 Piquez en C, dans l'alignement du point A-B, et sortez l'aiguille en D, sur la ligne de gauche, à la même hauteur que le point B.

4 Repiquez en D et sortez l'aiguille en C, dans la boucle formée par le fil.

5 Piquez en E, dans l'alignement du point D-C, et sortez l'aiguille en F, sur la ligne de droite, à la même hauteur que le point C.

6 Repiquez en F et sortez l'aiguille en E pour former le point suivant.

7 Continuez de la même façon et terminez par un petit point sur la dernière boucle.

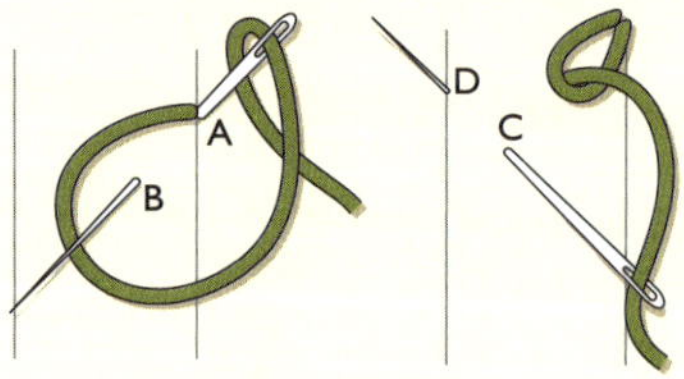

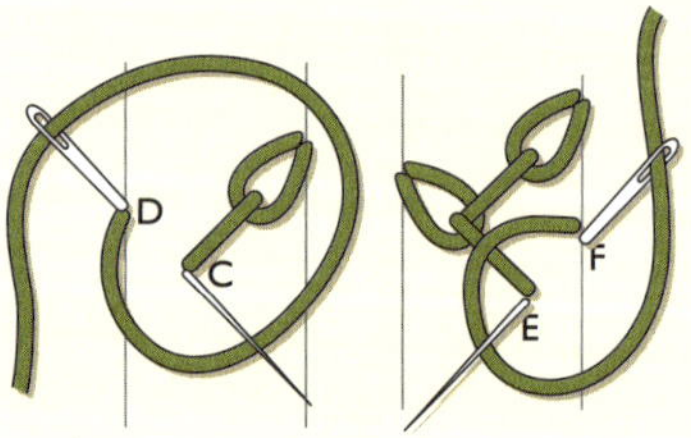

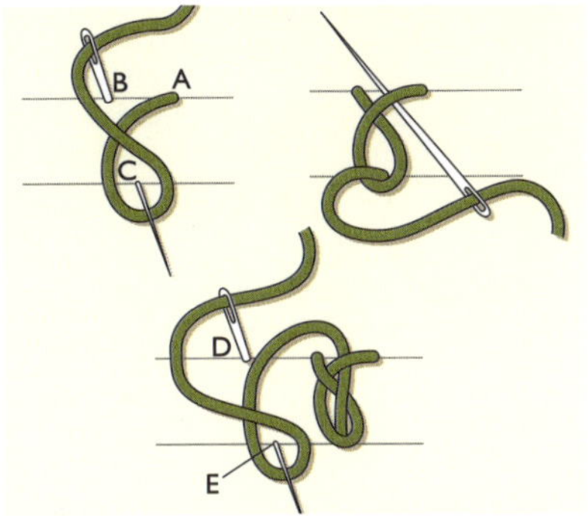

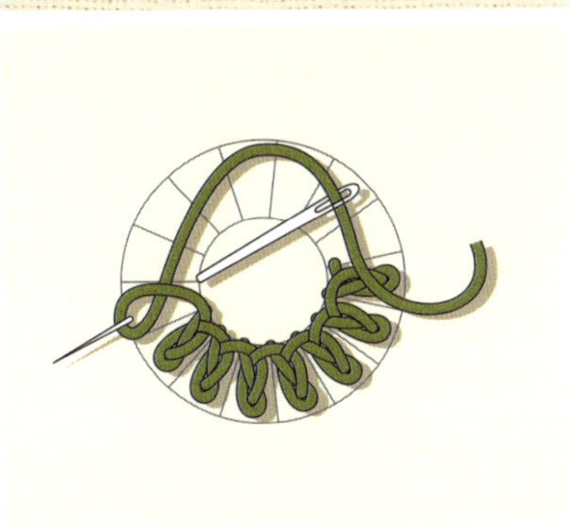

point DE CHAÎNETTE EN ROSETTE

Ce point sert à réaliser des bordures et des cercles et peut être utilisé pour broder des fleurs. Sur trame régulière, brodez sur un nombre de fils toujours identique. Sur toile simple, brodez en suivant deux lignes parallèles (p. 53). Travaillez de droite à gauche.

1 Sortez l'aiguille en A sur l'endroit du tissu, sur la ligne du haut.

2 Avec le fil, formez une boucle sur la seconde ligne, à gauche du point A, et maintenez-la en place avec le pouce.

3 Piquez en B et sortez l'aiguille en C, dans la boucle, sur la ligne du bas, légèrement à droite du point B.

4 Glissez l'aiguille sous la première partie du point, sans piquer dans le tissu.

5 Formez une boucle identique à la première, piquez en D et sortez l'aiguille en E pour faire le point suivant. Répétez le nombre de fois voulu.

ASTUCE

Quand vous brodez des points concentriques pour former un cercle, n'inclinez pas l'aiguille vers l'arrière, piquez-la perpendiculairement à la ligne correspondant à l'intérieur du cercle.

point DE CHAÎNETTE MAGIQUE

Point de chaînette deux tons

Ce point se brode de haut en bas, avec deux fils de couleurs différentes. Il est possible de broder plusieurs points de la même couleur avant d'en changer.

1 Enfilez l'aiguille avec deux fils de couleurs différentes, puis sortez-la en A sur l'endroit du tissu.
2 Repiquez en A et sortez l'aiguille en B, en plaçant le fil le plus foncé sous l'aiguille et le plus clair par-dessus.
3 Repiquez en B et sortez l'aiguille en C en plaçant le fil le plus clair sous l'aiguille et le plus foncé par-dessus.
4 Terminez par un petit point sur la dernière boucle.

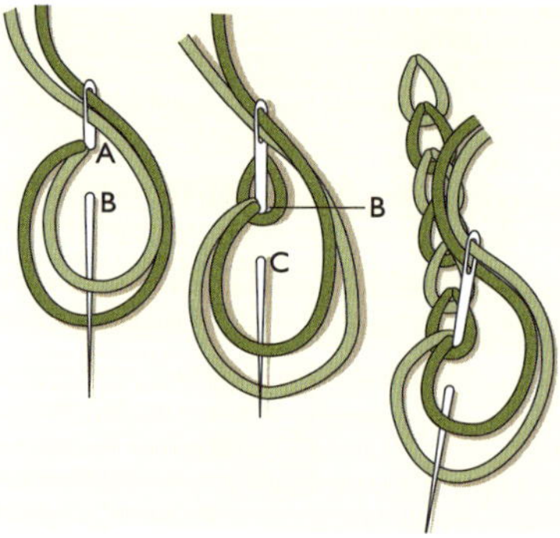

point DE GALON

Pour un résultat optimal, faites des petits points et utilisez un fil non mouliné. Sur trame régulière, brodez sur un nombre de fils toujours identique. Sur toile simple, brodez en suivant deux lignes parallèles (p. 53). Travaillez de droite à gauche.

1 Sortez l'aiguille en A sur l'endroit du tissu, sur la ligne du bas.
2 Formez une boucle avec le fil comme illustré ci-contre et maintenez-la en place avec le pouce. Piquez l'aiguille de B à C et attendez avant de tirer dessus.
3 Faites passer le fil de droite à gauche sous la pointe de l'aiguille, tirez dessus pour resserrer le point, puis tirez l'aiguille vers le bas.
4 Formez une nouvelle boucle et faites le point suivant en procédant de la même façon.

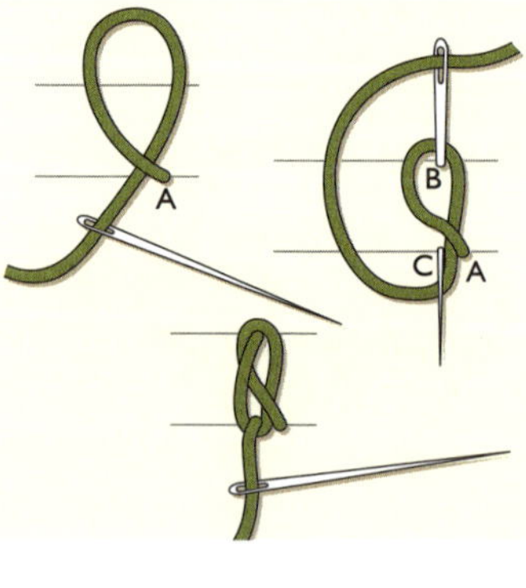

point D'ARMES

Point d'armes tortillé

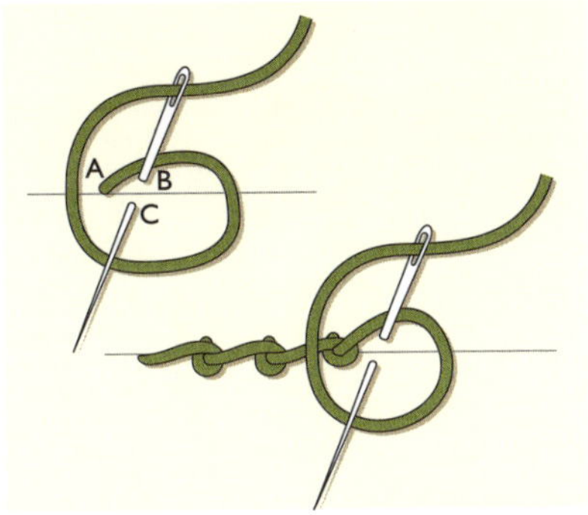

Ce point sert à réaliser des lignes droites ou incurvées. Brodez de gauche à droite. Pour un résultat optimal, utilisez un fil non mouliné.

1 Sortez l'aiguille en A sur l'endroit du tissu.
2 Formez une boucle avec le fil dans le sens des aiguilles d'une montre, à droite du point A, et maintenez-la en place avec le pouce.
3 Piquez en B et sortez l'aiguille en C, dans la boucle formée par le fil. Tirez sur le fil pour resserrer la boucle, puis tirez sur l'aiguille.
4 Répétez le nombre de fois voulu.

point DE CORAIL

Point de collier, point perlé

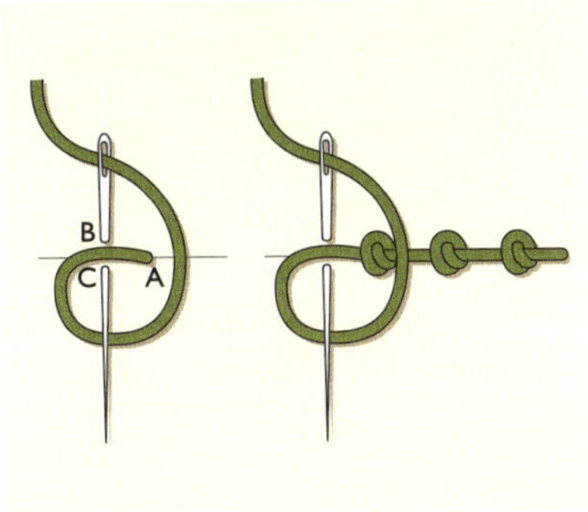

Ce point ressemble à un fil orné de perles. Espacez plus ou moins les nœuds selon l'effet voulu et placez-les en quinconce lorsque vous brodez plusieurs rangs rapprochés. Pour un résultat optimal, utilisez un fil non mouliné. Travaillez de droite à gauche ou de haut en bas.

1 Sortez l'aiguille en A sur l'endroit du tissu, à l'extrémité du tracé.
2 Couchez le fil sur le tracé et maintenez-le avec le pouce.
3 Piquez l'aiguille verticalement, de B à C, sous le fil couché, et sortez-la dans la boucle formée par le fil. Répétez le nombre de fois voulu.

point DE CORAIL NATTÉ

Ce point sert à réaliser des lignes épaisses en relief. Pour un résultat optimal, utilisez un fil non mouliné. Le point est constitué d'un rang de points de chaînette relié par des fils verticaux à un rang de points de corail brodé au-dessus de lui. Sur trame régulière, brodez sur un nombre de fils toujours identique. Sur toile simple, brodez en suivant deux lignes parallèles (p. 53). Travaillez de droite à gauche. Les lignes peuvent être plus ou moins espacées selon l'effet recherché.

1 Sortez l'aiguille en A sur l'endroit du tissu, sur la ligne du bas.

2 Repiquez en A et sortez l'aiguille en B, en faisant passer le fil sous l'aiguille, de haut en bas.

3 Piquez en C, sur la ligne du haut, et sortez l'aiguille en D, en faisant passer le fil entre les points C et D, puis sous l'aiguille.

4 Glissez l'aiguille de droite à gauche sous le fil vertical, sans piquer dans le tissu.

5 Piquez en B et sortez l'aiguille en E en plaçant de nouveau le fil sous l'aiguille.

6 Répétez le nombre de fois voulu. Terminez par un petit point sur la dernière boucle.

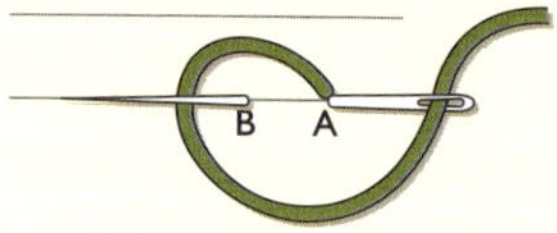

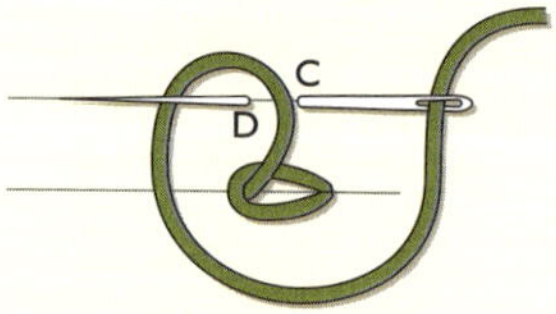

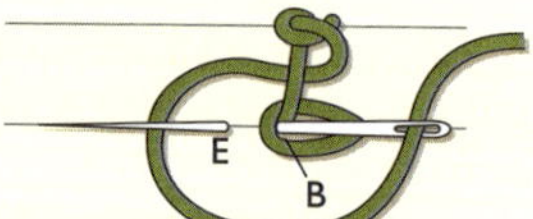

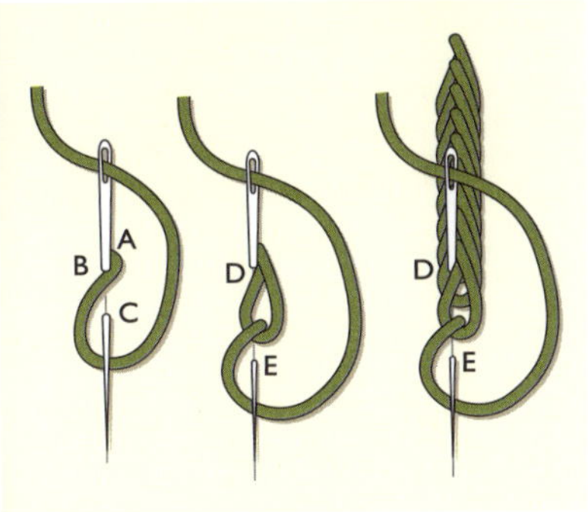

point CORDÉ

Ce point sert à réaliser des lignes droites ou incurvées et peut servir de point de remplissage. Pour un résultat optimal, faites des points assez longs, avec un fil non mouliné. Brodez de haut en bas.

1 Sortez l'aiguille en A sur l'endroit du tissu.
2 Formez une boucle sur le tracé. Piquez en B, sur le tracé, à l'extérieur de la boucle. Sortez l'aiguille en C, sur le tracé mais à l'intérieur de la boucle. Tirez bien sur l'aiguille.
3 Formez une nouvelle boucle sur le tracé et piquez en D, près du haut du point précédent. Sortez l'aiguille en E et tirez bien sur l'aiguille.
4 Répétez le nombre de fois voulu. Terminez par un petit point sur la dernière boucle.

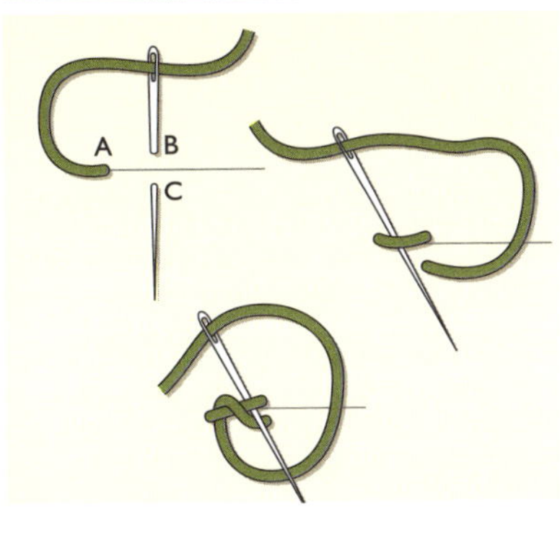

point DE PALESTRINA

Point de nœud double, point de corail double

Ce point se brode de gauche à droite ou de haut en bas, en faisant des nœuds rapprochés, régulièrement espacés.

1 Sortez l'aiguille en A sur l'endroit du tissu. Piquez en B, au-dessus du tracé, et sortez l'aiguille en C, sous ce dernier.
2 Glissez l'aiguille sous le point, de haut en bas, sans piquer dans le tissu. Tirez délicatement sur l'aiguille.
3 Faites un nouveau surjet, à droite du premier, et sortez dans la boucle formée par le fil. Tirez délicatement sur l'aiguille. Répétez le nombre de fois voulu.

le point de croix et ses dérivés

Le chapitre qui suit regroupe le point de croix, le point de chausson et leurs dérivés.

Le point de croix, très utilisé, permet de réaliser facilement de très beaux ouvrages à condition que les points du dessus des croix soient tous orientés dans la même direction.

Les points dérivés du point de croix se brodent généralement sur trame régulière, avec une aiguille à broder, mais peuvent être réalisés avec une aiguille à tapisserie sur des tissus très épais. Veillez à ne pas fendre le fil des points déjà brodés quand vous revenez sur un rang de demi-points pour former des croix.

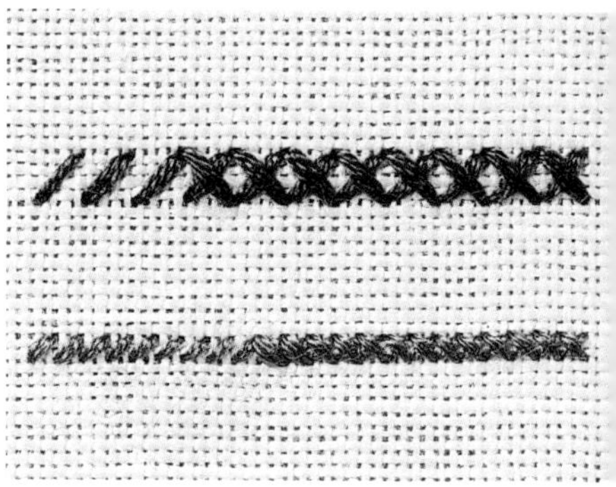

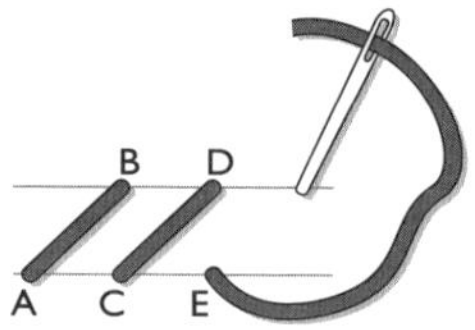

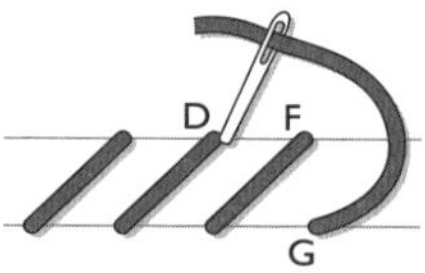

point DE CROIX

Ce point peut se broder dans n'importe quelle direction. Les croix doivent avoir la même taille et la même inclinaison. Les points doivent être croisés dans le même ordre.

1 Sortez l'aiguille en A sur l'endroit du tissu.
2 Piquez en B, sortez en C, piquez en D, sortez en E, piquez en F, et ainsi de suite, jusqu'à la fin du rang.
3 Sortez l'aiguille en G, piquez en D et revenez en sens inverse en piquant dans les mêmes trous qu'à l'aller.

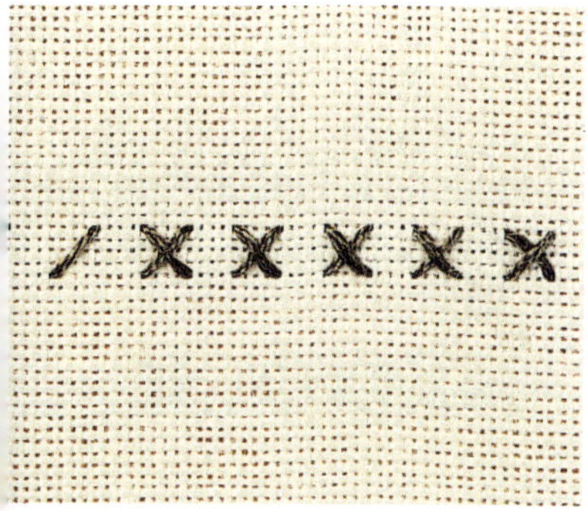

point DE CROIX RÉVERSIBLE

Ce point, identique des deux côtés, se brode sur les tissus fins dont la trame laisse transparaître les fils situés sur l'envers du travail. Il s'exécute en faisant un point sur deux, puis en brodant les points intermédiaires. Il donne de meilleurs résultats avec les fils fins car il comprend des demi-points supplémentaires aux extrémités des rangs.

1 Sortez l'aiguille en A sur l'endroit du tissu.

2 Piquez en B, sortez l'aiguille en C et répétez de manière à broder un point sur deux.

3 Sortez l'aiguille en D, sous le milieu du dernier point du rang. Piquez en E, sortez l'aiguille en D et piquez en F pour former les deux moitiés d'un point oblique.

4 Sortez l'aiguille en E et piquez en F pour compléter la dernière croix du rang.

5 Sortez l'aiguille en G, piquez en H et revenez en sens inverse en complétant les croix.

6 Pour broder les points manquants, sortez l'aiguille en I, piquez en H et continuez en faisant un point oblique entre chaque point de croix. À la fin du rang, sortez l'aiguille en E et piquez en D, sous le dernier point oblique.

7 Pour compléter les croix, sortez l'aiguille en J et revenez en sens inverse jusqu'à l'extrémité du rang.

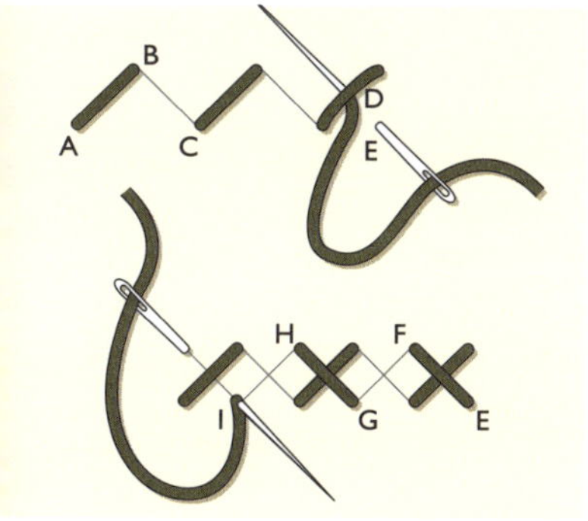

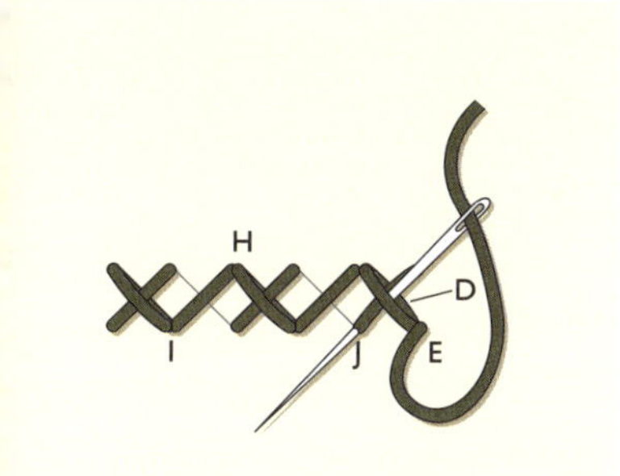

point DE CROIX DOUBLE FACE

Ce point forme un rang de croix sur l'endroit du travail (photo du haut) et un rang de carrés sur l'envers (photo du bas). Brodez de gauche à droite ou de haut en bas.

1 Faites un nœud à l'extrémité du fil, piquez à environ 3 cm du début du rang et laissez le nœud sur l'endroit du tissu.
2 Sortez l'aiguille en A sur l'endroit du tissu, piquez en B, sortez en C et piquez en D pour former une croix.
3 Sortez l'aiguille en B, piquez en A et sortez l'aiguille en C pour former les trois côtés d'un carré sur l'envers du travail.
4 Piquez en E et sortez l'aiguille en F pour commencer la croix suivante. Piquez en A et sortez l'aiguille en E, piquez en C et sortez en F.
5 Continuez de la même façon jusqu'à la fin du rang.
6 Coupez le nœud du début, complétez le premier carré avec l'extrémité du fil et rentrez ce dernier sous quelques points.

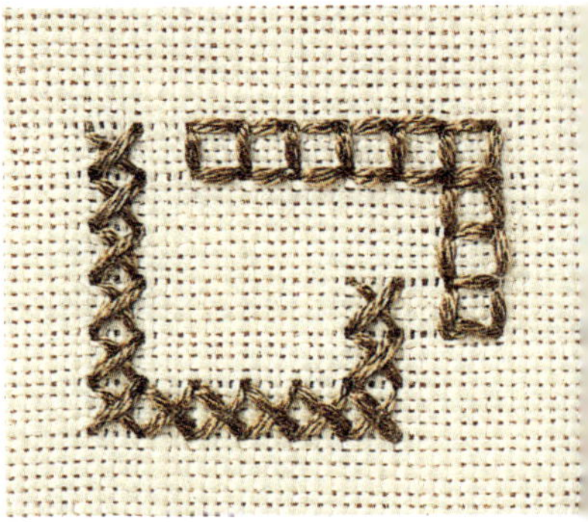

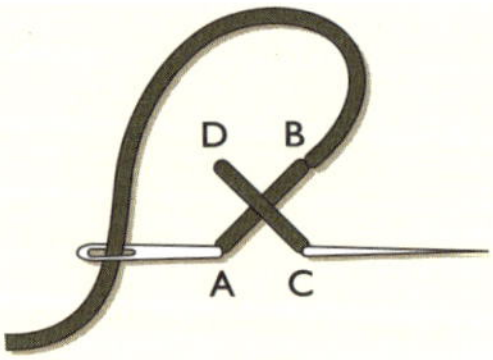

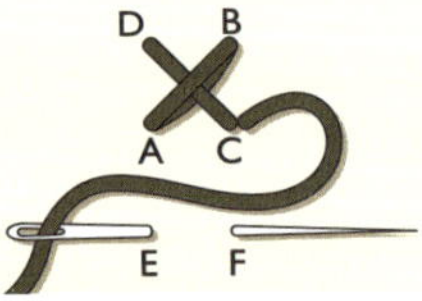

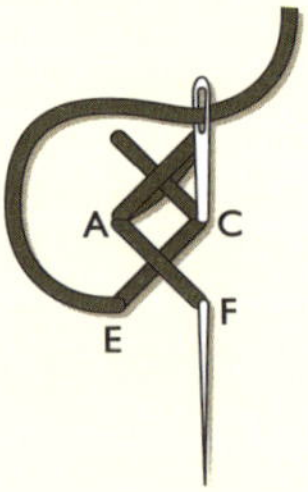

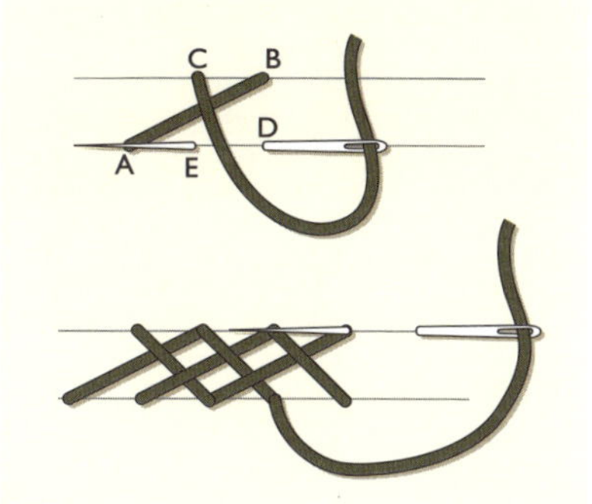

point NATTÉ SLAVE

Point de croix asymétrique

Ce point se brode généralement sur trame régulière. Comme pour le point de croix ordinaire, tous les fils du dessus doivent avoir le même sens. Brodez de gauche à droite.

1 Sortez l'aiguille en A sur l'endroit du tissu.
2 Piquez en B et sortez l'aiguille en C, sur la même ligne que le point B, à mi-chemin entre les points A et B.
3 Piquez en D, sur la ligne du bas, sous le point B, et sortez l'aiguille en E, sur la ligne du bas, sous le point C. Répétez le nombre de fois voulu.

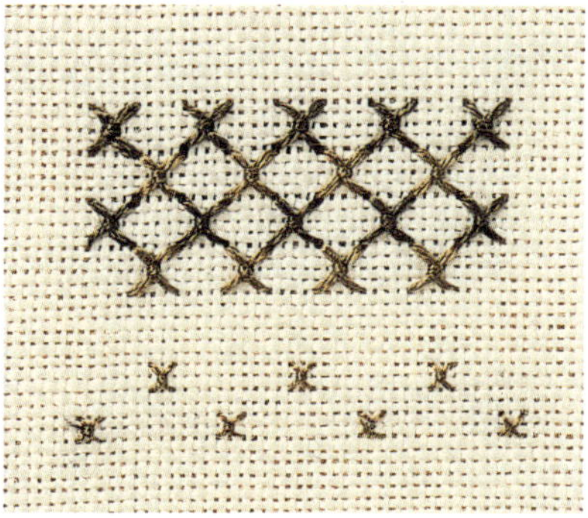

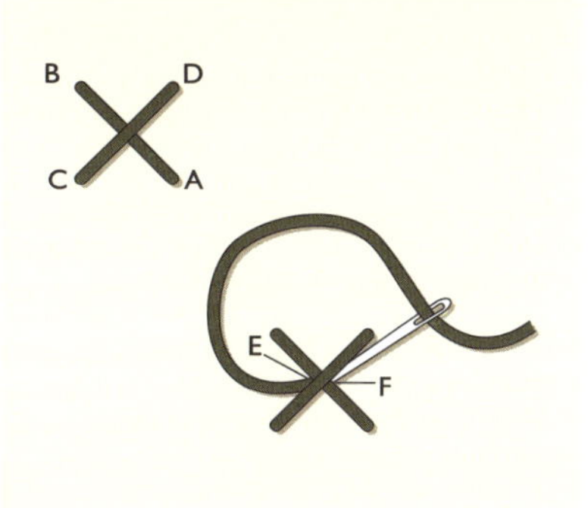

point DE CROIX NOUÉ

Ce point sert à broder de grandes croix dont les fils sont maintenus par un petit point central. Il peut être isolé, brodé en rangs ou utilisé comme point de remplissage. Il se brode généralement sur trame régulière, sur un nombre de fils pair pour bien centrer le point de maintien.

1 Sortez l'aiguille en A sur l'endroit du tissu et piquez en B.
2 Sortez l'aiguille en C et piquez en D pour former une croix.
3 Sortez l'aiguille en E et piquez en F pour maintenir les fils en place au centre de la croix.
4 Sortez l'aiguille en C pour commencer la croix suivante et répétez le nombre de fois voulu.

point DE CROIX DROIT

Point de Saint-Georges, croix de Saint-Georges

Ce point peut être brodé seul, en rangs ou utilisé comme point de remplissage. Les fils du dessus doivent tous être verticaux. Brodez de droite à gauche.

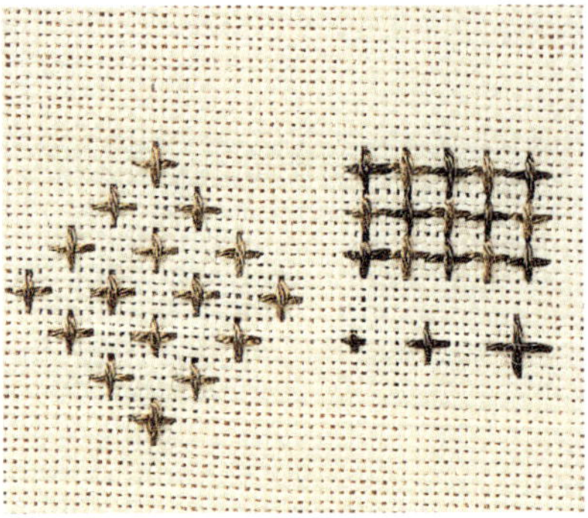

1 Sortez l'aiguille en A sur l'endroit du tissu. Piquez en B et continuez au point avant jusqu'à la fin du tracé.

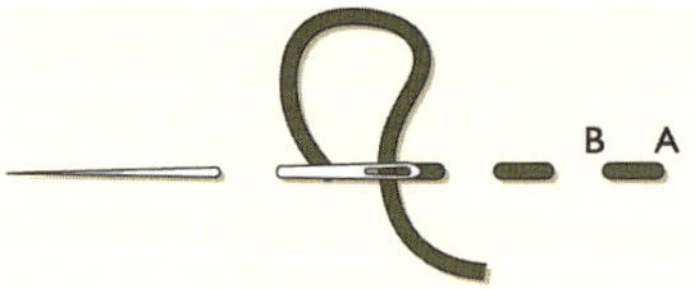

2 Une fois arrivé à la fin du tracé, sortez l'aiguille en C et piquez en D pour faire un point vertical sur le dernier point avant brodé.

3 Sortez l'aiguille en E et continuez en faisant un point vertical sur chaque point avant jusqu'à l'extrémité du rang.

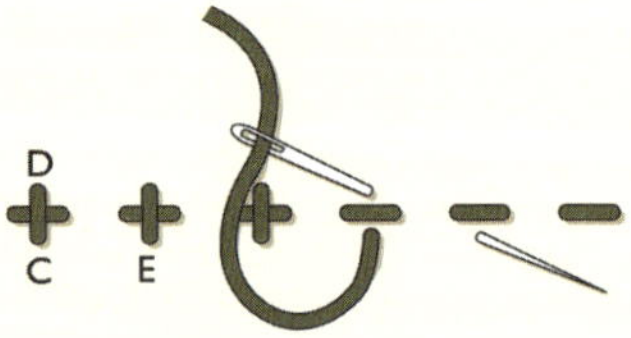

point DE DIABLE

Ce point peut se broder seul ou en rangs. Sur trame régulière, brodez sur un nombre de fils régulier. Sur toile simple, brodez en suivant deux lignes parallèles (p. 53).

1 Sortez l'aiguille en A sur l'endroit du tissu.

2 Piquez en B, sortez l'aiguille en C et piquez en D pour former une croix.

3 Sortez l'aiguille en E, piquez en F, sortez en G et piquez en H pour former une seconde croix droite sur la première.

4 Sortez l'aiguille en C et répétez le nombre de fois voulu.

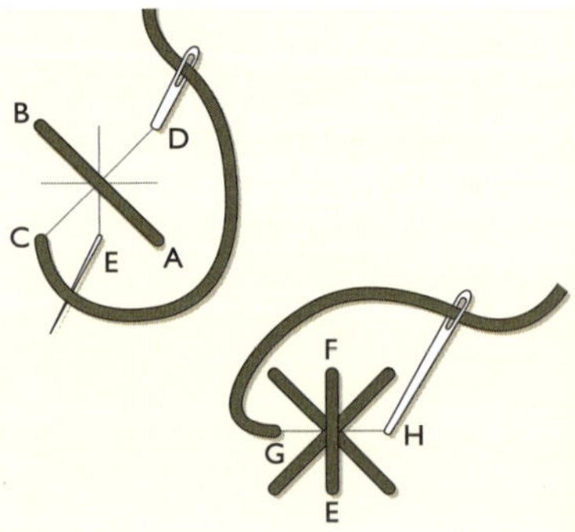

point D'HERMINE

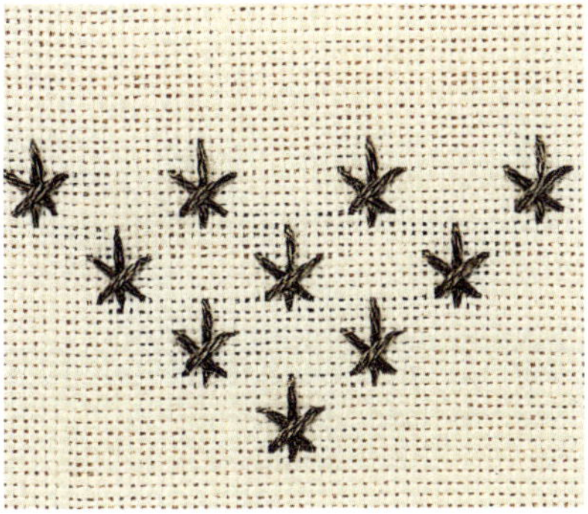

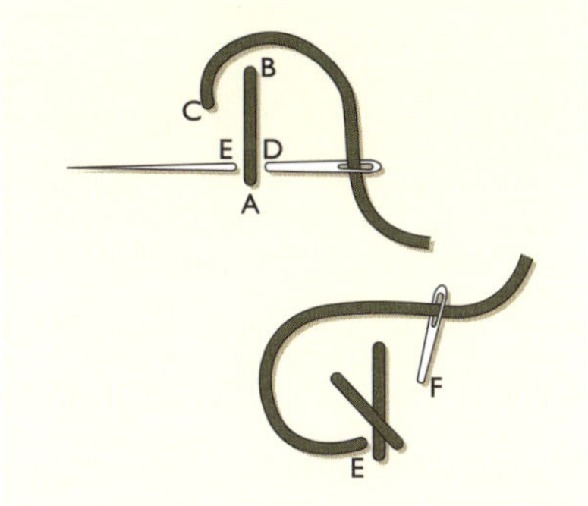

Ce point s'utilise seul ou en rangs. Sur trame régulière, brodez les rangs sur un nombre de fils régulier. Sur toile simple, brodez-les en suivant deux lignes parallèles (p. 53).

1 Sortez l'aiguille en A sur l'endroit du tissu.
2 Piquez en B et sortez l'aiguille en C, à environ deux tiers de la hauteur du point A-B.
3 Piquez en D et sortez l'aiguille en E, à la même hauteur que D, un peu au-dessus du point A.
4 Pour terminer, piquez en F, à la même hauteur que le point C.

point DE CROIX et point DE TRAIT

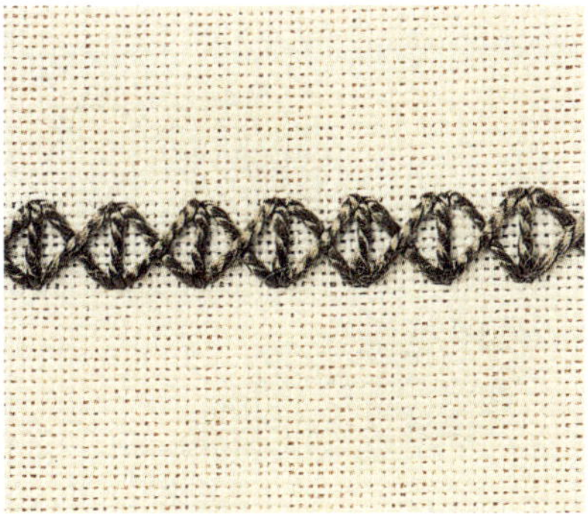

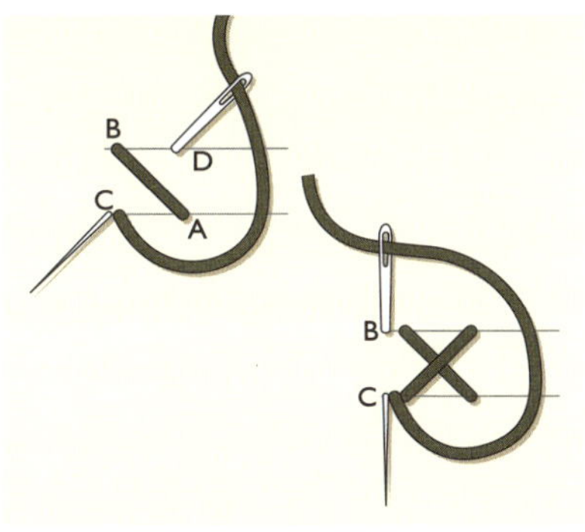

Ce point est constitué de deux points et sert à réaliser des frises et des bordures. Vous pouvez si vous le souhaitez broder tous les points de croix avant d'ajouter les points de trait. Sur trame régulière, brodez sur un nombre de fils régulier. Sur toile simple, brodez en suivant deux lignes parallèles (p. 53). Travaillez de droite à gauche.

1 Sortez l'aiguille en A sur l'endroit du tissu, sur la ligne du bas.
2 Piquez en B et sortez l'aiguille en C, à la verticale du point B. Piquez en D, à la verticale du point A, et ressortez l'aiguille en C.
3 Piquez en B et ressortez l'aiguille en C pour compléter le premier point. Répétez le nombre de fois voulu.

point DE CROIX ZIGZAG

Ce point est utilisé pour les bordures et comme point de remplissage. Sur trame régulière, brodez sur un nombre de fils régulier. Sur toile simple, brodez en suivant deux lignes parallèles (p. 53). Travaillez de droite à gauche.

1 Sortez l'aiguille en A sur l'endroit du tissu. Piquez en B et ressortez l'aiguille en A.
2 Piquez en C, sortez l'aiguille en D, puis repiquez en C et ressortez de nouveau en D. Répétez jusqu'à la fin du rang en terminant ce dernier par un point vertical.
3 Pour revenir en sens inverse, piquez en E, sortez l'aiguille en F et repiquez en E.
4 Piquez en G, sortez en H et continuez de la même façon jusqu'à la fin du rang.

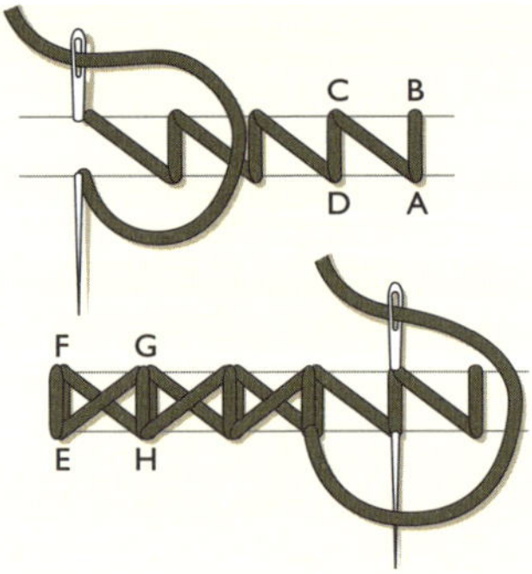

point D'ARÊTE

Ce point de remplissage dense sert à broder les bordures et les feuilles. Brodez de haut en bas ou en partant de la pointe du motif.

1 Reportez sur le tissu les contours du motif à broder.
2 Sortez l'aiguille en A sur l'endroit du tissu. Piquez en B et sortez l'aiguille en C, au bord du motif.
3 Piquez en D en empiétant légèrement sur le premier point et sortez en E, sur le bord opposé du motif.
4 Piquez en F, en empiétant légèrement sur le dernier point réalisé, et sortez en G pour compléter le premier point d'arête.
5 Continuez en piquant alternativement de chaque côté du motif.

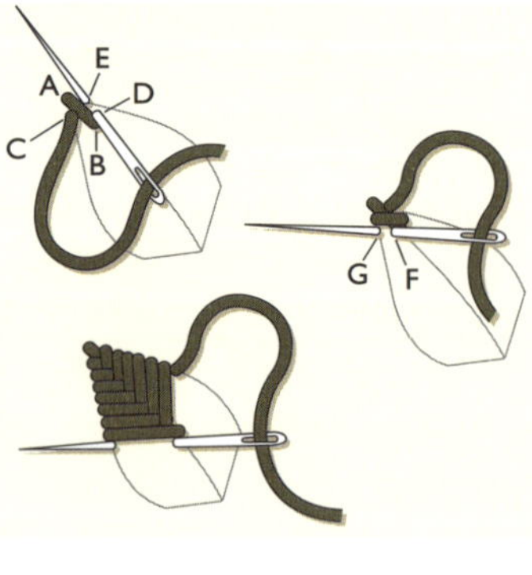

point D'ARÊTE EN RELIEF

Point de passé plat croisé,
point de chausson serré,
point de chausson rembourré

Ce point sert à broder des petits motifs en relief comme les feuilles. Tracez le motif sur le tissu en indiquant son centre.

1 Sortez l'aiguille en A sur l'endroit du tissu, en haut du motif.

2 Piquez en B, au centre du motif, puis sortez l'aiguille en C, au bord du motif, à la même hauteur que le point B.

3 Piquez en D, au bord du motif, juste à droite du point A, et sortez l'aiguille en E, juste à gauche du point A.

4 Piquez en F, à la même hauteur que le point C, et sortez l'aiguille en G, au bord du motif, juste sous le point C.

5 Piquez au bord du motif, juste sous le point D, et sortez l'aiguille juste sous le point E.

6 Piquez en H, juste sous le point F et continuez de la même façon jusqu'à ce que le motif soit entièrement brodé.

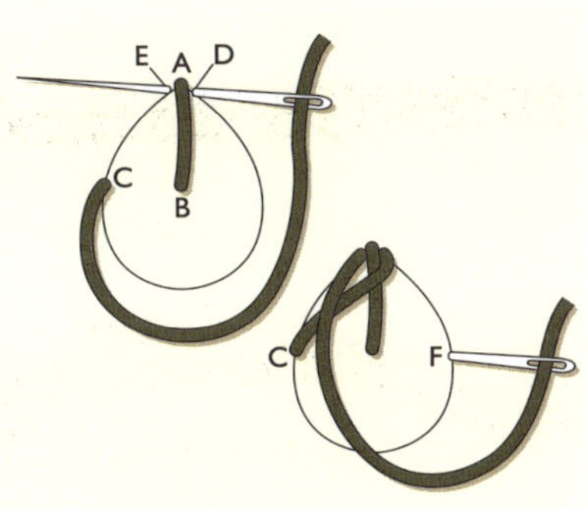

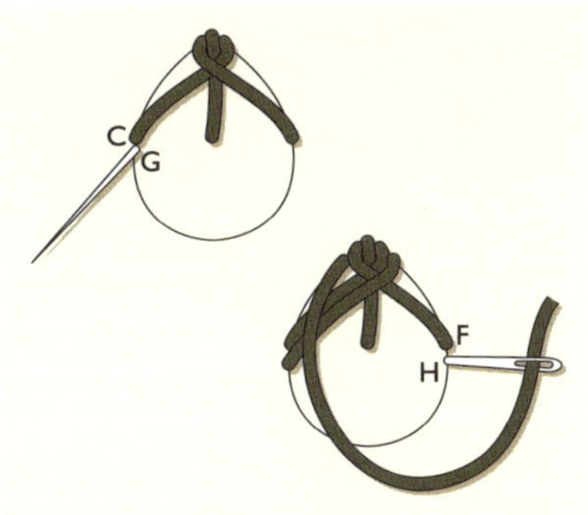

point DE CHAUSSON

Point russe, point croisé, point de piqûre croisé

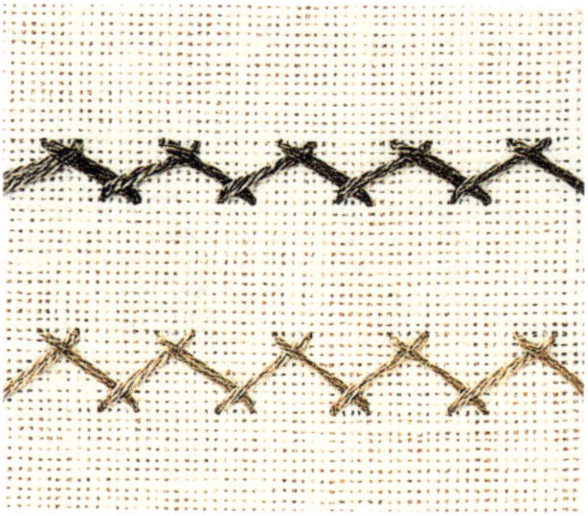

Ce point sert à réaliser des bordures décoratives. Sur trame régulière, brodez sur un nombre de fils régulier. Sur toile simple, brodez en suivant deux lignes parallèles (p. 53). Pour un résultat optimal, faites des points réguliers et parallèles. Travaillez de gauche à droite.

1 Sortez l'aiguille en A sur l'endroit du tissu (ligne du bas).
2 Piquez en B, sur la ligne du haut, à droite du point A, et sortez l'aiguille en C, également à droite du point A.
3 Piquez en D, sur la ligne du bas, à droite du point B, et sortez l'aiguille en E, sous le point B ou à droite de ce dernier. Répétez le nombre de fois voulu.

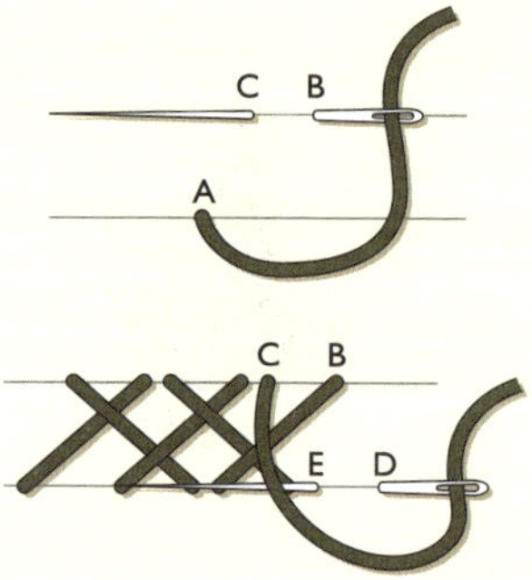

point DE CHAUSSON CROISÉ

Ce point sert à réaliser des bordures droites ou incurvées. Sur trame régulière, brodez sur un nombre de fils toujours identique. Sur toile simple, brodez en suivant deux lignes parallèles (p. 53). Travaillez de gauche à droite.

1 Sortez l'aiguille en A sur l'endroit du tissu.
2 Piquez en B, sortez l'aiguille en C et piquez en D pour former une croix.
3 Sortez l'aiguille en E, juste à droite du point A, et piquez en F, juste à droite du point B.
4 Sortez l'aiguille en G et piquez en H, juste à droite des points C et D.
5 Répétez en espaçant régulièrement les points.

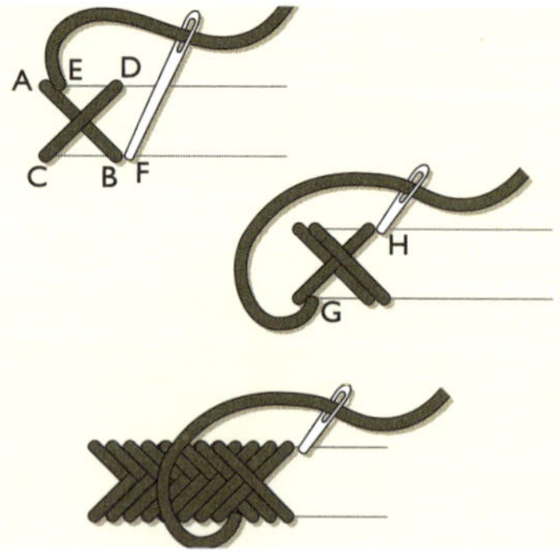

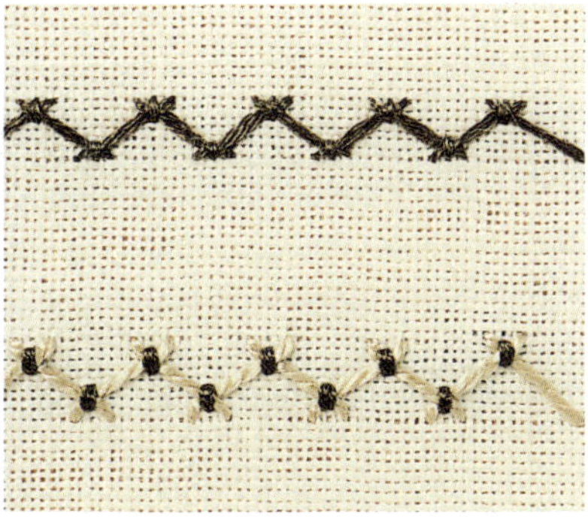

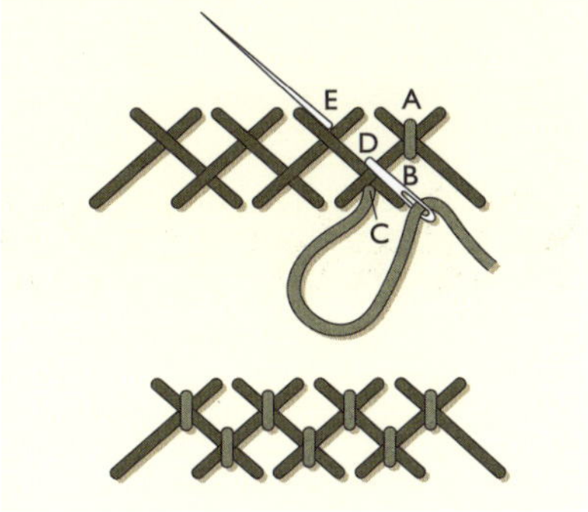

point DE CHAUSSON NOUÉ

Ce point en zigzag peut être brodé en rangs isolés ou utilisé comme point de remplissage. Sur trame régulière, brodez sur un nombre de fils toujours identique. Sur toile simple, brodez en suivant deux lignes parallèles (p. 53). Travaillez de gauche à droite.

1 Sortez l'aiguille sur la ligne du bas et faites un rang au point de chausson (p. 72).

2 Pour revenir en sens inverse sur les points, sortez l'aiguille en A sur l'endroit du tissu.

3 Piquez en B pour former un point de maintien et sortez l'aiguille en C, sous la croix suivante.

4 Piquez en D, sortez l'aiguille en E et continuez de la même façon jusqu'à la fin du rang.

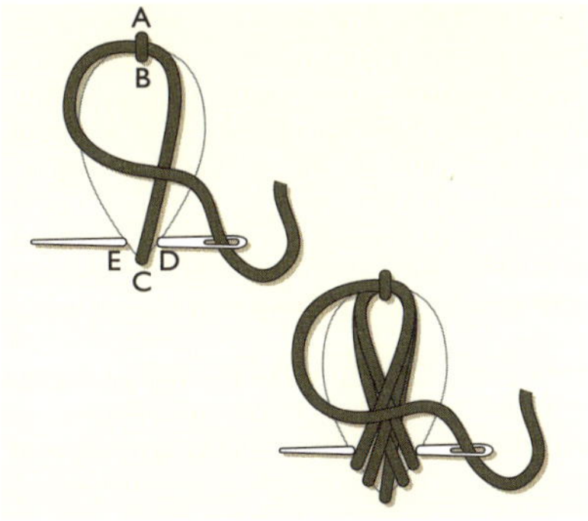

point DE CHAUSSON EN RELIEF

Ce point sert à créer des feuilles et des pétales en relief. Reportez le motif sur le tissu et brodez en rapprochant plus ou moins les points selon l'effet voulu.

1 Sortez l'aiguille en A sur l'endroit du tissu, à l'extrémité la plus arrondie du motif.

2 Piquez en B pour faire un petit point vertical et sortez l'aiguille en C.

3 Glissez l'aiguille de droite à gauche sous le point vertical, sans piquer dans le tissu.

4 Piquez en D, sortez l'aiguille en E et répétez le nombre de fois voulu.

point DE CHAUSSON DOUBLE

Ce point est souvent réalisé avec deux couleurs différentes. Brodez de gauche à droite, sur trame régulière ou sur toile simple, en suivant deux lignes parallèles (p. 53).

1 Sortez l'aiguille en A sur l'endroit du tissu, sur la ligne du bas.
2 Piquez en B, sur la ligne du haut, assez loin à droite du point A, et sortez l'aiguille en C. Glissez l'aiguille de gauche à droite sous le point, sans piquer dans le tissu.
3 Piquez en D, sur la ligne du bas, et sortez l'aiguille en E. Répétez jusqu'à la fin du rang, en glissant l'aiguille sous le dernier point réalisé chaque fois que vous allez de haut en bas.
4 Prenez une aiguillée d'une autre couleur et sortez l'aiguille en F sur l'endroit du tissu, sur la ligne du haut, au-dessus du point A.
5 Piquez en G, sur la ligne du bas, et sortez l'aiguille en H.
6 Glissez l'aiguille sous le point suivant du rang précédent, piquez en I, sur la ligne du haut, et sortez l'aiguille en J.
7 Glissez l'aiguille sous le dernier point réalisé et continuez de la même façon jusqu'à la fin du rang, en glissant l'aiguille sous le dernier point réalisé quand vous allez de haut en bas et sous le point suivant du rang précédent quand vous allez de bas en haut.

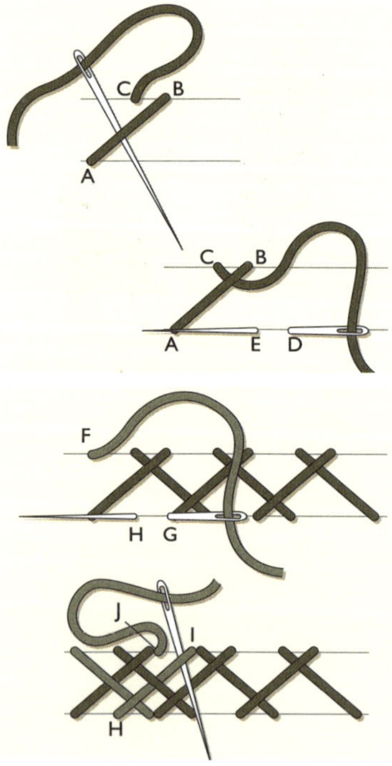

le point de grébiche et ses dérivés

Le point de grébiche sert traditionnellement à border les couvertures. La partie horizontale du point forme une ligne nette au bord du tissu et l'empêche de s'effilocher.

Les points qui suivent servent également à coudre les motifs en appliqué et, quand ils sont rapprochés, à confectionner des boutonnières. Certains, particulièrement décoratifs, sont utilisés pour broder des frises et des bordures.

Les points qui suivent se brodent sur toile simple ou sur trame régulière, avec une aiguille à broder.

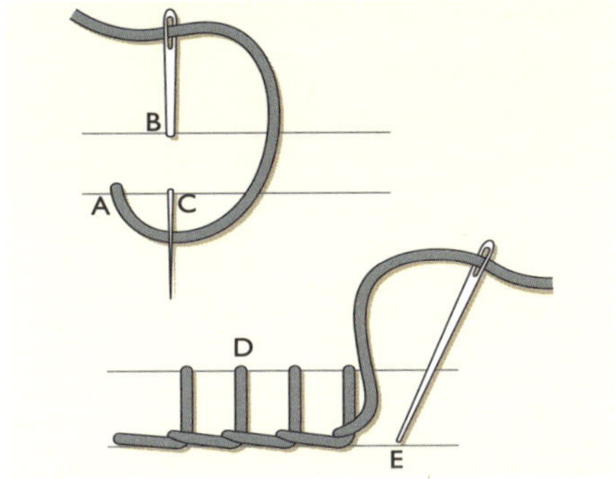

point DE GRÉBICHE

Espacez les points verticaux selon l'effet voulu et faites-les de la même longueur. Sur trame régulière, brodez sur un nombre de fils identique. Sur toile simple, brodez en suivant deux lignes parallèles (p. 53). Travaillez de gauche à droite.

1 Sortez l'aiguille en A sur l'endroit (au bord de l'ouvrage si vous brodez une lisière).
2 Piquez en B et sortez l'aiguille en C (près de la lisière), en faisant passer le fil sous la pointe de l'aiguille.
3 Piquez en D et répétez l'opération. Pour terminer, piquez en E.

point DE GRÉBICHE DÉGRADÉ

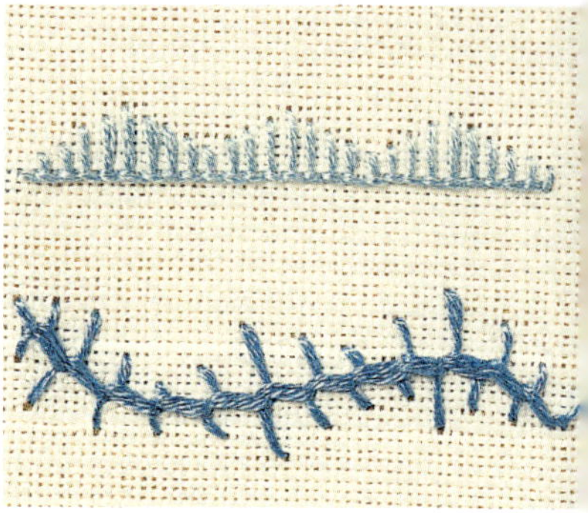

Ce point sert à réaliser des lignes décoratives droites, « en guirlande » ou en zigzag. Brodez de gauche à droite.

1 Sortez l'aiguille sur l'endroit du tissu, au bord de ce dernier si vous brodez sa lisière.
2 Travaillez au point de grébiche (p. 75) le long du bord, en variant la longueur des points pour former un motif répétitif.
3 Terminez par un petit point horizontal.

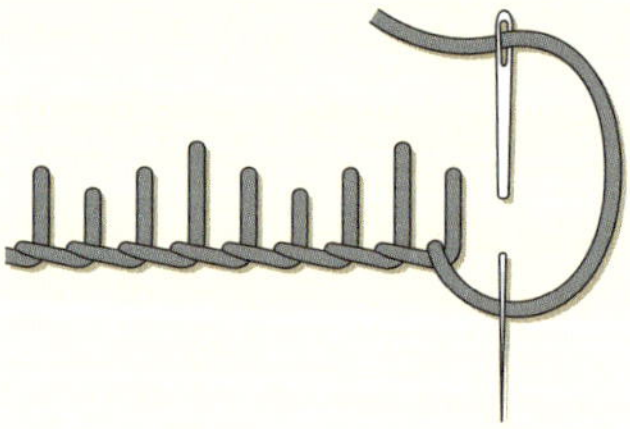

point DE GRÉBICHE DOUBLE

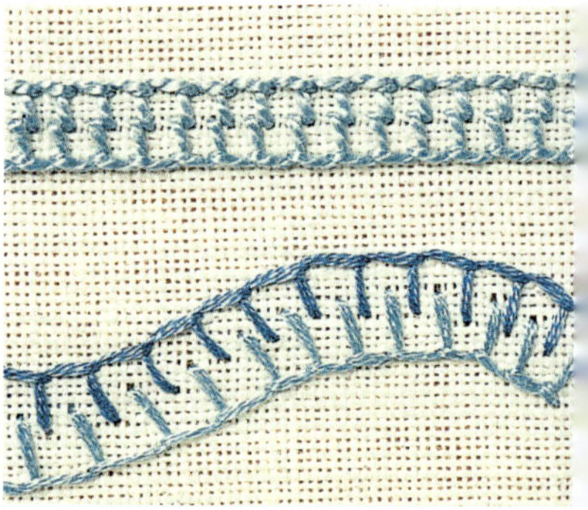

Ce point sert à broder des lignes droites ou incurvées et peut être réalisé avec deux fils de couleurs différentes. Sur trame régulière, brodez sur un nombre de fils régulier. Sur toile simple, brodez en suivant deux lignes parallèles (p. 53). Travaillez de gauche à droite.

1 Sortez l'aiguille sur l'endroit du tissu.
2 Faites un rang de points de grébiche de même longueur (p. 75).
3 Tournez le tissu à 180 ° et sortez de nouveau l'aiguille sur l'endroit du tissu.
4 Faites un second rang identique au premier, en plaçant chaque point vertical entre deux points verticaux du rang précédent.

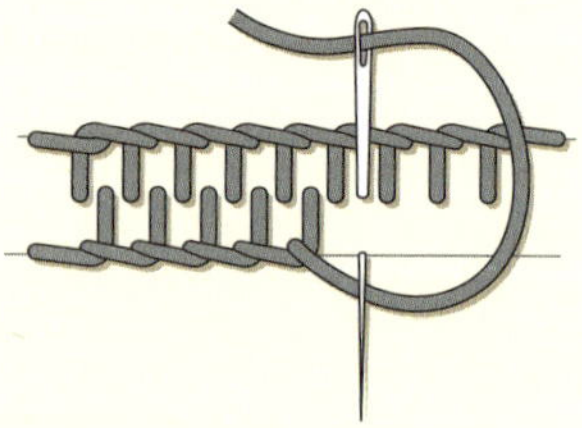

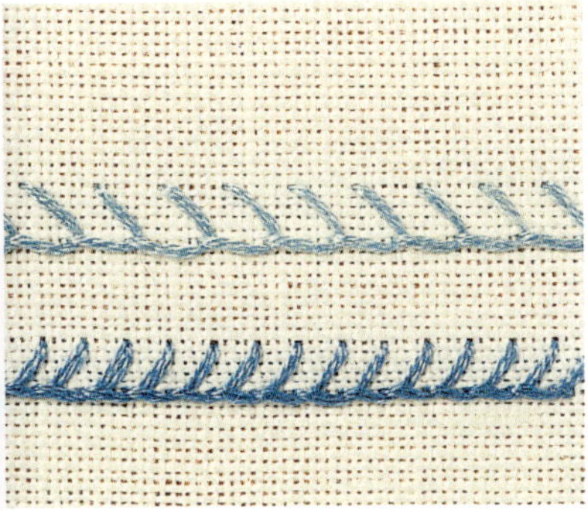

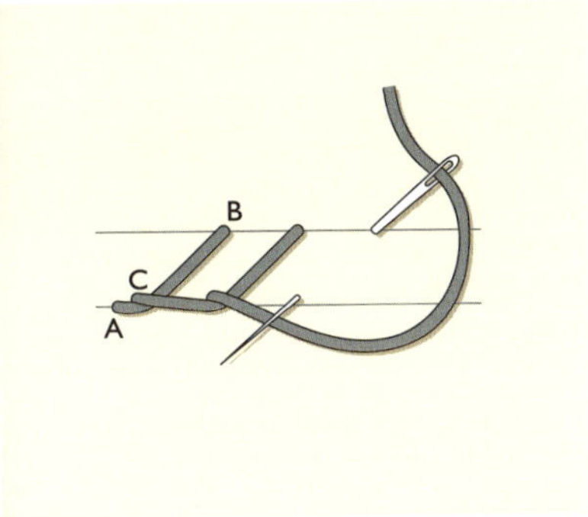

point DE FESTON OBLIQUE

Ce point sert à réaliser des bordures droites ou incurvées. Les points peuvent pencher à gauche ou à droite. Sur trame régulière, brodez sur un nombre de fils régulier. Sur toile simple, brodez en suivant deux lignes parallèles (p. 53). Travaillez de gauche à droite.

1 Sortez l'aiguille en A sur l'endroit du tissu (au bord de ce dernier si vous brodez sa lisière).
2 Piquez en B et sortez l'aiguille en C, en faisant passer le fil sous la pointe de l'aiguille.
3 Répétez le nombre de fois voulu et terminez par un petit point sur la ligne du bas (ou au bord du tissu).

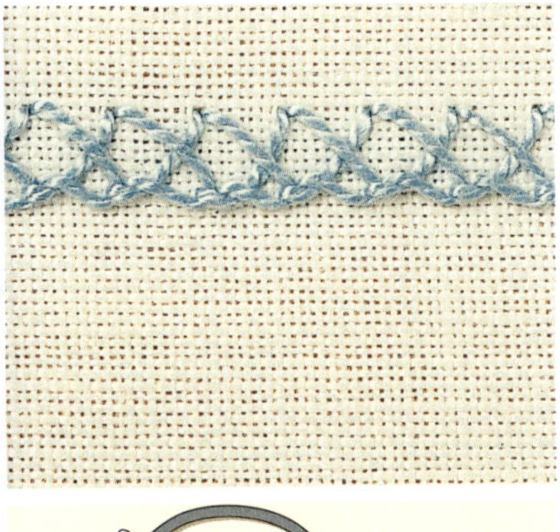

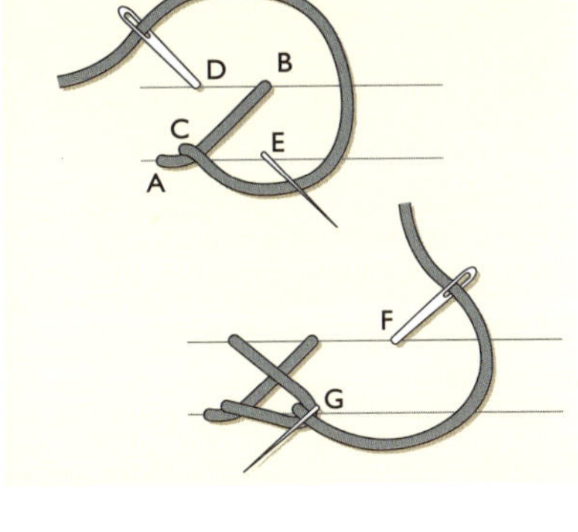

point DE FESTON CROISÉ

Ce point sert à réaliser des bordures droites ou incurvées. Sur trame régulière, brodez sur un nombre de fils régulier. Sur toile simple, brodez en suivant deux lignes parallèles (p. 53). Travaillez de gauche à droite.

1 Sortez l'aiguille en A sur l'endroit du tissu (au bord de ce dernier si vous brodez sa lisière).
2 Piquez en B et sortez l'aiguille en C, en faisant passer le fil sous la pointe de l'aiguille.
3 Piquez en D, au-dessus du point A, et sortez l'aiguille en E, sous le point B, pour former une croix.
4 Piquez en F et sortez l'aiguille en G et répétez le nombre de fois voulu.

point DE FESTON FERMÉ

Point de boutonnière fermé, point de grébiche fermé

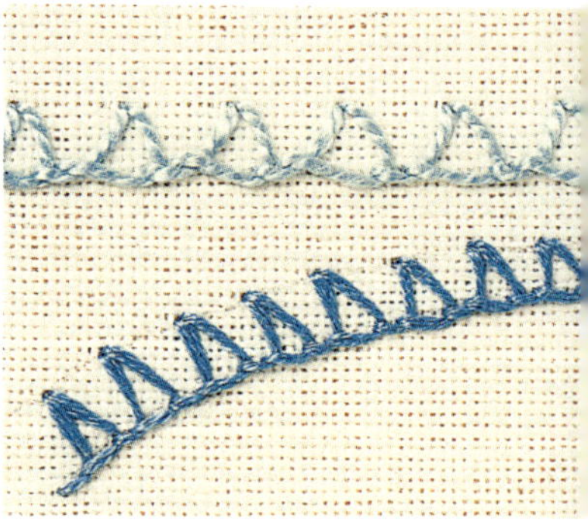

Brodez sur trame régulière ou sur toile simple, en suivant deux lignes parallèles (p. 53). Travaillez de gauche à droite, en faisant des points de même longueur et de même inclinaison.

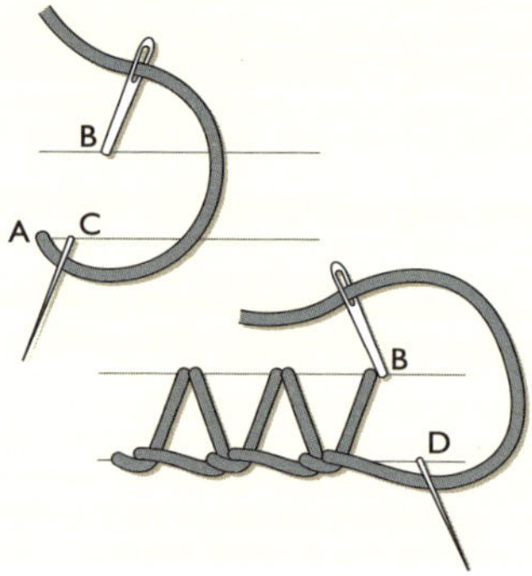

1 Sortez l'aiguille en A sur l'endroit du tissu (au bord de ce dernier si vous brodez sa lisière).
2 Piquez en B et sortez l'aiguille en C, en faisant passer le fil sous la pointe de l'aiguille.
3 Repiquez en B et sortez l'aiguille en D, en faisant de nouveau passer le fil sous la pointe de l'aiguille. Répétez le nombre de fois voulu et terminez par un petit point.

point DE FESTON EMPIÉTANT

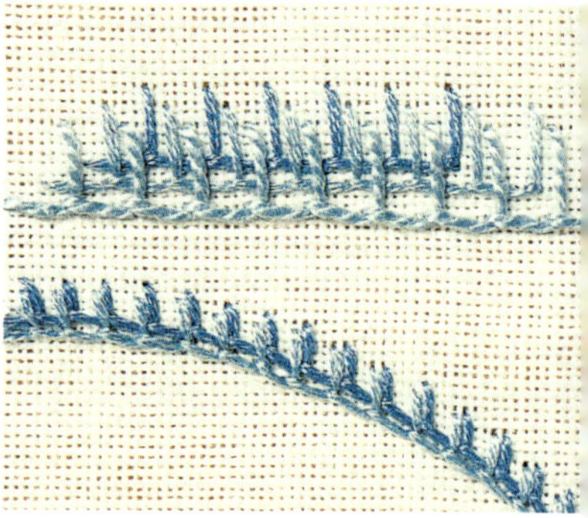

Ce point peut être réalisé avec des fils de différentes couleurs. Sur trame régulière, brodez sur un nombre de fils régulier. Sur toile simple, brodez en suivant des lignes parallèles (p. 53). Travaillez de gauche à droite.

1 Sortez l'aiguille sur l'endroit du tissu (au bord de ce dernier si vous brodez sa lisière). Faites un rang au point de grébiche (p. 75) en espaçant régulièrement les points. Terminez le rang par un petit point.
2 Faites un second rang de points de grébiche en plaçant les points horizontaux juste sous ceux du premier rang et les points verticaux à intervalles réguliers par rapport à ceux du premier rang (à gauche, à droite ou entre deux points).
3 Terminez par un petit point.

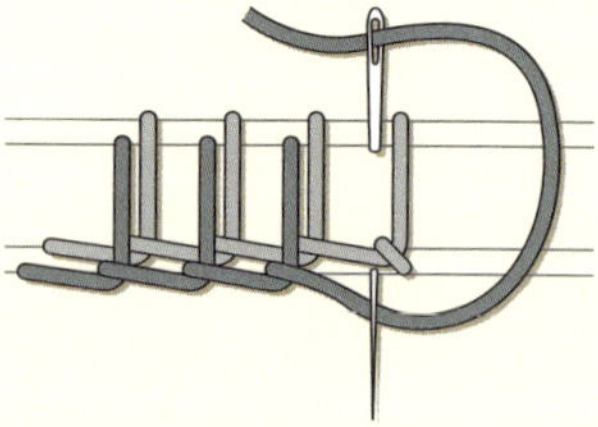

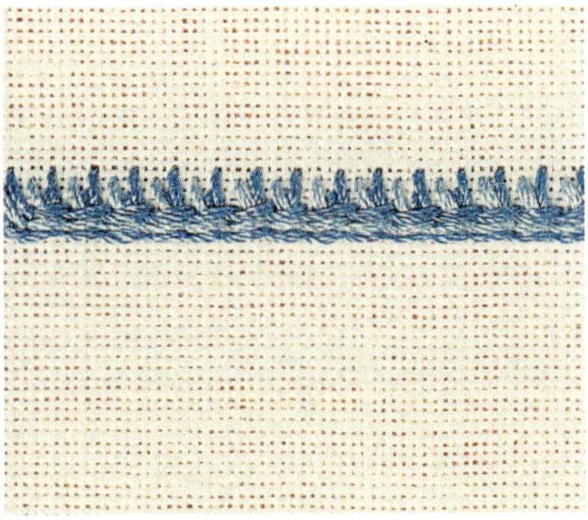

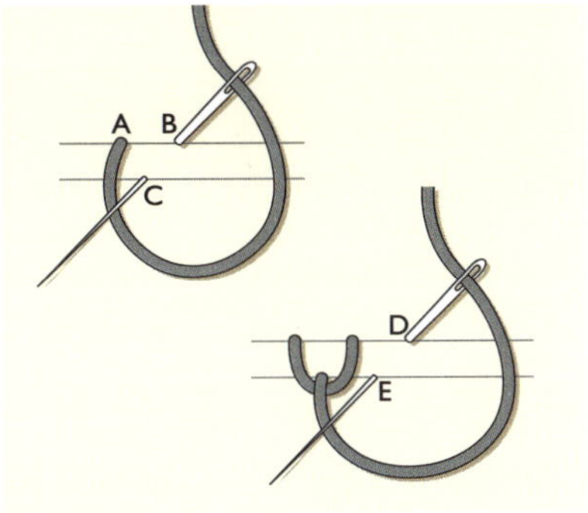

point DE FESTON BOUCLÉ

Brodez sur trame régulière ou sur toile simple, en suivant deux lignes parallèles (p. 53). Travaillez de gauche à droite.

1 Sortez l'aiguille en A sur l'endroit du tissu, sur la ligne du haut.
2 Piquez en B, sur la ligne du haut, et sortez l'aiguille en C, sur la ligne du bas, en faisant passer le fil sous la pointe de l'aiguille.
3 Maintenez le fil en place avec le pouce. Piquez en D, sur la ligne du haut, et sortez l'aiguille en E, sur la ligne du bas, en faisant de nouveau passer le fil sous l'aiguille.
4 Ajoutez autant de rangs que voulu.

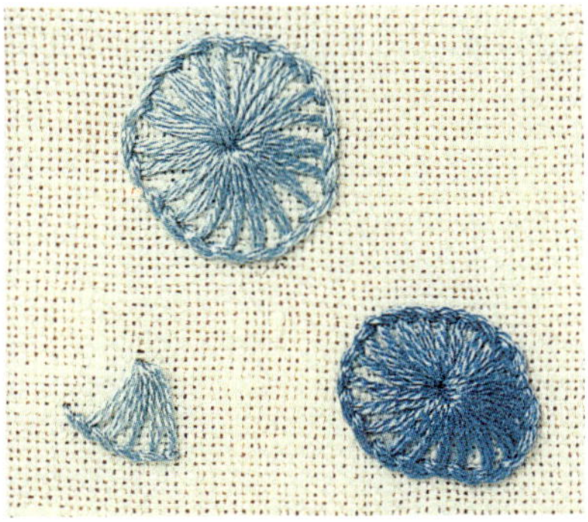

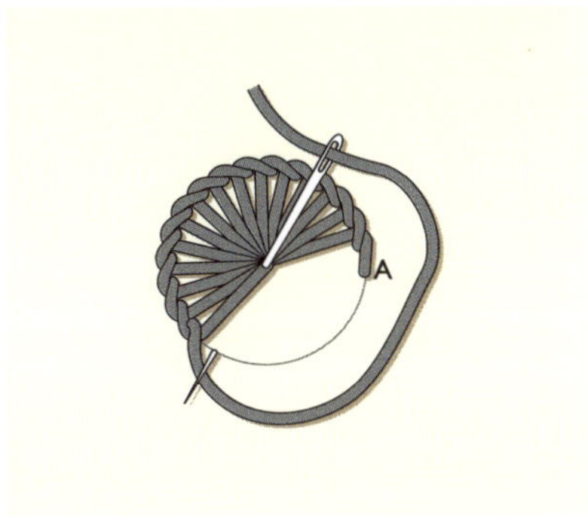

ROUE FESTONNÉE

Point de roue, œillet festonné

Ce point sert principalement à broder des fleurs.

1 Reportez sur le tissu le cercle et son centre. Sortez l'aiguille en A sur l'endroit du tissu, au bord du cercle.
2 Piquez au centre du cercle et sortez l'aiguille sur son bord en faisant passer le fil sous sa pointe. Répétez en allant dans le sens inverse des aiguilles d'une montre et en espaçant régulièrement les points.
3 Pour terminer, passez sous le premier point du bord du cercle, du bord vers le centre, et piquez au centre.

point
DE GRÉBICHE NOUÉ

Point de feston noué

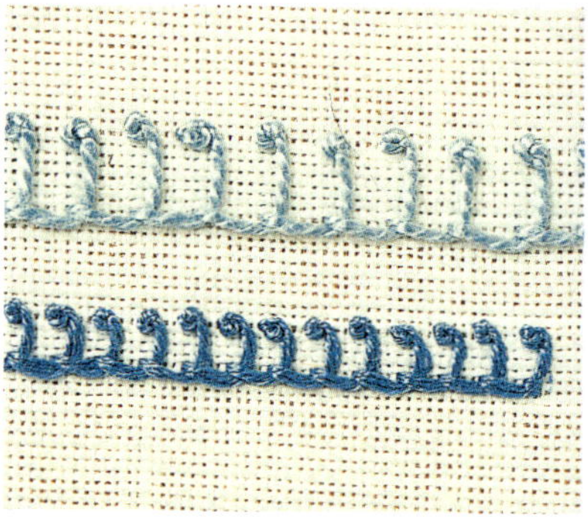

Ce point sert à réaliser des bordures, des lignes incurvées et des cercles. Il se brode comme le point de grébiche mais en faisant un nœud à l'extrémité de chaque point vertical. La même méthode peut servir à agrémenter de nœuds des points de feston inclinés (p. 77) ou des points de feston doubles (p. 81). Sur trame régulière, brodez sur un nombre de fils toujours identique. Sur toile simple, brodez en suivant deux lignes parallèles (p. 53). Travaillez de gauche à droite.

1 Sortez l'aiguille en A sur l'endroit du tissu, sur la ligne du bas.

2 Enroulez le fil autour d'un de vos pouces. Glissez l'aiguille de bas en haut dans la boucle ainsi formée puis faites glisser la boucle sur l'aiguille.

3 Piquez en B, sur la ligne du haut, et sortez l'aiguille en C, sur celle du bas, sous le point B. Sans enlever la boucle de l'aiguille, faites passer le fil sous la pointe de l'aiguille.

4 Maintenez la boucle en place avec le pouce et tirez sur l'aiguille pour former le nœud.

5 Répétez le nombre de fois voulu et terminez par un petit point sur la ligne du bas.

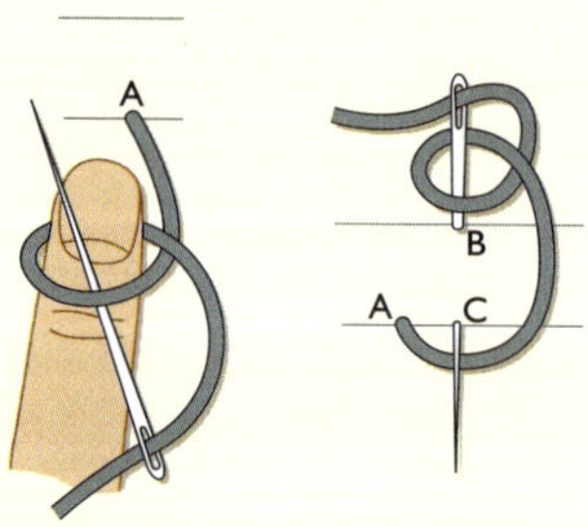

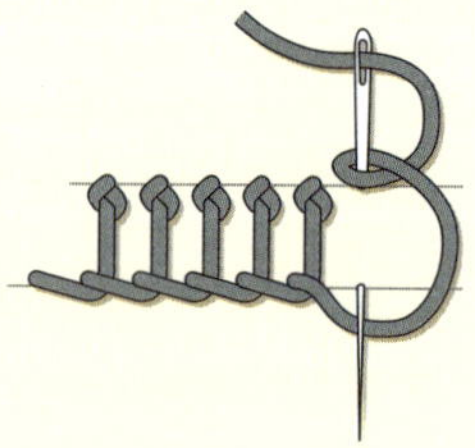

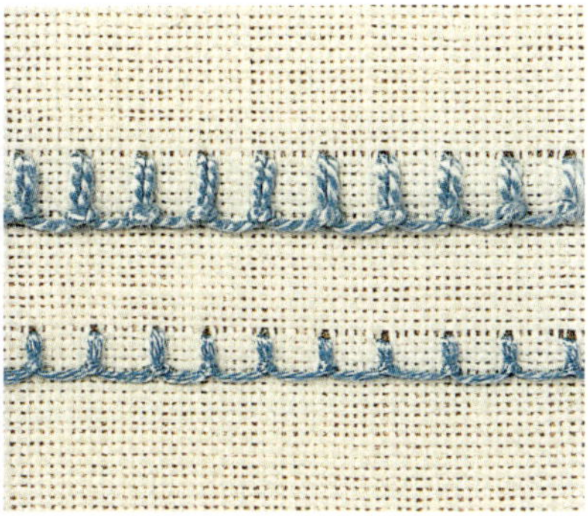

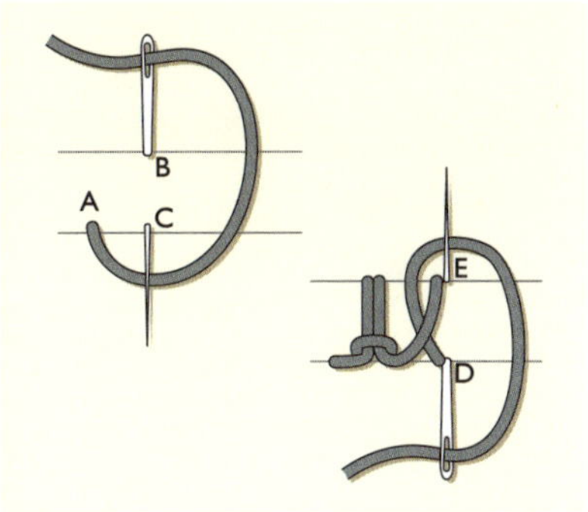

point DE FESTON DOUBLE

Brodez de gauche à droite, sur trame régulière ou sur toile simple, en suivant deux lignes parallèles (p. 53).

1 Sortez l'aiguille en A sur l'endroit du tissu, sur la ligne du bas (ou au bord du tissu si vous brodez sa lisière).
2 Piquez en B, sur la ligne du haut, et sortez l'aiguille en C, en faisant passer le fil sous la pointe de l'aiguille.
3 Formez une boucle sur la ligne du haut, dans le sens des aiguilles d'une montre, puis piquez en D et sortez l'aiguille en E, dans la boucle. Répétez le nombre de fois voulu.

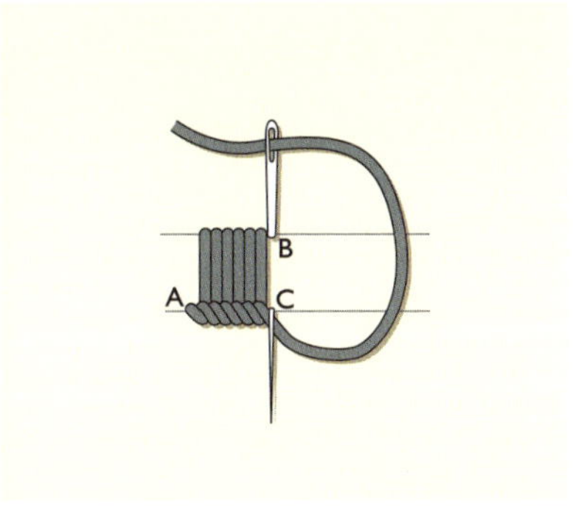

point DE BOUTONNIÈRE

Point de feston

Ce point sert principalement à réaliser des bordures et des boutonnières. Ses points verticaux sont si proches qu'ils couvrent entièrement le tissu (contrairement à ceux du point de grébiche simple). Brodez de gauche à droite, en faisant des points réguliers.

1 Sortez l'aiguille en A sur l'endroit du tissu (au bord de ce dernier si vous brodez une boutonnière).
2 Piquez en B et sortez l'aiguille en C (au bord du tissu), en faisant passer le fil sous la pointe de l'aiguille.
3 Répétez le nombre de fois voulu et terminez par un petit point horizontal.

point DE FESTON TAILLEUR

Ce point sert à réaliser des bordures et des boutonnières rigides. Les points verticaux sont serrés, mais suffisamment espacés pour que les nœuds ne se chevauchent pas. Brodez sur trame régulière ou sur toile simple, en suivant deux lignes parallèles (p. 53). Travaillez de gauche à droite.

1 Sortez l'aiguille en A sur l'endroit du tissu, au bord de ce dernier si vous brodez sa lisière.

2 Formez une boucle allant dans le sens des aiguilles d'une montre, puis piquez en B et sortez l'aiguille en C, en faisant passer le fil sous les deux extrémités de l'aiguille.

3 Répétez le nombre de fois voulu.

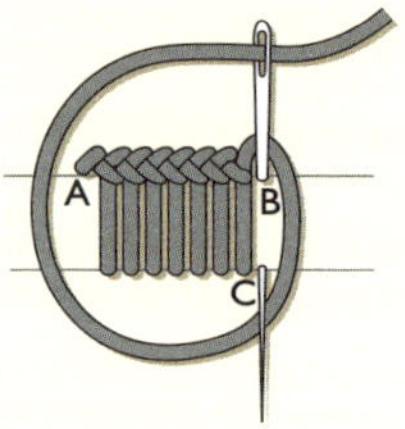

point DE FESTON ESPACÉ

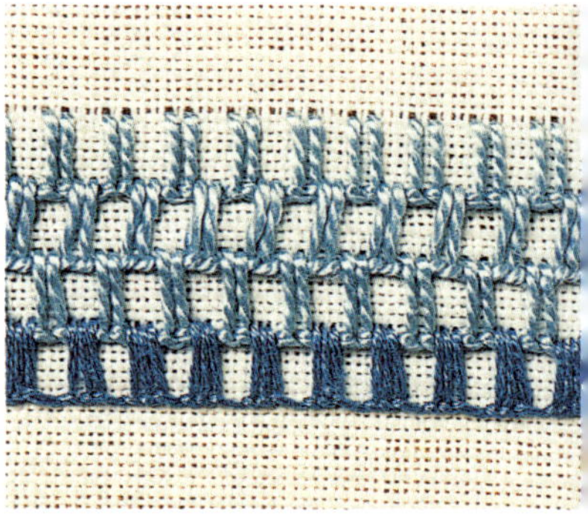

Ce point est un point de remplissage. Il peut être constitué de groupes de deux, trois ou quatre points de feston. Brodez de gauche à droite, sur trame régulière ou sur toile simple, en suivant deux lignes parallèles (p. 53).

1 Sortez l'aiguille en A sur l'endroit du tissu.

2 Pour faire le premier point, piquez en B et sortez l'aiguille en C en faisant passer le fil sous l'aiguille.

3 Répétez jusqu'à la fin du rang, en espaçant et en rapprochant régulièrement les points.

4 Pour faire le second rang, sortez l'aiguille en D, à l'extrémité droite du premier rang et piquez en E, au-dessus du dernier point horizontal du rang précédent. Continuez de la même façon jusqu'à la fin du rang.

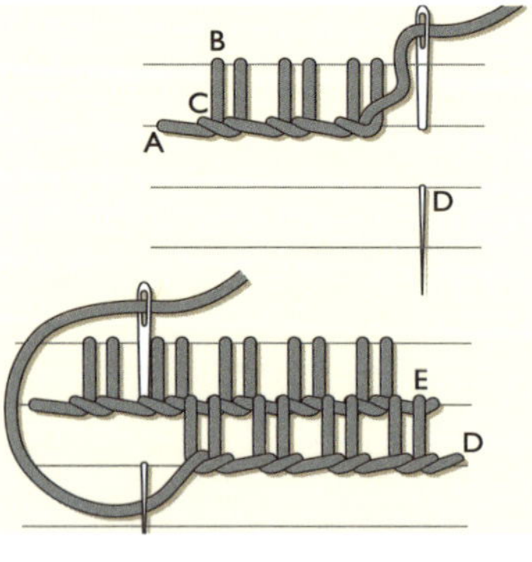

point DE FESTON À PICOTS

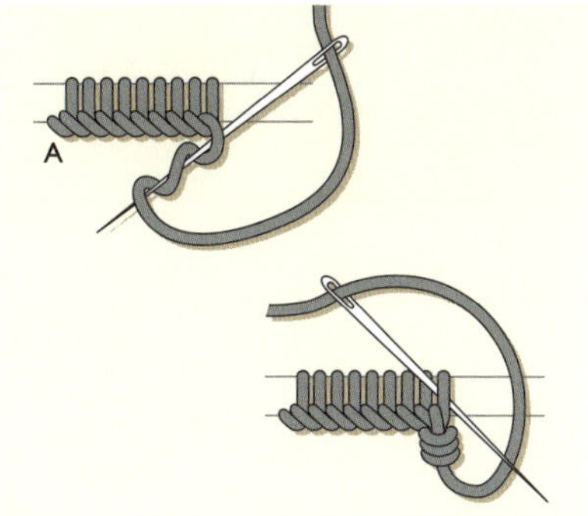

Ce point permet d'espacer les picots à son gré. Brodez de gauche à droite, sur trame régulière ou sur toile simple, en suivant deux lignes parallèles (p. 53).

1 Sortez l'aiguille en A sur l'endroit du tissu et faites le nombre de points de feston voulu (p. 81).

2 Enroulez le fil trois fois autour de l'aiguille, maintenez-le avec le pouce et tirez sur l'aiguille pour former un nœud (le picot). Glissez l'aiguille de gauche à droite sous le point vertical précédent, comme illustré ci-contre, sans piquer dans le tissu.

3 Répétez le nombre de fois voulu pour faire les groupes de points de feston et les picots suivants.

point DE FESTON MOTIF FLEUR

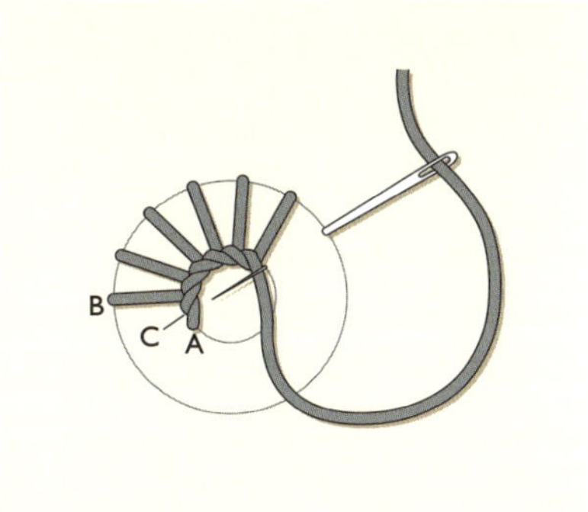

Ce point sert principalement à réaliser une fleur : son cœur et ses pétales. Pour former des cercles réguliers, commencez par tracer sur le tissu deux cercles concentriques. Brodez dans le sens des aiguilles d'une montre.

1 Sortez l'aiguille en A sur l'endroit du tissu, sur le cercle le plus petit.

2 Piquez en B, sur le cercle externe, et sortez l'aiguille en C, en plaçant le fil sous la pointe de l'aiguille. Faites des petits points sur le cercle interne afin de pouvoir broder le nombre de rayons voulu.

3 Continuez de la même façon tout autour du cercle, en espaçant régulièrement les points.

point DE FESTON POUR BRIDE

Ce point sert à broder des brides dont seules les extrémités sont fixées au tissu. Il est utilisé aussi pour broder les barrettes des broderies à jours à fils coupés. Pour former une ligne incurvée, brodez deux brides souples l'une à la suite de l'autre. Travaillez de gauche à droite.

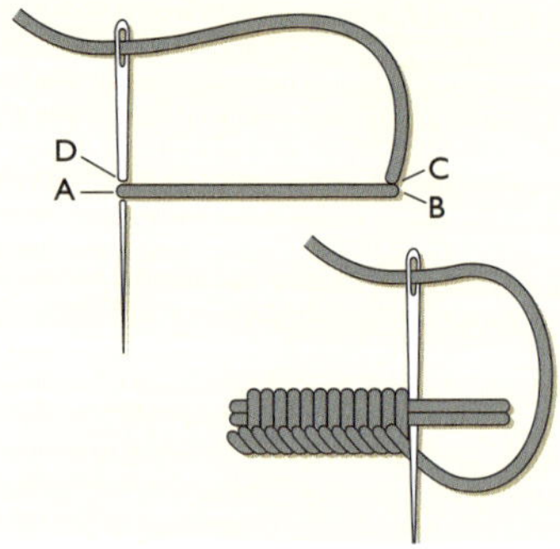

1 Sortez l'aiguille en A sur l'endroit du tissu, à l'extrémité gauche de la bride. Piquez en B, à l'autre extrémité, sortez l'aiguille en C, piquez en D et sortez l'aiguille juste sous le point A.
2 Travaillez au point de feston sur les deux fils sans piquer dans le tissu. Les points doivent être rapprochés et la bride doit reposer à plat sur le tissu.

double point DE FESTON POUR BRIDE

Ce point sert à réaliser de larges brides aux bords symétriques. Sur trame régulière, brodez sur un nombre de fils toujours identique. Sur toile simple, brodez en suivant deux lignes parallèles (p. 53).

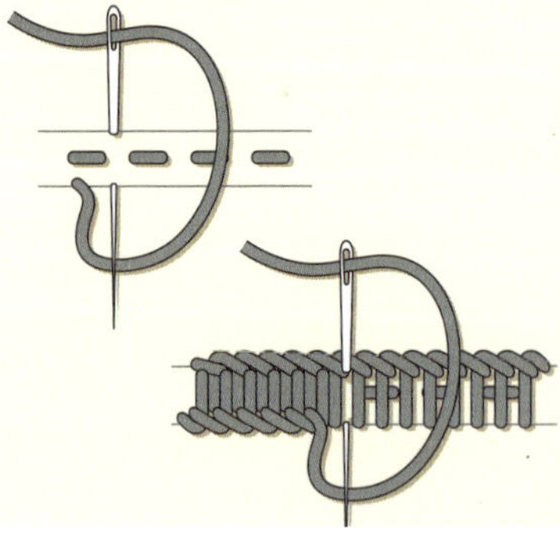

1 Sortez l'aiguille sur l'endroit du tissu, à l'extrémité droite du tracé, et brodez au point avant (p. 47) à égale distance entre les deux lignes.
2 Une fois arrivé à l'extrémité du tracé, sortez l'aiguille sur la ligne du bas et faites un rang de points de feston (p. 81) en espaçant suffisamment les points pour pouvoir broder les points du second rang.
3 Tournez le tissu à 180 ° et faites le second rang en plaçant les points entre ceux du rang précédent.

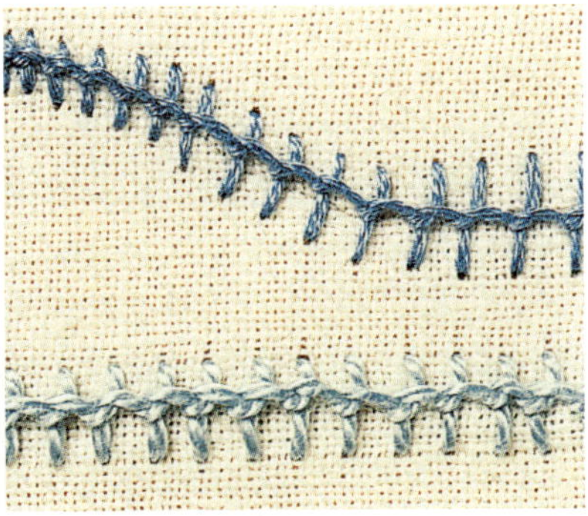

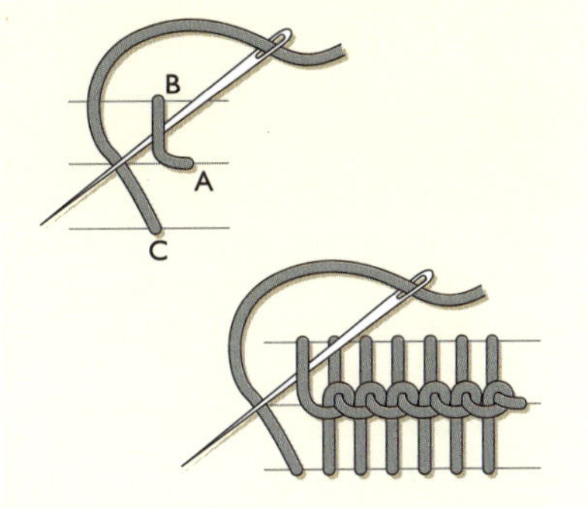

point ROMAN TRESSÉ

Ce point sert à réaliser des lignes droites ou incurvées et peut servir de point de remplissage en emboîtant les points verticaux de plusieurs rangs. Sur trame régulière, brodez sur un nombre de fils toujours identique. Sur toile simple, brodez en suivant trois lignes parallèles (p. 53). Travaillez de droite à gauche.

1 Sortez l'aiguille en A sur l'endroit du tissu, sur la ligne du milieu.
2 Piquez en B, sur la ligne du haut, et sortez l'aiguille en C, sur la ligne du bas.
3 Glissez l'aiguille de droite à gauche sous le point ainsi formé, sans piquer dans le tissu et en faisant passer le fil de travail sous la pointe de l'aiguille.
4 Piquez dans la ligne du haut pour faire le point suivant.

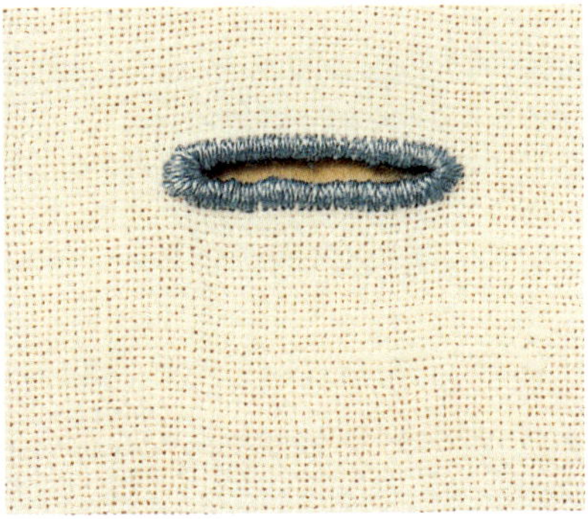

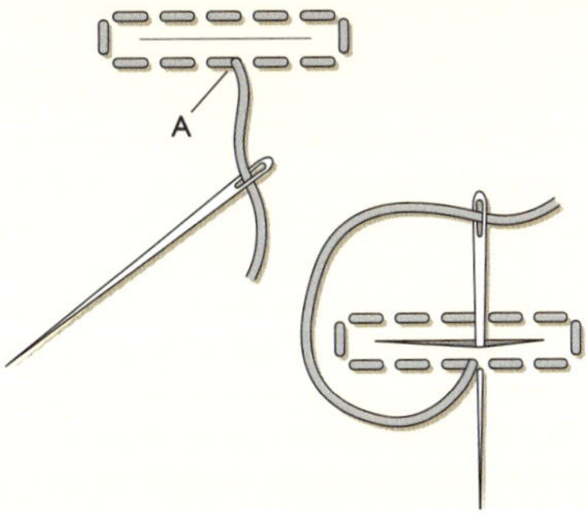

point DE CORDONNET

Ce point sert à surfiler les bords des œillets et des jours à fils coupés.

1 Tracez sur le tissu une ligne ou un cercle. Entourez le tracé de petits points avant (p. 47) puis sortez l'aiguille en A sur l'endroit du tissu, sous l'un des points situés sous le tracé.
2 Coupez le tissu le long du tracé avec des petits ciseaux ou un stylet.
3 Piquez dans le trou et sortez l'aiguille à droite du point A.
4 Répétez pour faire les points suivants, aussi rapprochés que possible, sans modifier la tension du fil.

le point d'épine et ses dérivés

Les points d'épine, délicatement ajourés, se brodent généralement sur des tissus fins, avec seulement un ou deux brins de fil mouliné. Les points peuvent être assez espacés pour donner une impression de légèreté ou au contraire rapprochés pour un rendu plus opaque.

Les points qui suivent se brodent sur toile simple et sur trame régulière, avec une aiguille à broder. Pour un résultat optimal, faites des points de même longueur, régulièrement espacés, sans modifier l'inclinaison de l'aiguille.

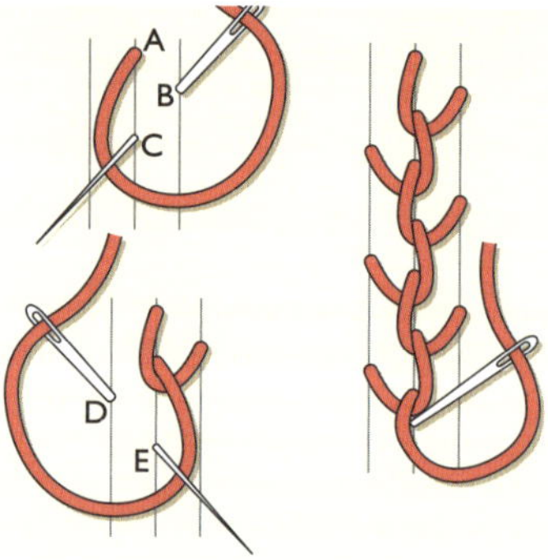

point D'ÉPINE

Pour un résultat parfait, tous les points doivent être de même longueur. Brodez de haut en bas, sur trois lignes parallèles (p. 53).

1 Sortez l'aiguille en A sur l'endroit du tissu, sur la ligne du milieu. Formez une boucle vers la droite, piquez de B à C et sortez l'aiguille à l'intérieur de la boucle.

2 Tirez l'aiguille vers le bas et maintenez le point en place avec le pouce. Formez une boucle vers la gauche, piquez en D et sortez l'aiguille en E, à l'intérieur de la boucle. Répétez le nombre de fois voulu et arrêtez la dernière boucle par un petit point.

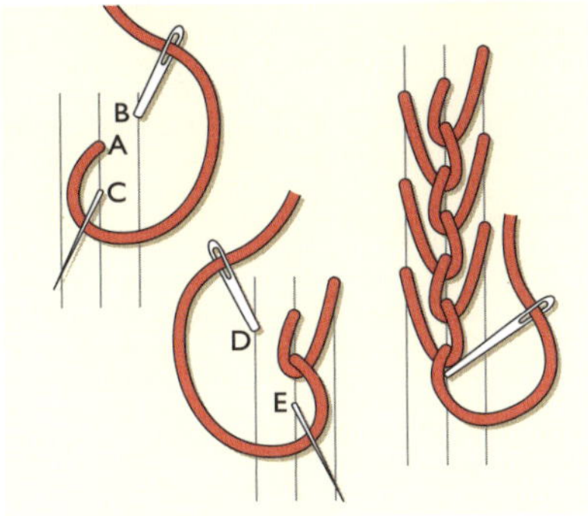

point D'ÉPINE LONG

Point de Crête

Ce point sert à réaliser des lignes droites ou incurvées. Brodez de haut en bas, sur trame régulière ou sur toile simple, en suivant trois lignes parallèles (p. 53).

1 Sortez l'aiguille en A sur l'endroit du tissu, sur la ligne du milieu.

2 Formez une boucle vers la droite, piquez en B et sortez l'aiguille en C, à l'intérieur de la boucle. Tirez sur l'aiguille en maintenant le point en place avec le pouce. Formez une boucle sur la gauche, piquez en D et sortez l'aiguille en E, à l'intérieur de la boucle.

3 Arrêtez la dernière boucle par un petit point.

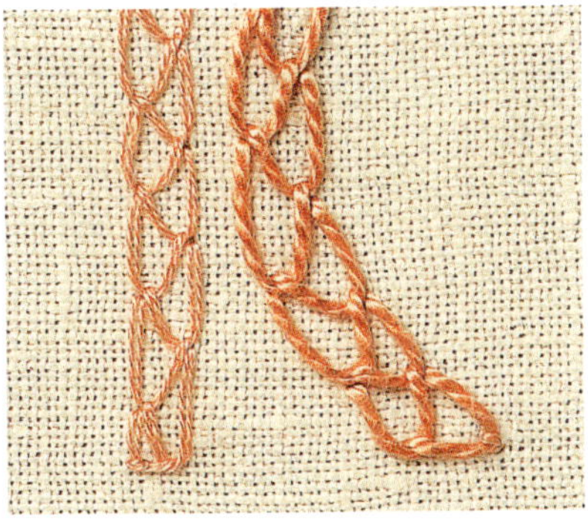

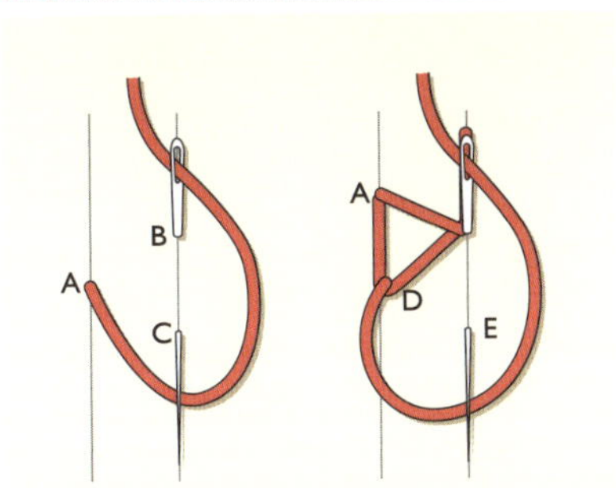

point D'ÉPINE FERMÉ

Ce point sert à réaliser des frises et des bordures droites ou incurvées. Brodez de haut en bas, sur trame régulière ou sur toile simple, en suivant deux lignes parallèles (p. 53).

1 Sortez l'aiguille en A sur l'endroit du tissu, sur la ligne de gauche.

2 Formez une boucle vers la droite. Piquez en B et sortez l'aiguille en C, à l'intérieur de la boucle. Tirez l'aiguille vers le bas.

3 Formez une boucle vers la gauche. Repiquez en A et sortez l'aiguille en D, à l'intérieur de la boucle. Tirez l'aiguille vers le bas.

4 Piquez en C, sortez l'aiguille en E et continuez de la même manière pour broder les points suivants.

point D'ÉPINE DOUBLE

Ce point sert à réaliser des bordures en zigzag. Il se brode de haut en bas, sur cinq lignes parallèles (p. 53).

1 Sortez l'aiguille en A sur l'endroit du tissu. Piquez en B, à la même hauteur que le point A, et sortez l'aiguille en C en faisant passer le fil sous l'aiguille.
2 Formez une boucle vers la gauche et faites un point à gauche du premier en piquant en D, au même niveau que le point C, en sortant l'aiguille en E. Faites un nouveau point à gauche du précédent, de F à G.
3 Faites deux points vers la droite, puis deux vers la gauche et continuez de la même façon en faisant des points réguliers.

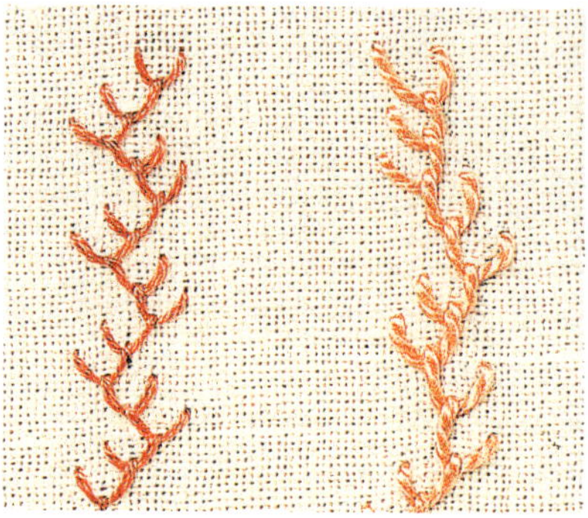

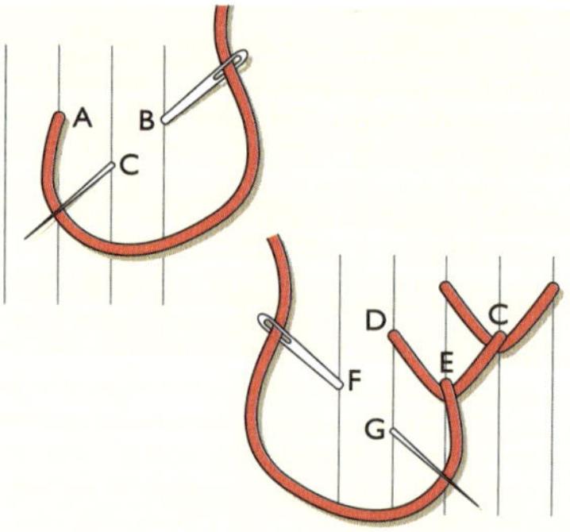

point D'ÉPINE UNILATÉRAL

Ce point sert à réaliser des bordures et à faire des smocks. Sur trame régulière, brodez sur un nombre de fils toujours identique. Sur toile simple, brodez en suivant deux lignes parallèles (p. 53). Travaillez de haut en bas.

1 Sortez l'aiguille en A sur l'endroit du tissu, sur la ligne de gauche.
2 Formez une boucle vers la droite. Piquez en B, sur la ligne de droite, sous le point A, et sortez l'aiguille en C, à l'intérieur de la boucle. Tirez l'aiguille vers le bas.
3 Piquez en D et sortez l'aiguille en E pour faire le point suivant.
4 Répétez le nombre de fois voulu en espaçant régulièrement les points.

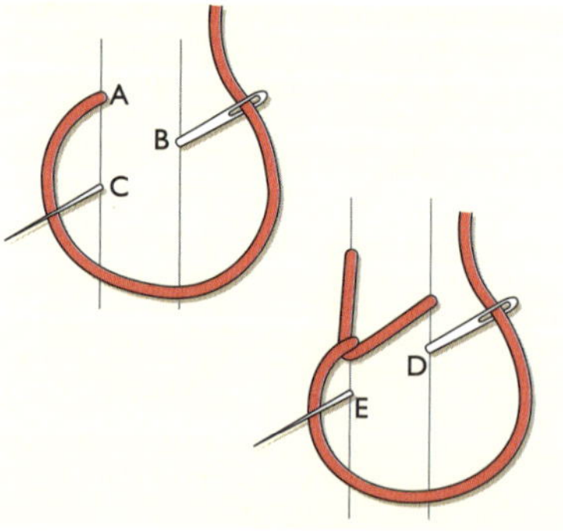

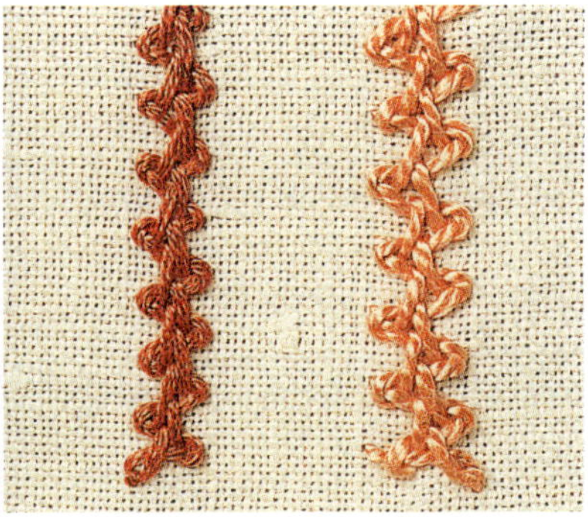

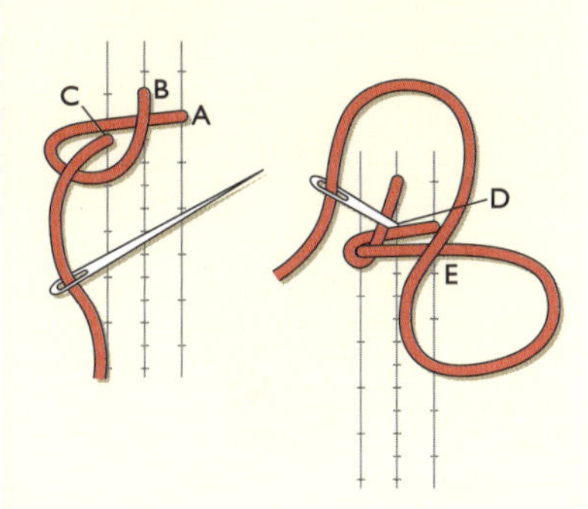

point D'ÉPINE NOUÉ

Ce point à l'aspect tressé sert à réaliser des bordures. Les points peuvent être espacés ou au contraire rapprochés. Brodez de haut en bas, sur trame régulière ou sur toile simple, en suivant trois lignes parallèles (p. 53).

1 Sortez l'aiguille en A sur l'endroit du tissu. Formez une boucle vers la gauche. Piquez en B et sortez l'aiguille en C, à l'intérieur de la boucle.
2 Formez une boucle vers la droite. Piquez en D, sur la ligne du milieu, à la même hauteur que le point A, et sortez l'aiguille en E, à l'intérieur de la boucle.
3 Continuez de la même façon en formant des boucles régulières.

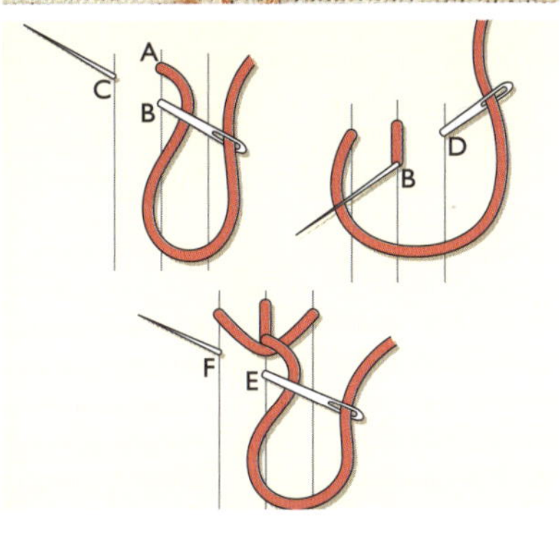

point DE MOUCHE

Ce point sert à réaliser des frises droites ou incurvées et à broder des plumes. Sur trame régulière, brodez les frises sur un nombre de fils toujours identique. Sur toile simple, brodez-les en suivant trois lignes parallèles (p. 53). Travaillez de haut en bas.

1 Sortez l'aiguille en A sur l'endroit du tissu, sur la ligne du milieu.
2 Piquez en B, sous le point A, et sortez l'aiguille en C, sur la ligne de gauche.
3 Piquez en D, sur la ligne de droite, et ressortez l'aiguille en B en faisant passer le fil sous l'aiguille.
4 Piquez en E, sous le point B, et sortez l'aiguille en F pour commencer le point suivant. Répétez le nombre de fois voulu.

point DE CRÊTE

Ce point sert à réaliser des frises et des bordures. Il se nomme point de Crète large quand ses points sont espacés (comme sur la photo du haut) et point de Crète serré quand ils sont rapprochés (photo du bas). Les points de Crète serrés forment une tresse centrale et peuvent servir à broder des feuilles ou des plumes. Les points peuvent être verticaux ou inclinés selon l'effet recherché. Sur trame régulière, brodez les frises sur un nombre de fils toujours identique. Sur toile simple, brodez-les en suivant quatre lignes parallèles (p. 53). Travaillez de gauche à droite ou de haut en bas.

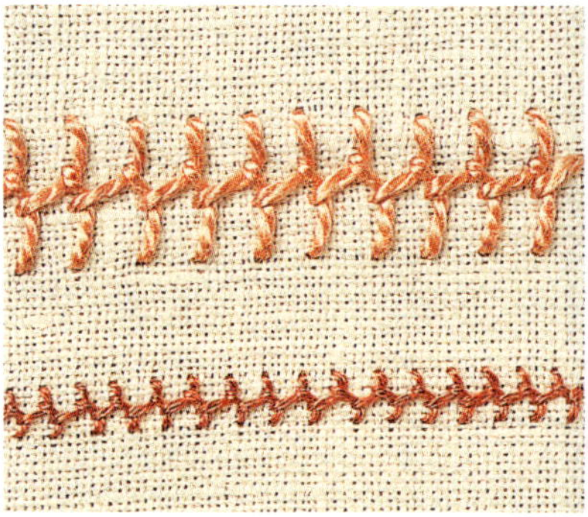

1 Sortez l'aiguille en A sur l'endroit du tissu.
2 Formez une boucle vers la droite. Piquez en B et sortez l'aiguille en C en faisant passer le fil sous l'aiguille.
3 Formez une nouvelle boucle, piquez en D et sortez l'aiguille en E en faisant de nouveau passer le fil sous l'aiguille.
4 Continuez en alternant le sens des points.

ASTUCE

Si vous brodez ce point horizontalement, formez les boucles alternativement en haut et en bas du tracé. Si vous le brodez verticalement, formez les boucles alternativement à gauche et à droite.

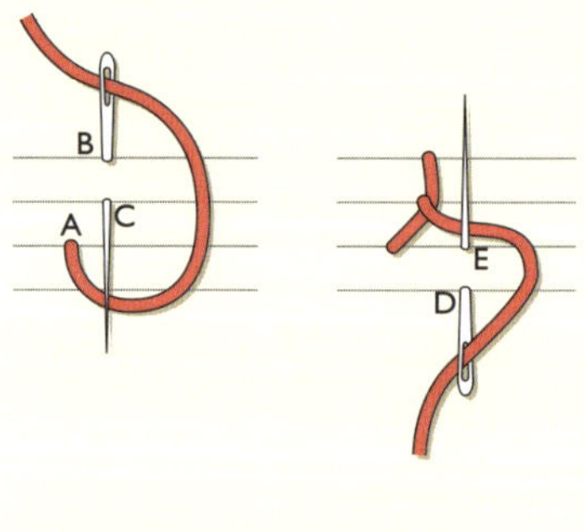

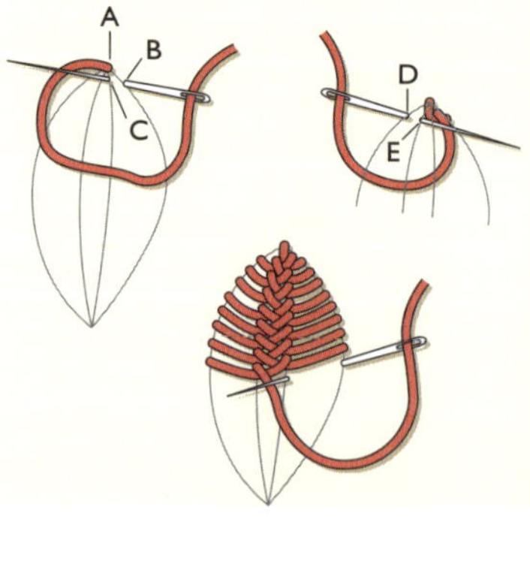

les points isolés

Les points isolés se suffisent à eux-mêmes. Ils peuvent être utilisés seuls ou en groupe, en guise de point de remplissage. Ils sont très pratiques pour créer des zones au remplissage irrégulier et des effets d'ombre. Les points qui suivent incluent plusieurs points de nœud, très utiles pour donner du relief à une broderie.

Les points isolés se brodent plus généralement sur toile simple, avec une aiguille à broder.

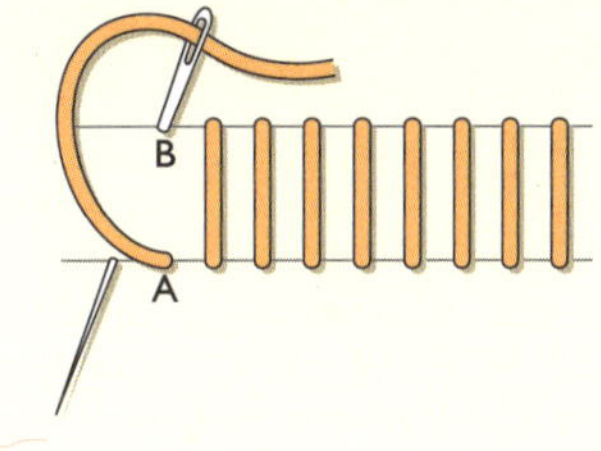

point DROIT

Point lancé

Ce point sert à broder des lignes droites assez courtes et des motifs opaques. Brodez de gauche à droite ou de droite à gauche.

1 Sortez l'aiguille en A sur l'endroit du tissu et piquez en B.

2 Continuez de la même façon en faisant des points réguliers et en piquant toujours dans le même sens.

point D'ŒILLET

Les œillets s'emploient seuls ou brodés en semis sur le fond de l'ouvrage, en particulier dans le cas de broderies ajourées. Ils sont constitués de points rayonnants faits en suivant un contour rond ou carré. La même méthode peut servir à broder des étoiles. Avant de les broder, il est nécessaire d'élargir leur trou central en écartant les fils sans les couper, à l'aide d'un stylet si nécessaire. Sur trame régulière, brodez en faisant des points réguliers. Sur toile simple, brodez en suivant le tracé de l'œillet.

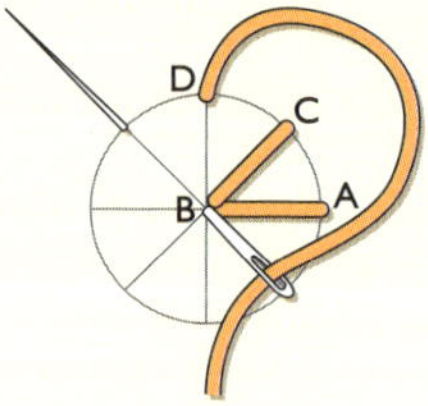

1 Sortez l'aiguille en A sur l'endroit du tissu.
2 Piquez en B, au centre du point, et sortez l'aiguille en C. Repiquez en B et sortez l'aiguille en D.
3 Continuez de la même façon pour compléter l'œillet.

point D'ÉTOILE

Ce point sert à broder des étoiles à huit branches. Il s'emploie seul en semis. Il peut servir à broder des étoiles assez grandes car ses points, qui peuvent être de différentes longueurs, sont maintenus en place par un petit point droit. Pour former une étoile régulière, sur trame régulière, brodez sur un nombre de fils toujours identique et sur toile simple, brodez en suivant un cercle tracé au préalable sur le tissu.

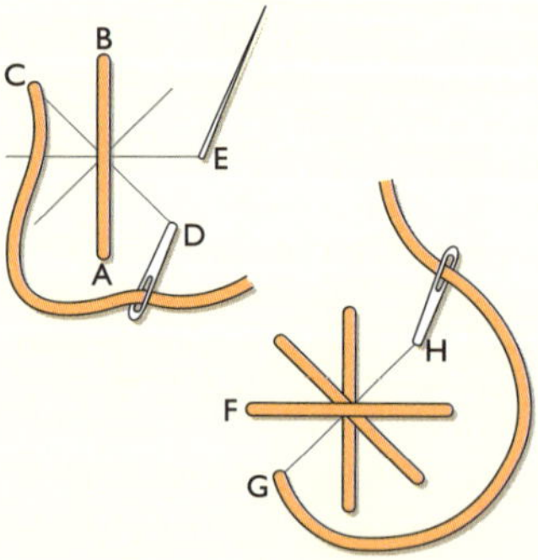

1 Sortez l'aiguille en A sur l'endroit du tissu. Piquez en B et sortez l'aiguille en C. Piquez en D et sortez l'aiguille en E.
2 Piquez en F, sortez l'aiguille en G, puis piquez en H.
3 Sortez l'aiguille au centre de l'étoile, entre les points venant des points G et A et piquez entre ceux qui vont vers les points B et H pour maintenir les fils en place.

point DE BOUCLETTE

Point de marguerite, point de chaînette isolé, point de picot

Ce point s'utilise seul ou en groupes, en particulier pour broder des motifs comme les fleurs.

1 Sortez l'aiguille en A sur l'endroit du tissu.
2 Formez une boucle sous le point A, dans le sens des aiguilles d'une montre. Repiquez en A et sortez l'aiguille en B, à l'intérieur de la boucle.
3 Piquez en C et faites un petit point sur la boucle (ou un point plus long, pour former une tige).

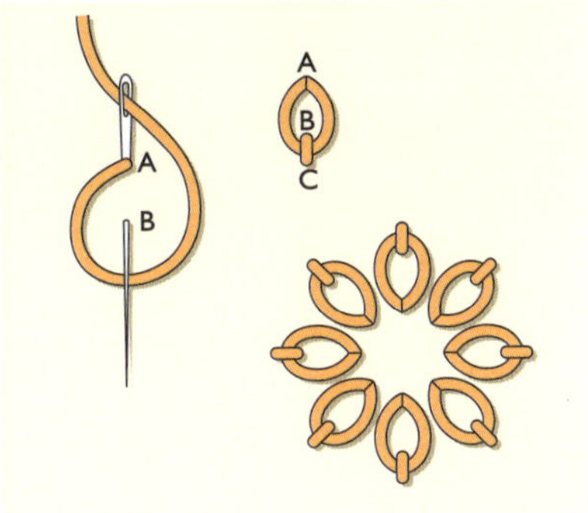

point ARRIÈRE DOUBLE

Point de sable, point de riz

Ce point peut s'utiliser comme point de remplissage et se brode souvent en semis irrégulier. Il est toujours constitué de deux points arrière assez courts.

1 Sortez l'aiguille en A sur l'endroit du tissu.
2 Piquez en B et sortez l'aiguille en C, près du point A. Piquez en D pour compléter le point.

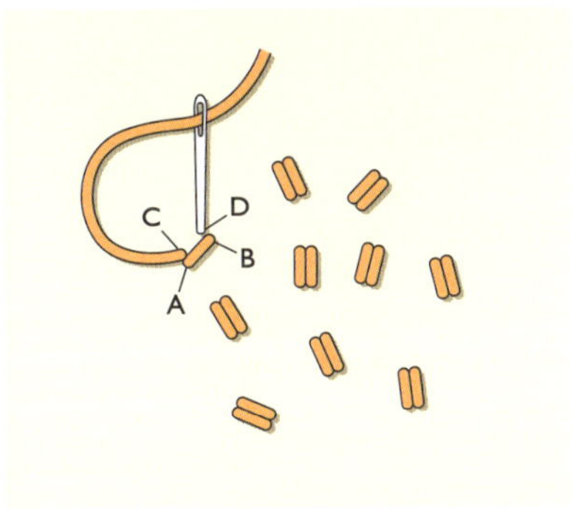

point DE FOUGÈRE

Ce point se brode seul ou en rangs verticaux, pour créer un motif de tige de fougère. Les trois points droits qui le composent ont généralement la même longueur, mais peuvent aussi être de longueurs variées.

1 Sortez l'aiguille en A sur l'endroit du tissu et piquez en B.
2 Sortez l'aiguille en C et repiquez en B. Sortez l'aiguille en D et repiquez en B pour compléter le point.
3 Sortez l'aiguille juste sous le point B et répétez si vous souhaitez broder un rang de points.

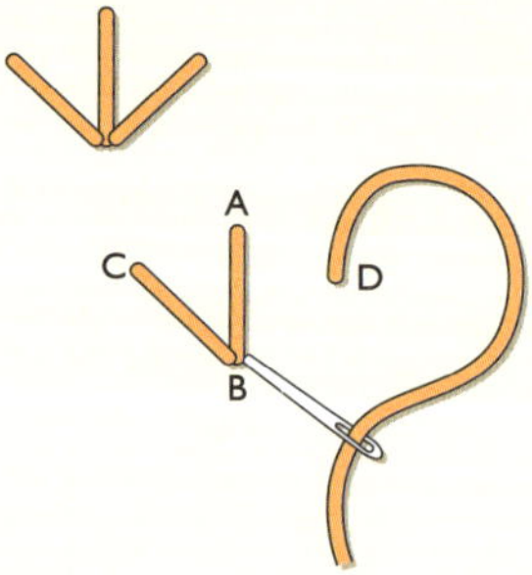

point DE MOUCHE

Point de plume, point en Y

Ce point s'emploie seul ou en rangs, pour créer un remplissage en nid-d'abeilles. Il ressemble à un Y quand son point de maintien est long et à un V lorsque le même point est court.

1 Sortez l'aiguille en A sur l'endroit du tissu.
2 Piquez en B et laissez pendre le fil souplement. Sortez l'aiguille en C et piquez en D pour maintenir en place la boucle ainsi formée.
3 Si vous brodez le point en rang, sortez l'aiguille en B et répétez en travaillant sur un nombre de fils réguliers ou en suivant deux lignes parallèles.

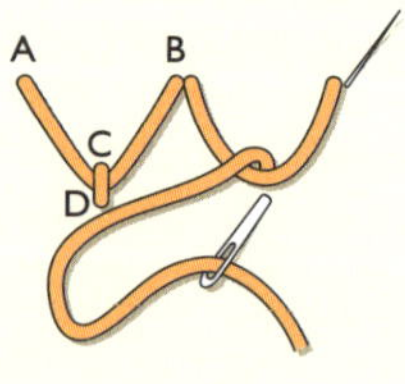

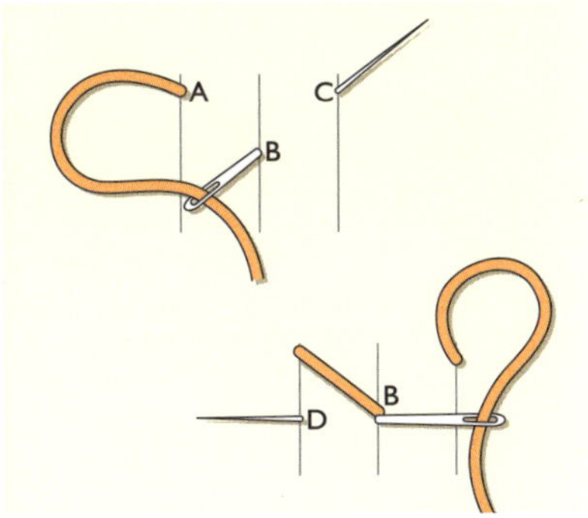

point TÊTE DE FLÈCHE

Ce point s'emploie seul ou en rangs, comme point de remplissage. Si vous souhaitez le broder en rangs, sur trame régulière, brodez sur un nombre de fils identique et sur toile simple, brodez en suivant trois lignes parallèles (p. 53).

1 Sortez l'aiguille en A sur l'endroit du tissu.
2 Piquez l'aiguille en B et sortez-la en C, à la même hauteur que le point et à la même distance du point B que le point A.
3 Repiquez en B.
4 Si vous brodez un rang, sortez l'aiguille en D, à la même hauteur que le point B, et répétez le nombre de fois voulu.

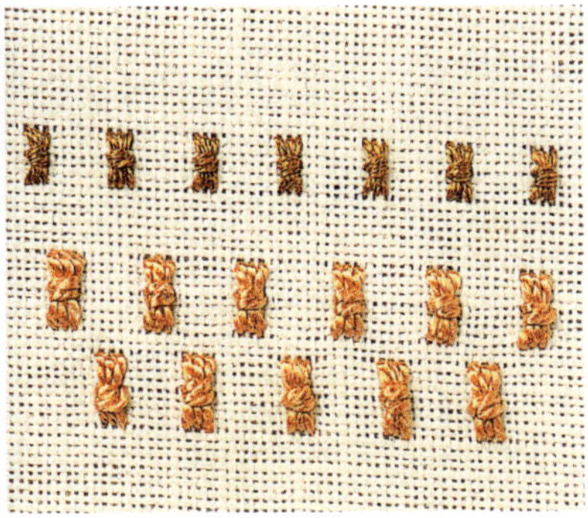

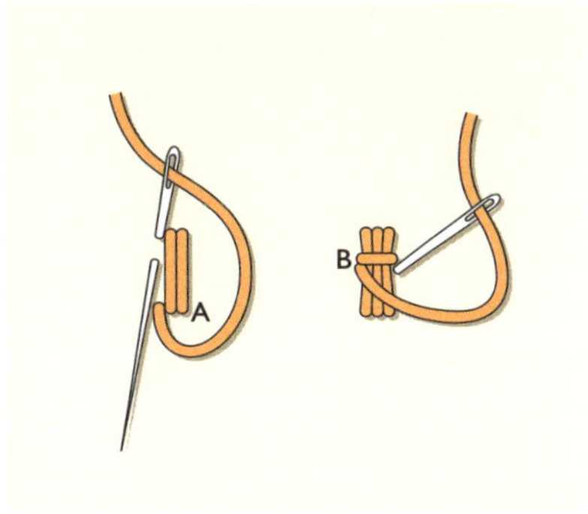

point DE GERBE

Ce point se brode seul ou en semis, irrégulier ou régulier pour former des motifs géométriques. Si vous le brodez en rang, travaillez de droite à gauche.

1 Sortez l'aiguille en A sur l'endroit du tissu.
2 Faites trois points droits rapprochés, en allant de droite à gauche et en faisant chaque point de bas en haut.
3 Sortez l'aiguille en B, à gauche du milieu du dernier point droit réalisé. Glissez l'aiguille de droite à gauche sous les trois points droits, sans piquer dans le tissu.
4 Faites un second surjet sous le premier, puis piquez dans le tissu, sous la « gerbe » ainsi formée.

point D'ŒIL DE BŒUF

Ce point est constitué d'un point de chaînette isolé et de deux points droits. Il s'utilise seul ou en semis irrégulier, comme point de remplissage. Il donne un meilleur résultat quand il est brodé avec un fil non mouliné.

1 Sortez l'aiguille en A sur l'endroit du tissu. Formez une boucle avec le fil, de gauche à droite, sous le point A. Repiquez en A et sortez l'aiguille en B, à l'intérieur de la boucle. Piquez en C pour maintenir la boucle en place par un petit point.

2 Sortez l'aiguille en D, piquez en E, sortez l'aiguille en F et piquez en G pour compléter le point.

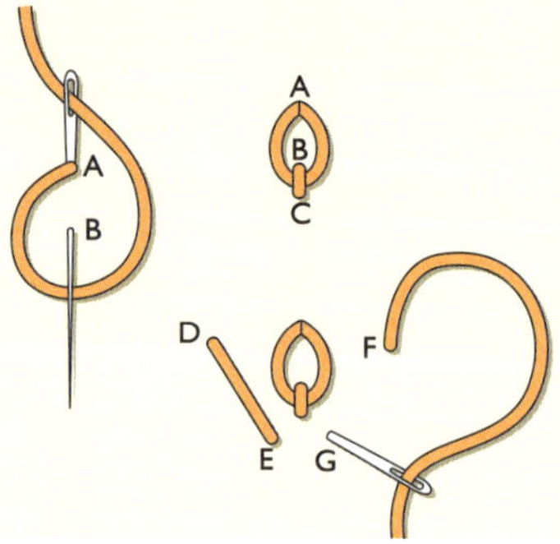

point D'ÉPI DE REMPLISSAGE

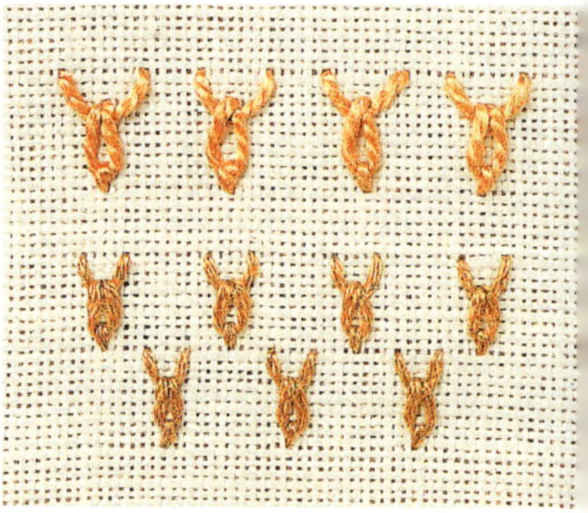

Ce point est constitué d'un point de chaînette isolé brodé sur une boucle horizontale. Il s'emploie seul, comme point de remplissage ou en petits rangs verticaux.

1 Sortez l'aiguille en A sur l'endroit du tissu.

2 Formez une boucle vers la droite. Piquez en B, à la même hauteur que le point A, et sortez l'aiguille en C, en faisant passer le fil sous la pointe de l'aiguille.

3 Piquez à côté du point C, formez une nouvelle boucle vers la droite et sortez l'aiguille en D, à l'intérieur de la boucle.

4 Piquez en E pour maintenir la boucle en place à l'aide d'un petit point.

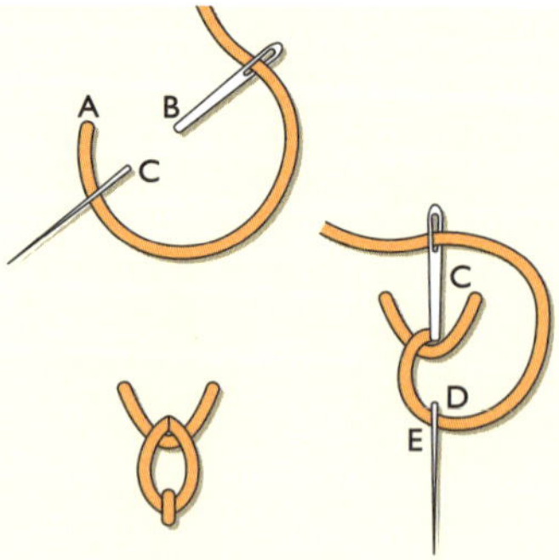

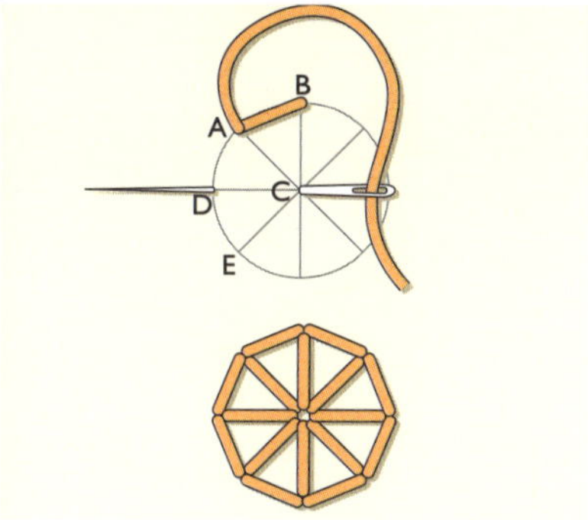

ROUE À ŒILLET

Cette roue peut avoir de nombreux rayons mais son centre ne peut en contenir que dix placés côte à côte sans chevauchement. Si nécessaire, son trou central peut être élargi avant de broder le point. Brodez sur un nombre régulier de fils ou en suivant le tracé de la roue et de ses rayons.

1 Sortez l'aiguille en A sur l'endroit du tissu, sur le bord de la roue, à l'extrémité d'un rayon. Piquez en B, à l'extrémité du rayon suivant, et sortez l'aiguille en A.
2 Piquez en C, au centre de la roue, et sortez l'aiguille en D, puis piquez en A et ressortez en D. Piquez en C, sortez l'aiguille en E et continuez de la même façon jusqu'à de que la roue et tous les rayons soient brodés.

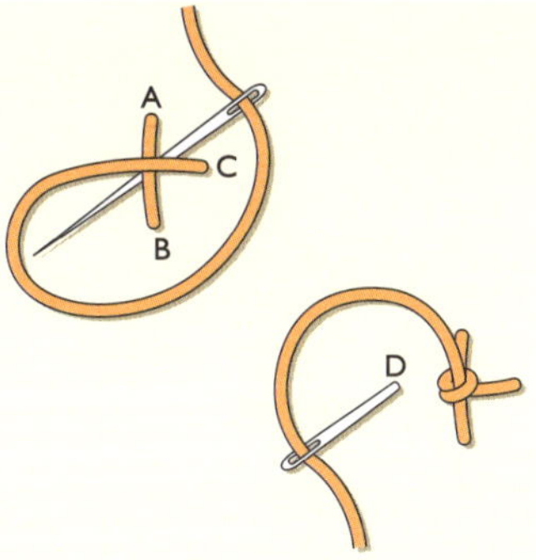

point DE CROIX NOUÉ

Ce point peut servir de point de remplissage, sous forme de rangs ou de semis irrégulier.

1 Sortez l'aiguille en A sur l'endroit du tissu.
2 Piquez en B et sortez l'aiguille en C. Couchez le fil vers la gauche pour former une croix et maintenez-le en place avec le pouce.
3 Glissez l'aiguille en biais sous l'intersection, entre les points A et C, sans piquer dans le tissu. Faites passer le fil sous la pointe de l'aiguille et tirez sur cette dernière.
4 Piquez en D pour compléter la croix.

point DE NŒUD

Ce point en relief peut s'employer seul ou comme point de remplissage. Il se faisait jadis en enroulant le fil une seule fois autour de l'aiguille, mais il est désormais plus fréquent de faire deux fois le tour de cette dernière. Pour former un nœud particulièrement volumineux, utilisez un fil plus épais au lieu de multiplier les tours.

1 Sortez l'aiguille en A sur l'endroit du tissu.
2 Tenez le fil entre le pouce et l'index de la main gauche et enroulez-le une ou deux fois autour de l'aiguille.
3 Sans lâcher le fil, piquez près du point A et placez les boucles près du tissu.
4 Maintenez la spirale en place avec le pouce et tirez sur l'aiguille, sur l'envers du tissu.

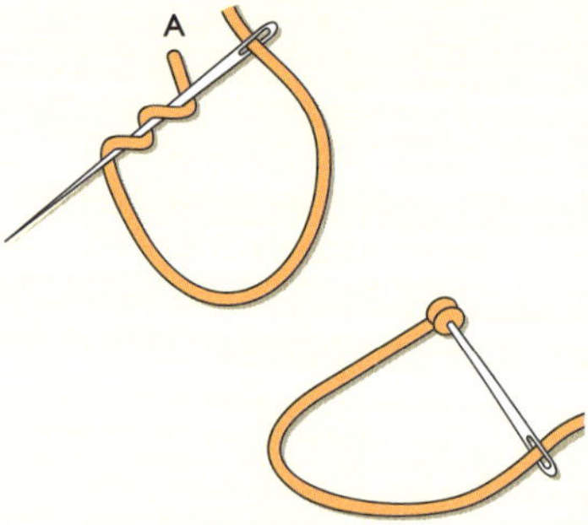

point DE NŒUD À TIGE

Ce point s'utilise seul ou en groupe. Il est constitué d'un point de nœud doté d'une tige (ou d'une queue).

1 Sortez l'aiguille en A sur l'endroit du tissu.
2 Tenez le fil entre le pouce et l'index de la main gauche et enroulez-le une ou deux fois autour de l'aiguille.
3 Sans lâcher le fil, piquez en B, à la distance voulue du point A, et placez les boucles près du tissu.
4 Maintenez le fil en place avec le pouce et tirez sur l'aiguille, sur l'envers du tissu.

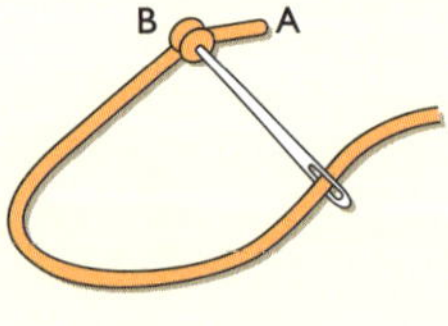

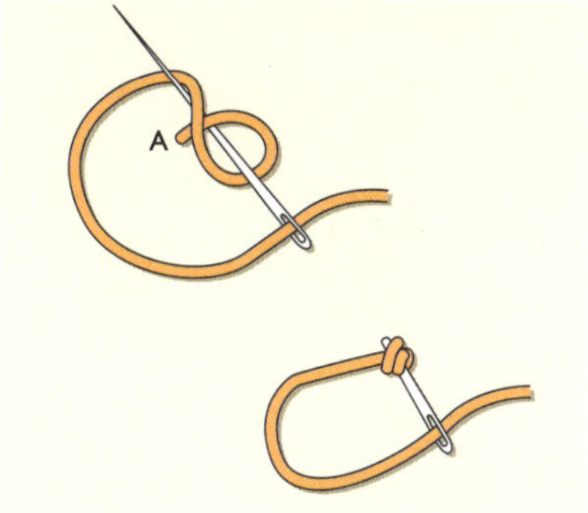

point DE NŒUD COLONIAL

Ce point forme un nœud plus grand que le point de nœud simple. Il s'utilise seul ou en points rapprochés, pour former des lignes et dessiner des motifs.

1 Sortez l'aiguille en A sur l'endroit du tissu.

2 Enroulez le fil autour de la tête de l'aiguille, puis sous sa pointe.

3 Sans lâcher le fil, piquez l'aiguille près du point A.

4 Faites glisser les boucles près du tissu, maintenez-les en place avec le pouce et tirez l'aiguille sur l'envers du tissu.

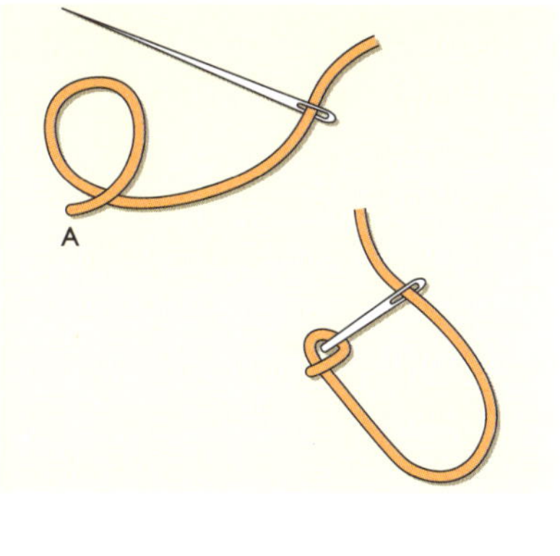

point DE NŒUD DE CHINE

Point de nœud de Pékin, point de nœud aveugle

Ce point s'utilise seul ou en point de remplissage. Il est plus plat que le point de nœud. Son nœud peut être serré ou lâche, selon l'effet recherché.

1 Sortez l'aiguille en A sur l'endroit du tissu.

2 Formez une boucle, puis glissez la pointe de l'aiguille dedans.

3 Piquez aussi près que possible du point A (sans toutefois repiquer dans le même trou). Resserrez le fil autour de l'aiguille ou laissez-le former une petite boucle et maintenez-le en place avec le pouce.

4 Tirez l'aiguille sur l'envers du tissu sans relâcher le fil.

point DE POSTE

Point de chenille, point de nœud triple

Ce point s'emploie seul, en point de remplissage ou en ligne continue, pour former une ligne en relief. Il est couramment utilisé pour broder des roses ouvertes ou en bouton et se brode plus facilement avec une aiguille chenille.

1 Sortez l'aiguille en A sur l'endroit du tissu.
2 Piquez en B, à l'autre extrémité du point, et faites à moitié ressortir l'aiguille en A, sans fendre le fil.
3 Enroulez le fil cinq ou six fois autour de la pointe de l'aiguille. Faites glisser les boucles près du tissu, maintenez-les en place et tirez l'aiguille à travers le tissu et la spirale en fil.
4 Tirez sur l'aiguille pour coucher la spirale sur le tissu, puis égalisez la surface du point à l'aide de la pointe de l'aiguille.
5 Repiquez en B.

les roses au point de poste

Les roses au point de poste (la seconde photo, ci-dessus) sont constituées de points de poste distincts. Commencez au centre, par deux points de poste parallèles. Ajoutez un point en haut et un de chaque côté pour former un triangle. Travaillez en rond, en plaçant chaque point à cheval sur les deux précédents. Utilisez des fils foncés, puis clairs.

Les boutons de rose se commencent par un point au centre et un de chaque côté, parfois légèrement évasés.

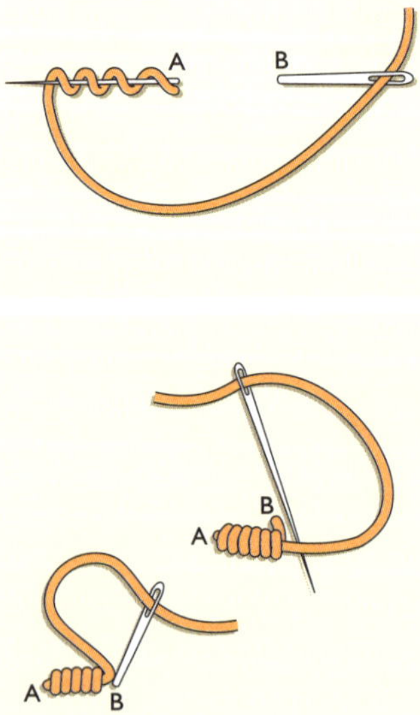

les points de couchure

La technique de la couchure consiste à poser un ou plusieurs fils de base sur le tissu, puis à le ou les maintenir en place à l'aide de petits points, généralement réalisés avec un fil plus fin. À l'origine, elle a été développée dans le but d'économiser les fils de soie et les fils métallisés, extrêmement onéreux.

Les points de maintien peuvent être de la même couleur que les fils couchés ou au contraire trancher avec eux. Pour créer une bordure ou une frise décorative, les fils de base peuvent être cousus à l'aide de points de broderie comme les points de feston, de croix, de chaînette ou de chausson.

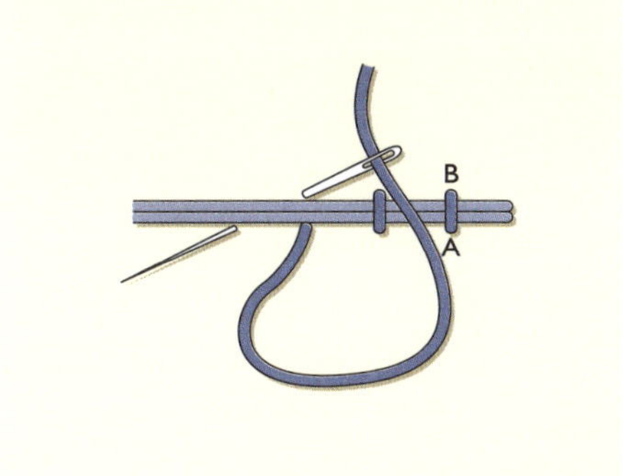

COUCHURE

Ce point se brode de droite à gauche.

1 Faites sortir le fil de base sur l'endroit du tissu et posez-le sur le tracé.

2 Faites sortir le fil de maintien sur l'endroit du tissu, sous le fil couché et près d'une de ses extrémités.

3 Piquez en B, juste au-dessus de la couchure, et sortez l'aiguille au-dessous.

4 Continuez en espaçant régulièrement les points. Pour terminer, rentrez l'extrémité du fil couché sur l'envers du tissu (p. 106).

couchure en angle

Les fils couchés en angle doivent être maintenus en place au niveau de l'angle.

1 Pour former un angle droit, faites un point en diagonale sur l'angle (schéma 1). Si le dernier point de maintien se trouve près de l'angle et que deux fils sont couchés côte à côte, le point en diagonale peut être fait sur les deux fils ou sur le fil situé sur l'extérieur de l'angle (schéma 2).

2 Pour former un angle très aigu, coupez le fil couché, rentrez-le sur l'envers du tissu et repartez de l'angle avec un nouveau fil (schéma 3). Si la couchure comprend deux fils, rentrez celui qui se trouve à l'intérieur de l'angle légèrement avant l'autre. Faites sortir le nouveau fil de l'intérieur de l'angle.

3 Pour former un angle peu fermé avec deux fils couchés, placez le fil externe sur le tracé de l'angle et donnez au fil interne un contour plus arrondi (schéma 4). Faites le point de maintien de l'angle sur le fil externe ou faites un point de maintien sur chacun des fils.

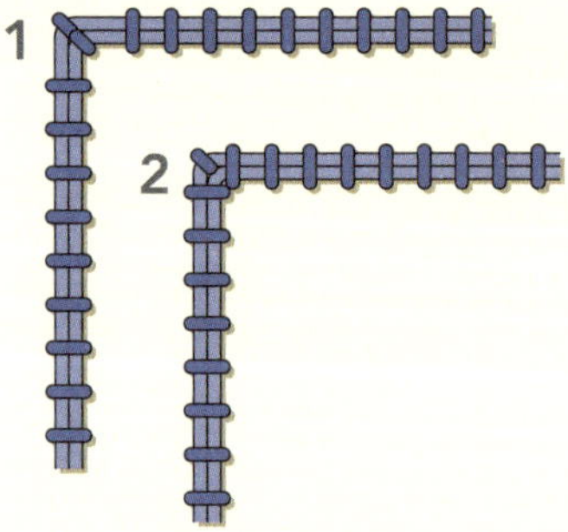

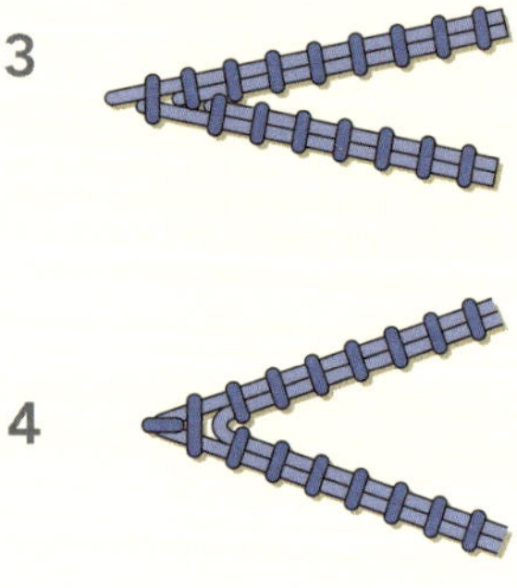

couchure en spirale

La méthode qui suit peut servir à réaliser une couchure à un ou deux fils, en posant les fils côte à côte et en faisant les points de maintien sur les deux fils à la fois.

1 Tracez sur le tissu des points concentriques régulièrement espacés. Faites sortir le fil de base sur l'endroit du tissu, au centre du cercle.

2 Faites sortir le fil de maintien sur l'endroit du tissu, à côté du fil de base. Enroulez ce dernier pour former une spirale serrée et maintenez-le en place en faisant un petit point, du bord vers le centre de la spirale, sur un rayon sur deux.

3 Continuez à enrouler le fil couché et, au deuxième tour, faites un point de maintien sur chaque rayon.

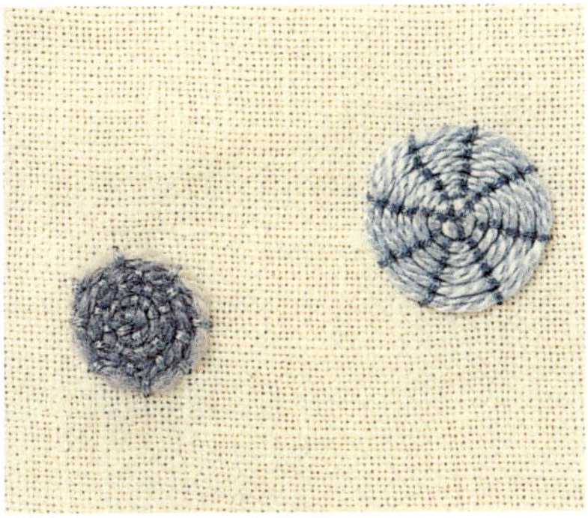

4 Pour former un motif « en briques », au tour suivant, faites les points à mi-chemin entre les rayons, puis, au quatrième tour, faites un point sur chaque rayon, et continuez de la même façon. Pour broder des rayons sur la spirale, répétez comme au deuxième tour en faisant un point sur chaque rayon.

5 Rentrez les extrémités des fils couchés sur l'envers du tissu et glissez-les sous les points de maintien du dernier tour.

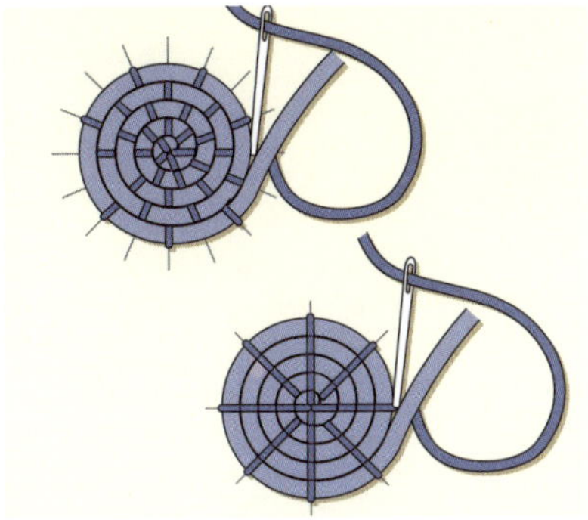

point DE TOILE

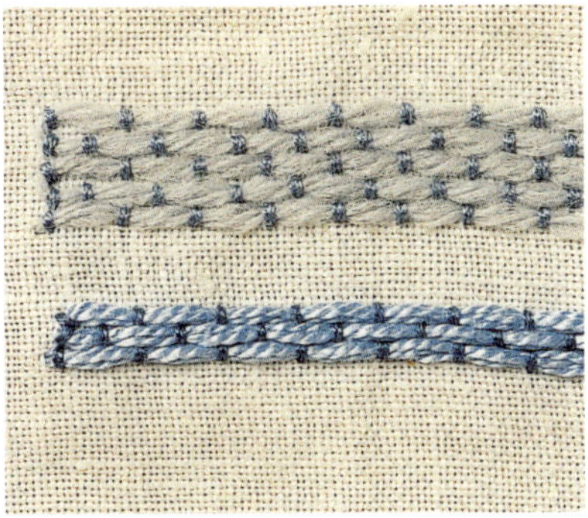

Sur toile régulière, brodez ce point de remplissage sur un nombre de fils identique. Sur toile simple, brodez en suivant des lignes parallèles tracées en pointillé (p. 53). Commencez en haut à droite de la zone voulue et travaillez en aller et retour.

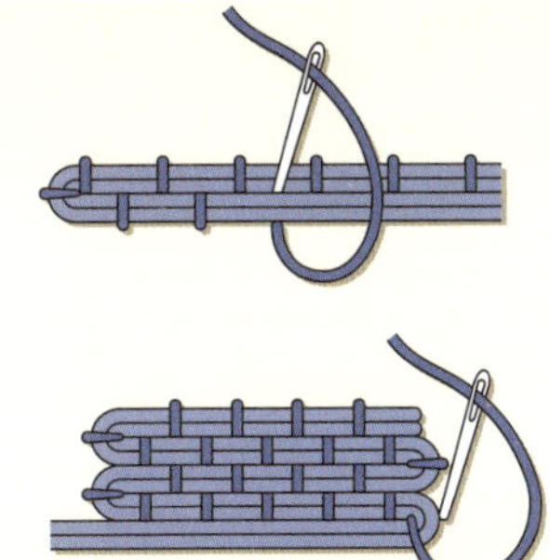

1 Faites sortir le fil de base sur l'endroit du tissu et posez-le sur le tracé.

2 Faites sortir le fil de maintien sur l'endroit du tissu, sous le fil couché, près d'une de ses extrémités, puis faites des points de maintien en suivant le tracé.

3 Pour revenir en sens inverse, pliez le fil couché pour le placer le long du premier rang et faites un point de maintien horizontal sur l'angle

4 Tournez le tissu à 180 ° et continuez en faisant les points à mi-chemin entre ceux du rang précédent.

couchure
EN BOTTES

Ce point forme une ligne décorative épaisse constituée de plusieurs fils couchés. Brodez de droite à gauche.

1 Faites sortir les fils de base sur l'endroit du tissu, posez-les sur le tracé et maintenez-les en place.
2 Faites sortir le fil de maintien en A, sur l'endroit du tissu, sous la couchure, près d'une de ses extrémités.
3 Piquez en B, au-dessus des fils couchés, et ressortez l'aiguille sous ces derniers. Tirez légèrement sur les fils couchés pour former un petit renflement entre les points de maintien.
4 Continuez en espaçant régulièrement les points.

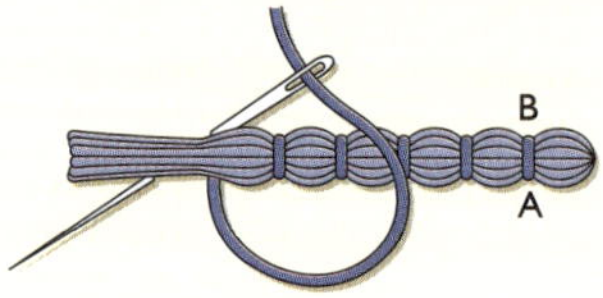

couchure
EN BOUCLES

Ce point peut être constitué de boucles ouvertes ou fermées. Brodez de droite à gauche. Si vous l'employez comme point de remplissage, commencez en bas à droite et travaillez en aller et retour.

1 Faites sortir le fil de base sur l'endroit du tissu et maintenez-le en place.
2 Faites sortir le fil de maintien en A, sur l'endroit du tissu, sous le fil couché et près d'une de ses extrémités. Piquez en B, juste au-dessus du fil couché.
3 Formez une boucle ouverte ou fermée avec le fil couché et maintenez-la en place en brodant un petit point proche du précédent.

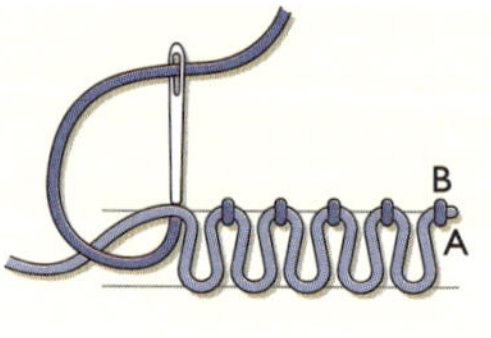

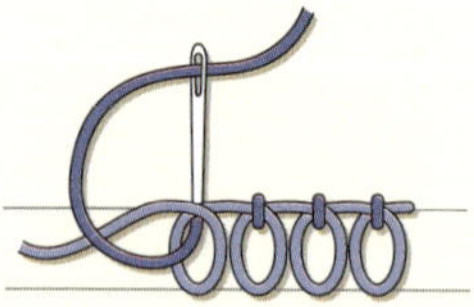

couchure EN ZIGZAG

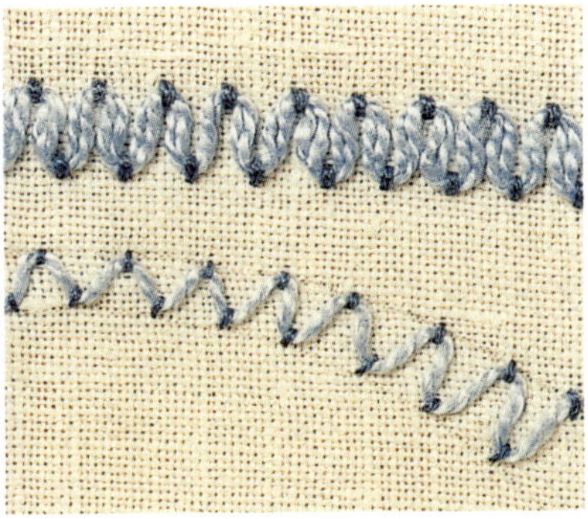

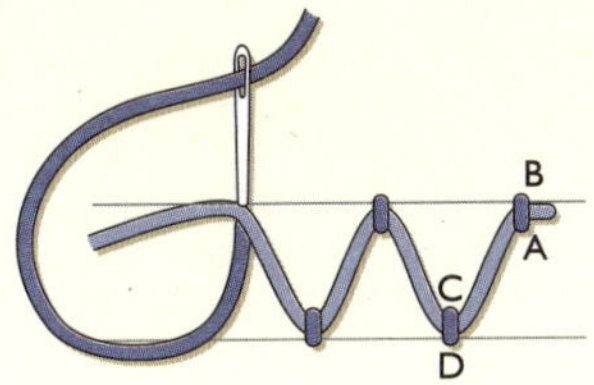

Ce point sert à broder des frises décoratives. Sur trame régulière, brodez sur un nombre de fils identique. Sur toile simple, brodez en suivant deux lignes parallèles pour former des points réguliers (p. 53). Travaillez de droite à gauche.

1 Faites sortir le fil de base sur l'endroit du tissu, sur la ligne du haut, et maintenez-le en place.
2 Faites sortir le fil de maintien en A sur l'endroit du tissu. Piquez en B pour former un point vertical sur le fil couché.
3 Amenez le fil couché sur la ligne du bas et faites un point vertical de C à D.
4 Continuez en espaçant régulièrement les points.

couchure EN ÉCAILLES

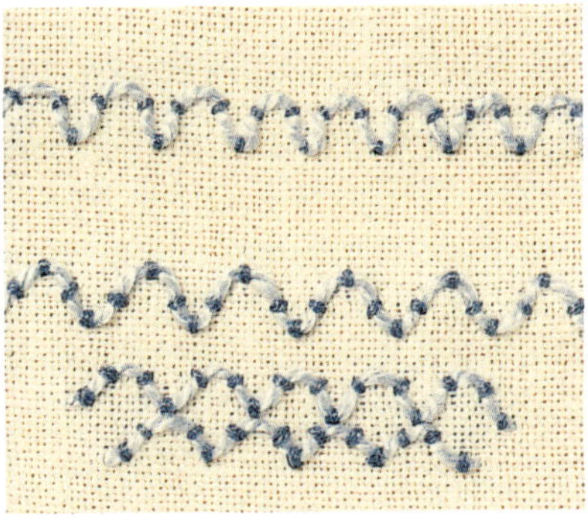

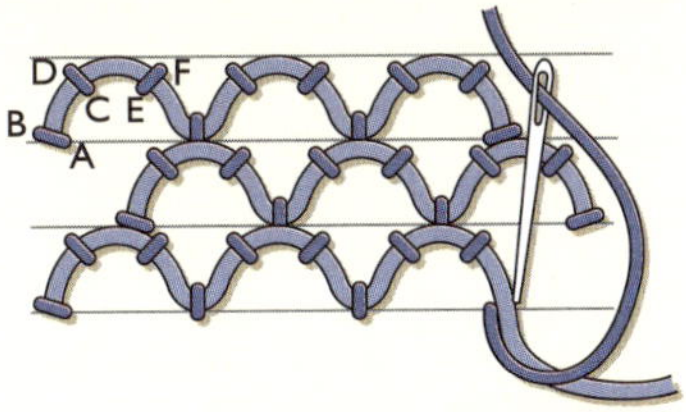

Ce point sert à broder des lignes de demi-cercles et forme des écailles quand il est brodé en rangs rapprochés. Sur toile simple, brodez en suivant des lignes parallèles en pointillé (p. 53). Le nombre des points peut varier selon la taille des écailles. Commencez en haut à gauche et travaillez en aller et retour.

1 Sortez le fil de base sur l'endroit du tissu, à l'extrémité gauche de la deuxième ligne. Sortez le fil de maintien en A, sur l'endroit du tissu, et piquez en B pour faire un point de maintien.
2 Formez un arceau sur la ligne du haut et maintenez-le par deux points, en piquant de C à D et de E à F. Faites un point à la base de l'arceau et répétez en allant vers la droite.

couchure
EN BOUKHARA

Ce point est un point de remplissage. La même aiguillée sert à former les fils couchés et les points de maintien. Commencez par reporter sur le tissu les contours de la zone à broder et les éventuels motifs que doivent former les points de maintien. Travaillez de bas en haut.

1 Faites sortir le fil de base en A, sur l'endroit du tissu, en bas à gauche de la zone à broder, et maintenez-le en place.
2 Piquez en B, en bas à droite de la zone à broder. Ne tendez pas trop le fil et sortez l'aiguille en C pour faire le premier point de maintien.
3 Piquez en D pour former un petit point oblique et sortez l'aiguille en E pour faire le point de maintien suivant. Continuez de la même façon jusqu'à la fin du rang.
4 Sortez l'aiguille en F, juste au-dessus du point A, pour bien couvrir le tissu, et continuez de la même manière pour coucher les fils suivants.

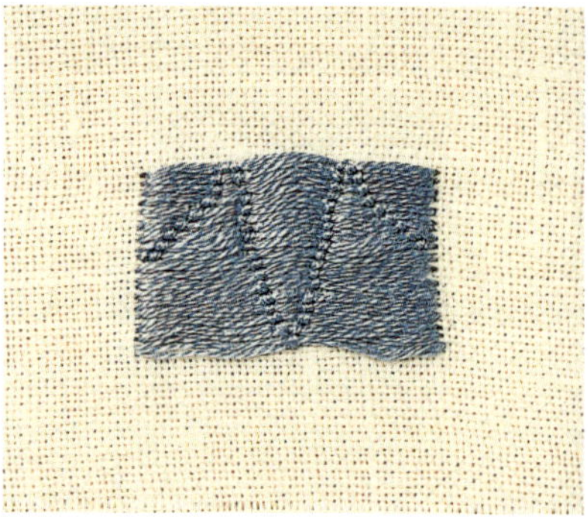

ASTUCE

Rentrez les extrémités des fils couchés sur l'envers du tissu, en écartant, si nécessaire, les fils de ce dernier avec un stylet (sans les couper). Défaites les extrémités des cordelières épaisses et rentrez leurs brins un par un. Utilisez le fil employé pour les points de maintien pour coudre les extrémités des fils sur l'envers du travail.

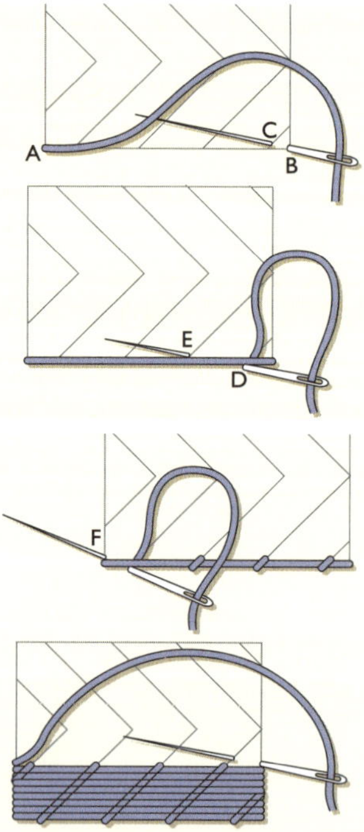

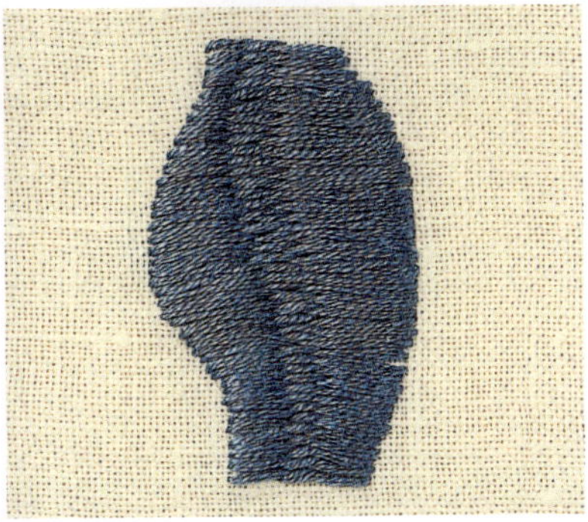

couchure DE ROUMANIE

Couchure d'Orient, point d'Orient

Ce point sert à broder de grandes surfaces lisses. Ses longs points de maintien sont brodés en suivant un tracé précis. La même aiguillée sert à réaliser la couchure et les points de maintien. Reportez sur le tissu les contours de la zone à broder et les lignes parallèles qui vous serviront de guide pour les points de maintien. Travaillez de bas en haut.

1 Faites sortir le fil de base en A, sur l'endroit du tissu, en bas à gauche de la zone voulue et maintenez-le en place.
2 Piquez en B, en bas à droite de la zone à broder. Ne tendez pas trop le fil pour qu'il repose souplement sur le tissu. Sortez l'aiguille en C pour faire le premier point de maintien.
3 Piquez en D pour former un point oblique et sortez l'aiguille en E, juste au-dessus du point A, pour bien couvrir le tissu. Répétez pour coucher les fils suivants.

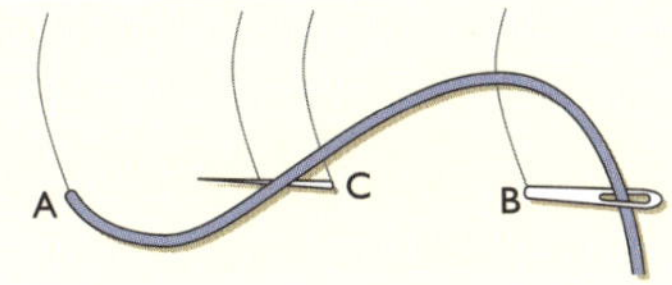

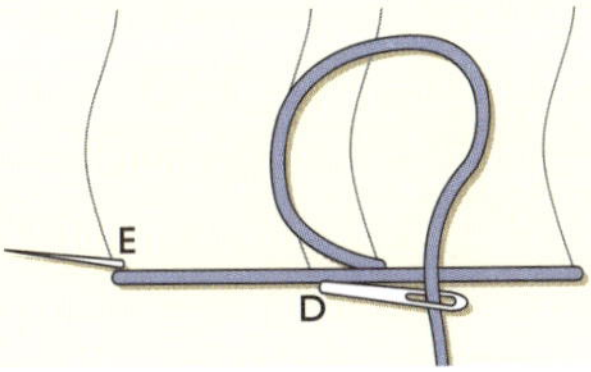

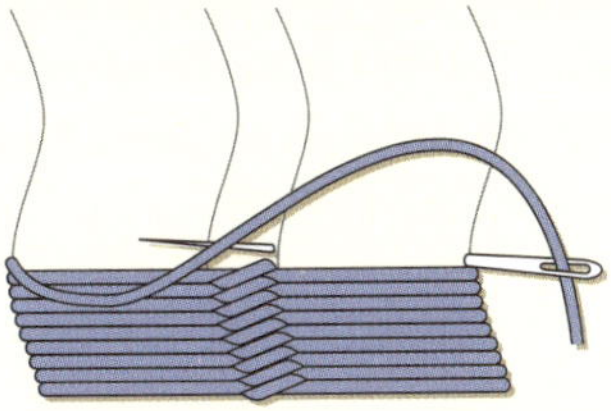

ASTUCE

Brodez les points à fils couchés sur un tissu tendu sur un tambour ou un métier à broder pour qu'ils reposent bien à plat sur l'ouvrage.

couchure LANCÉE

Ce point se brode sur un fil épais ou un faisceau de fils et forme une ligne en relief semblable à une cordelière. Brodez de gauche à droite.

1 Faites sortir le fil de base sur l'endroit du tissu et maintenez-le en place.
2 Faites sortir le fil de maintien en A sur l'endroit du tissu et piquez en B. Sortez l'aiguille près du point A, en prenant le moins de tissu possible sous la couchure.
3 Continuez de la même façon jusqu'à la fin du rang. Les points de maintien doivent couvrir entièrement le fil couché. Une fois les points de maintien finis, rentrez tous les fils sur l'envers du travail.

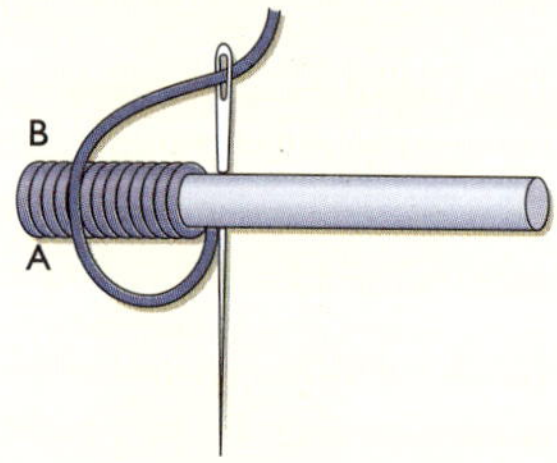

couchure EN ÉPINE

Ce point décoratif se brode à l'aide d'un seul et même fil et sert à représenter le feuillage. Sur trame régulière, brodez sur un nombre de fils identique. Sur toile simple, brodez en suivant trois lignes parallèles (p. 53). Travaillez de bas en haut.

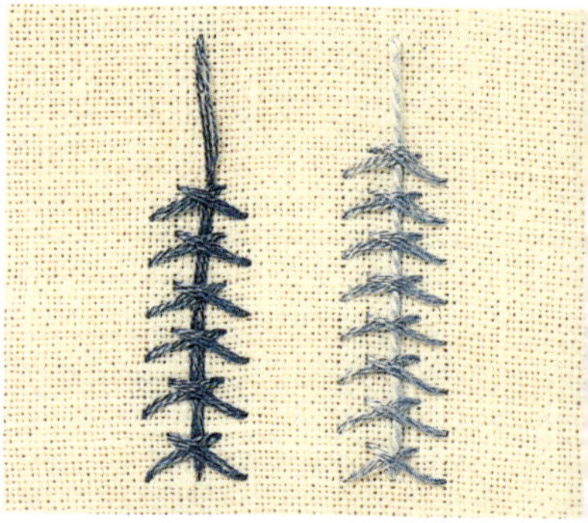

1 Sortez l'aiguille sur l'endroit du tissu et faites un long point droit sur le tracé.
2 Sortez l'aiguille en A, à la même hauteur que l'extrémité du point droit.
3 Piquez en B et sortez l'aiguille en C, à la même hauteur que le point A. Piquez en D, à la même hauteur que le point B, et sortez l'aiguille en E.
4 Continuez de la même façon sur la longueur voulue.

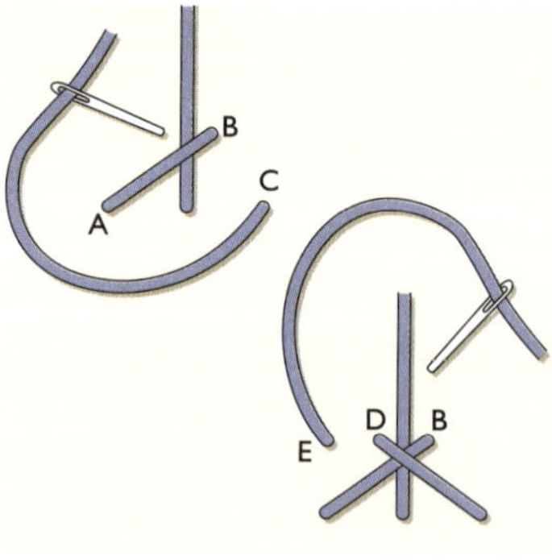

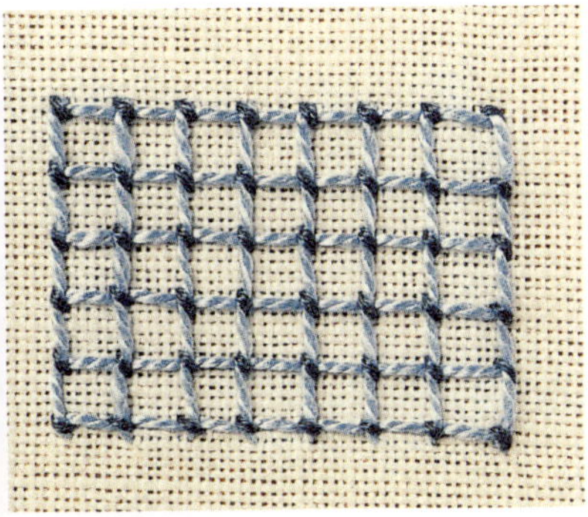

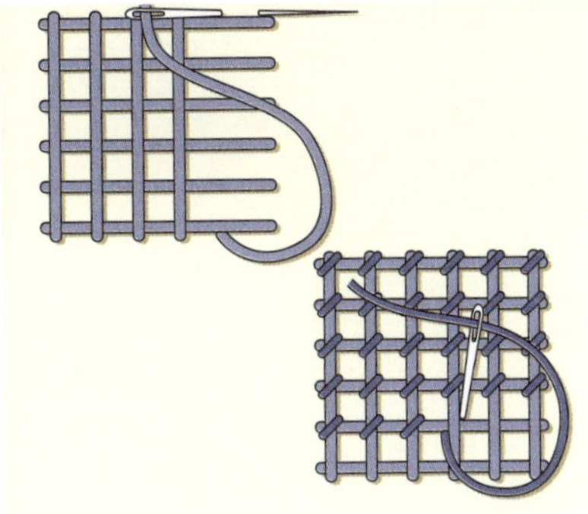

couchure TREILLIS

Grille quadrillée, point de grille, point de treillis sur fils couchés

Ce point forme une grille dont les cases peuvent être ornées de points isolés. Sur toile, tracez une grille régulière et brodez sur ses lignes (p. 53).

1 Faites sortir le fil de base sur l'endroit du tissu, en haut à gauche (ou à droite) de la zone voulue, et faites de longs points droits horizontaux. Partez ensuite de l'angle inférieur gauche et faites des points verticaux sur toute la hauteur de la zone. Rentrez le fil sur l'envers du tissu.

2 Faites sortir le fil de maintien sur l'endroit du tissu, en haut à gauche (ou à droite) de la grille. Brodez un petit point de maintien oblique sur chaque intersection.

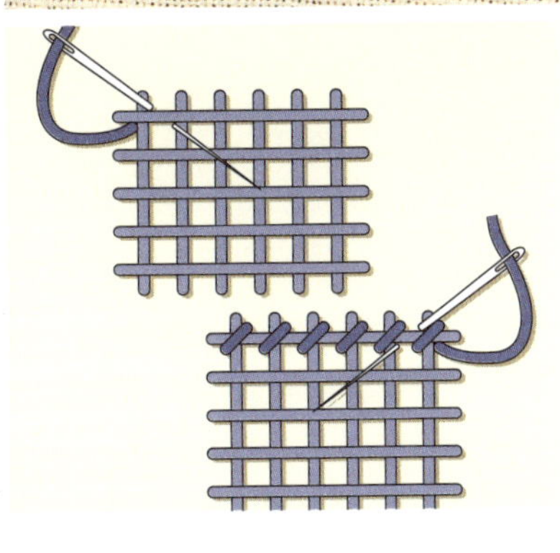

couchure JACOBINE

Ce point sert à remplir des motifs (par exemple, de feuilles). Sur toile simple, brodez en suivant une grille (p. 53).

1 Faites sortir le fil de base sur l'endroit du tissu et couvrez la zone voulue de points droits horizontaux et verticaux (voir le point précédent).

2 Faites sortir le fil de maintien sur l'endroit du tissu, en haut à gauche (ou à droite) de la grille. Brodez un petit point oblique sur chacune des intersections du premier rang. Revenez en sens inverse sur le même fil horizontal pour former des croix.

3 Répétez sur les rangées d'intersections suivantes, en croisant tous les fils dans le même sens.

couchure TREILLIS EN DIAGONALE

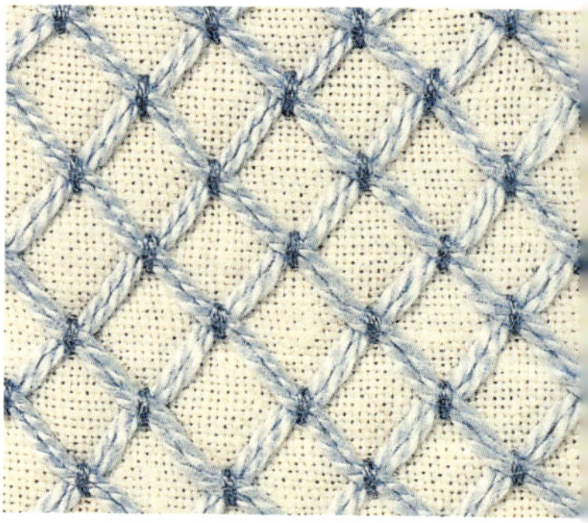

Les points de maintien de ce point peuvent être verticaux ou horizontaux. Sur les toiles, tracez une grille oblique (p. 53).

1 Faites sortir le fil de base en A sur l'endroit du tissu et piquez en B. Sortez l'aiguille en C et piquez en D pour doubler le premier point. Faites tous les points lancés doubles parallèles aux premiers, puis sortez l'aiguille en E pour faire les points lancés perpendiculaires aux premiers.

2 Faites sortir le fil de maintien en F et piquez en G. Faites un point sur chacune des intersections du premier rang, puis passez au rang suivant, en repartant en sens inverse.

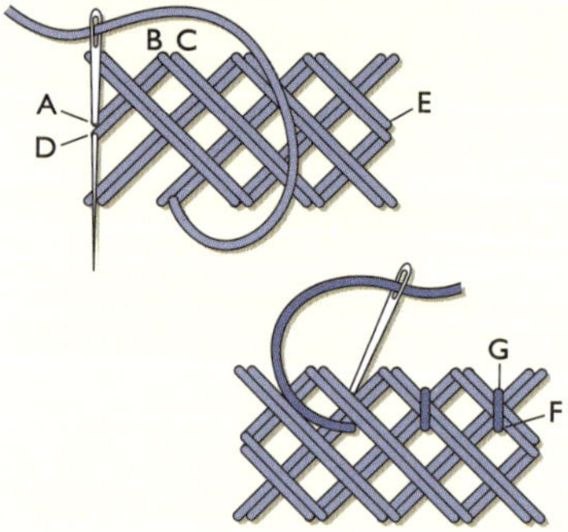

couchure EN TREILLIS ET CROIX

Ce point sert à remplir des zones aux contours réguliers ou irréguliers. Tendez le tissu sur un tambour et tracez sur les toiles une grille régulière oblique (p. 53).

1 Faites sortir le fil de base sur l'endroit du tissu, en haut à gauche de la zone à broder. Faites un point droit en biais vers le haut puis un second, parallèle au premier. Continuez de manière à former une grille en diagonale (voir ci-dessus).

2 Faites sortir le fil de maintien en A sur l'endroit du tissu et piquez en B, au centre du carré formé par l'intersection des points. Sortez en C, piquez en B, sortez en D, piquez en B, sortez en E et piquez en B pour former une croix. Répétez sur chaque intersection, en brodant toutes les croix dans le même ordre pour obtenir un résultat régulier.

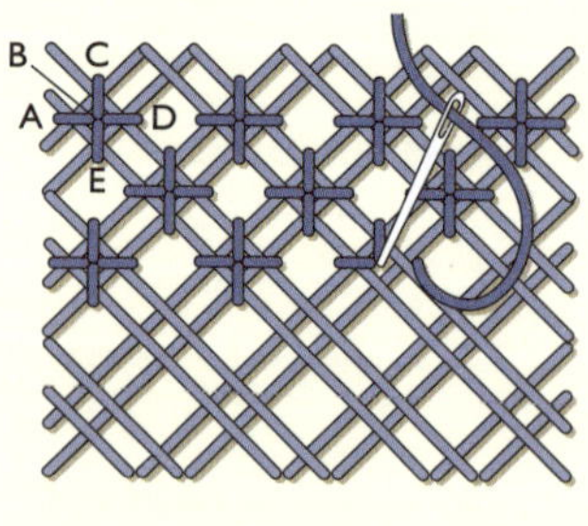

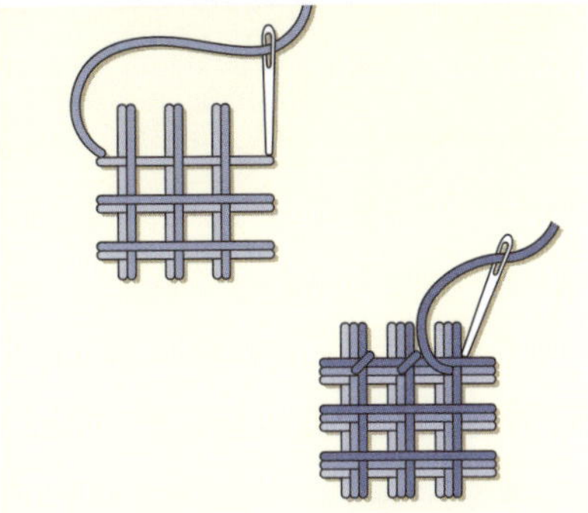

couchure EN REMPART

Couchure tissée

Ce point se brode généralement avec des fils de trois couleurs différentes. Sur toile simple, tracez une grille régulière (p. 53).

1 Avec le premier fil, faites une grille droite en commençant par les points horizontaux.
2 Répétez avec le second fil, en plaçant les points au-dessus et à droite des précédents. Répétez avec le troisième fil.
3 Prenez une aiguillée de la troisième couleur et faites un petit point de maintien sur chaque intersection de points de la même couleur.

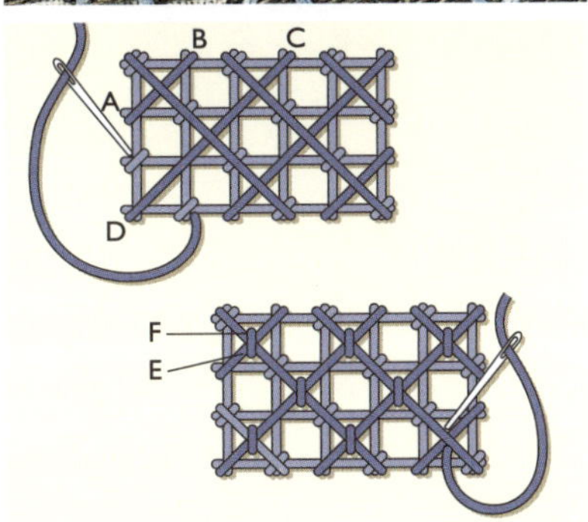

couchure EN CROISILLONS

Ce point se brode avec des fils de deux couleurs différentes. Sur toile, tracez une grille régulière (p. 53).

1 Avec le premier fil, faites une grille au point de treillis (p. 109) en commençant en haut à gauche et en faisant les points de maintien de la même couleur que les fils couchés.
2 Faites sortir le second fil en A sur l'endroit du tissu et piquez en B. Sortez l'aiguille en C et piquez en D. Couvrez la zone à broder de points obliques, puis revenez dans l'autre sens en faisant des diagonales perpendiculaires aux premières.
3 Sans changer de fil, sortez l'aiguille en E et piquez en F. Faites un point de maintien vertical sur chaque intersection de points obliques, en veillant à incliner tous les points de maintien dans la même direction.

couchure
EN TRIANGLES

Ce point couvre le tissu de triangles ajourés. Sur toile simple, commencez par tracer une grille régulière triangulaire (p. 53).

1 Faites sortir le fil de base en A sur l'endroit du tissu et piquez en B. Sortez l'aiguille en C et piquez en D pour faire un point en diagonale parallèle au premier.

2 Revenez en sens inverse, en piquant l'aiguille à l'extérieur des trous utilisés par les points précédents.

3 Couvrez la grille de points horizontaux en procédant de la même façon, en commençant en bas à gauche et en plaçant les points sur les intersections des points obliques.

4 Faites sortir le fil de maintien en E sur l'endroit du tissu et piquez en F. Brodez un petit point vertical sur chaque intersection, en réalisant régulièrement tous les points, de bas en haut.

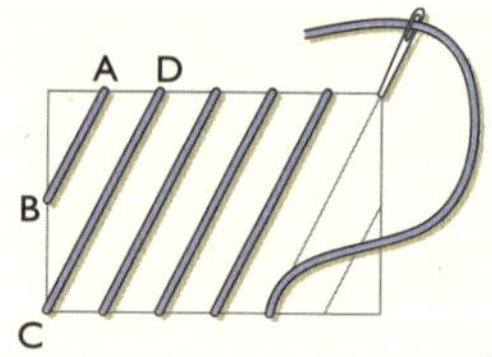

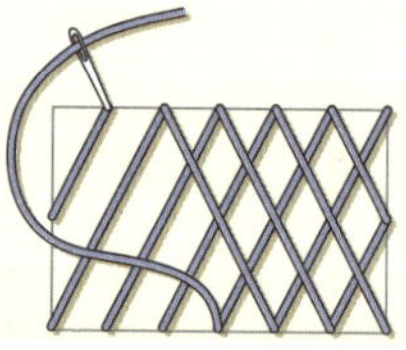

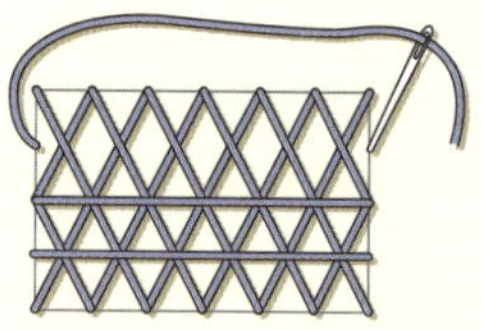

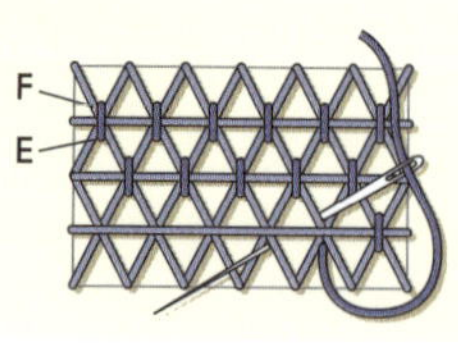

les points de passé

Les points qui suivent sont des points de remplissage plats qui servent à couvrir de petites surfaces. Particulièrement beaux quand ils sont brodés avec du fil brillant comme le coton mouliné, ils sont très utilisés pour réaliser les paysages et les fleurs.

Pour que ces points soient parfaitement réussis, il est indispensable de conserver la même tension de fil d'un bout à l'autre du travail. Le résultat sera également plus régulier si le tissu est tendu sur un tambour et que vous brodez en deux temps, avec une aiguille pointue. Les points ne doivent pas être trop longs afin d'être parfaitement réguliers.

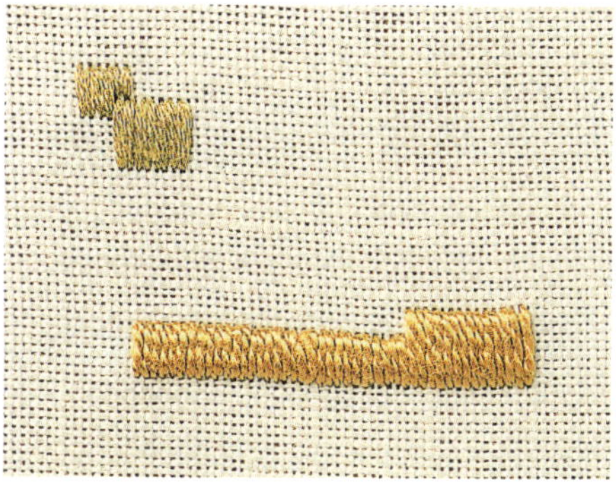

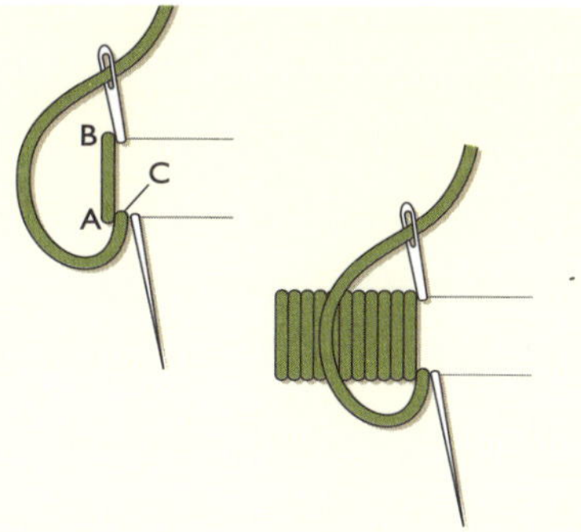

point DE PASSÉ PLAT

Ce point peut se broder verticalement ou horizontalement. Broder au point de tige fendu (p. 50) à l'intérieur du tracé aide à former un bord net, en particulier lorsque la surface à broder a un contour irrégulier. Travaillez de gauche à droite.

1 Sortez l'aiguille en A sur l'endroit du tissu. Piquez en B et sortez en C, près du point A pour bien couvrir le tissu.
2 Continuez de la même façon, en faisant des points serrés et parallèles dont les extrémités forment deux lignes continues.

point DE PASSÉ PLAT OBLIQUE

Broder au point de tige fendu (p. 50) à l'intérieur du tracé aide à former un bord net. Travaillez de gauche à droite, de droite à gauche ou dans les deux directions pour accrocher la lumière de différentes façons.

1 Sortez l'aiguille en A sur l'endroit du tissu, pour broder la première moitié du motif. Piquez en B pour former un point incliné à 45°. Sortez l'aiguille près du point A pour bien couvrir le tissu.

2 Continuez de la même manière jusqu'à l'extrémité du motif, en faisant des points serrés et parallèles dont les extrémités forment deux lignes continues. Brodez la deuxième moitié du motif en sens inverse.

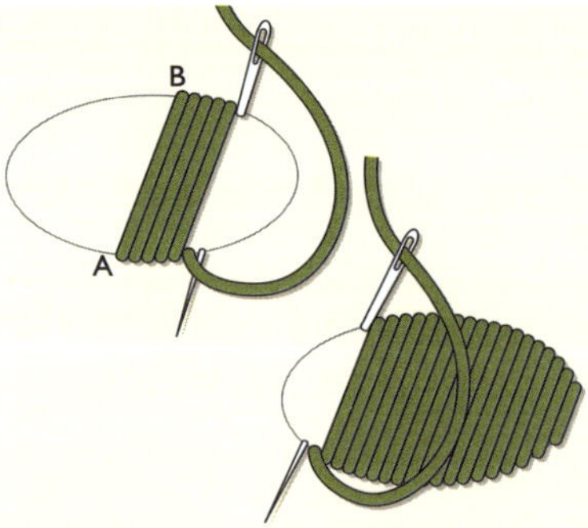

point DE PASSÉ REMORDU

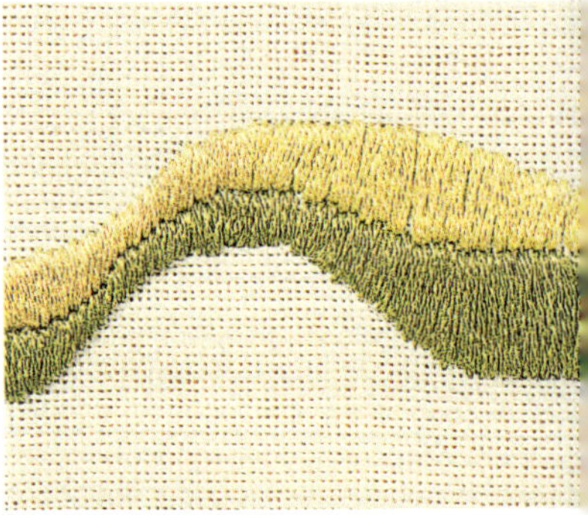

Ce point sert à couvrir les surfaces trop grandes pour être brodées au passé plat. Il peut être réalisé avec des fils de différentes couleurs. Pour un résultat parfait, tracez les bords de chaque rang sur le tissu. Travaillez de gauche à droite.

1 Sortez l'aiguille en A sur l'endroit du tissu.

2 Piquez en B et sortez l'aiguille près du point A, pour bien couvrir le tissu.

3 Continuez de la même manière jusqu'à la fin du rang, en faisant des points parallèles et serrés dont les extrémités forment des lignes continues.

4 Pour commencer le rang suivant, sortez l'aiguille en C et piquez en D, entre deux points du rang précédent.

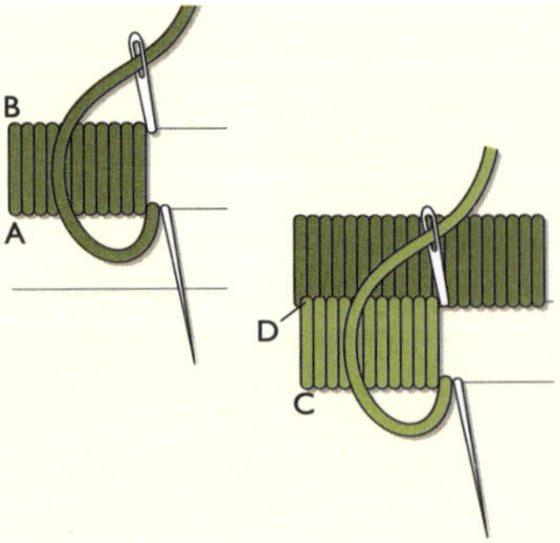

point DE PLUMETIS

Ce point de remplissage est utilisé pour donner du relief à de petits motifs. Il est constitué de points lancés brodés sur d'autres points (photo d'en haut) ou sur un rembourrage en textile non tissé comme l'entoilage (photo du bas).

rembourrage de type coton hydrophile

Brodez toutes les épaisseurs avec un fil de même couleur.

1 Brodez les contours du motif au point de tige fendu (p. 50).
2 Brodez l'intérieur du motif au point avant (p. 47), de chaînette (p. 54) ou de tige (p. 48), perpendiculairement aux points lancés à venir. Vous pouvez aussi broder le motif au passé plat, en piquant à l'extérieur du contour au point de tige fendu et en inclinant les points différemment des points qui donneront au motif son aspect final.
3 Pour terminer, brodez le motif au point lancé, du centre vers les extrémités.

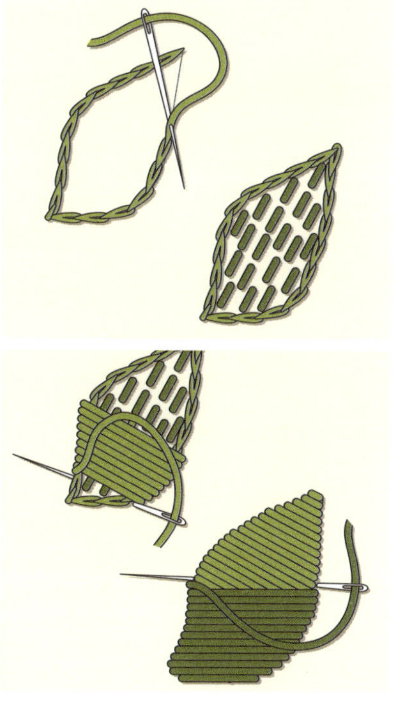

les rembourrages en tissu

1 Coupez un morceau d'entoilage de la forme voulue et cousez-le en place à l'aide de petits points (ou utilisez un entoilage thermocollant).
2 Brodez le motif au passé plat (p. 113), en piquant de part et l'autre de l'entoilage et en faisant des points dont les extrémités forment deux lignes continues.

passé EMPIÉTANT NUANCÉ

Ce point de remplissage permet de créer de subtils dégradés de couleurs. Tous ses points longs sont de même longueur. Sur trame régulière, tracez les lignes à suivre en cas de motif à contour irrégulier. Sur toile simple, tracez-les quel que soit le type de motif. Travaillez de gauche à droite et de haut en bas.

1 Sortez l'aiguille en A sur l'endroit du tissu.
2 Piquez en B et sortez l'aiguille en C. Brodez de gauche à droite en alternant un point court et un point long. Faites des points parallèles, assez serrés pour que le tissu ne se voie pas entre les points.
3 Pour faire le rang suivant, sortez l'aiguille en D et piquez en E, si nécessaire dans le fil du point situé au-dessus. Sortez l'aiguille en F et piquez en G de la même manière. Faites des points longs jusqu'à la fin du rang.
4 Brodez le nombre de rangs voulu et terminez par un rang constitué de points longs et courts.

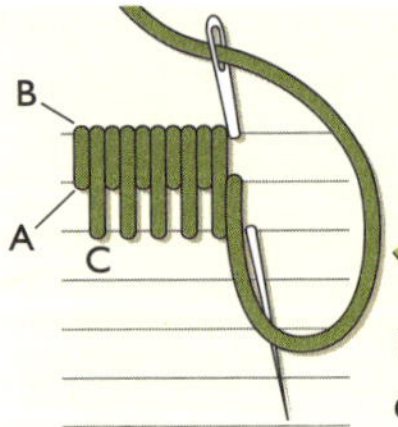

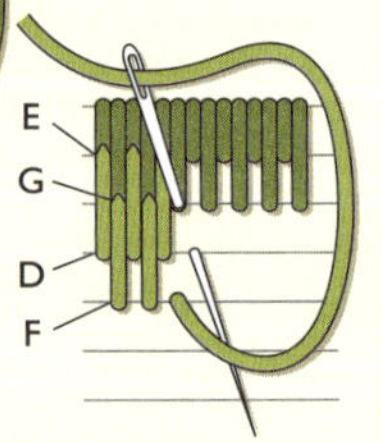

comment broder une forme arrondie

1 Commencer en A, au milieu du bord le plus long du motif (premier schéma du bas).
2 Brodez en alternant un point court et un point long jusqu'au bord droit du motif. Brodez l'autre moitié du rang en sens inverse, en inclinant les points pour suivre le bord.
3 Brodez le nombre de rangs voulu, en inclinant les points et en diminuant leur nombre à chaque rang.
4 Si nécessaire, faites le dernier rang en alternant un point long et un point court.

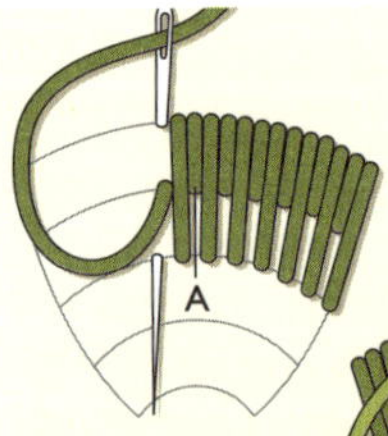

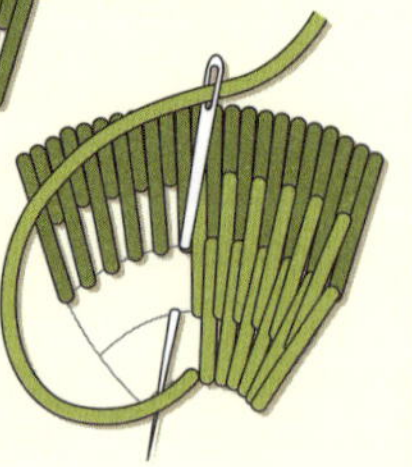

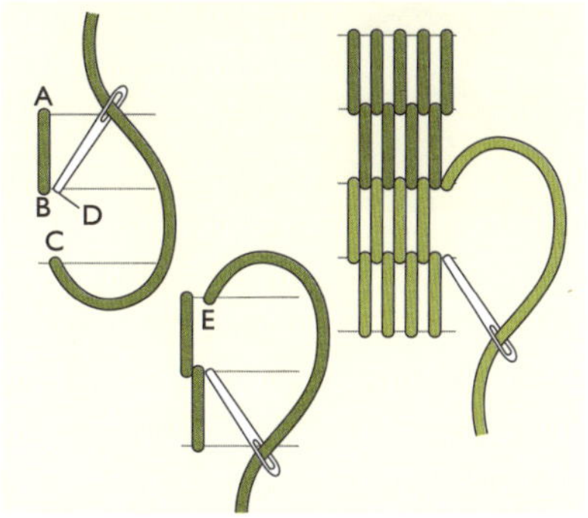

passé EMPIÉTANT AJOURÉ

Ce point forme un remplissage légèrement ajouré. Pour un résultat parfait, brodez les toiles en suivant des lignes parallèles (p. 53). Travaillez de gauche à droite.

1 Sortez l'aiguille en A sur l'endroit du tissu. Piquez en B, sortez l'aiguille en C et piquez en D.

2 Sortez l'aiguille en E et repiquez à la même hauteur que le point B. Continuez de la même façon jusqu'à la fin du rang, en faisant des points verticaux.

3 Commencez le rang suivant en sortant l'aiguille à gauche du premier point brodé, un peu au-dessus de son extrémité. Continuez de la même manière.

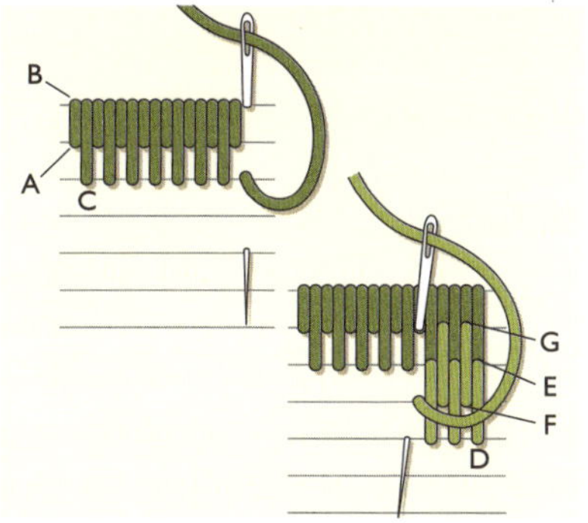

passé EMPIÉTANT

Ce point crée un subtil effet de tissage. Sur toile, commencez par tracer des lignes parallèles (p. 53). Travaillez de gauche à droite et de haut en bas.

1 Sortez l'aiguille en A sur l'endroit du tissu.

2 Piquez en B et sortez l'aiguille en C. Continuez en alternant un point court et un point long jusqu'à la fin du rang. Faites des points parallèles, assez serrés pour que le tissu ne se voie pas entre les points.

3 Pour commencer le rang suivant, sortez l'aiguille en D, à droite de la zone à broder, et piquez en E, sous le dernier point du rang précédent. Faites de longs points jusqu'à la fin du rang.

4 Brodez les rangs suivant en aller et retour et terminez par un rang constitué de points courts et longs.

les points rebrodés

Les points rebrodés sont constitués de points brodés sur le tissu, puis rebrodés sans piquer dans le tissu. Pour réaliser chacune de ces deux étapes, on peut utiliser la même couleur ou une couleur contrastée.

Les points de base sont brodés avec une aiguille à broder et les autres avec une aiguille à tapisserie qui glisse sans abîmer le tissu.

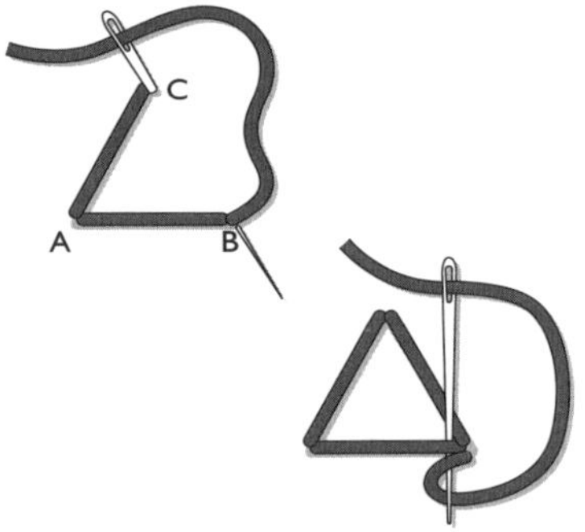

point DE COROLLE

Ce point se brode sur une base triangulaire et forme un cercle en relief.

1 Sortez l'aiguille en A sur l'endroit du tissu. Piquez en B, sortez en C, piquez en A, sortez en B et repiquez en C pour former un triangle.

2 Sortez l'aiguille juste sous le point B. Changez pour une aiguille à tapisserie. Glissez cette dernière de haut en bas sous le premier point, en enroulant le fil autour de sa pointe. Répétez à points serrés en allant dans le sens des aiguilles d'une montre.

point DE ROUE

Ce point forme des petits cercles en relief. Tracez sur le tissu un cercle entouré d'un nombre impair de rayons.

1 Faites un point droit sur chacun des rayons, de l'extérieur vers le centre de la roue.
2 Changez pour une aiguille à tapisserie. Sortez l'aiguille en A, glissez-la sur le premier rayon et sous le suivant, sans piquer dans le tissu.
3 Continuez en passant alternativement sur et sous un rayon, sans laisser le fil de la spirale se chevaucher. Pour terminer, piquez sous le dernier tour et rentrez le fil sur l'envers du travail.

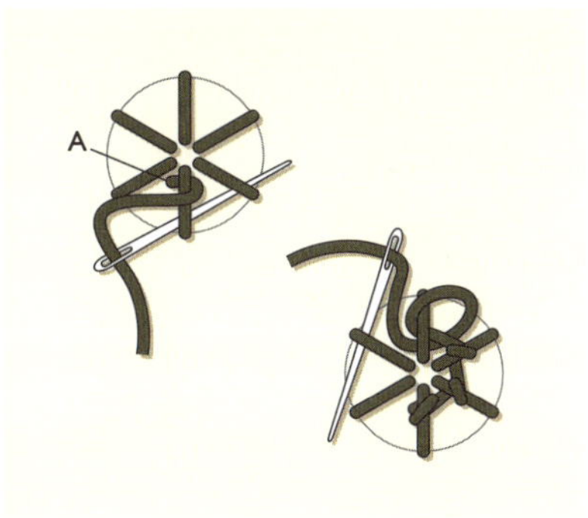

point D'ARAIGNÉE SURJETÉ

Roue côtelée

Ce point sert à broder des petits cercles en relief. Tracez sur le tissu un cercle entouré de rayons.

1 Faites un point droit sur chacun des rayons, en allant de l'extérieur vers le centre du cercle.
2 Changez pour une aiguille à tapisserie. Sortez l'aiguille en A. Glissez-la sous le premier rayon, revenez en arrière et glissez-la sous le premier et le second rayon, sans piquer dans le tissu.
3 Revenez sur le second rayon, puis glissez l'aiguille sous le second et le troisième rayon. Continuez de la même manière pour recouvrir les points droits. Pour terminer, piquez sous le dernier tour et rentrez le fil sur l'envers du travail.

bride FESTONNÉE

Barrette au point de feston

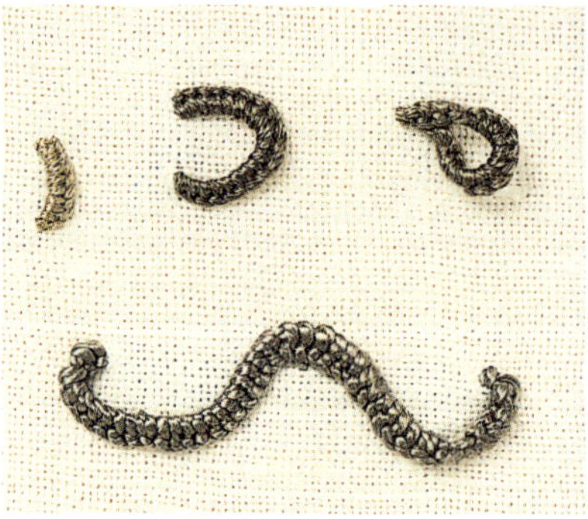

Ce point forme une boucle en relief sur le tissu et peut servir à confectionner des boutonnières. Brodez de gauche à droite.

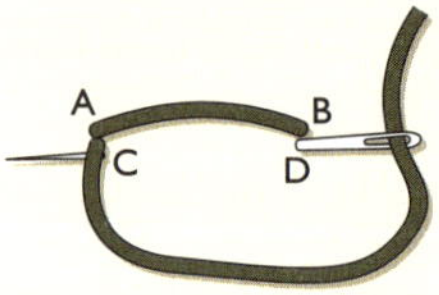

1 Sortez l'aiguille en A sur l'endroit du tissu et piquez en B, ne tirez pas trop sur le fil. Répétez de C à D et sortez l'aiguille juste sous le point C.
2 Changez pour une aiguille à tapisserie. Travaillez au point de feston (p. 81) sur les deux points de base, sans piquer dans le tissu, en faisant des points serrés.
3 Pour terminer, piquez juste sous le point D.

bride FESTONNÉE TORSE

Barrette torse au point de feston

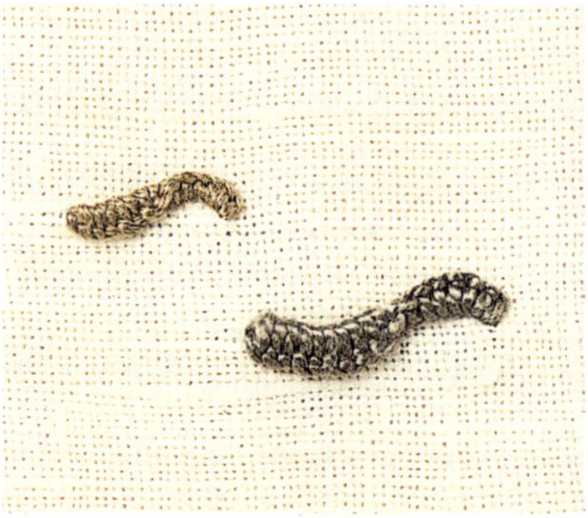

Cette bride se brode en faisant pivoter les points de feston au milieu des points de base pour créer un relief supplémentaire. Brodez de gauche à droite.

1 Faites deux points droits assez souples (voir ci-dessus). Sortez l'aiguille juste sous leur extrémité gauche.
2 Prenez une aiguille à tapisserie et couvrez de points de feston (p. 81) la moitié des deux points. Faites des points serrés et veillez à ne pas piquer dans le tissu.
3 Faites le point de feston suivant en tirant le fil vers le haut pour faire pivoter le point. Répétez de manière à faire pivoter les points suivants autour des points de base. Pour terminer, piquez juste au-dessus de l'extrémité de la bride.

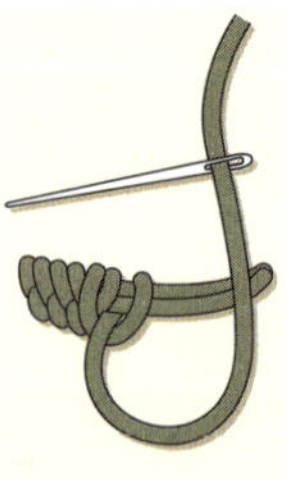

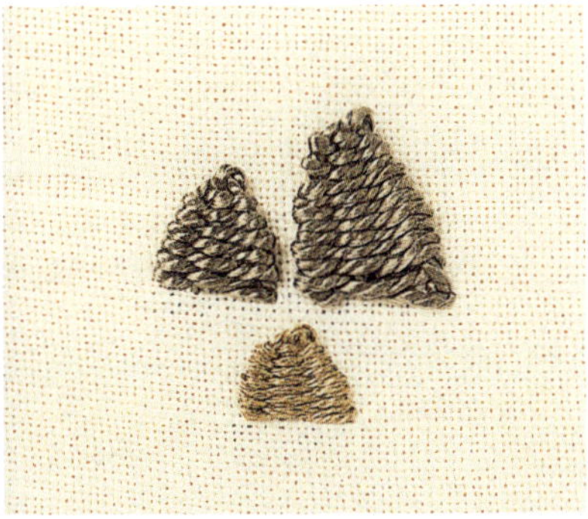

picot REPRISE

Ce point sert à broder de petits motifs en relief comme des feuilles ou des pétales. Seule sa base est fixée au tissu. Son « tissage » se fait avec une aiguille à tapisserie.

1 Piquez une épingle sur la ligne médiane du picot.
2 Sortez l'aiguille en A sur l'endroit du tissu, faites passer le fil derrière la tête de l'épingle et piquez en B.
3 Sortez l'aiguille en C, faites de nouveau passer le fil derrière la tête de l'épingle et glissez l'aiguille sous le fil de droite, sans piquer dans le tissu. Passez ensuite sur le fil du milieu et sous le fil de gauche.
4 Revenez en sens inverse en passant au-dessus du fil de gauche, sous le fil du milieu et au-dessus du fil de droite.
5 Continuez de la même manière jusqu'en bas du picot, sans piquer dans le tissu. Pour terminer, piquez sous le dernier fil horizontal, près du point B.

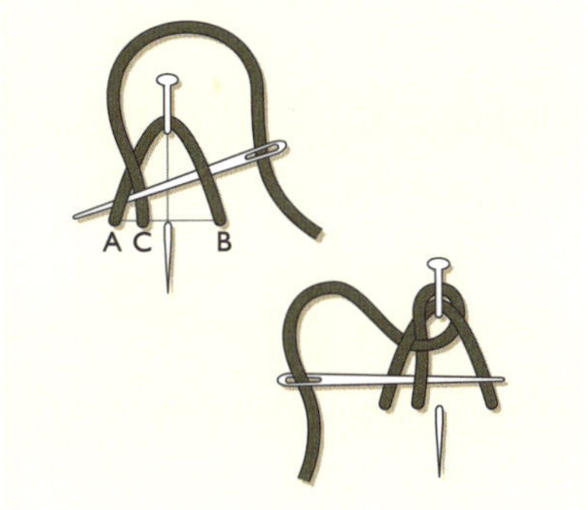

ASTUCE

Ne tirez pas trop sur le fil, conservez la même tension d'un bout à l'autre du travail et alignez régulièrement les fils horizontaux au fur et à mesure de leur « tissage » pour obtenir un résultat régulier.

le SURJETAGE

Les points surjetés sont constitués d'un point de base brodé au point de surjet avec un fil contrasté, sans piquer dans le tissu. Ils servent à broder des lignes décoratives droites ou incurvées. De nombreux points peuvent être surjetés dont les points avant (p. 47), arrière (p. 48), de tige (p. 48), de chaînette (p. 54), les points à fils couchés (p. 101 à 112) et le point de grébiche (p. 75). Les deux photos présentées ci-contre montrent, de haut en bas, trois lignes au point avant surjeté, deux au point arrière surjeté, une au point de tige surjeté, une au point de chaînette surjeté et une au point de grébiche surjeté. La méthode reste la même quel que soit le point de base. Faites les points de surjet avec une aiguille à tapisserie et travaillez de droite à gauche ou de haut en bas.

1 Brodez une ligne au point voulu.
2 Faites sortir un fil de couleur contrastée en A sous le premier point de la ligne.
3 Glissez l'aiguille de haut en bas sous chaque point, sans piquer dans le tissu.
4 À la fin du rang, piquez dans le tissu, au-dessus du dernier point de la ligne.

Point avant surjeté

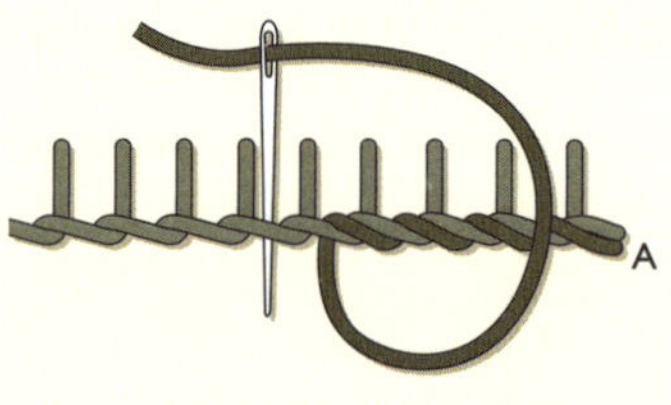

Point de grébiche surjeté

point AVANT REBRODÉ

Ce point se brode de droite à gauche, avec des fils de couleurs contrastées, sans piquer dans le tissu.

1 Brodez un rang au point avant (p. 47).
2 Changez pour une aiguille à tapisserie. Faites sortir un fil de couleur contrastée sous le premier point avant.
3 Glissez l'aiguille sous chaque point, en alternant les passages de bas en haut et de haut en bas, sans piquer dans le tissu.
4 Pour terminer, piquez au-dessus ou sous le dernier point du rang et rentrez le fil sur l'envers du travail.

point ARRIÈRE REBRODÉ

Brodez ce point de droite à gauche, avec des fils de couleurs contrastées.

1 Brodez un rang au point arrière (p. 48).
2 Avec une aiguille à tapisserie, faites sortir un fil de couleur contrastée sous le premier point arrière. Glissez l'aiguille sous chaque point en allant alternativement de bas en haut et de haut en bas, sans piquer dans le tissu.
3 Pour terminer, piquez au-dessus ou sous le dernier point du rang et rentrez le fil sur l'envers du travail.

point arrière rebrodé avec deux fils

Repassez sur le rang avec un second fil, en commençant au-dessus du premier point de la ligne.

point DE PÉKIN

Point chinois, point arrière bouclé

Ce point sert à réaliser des frises droites ou incurvées et se brode avec des fils de couleurs contrastées. Travaillez de gauche à droite en formant des boucles régulières.

1 Brodez un rang au point arrière (p. 48).
2 Changez pour une aiguille à tapisserie munie d'un fil de couleur contrastée. Sortez en A, sur l'endroit du tissu. Glissez l'aiguille sous le second point, sans piquer dans le tissu, puis revenez en sens inverse sous le premier point, pour former une boucle.
3 Glissez l'aiguille sous le troisième point, revenez sous le second et continuez de la même manière.

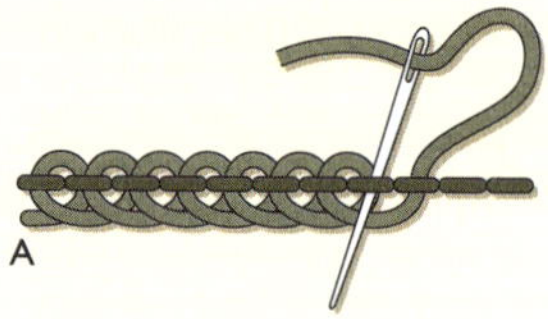

point DE CHAUSSON TRAMÉ

Ce point se brode avec des fils de couleurs contrastées. Sur trame régulière, brodez sur un nombre de fils toujours identique. Sur toile simple, brodez en suivant deux lignes parallèles (p. 53). Travaillez de droite à gauche.

1 Brodez un rang au point de chausson (p. 72). Changez pour une aiguille à tapisserie. Faites sortir un fil de couleur contrastée en A, sur l'endroit du tissu.
2 Glissez l'aiguille sous les points inclinés vers la droite et par-dessus ceux inclinés vers la gauche, au-dessus des intersections du haut des points, sans piquer dans le tissu. À la fin du rang, rentrez le fil sur l'envers du tissu.
3 Faites sortir un nouveau fil en B et répétez sous des intersections du bas des points.

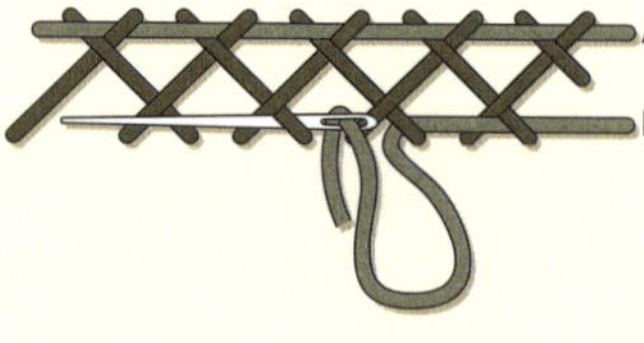

point DE CHAUSSON EN SURJET

Ce point sert à broder des bordures à l'aspect torsadé. Il peut être réalisé avec deux fils de couleurs différentes. Sur trame régulière, brodez sur un nombre de fils identique. Sur toile simple, brodez en suivant deux lignes parallèles (p. 53).

1 Faites deux rangs au point arrière (p. 48). Les points doivent être de même longueur, placés en quinconce.

2 Avec une aiguille à tapisserie, faites sortir le second fil en A sur l'endroit du tissu, près de l'extrémité gauche de la ligne du haut.

3 Formez une boucle vers la droite et glissez l'aiguille de haut en bas sous le premier point de la ligne, en faisant passer le fil sous sa pointe.

4 Placez de nouveau le fil vers la droite et glissez l'aiguille de bas en haut sous le premier point de la ligne du bas, en plaçant de nouveau le fil sous sa pointe. Continuez de la même manière jusqu'à la fin du rang.

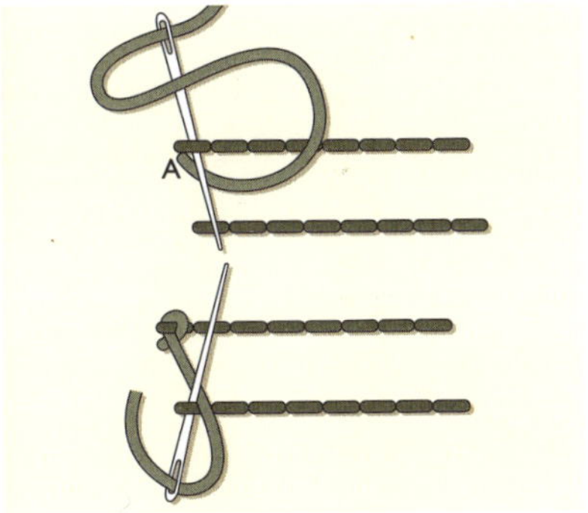

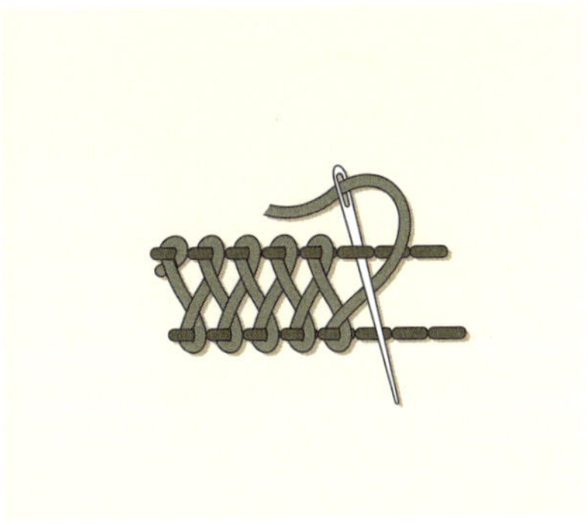

mirliton SUR DEUX BRIDES

Ce point peut se broder avec deux fils de couleurs contrastées. Il sert à réaliser de larges frises et peut être utilisé comme point de remplissage. Commencez à droite.

1 Faites deux rangs au point avant (p. 47) en plaçant les points exactement les uns au-dessus des autres.
2 Faites sortir le second fil en A sur l'endroit du tissu, sous le premier point de la ligne du bas. Glissez l'aiguille sous un point de chaque ligne en alternant les passages vers le haut et vers le bas, sans piquer dans le tissu.
3 À la fin du rang, piquez au-dessus ou au-dessous du dernier point avant et rentrez le fil sur l'envers du travail.

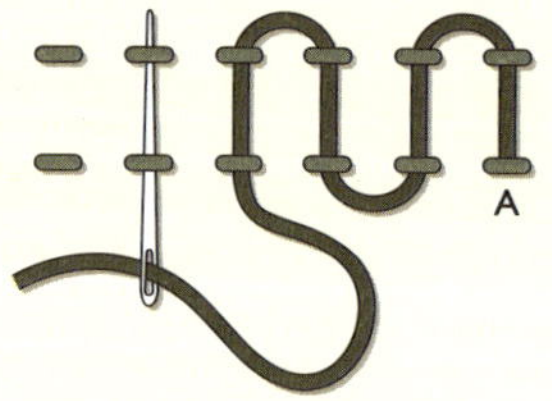

point DE CHAÎNETTE ENTRELACÉ

Ce point se brode de haut en bas, avec deux fils de couleurs contrastées.

1 Faites un rang au point de chaînette (p. 54). Avec une aiguille à tapisserie, faites sortir un fil contrasté en A, en haut de la chaînette.
2 Glissez l'aiguille de droite à gauche sous le brin droit du second point de chaînette, puis de gauche à droite sous le même brin et sous le fil de la seconde couleur. Glissez l'aiguille sous le troisième point et revenez sous le second. Continuez de la même manière jusqu'en bas du rang.
3 Faites sortir en A un autre fil de la seconde couleur et brodez le côté gauche de la chaînette en glissant l'aiguille de gauche à droite sous le second point puis de droite à gauche sous le premier point et le fil de la seconde couleur.

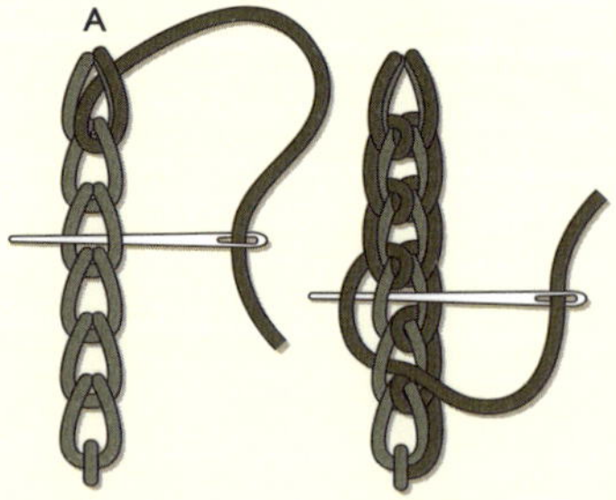

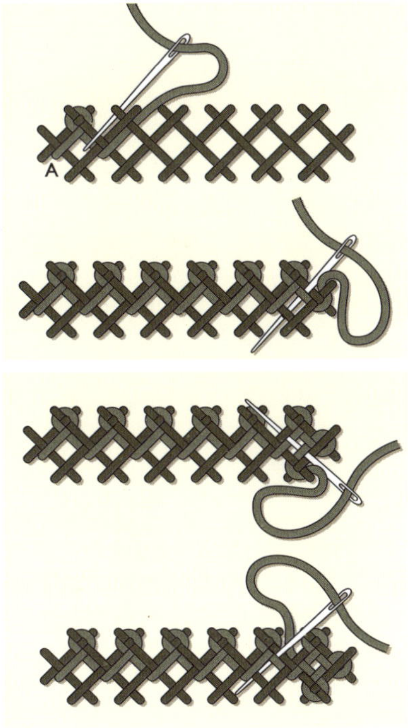

entrelacs ARMÉNIENS

Ce point sert à réaliser des frises et des bordures décoratives. Il se brode sur un rang de points de chausson double, avec un fil de couleur contrastée. Sur trame régulière, brodez sur un nombre de fils identique. Sur toile simple, brodez en suivant deux lignes parallèles (p. 53). Brodez de gauche à droite.

1 Faites un rang au point de chausson double (p. 74) en commençant et en terminant par deux points plus courts que les autres.

2 Avec une aiguille à tapisserie, faites sortir le fil de la seconde couleur en A, sous la première intersection du rang.

3 Passez au-dessus du premier point oblique, puis sous le second et autour de l'intersection du haut. Passez ensuite au-dessus du premier point incliné vers la droite, puis sous le fil de la seconde couleur et enfin sous le second point incliné vers la droite pour ressortir sous l'intersection suivante. Répétez ainsi jusqu'à la fin du rang.

4 Entrelacez le fil autour de la dernière intersection du rang et revenez en sens inverse sur le bord inférieur du rang, en passant au-dessus du premier point incliné vers la gauche, puis sous le fil de la deuxième couleur et le deuxième point incliné vers la gauche.

5 Pour terminer, piquez aussi près que possible du point A.

point DE CHAUSSON ENTRELACÉ

Ce point se brode avec des fils de différentes couleurs. Il sert à réaliser de larges frises et peut servir de point de remplissage. Brodez de gauche à droite.

1 Faites un rang au point de chausson (p. 72).

2 Avec une aiguille à tapisserie, faites sortir le fil de la seconde couleur en A, à gauche du premier point. Glissez l'aiguille de bas en haut sous le premier point, puis de haut en bas sous le second, sans piquer dans le tissu. Répétez jusqu'à la fin du rang. Terminez en piquant à droite du dernier point, en bas du rang.

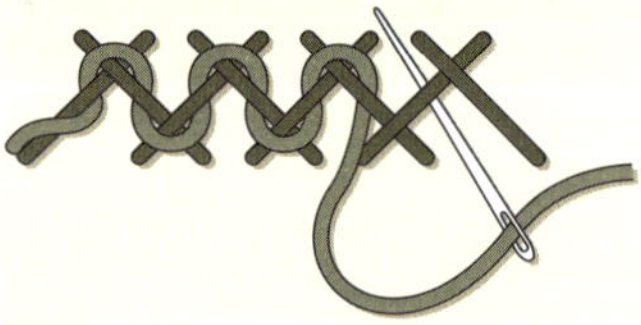

point DE TIGE EN RELIEF

Ce point est brodé sur des points droits qui peuvent être entièrement recouverts ou rester visibles sur les côtés. Il peut se broder avec des fils de couleurs différentes. Pour un résultat régulier sur toile simple, brodez en suivant deux lignes parallèles (p. 53).

1 Sortez l'aiguille en A sur l'endroit du tissu, piquez en B et sortez en C. Répétez pour broder une rangée de points droits.

2 Avec une aiguille à tapisserie, faites sortir un second fil en D, sous le dernier point. Glissez l'aiguille de haut en bas sous le deuxième point droit, sans piquer dans le tissu, et ressortez à gauche du fil de travail. Répétez sur chacun des points suivants.

3 Ajoutez le nombre de rangs de points de tige voulu.

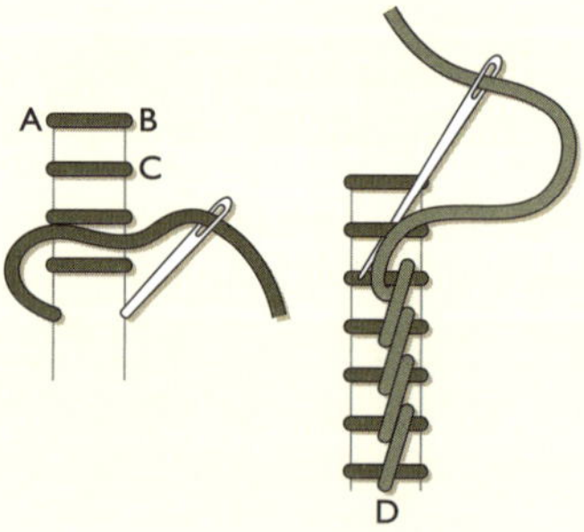

chaînette EN RELIEF

Ce point forme une large frise décorative. Il est constitué de points droits rebrodés à l'aide de points de chaînette et de petits points droits. Une seule et même « échelle » peut être agrémentée de plusieurs rangs de points de chaînette. Les points droits peuvent être entièrement recouverts ou partiellement visibles et le point peut être réalisé avec des fils de couleurs différentes. Pour un résultat régulier sur toile simple, brodez en suivant deux lignes parallèles (p. 53).

1 Sortez l'aiguille en A sur l'endroit du tissu, piquez en B et sortez en C. Répétez pour former une rangée de points droits.

2 Avec une aiguille à tapisserie, faites sortir le second fil en D, au-dessus du milieu du premier point. Glissez l'aiguille de bas en haut sous le premier point droit, sans piquer dans le tissu et ressortez à gauche du fil de travail.

3 Formez une boucle avec le fil, glissez l'aiguille de haut en bas sous le premier point, à droite du point D, et sortez-la dans la boucle.

4 Répétez l'opération sur chaque point droit. Terminez par un petit point droit vertical sur le dernier point droit.

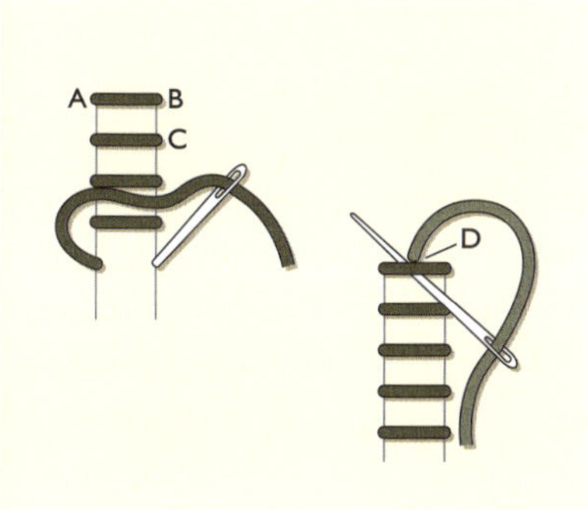

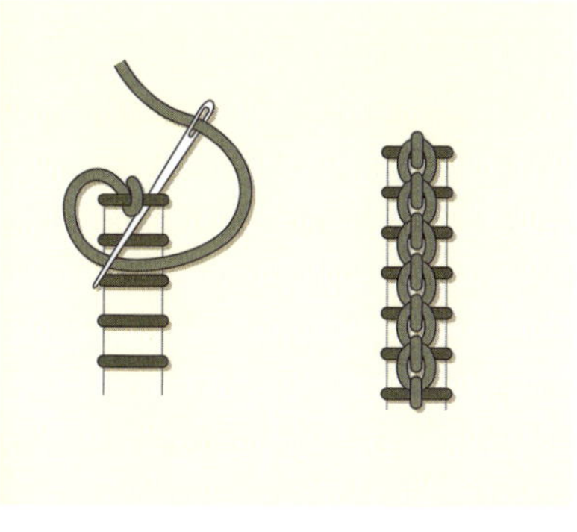

frise DU PORTUGAL

Ce point sert à réaliser des frises et des bordures dentelées. Sur trame régulière, brodez sur un nombre de fils identique. Sur toile simple, brodez en suivant deux lignes parallèles (p. 53).

1 Sortez l'aiguille en A sur l'endroit du tissu. Piquez en B, sortez l'aiguille en C et piquez en D. Répétez pour broder une rangée de points droits.

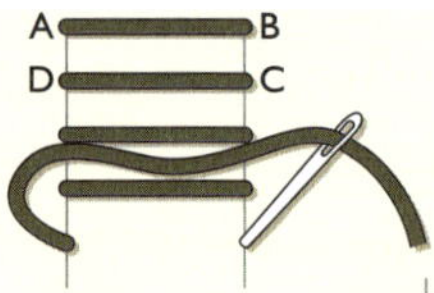

2 Avec une aiguille à tapisserie, faites sortir le second fil en E, sous le point droit du bas, légèrement à droite de son milieu. Glissez l'aiguille de haut en bas sous les deux derniers points droits brodés, sans piquer dans le tissu. Répétez deux fois en allant vers la gauche.

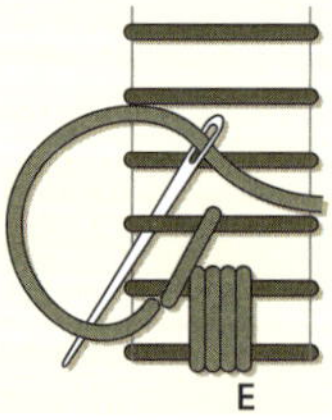

3 Glissez l'aiguille sous le deuxième point et faites-la sortir sous le dernier, à gauche du dernier point réalisé.

4 Glissez l'aiguille de haut en bas sous le troisième point droit, près du centre de la rangée, puis sous le deuxième point, en inclinant l'aiguille vers la gauche. Glissez ensuite l'aiguille de haut en bas sous le troisième point. Répétez sur les points droits suivants.

5 Terminez par deux points sur les deux derniers points droits et rentrez le fil sur l'envers du travail.

6 Faites sortir un nouveau fil en F et brodez de la même manière le bord droit de l'échelle, en inclinant les points vers la droite.

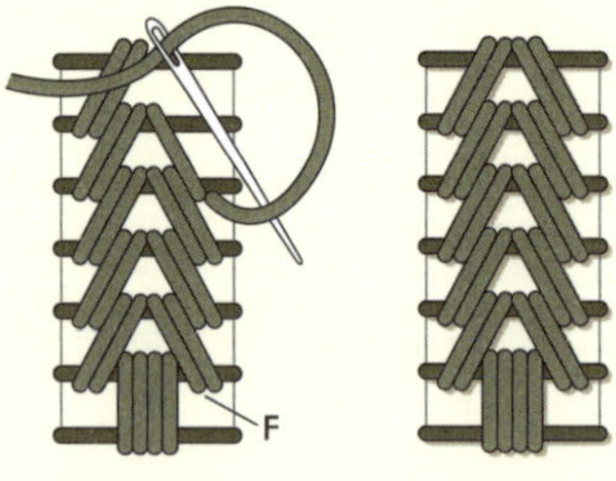

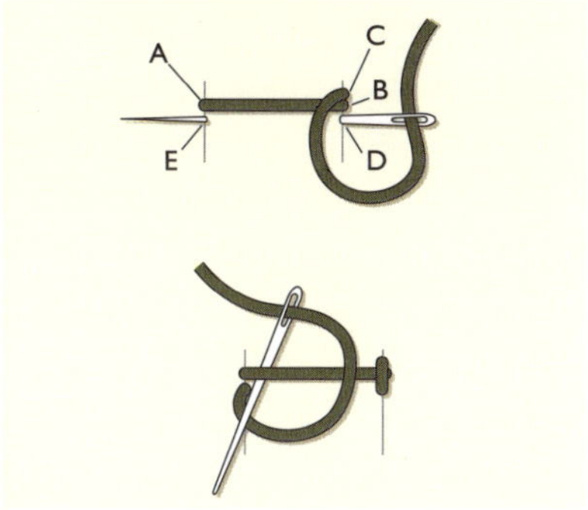

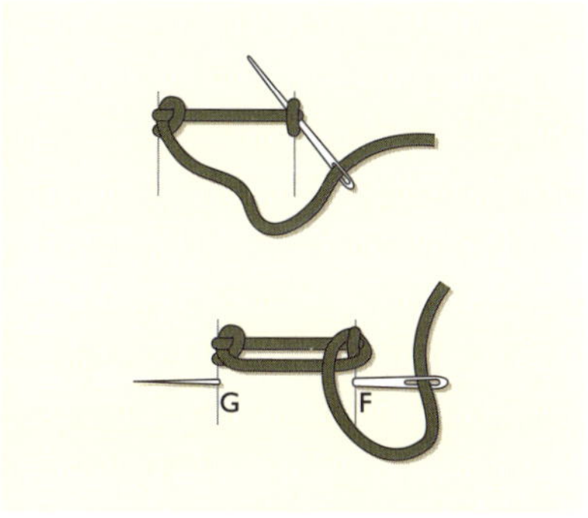

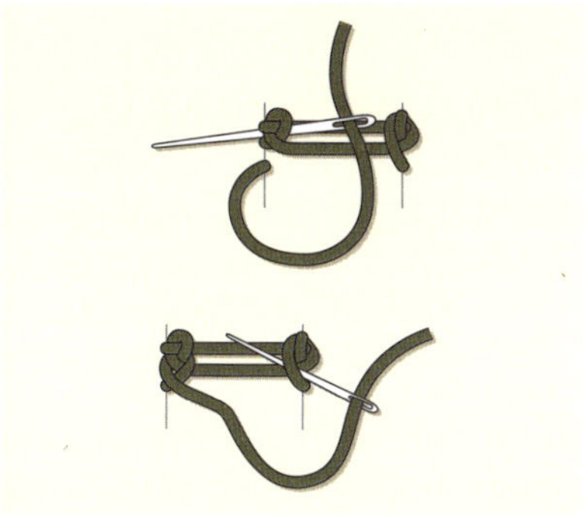

point D'ÉCHELLE TRESSÉE

Ce point sert à broder des frises droites ou incurvées. Sur trame régulière, brodez sur un nombre de fils identique. Sur toile simple, brodez en suivant deux lignes parallèles (p. 53). Travaillez de haut en bas.

1 Avec une aiguille à tapisserie, sortez l'aiguille en A sur l'endroit du tissu.

2 Piquez en B et sortez l'aiguille en C, juste au-dessus du point B. Piquez en D, juste sous le point B et sortez l'aiguille en E.

3 Glissez l'aiguille de haut en bas sous l'extrémité gauche du point horizontal, sans piquer dans le tissu, et sortez l'aiguille dans la boucle ainsi formée.

4 Glissez l'aiguille de droite à gauche et de bas en haut sous les deux points situés à l'autre extrémité du point.

5 Piquez en F, non loin du point D, et sortez l'aiguille en G. Glissez l'aiguille de droite à gauche sous le « nœud » de gauche, entre les deux points horizontaux, sans piquer dans le tissu.

6 Pour broder le « barreau » suivant, revenez de l'autre côté de l'échelle et glissez l'aiguille de droite à gauche sous le dernier « nœud » formé.

7 Continuez de la même façon pour allonger l'échelle.

les points de remplissage rebrodés

Les points de remplissage rebrodés sont constitués de grilles composées de points longs ou courts rebrodés sans piquer dans le tissu. Ils sont plus ou moins ajourés ou opaques en fonction de l'espacement de leurs points de base et de l'épaisseur du fil utilisé pour les rebroder.

Brodez les points de base avec une aiguille pointue. Pour les rebroder, préférez une aiguille à tapisserie (dont le bout arrondi ne risque pas de transpercer le tissu en passant sous les points).

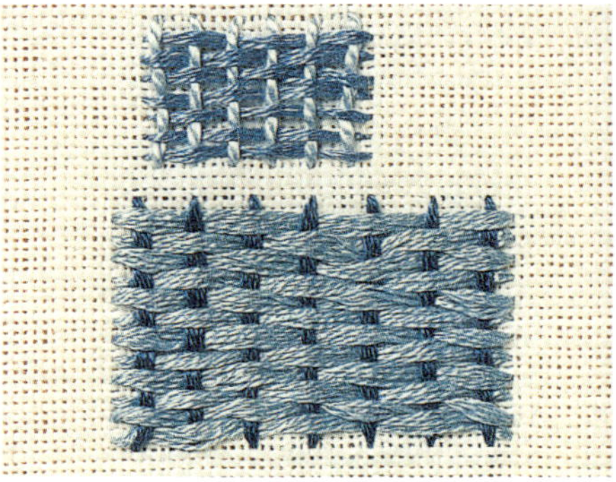

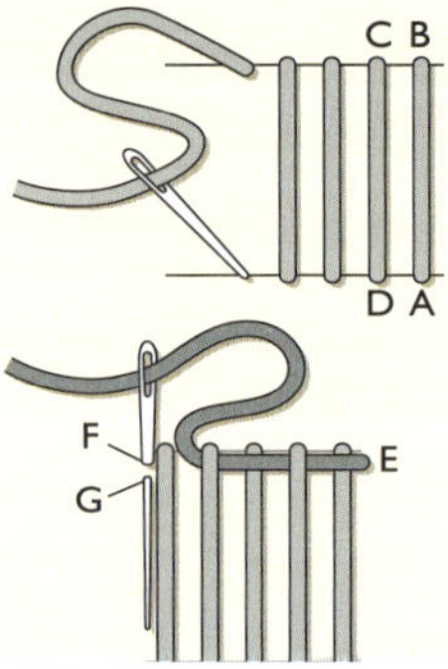

point TISSÉ

Couchure reprise, point de reprise remplissage

1 Sortez l'aiguille en A sur l'endroit du tissu. Piquez en B, sortez en C et piquez en D. Continuez de la même façon sur toute la zone à broder.

2 Avec une aiguille à tapisserie, faites sortir un second fil en E et passez alternativement sur et sous un point droit sans piquer dans le tissu.

3 À la fin du rang, piquez en F et sortez l'aiguille en G, juste sous le point F. Revenez en sens inverse en alternant le tissage des fils.

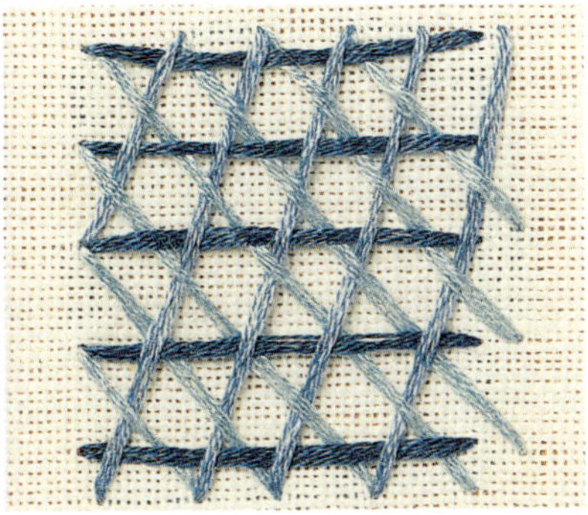

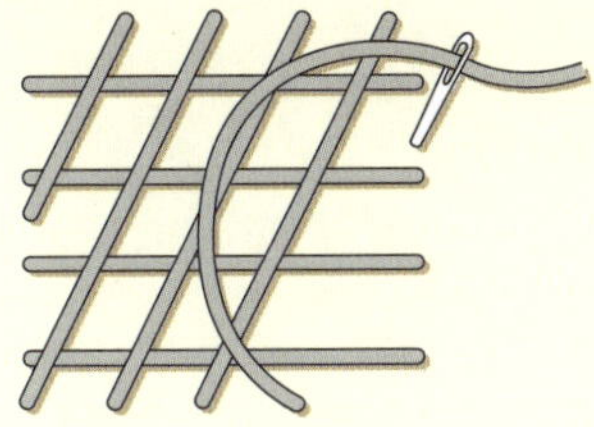

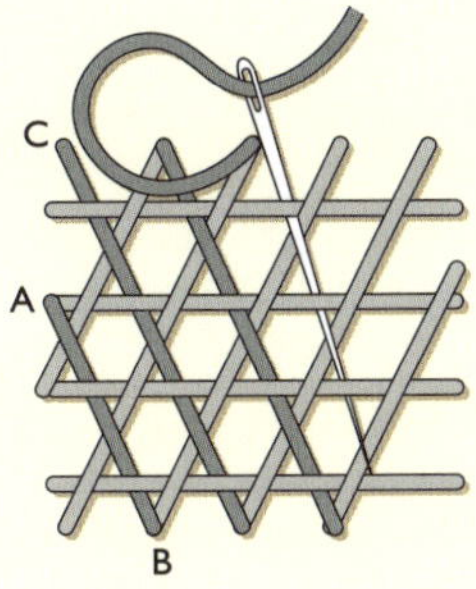

point D'ALVÉOLES

Ce point se brode généralement avec trois fils de couleurs différentes. Tendez le tissu sur un tambour, et, si vous brodez sur une toile simple, tracez-y d'abord une grille régulière.

1 Faites sortir le premier fil sur l'endroit du tissu en haut à gauche de la zone à broder et couvrez cette dernière de points horizontaux régulièrement espacés.

2 Faites sortir un second fil sur l'endroit du tissu et couvrez la zone de points obliques parallèles, en faisant chaque point du bas vers le haut.

3 Faites sortir le troisième fil en A, à l'extrémité gauche du deuxième point horizontal en partant du haut, puis faites passer l'aiguille alternativement par-dessus un point oblique et sous un point horizontal. Piquez en B et sortez l'aiguille en C. Continuez de la même façon sur toute la zone à broder.

ASTUCE

Les points de remplissage rebrodés peuvent être faits avec un fil de la même couleur pour créer des surfaces subtilement texturées. Des fils de différentes couleurs permettent en revanche de mettre en valeur l'entrelacement de leurs fils.

point DE TREILLIS REBRODÉ

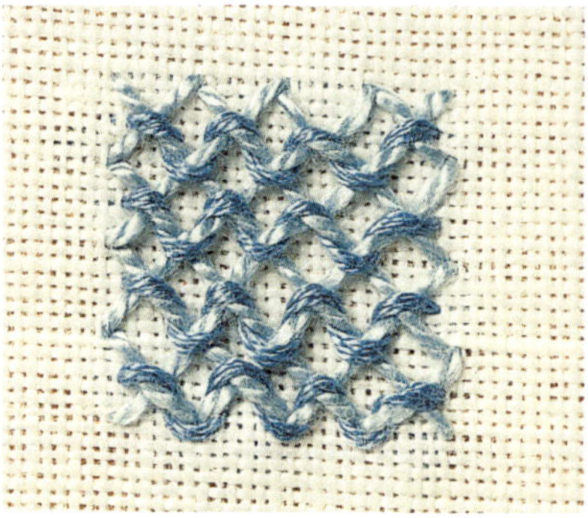

Ce point de remplissage forme un treillis légèrement en relief. Pour un résultat plus opaque, sa grille de base peut être rebrodée deux fois. Tendez le tissu sur un tambour à broder et tracez sur les toiles simples une grille régulière. Rebrodez les points de base avec une aiguille à tapisserie.

1 Sortez l'aiguille en A sur l'endroit du tissu et piquez en B. Sortez l'aiguille en C et continuez de la même façon pour couvrir de points obliques la zone à broder.

2 Prenez une nouvelle aiguillée, sortez l'aiguille en D, en haut à gauche. Brodez des points obliques perpendiculaires aux premiers en passant alternativement au-dessus et au-dessous de ces derniers, sans piquer dans le tissu.

3 Faites sortir un nouveau fil en E, à gauche de l'intersection située en haut à gauche de la grille. Glissez l'aiguille de droite à gauche sous le fil situé en bas à droite du croisement, sans piquer dans le tissu.

4 Placez le fil sur l'intersection suivante (en bas à droite de la première intersection), puis glissez l'aiguille de droite à gauche sous le fil situé en haut à droite du croisement.

5 À la fin du rang, piquez à droite de la dernière intersection et ressortez l'aiguille à droite de l'intersection suivante, en allant vers le bas. Continuez en travaillant en aller et retour.

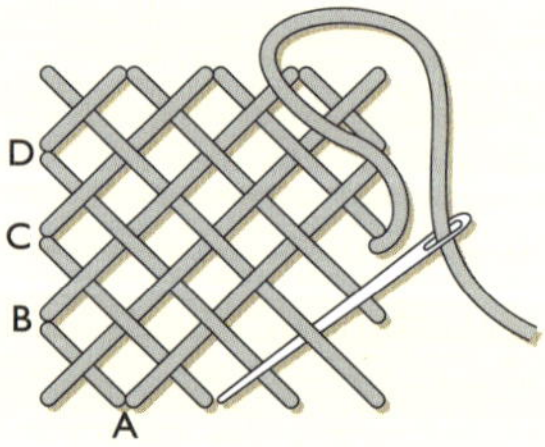

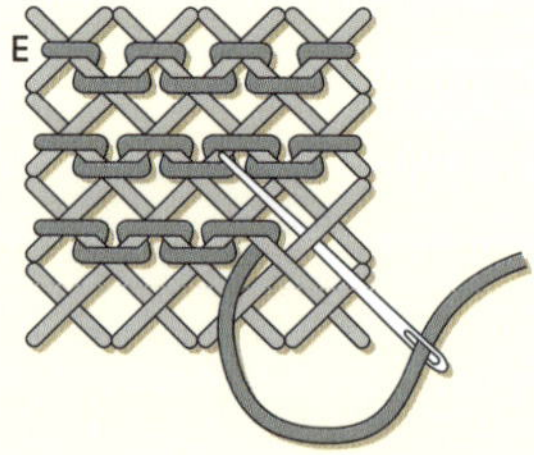

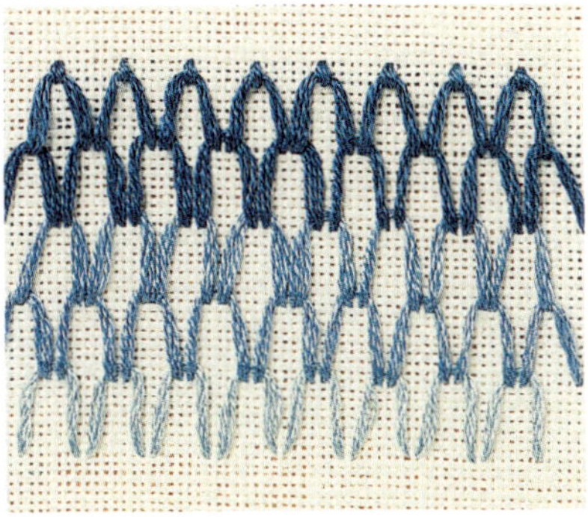

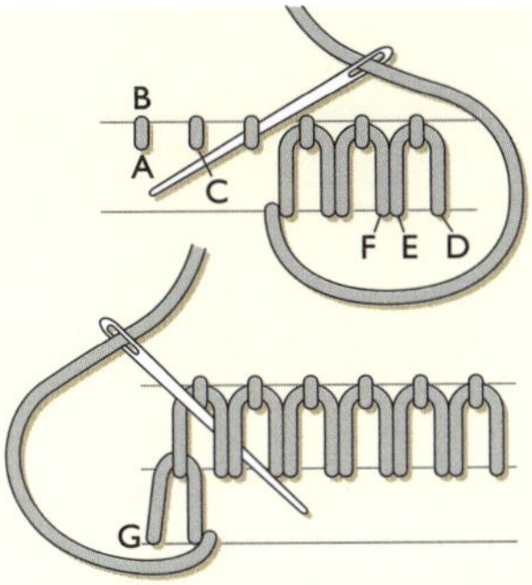

point DE VAGUE

Sur toile simple, brodez en suivant des lignes parallèles (p. 53).

1 Sortez l'aiguille en A sur l'endroit du tissu, en haut à gauche. Piquez en B et sortez l'aiguille en C. Répétez pour former une rangée de petits points.
2 Prenez une aiguille à tapisserie. Sortez l'aiguille en D et glissez-la sous le premier point du rang précédent, sans piquer dans le tissu. Piquez en E, sortez en F et continuez de la même manière jusqu'à la fin du rang.
3 Pour commencer le rang suivant, sortez l'aiguille en G et glissez-la sous le premier point du rang précédent. Piquez à droite du point G et continuez en faisant chaque arceau sous deux points. Brodez les rangs suivants en aller et retour.

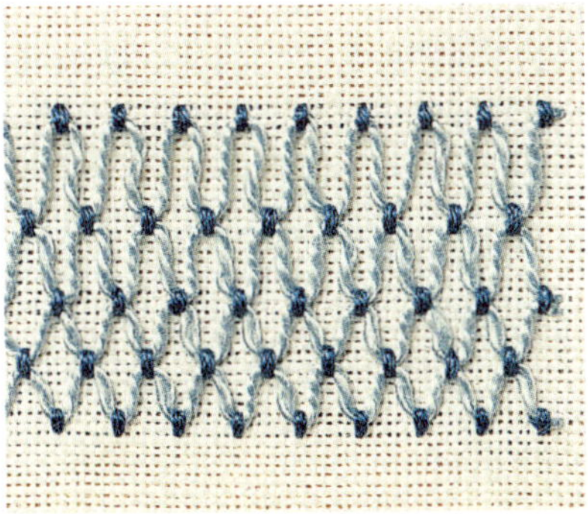

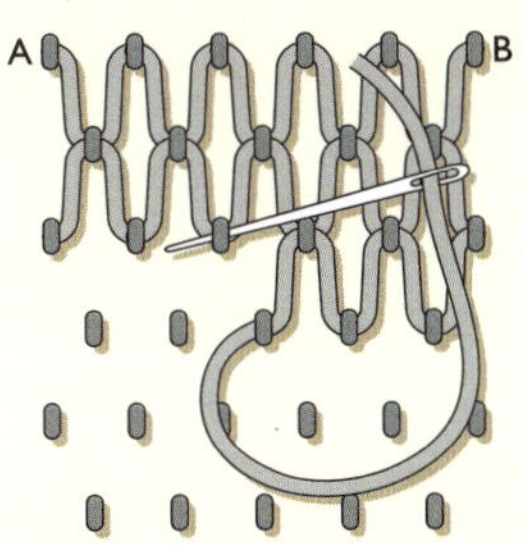

point DE NUAGE

Sur toile simple, brodez en suivant des lignes parallèles (p. 53).

1 Sortez l'aiguille en A sur l'endroit du tissu, en haut à gauche de la zone à broder. Faites un rang de petits points verticaux, puis brodez les rangs suivants en plaçant les points en quinconce.
2 Avec une aiguille à tapisserie, faites sortir le fil en B, sous le dernier point du premier rang, et passez sous le premier point du deuxième rang, sans piquer dans le tissu. Passez sous le point suivant du premier rang et continuez de la même manière jusqu'à la fin du rang. Piquez en A et ressortez l'aiguille sous le premier point du troisième rang.
3 Répétez de gauche à droite et terminez en piquant sous le dernier point du rang. Ressortez l'aiguille sous le même point pour repartir en sens inverse.

point DE CEYLAN

Ce point sert à créer de larges frises et à remplir de petites surfaces. Sur trame régulière, brodez sur un nombre de fils identique. Sur toile simple, brodez en suivant des pointillés tracés tout autour du motif, sur des lignes parallèles (p. 53). Pour un résultat optimal, utilisez un tambour ou un métier à broder. Travaillez de haut en bas.

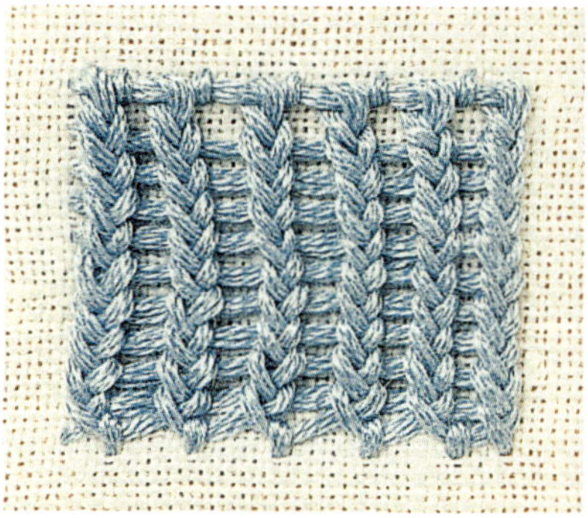

1 Sortez l'aiguille en A sur l'endroit du tissu, en haut à gauche de la zone à broder, et piquez en haut à droite. Maintenez le fil en place à l'aide de petits points.

2 Avec une aiguille à tapisserie, faites sortir le fil en B. Formez une boucle vers la droite et glissez l'aiguille de haut en bas sous le fil horizontal, en plaçant le fil de travail sous la pointe de l'aiguille, sans piquer dans le tissu. Ne tirez pas trop sur l'aiguille.

3 Répétez entre les points de maintien suivants et piquez dans le tissu à la fin du rang.

4 Sortez l'aiguille en C et glissez-la sous les deux premières boucles du rang précédent. Ajoutez ou enlevez un point à chaque extrémité du rang pour élargir ou rétrécir le motif. À la fin du rang, piquez dans le tissu.

5 Brodez les rangs suivants de la même manière et terminez en faisant un petit point vertical sur chacune des boucles du dernier rang.

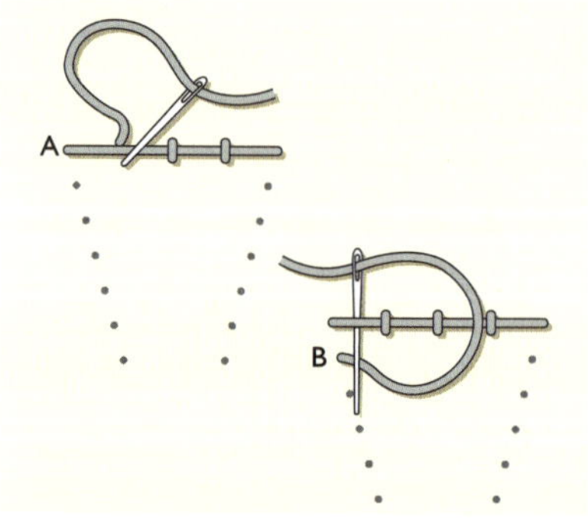

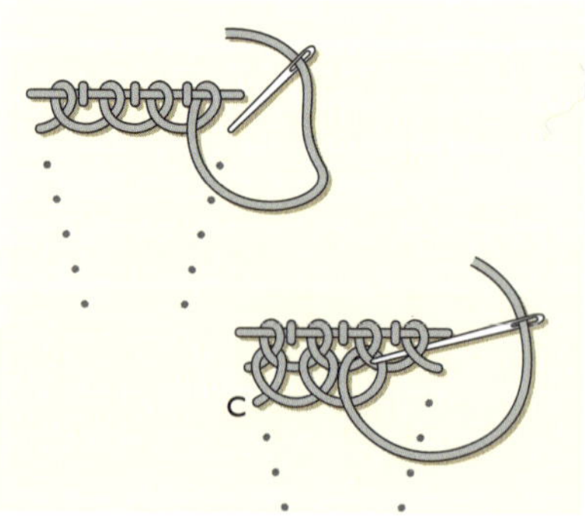

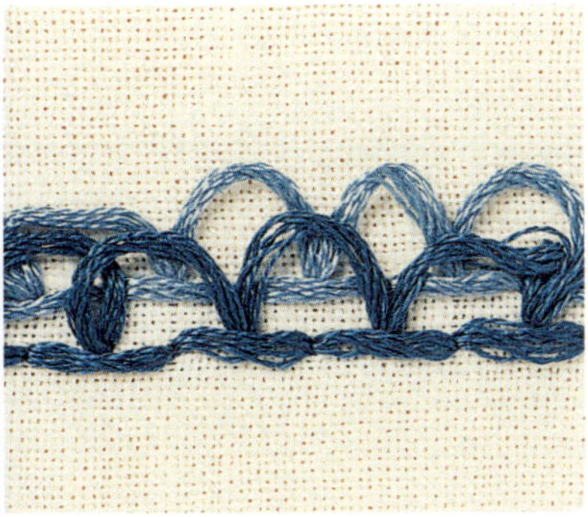

point DE NŒUD TURC

Point turc, point noué simple

Ce point crée une surface douce de type fourrure et se brode souvent avec de la laine. Sur toile simple, brodez en suivant des lignes parallèles serrées, pleines ou en pointillé (p. 53). Travaillez de droite à gauche.

1 Piquez en A et tirez sur l'aiguille de manière à laisser sur l'endroit du tissu un fil de la longueur voulue.
2 Sortez l'aiguille en B, piquez en C, puis ressortez en A, en veillant à ne pas fendre le fil du point arrière.
3 Piquez en D et tirez sur l'aiguille pour former une boucle de la même longueur que l'extrémité du fil laissée sur l'endroit du tissu au début du travail.
4 Sortez l'aiguille en C et piquez en E. Sortez en D pour former la boucle suivante. Répétez jusqu'à la fin du rang et terminez ce dernier par un point arrière.
5 Brodez les rangs suivants de gauche à droite, comme le premier. Pour terminer, coupez les boucles et égalisez leurs fils à la longueur voulue.

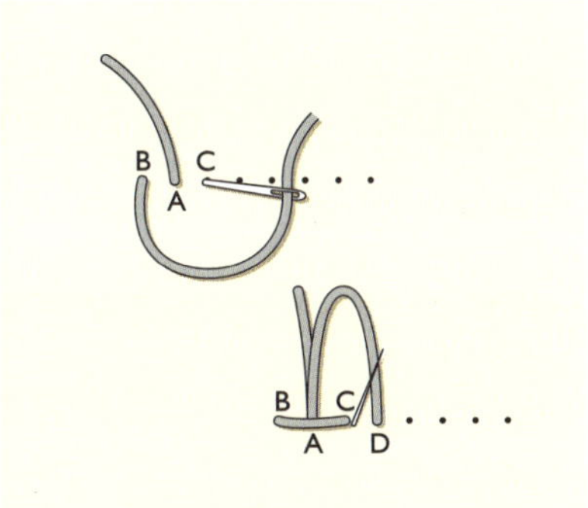

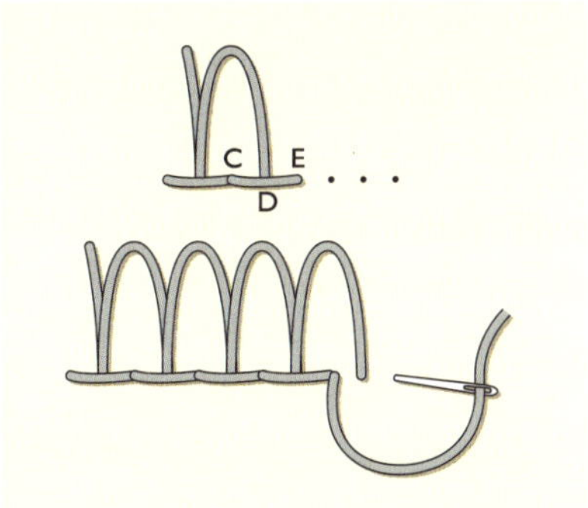

les points d'entre-deux

Les points d'entre-deux, dérivés des points de feston et de chausson, servent à relier deux tissus à l'aide d'une couture ajourée décorative. Certains sont particulièrement solides et d'autres purement décoratifs.

Commencez par ourler les bords à joindre, puis fixez-les au point de bâti sur une bande de papier solide pour éviter qu'ils ne se déforment en cours de travail. Brodez avec une aiguille à bout pointu.

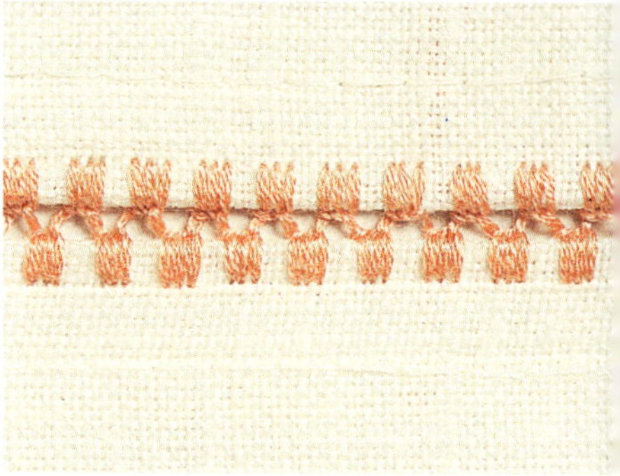

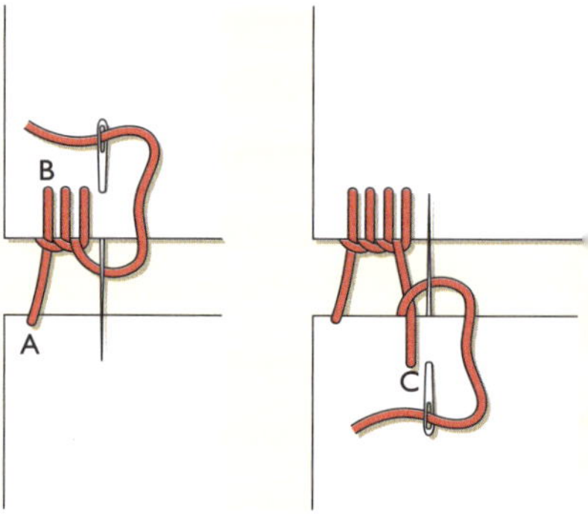

entre-deux AU POINT DE FESTON

Jour boutonnière

Ce point forme une couture solide. Brodez de gauche à droite.

1 Sortez l'aiguille en A, sur l'endroit du travail, sur le bord du tissu du bas. Piquez en B, sur le bord du tissu du haut, et faites deux, trois ou quatre points de feston (p. 81).

2 Sortez l'aiguille en C, sur le bord du tissu du bas, et faites un pavé au point de feston en piquant de bas en haut.

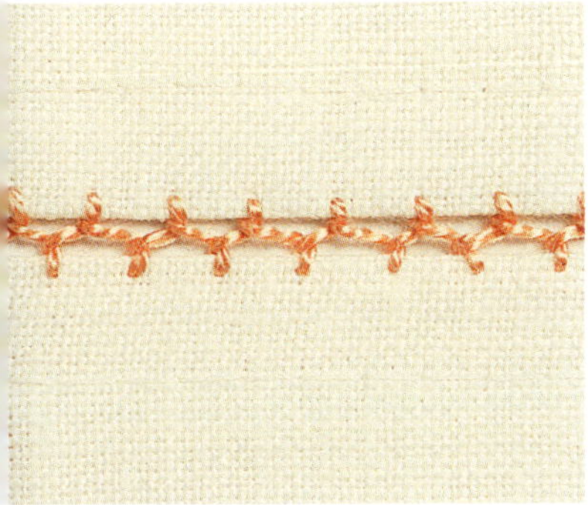

entre-deux AU POINT DE CHAUSSON

Ce point forme une couture lacée. Travaillez de gauche à droite ou de haut en bas.

1 Sortez l'aiguille en A sur l'endroit du travail, en piquant dans l'ourlet du tissu du bas.
2 Piquez en B, près du bord du tissu du haut, et tirez sur l'aiguille en la faisant passer au-dessus du fil de travail.
3 Piquez en C, sur le bord du bas, et tirez sur l'aiguille en la faisant passer au-dessus du fil de travail. Continuez de la même façon.

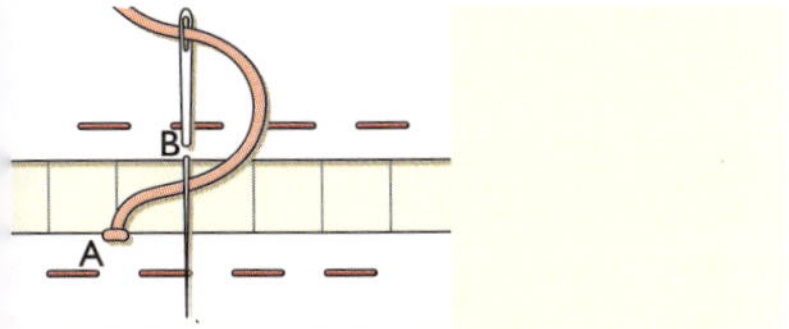

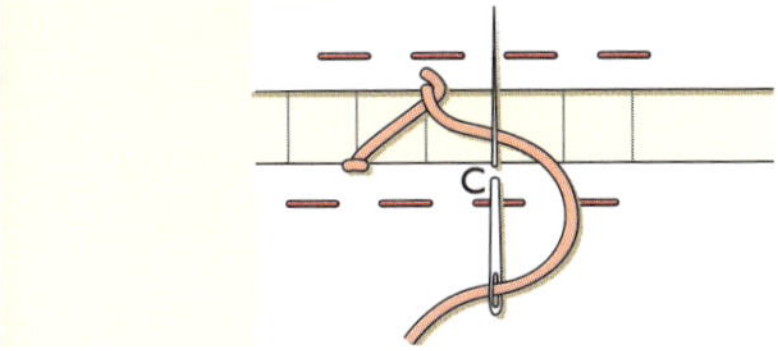

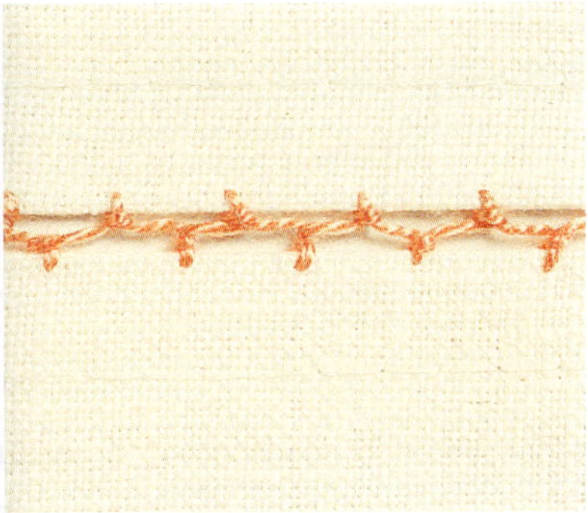

entre-deux AU POINT TORSE

Jour grébiche, point russe, incrustation au point torse

Ce point permet de relier deux morceaux de tissu à l'aide d'une couture décorative. Travaillez de gauche à droite.

1 Sortez l'aiguille en A sur l'endroit du travail, en piquant dans l'ourlet du tissu du bas.
2 Piquez en B, sur l'envers du bord du haut, et tirez sur l'aiguille pour la faire ressortir sur l'endroit du travail.
3 Glissez la pointe de l'aiguille de droite à gauche sous le point ainsi formé et piquez en C, sur l'envers du bord du bas. Glissez la pointe de l'aiguille sous le fil et piquez en D, sur l'envers du bord du haut. Continuez de la même façon jusqu'au bout de la couture.

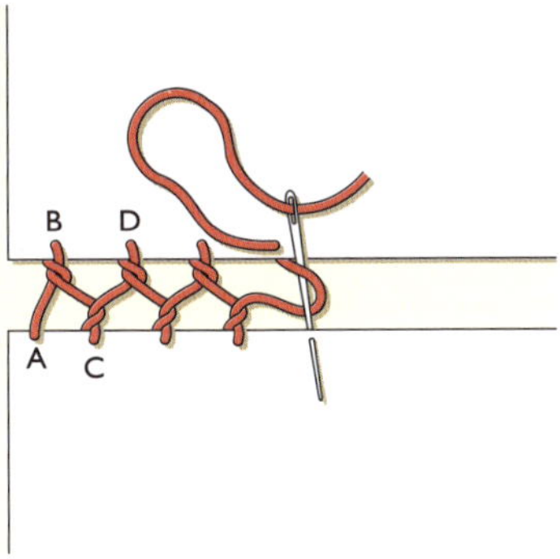

entre-deux
AU POINT NOUÉ

Point russe noué

Ce point permet de relier deux pièces de tissu à l'aide d'une couture décorative. Travaillez de gauche à droite.

1 Sortez l'aiguille en A sur l'endroit du travail, en piquant dans l'ourlet du tissu du bas.
2 Piquez en B, sur le bord du haut, et tirez sur l'aiguille, à gauche du point. Formez une boucle vers la droite, puis glissez l'aiguille de gauche à droite sous la boucle formée par le haut du point et faites-la sortir dans la boucle formée par le fil de travail. Tirez pour former un nœud.
3 Piquez en C, sur le bord du bas, et répétez comme précédemment.

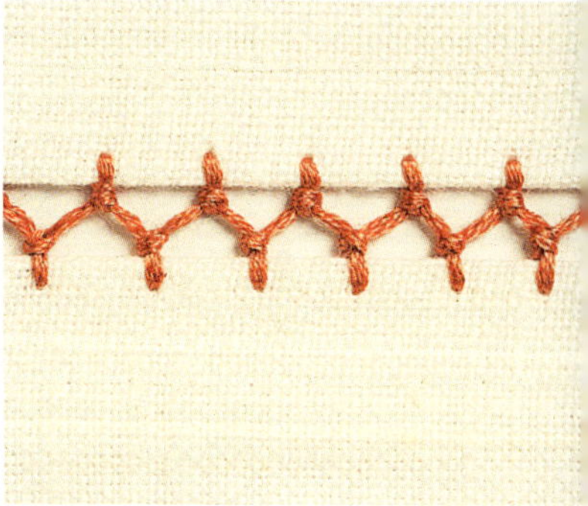

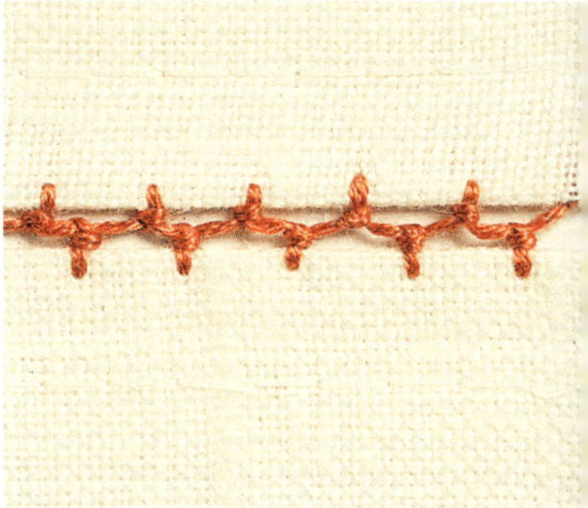

ASTUCE

Choisissez toujours un point d'entre-deux solide pour coudre les articles qu'il sera nécessaire de laver fréquemment.

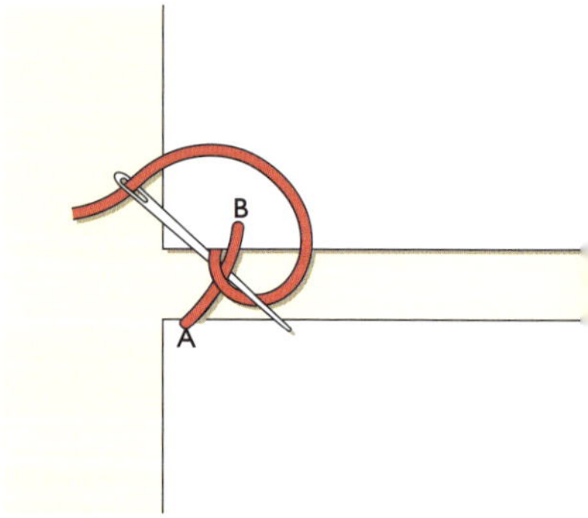

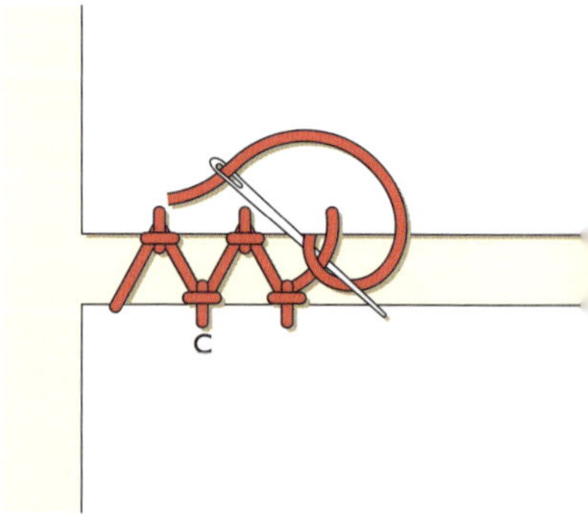

entre-deux
ENCHAÎNÉ

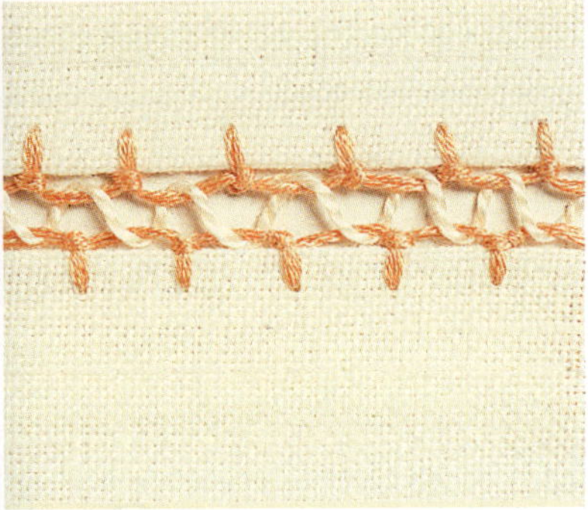

Ce point permet de relier deux pièces de tissu à l'aide d'une couture solide et décorative. Ourlez les bords, mais ne les fixez pas tout de suite sur une bande de papier. Brodez de droite à gauche.

1 Sortez l'aiguille en A sur l'endroit du travail, en piquant dans l'ourlet du tissu du bas.
2 Enroulez le fil autour de l'aiguille, dans le sens inverse des aiguilles d'une montre, piquez en B, sur l'envers du travail, faites repasser le fil de droite à gauche sous la pointe de l'aiguille et tirez sur cette dernière pour former un nœud.
3 Répétez jusqu'à la fin du bord. Répétez ensuite au bord de la seconde pièce de tissu, en commençant par un petit point pour que les boucles soient placées en quinconce une fois les deux bords face à face.
4 Fixez les pièces de tissu au point de bâti sur une bande de papier, en respectant l'écartement voulu entre leurs bords. Avec une aiguille à tapisserie, faites sortir le fil de laçage en C et passez alternativement dans une boucle de chaque côté.

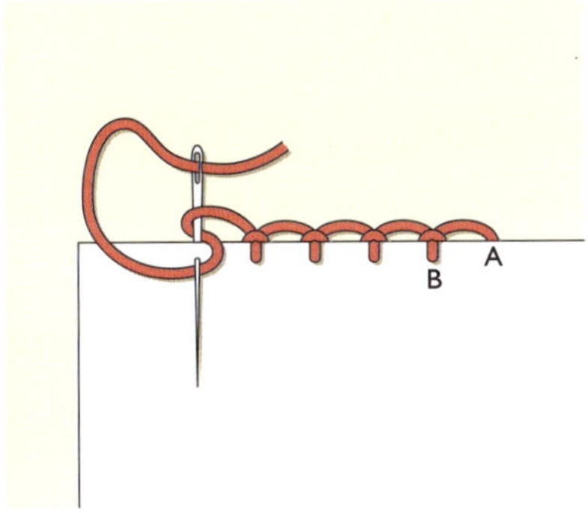

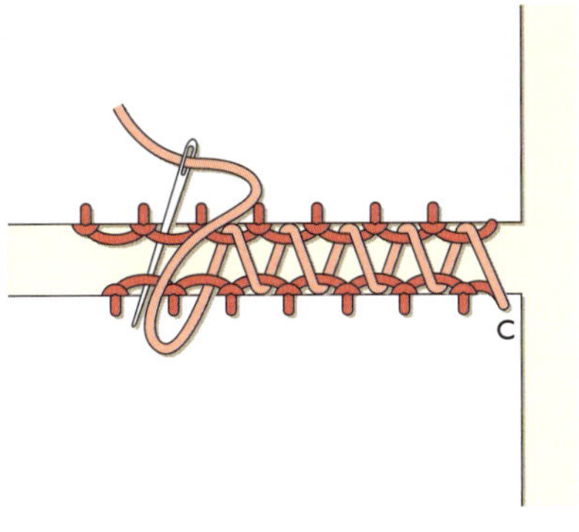

entre-deux ITALIEN AU POINT DE FESTON

Jour italien

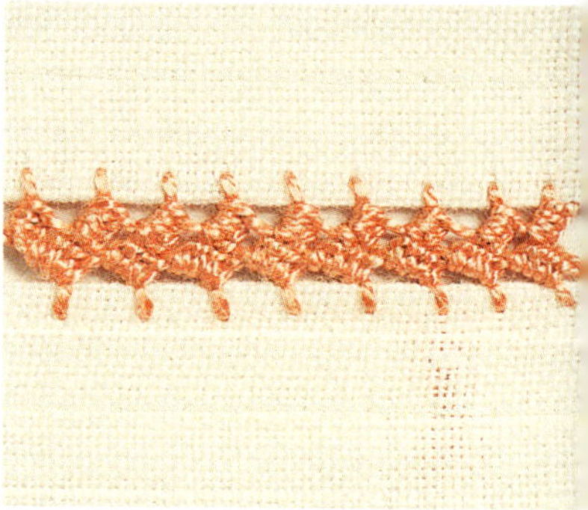

Ce point permet de relier deux morceaux de tissu à l'aide d'une couture décorative. Le nombre de points de feston peut varier car il dépend de l'écartement des bords. Ourlez les tissus et bâtissez leurs bords sur une bande de papier. Brodez de haut en bas.

1 Sortez l'aiguille en A sur l'endroit du bord droit et piquez en B, sur l'endroit du bord gauche.

2 Faites quatre points de feston (p. 81) sur la bride ainsi formée, de gauche à droite.

3 Piquez en C et tirez sur l'aiguille en la faisant passer au-dessus du fil de travail. Répétez en piquant en D, sur l'autre côté.

4 Revenez à droite et faites quatre points de feston sur les deux fils croisés près du point C. Piquez en E et tirez sur l'aiguille en la faisant passer au-dessus du fil de travail, comme précédemment.

5 Revenez à gauche et faites quatre points de feston sur les deux fils croisés près du point D. Continuez de la même manière jusqu'à la fin de la couture.

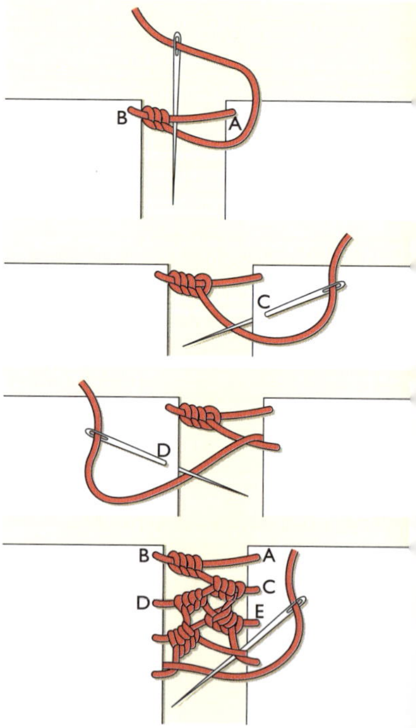

les jours à fils tirés

Les jours à fils tirés se brodent après avoir ôté des fils horizontaux du tissu pour créer des bandes ajourées (souvent appelées « rivières »). Les points empêchent leurs bords de se défaire et forment des motifs décoratifs sur les fils verticaux, regroupés en faisceaux.

Les jours à fils tirés se brodent sur trame régulière, avec une aiguille à tapisserie et un fil solide de la même épaisseur que les fils du tissu. Commencez chaque aiguillée par un petit point arrière pour arrêter le fil.

comment ôter les fils

1 Délimitez les bords de la bande ajourée, en prévoyant du tissu pour faire un ourlet.

2 Entourez la bande si nécessaire au point de bâti, en piquant entre les fils, et marquez son centre au point de bâti.

3 Avec des petits ciseaux pointus, coupez les fils horizontaux au centre de la bande.

4 Avec une aiguille à tapisserie, défaites les fils coupés du centre vers les extrémités de la bande. Vérifiez que vous avez le bon nombre de fils verticaux pour le point choisi.

5 Rentrez les fils coupés en les tissant sous environ six fils de chaque côté.

6 Si l'ouvrage doit être ourlé, marquez au fer et bâtissez l'ourlet.

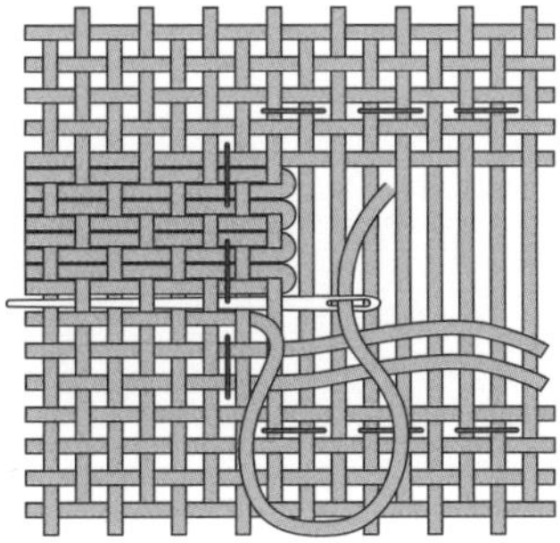

jour SIMPLE

Ourlet simple

Ce point sert à broder des ourlets ou des frises ajourés. Il peut se broder sur l'endroit ou sur l'envers du tissu, mais se fait traditionnellement sur l'envers quand il sert à confectionner un ourlet. Bâtissez l'ourlet avant de le broder et travaillez de gauche à droite, avec une aiguille à tapisserie.

1 Comptez les fils verticaux et vérifiez qu'ils se divisent par le nombre de fils souhaité par faisceau (chaque faisceau doit contenir le même nombre de fils, généralement de trois à cinq).

2 Envers du tissu face à vous, sortez l'aiguille en A en piquant dans l'ourlet, en bas à gauche de la bande ajourée, et faites un petit point arrière pour arrêter le fil.

3 Glissez l'aiguille de droite à gauche sous les fils du premier faisceau et tirez pour les regrouper.

4 Piquez en B, à gauche du premier faisceau, et ressortez l'aiguille face à vous. Répétez pour regrouper les fils des faisceaux suivants.

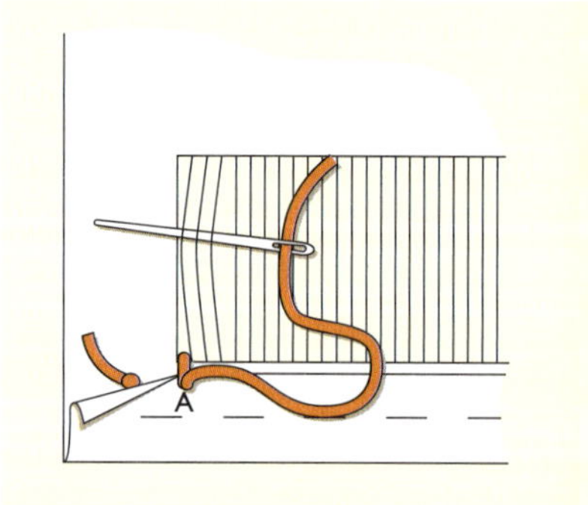

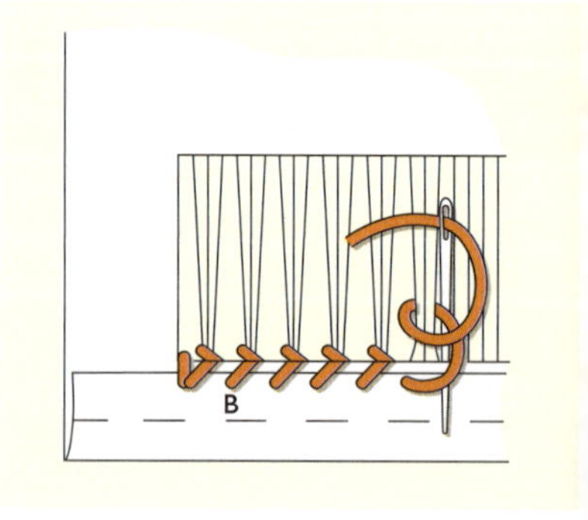

jour ÉCHELLE

Ourlet rivière d'échelle

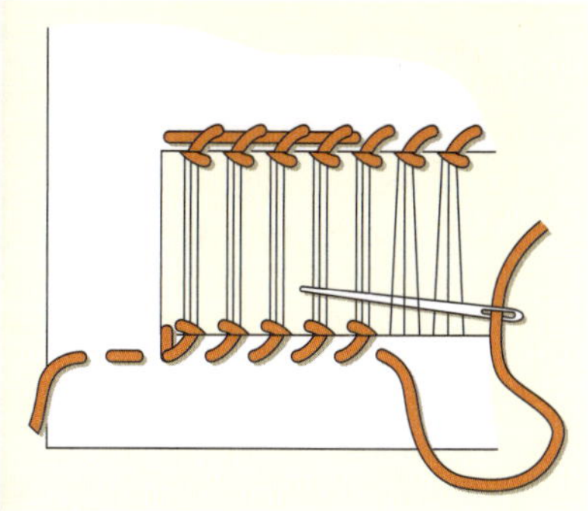

Ce point forme des faisceaux parallèles, maintenus en haut et en bas. Travaillez de gauche à droite, avec une aiguille à tapisserie.

1 Brodez l'un des bords de la bande ajourée au point d'ourlet simple (p. 144).

2 Tournez l'ouvrage à 180 ° et brodez l'autre bord de la bande au point d'ourlet simple.

3 Si la bordure forme un angle, brodez le bord externe de la bande jusqu'à l'angle, arrêtez le fil et reprenez après l'angle avec une nouvelle aiguillée. Brodez le bord interne de l'angle sans piquer dans le tissu entre les deux faisceaux situés de part et d'autre de l'angle.

jour RIVIÈRE SERPENTINE

Ourlet rivière serpentine, jour en zigzag

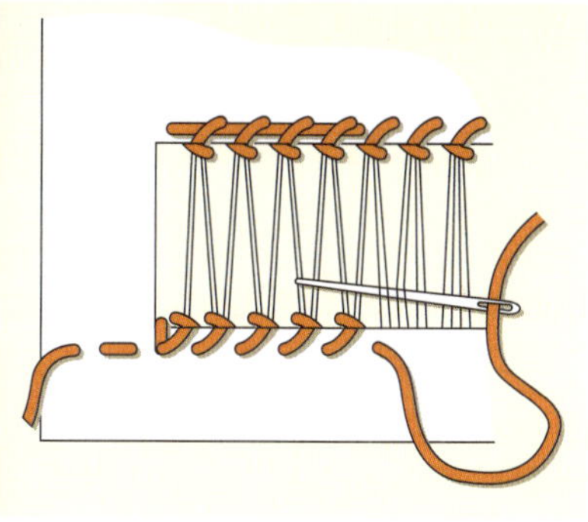

Ce point sert à réaliser des bordures à fils tirés. Chaque faisceau doit contenir un nombre de fils pair. Brodez de gauche à droite, avec une aiguille à tapisserie.

1 Brodez au point d'ourlet simple l'un des bords de la bordure (p. 144).

2 Tournez l'ouvrage à 180 ° et brodez l'autre bord au point d'ourlet simple en commençant par relever la moitié des fils du premier faisceau.

3 Continuez en faisant chaque point sur la moitié des fils d'un faisceau et la moitié des fils du faisceau suivant et terminez en relevant la moitié des fils du dernier faisceau.

ourlet ITALIEN

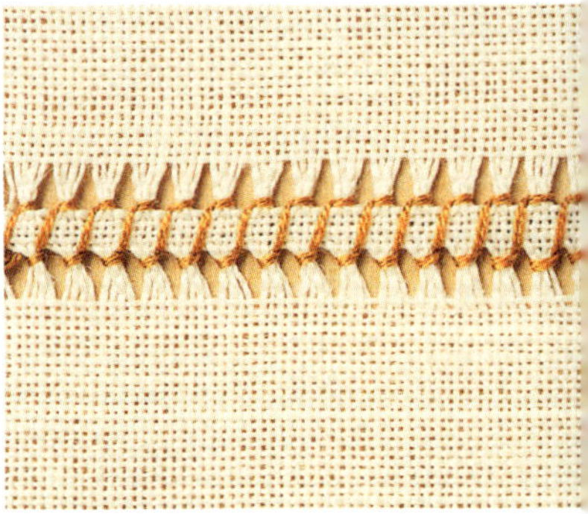

Ce point sert à réaliser des bordures décoratives à fils tirés. Il est constitué de deux bandes à fils tirés séparées par quatre à six fils horizontaux. Brodez de gauche à droite, avec une aiguille à tapisserie.

1 Fixez le fil dans le tissu, près du haut de la bande du bas.
2 Sortez l'aiguille à gauche du premier faisceau de la bande du bas et piquez à droite de ce dernier.
3 Passez en biais sous le tissu et sortez l'aiguille à gauche du premier faisceau de la bande du haut.
4 Piquez à droite du même faisceau, passez en biais sur le tissu et glissez l'aiguille de droite à gauche sous le deuxième faisceau de la bande du bas. Répétez jusqu'à la fin de la bordure.

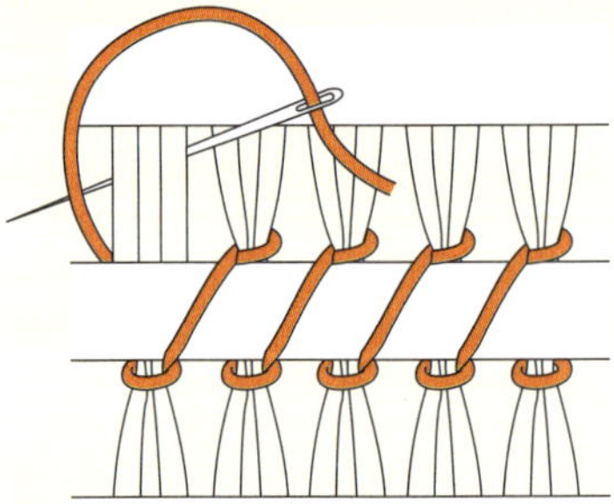

jour À FAISCEAUX CONTRARIÉS

Ce point peut servir à croiser deux ou quatre faisceaux. Brodez de gauche à droite, avec une aiguille à tapisserie.

1 Avec une aiguille à tapisserie, brodez la bordure en jours échelle (p. 145).
2 Endroit du tissu face à vous, faites quelques points arrière provisoires à droite de la bordure, à mi-hauteur entre ses bords.
3 Glissez la pointe de l'aiguille de gauche à droite sous le second faisceau, puis, avec la pointe de l'aiguille, faites passer le premier faisceau sous le second et tirez sur l'aiguille pour maintenir les faisceaux croisés avec le fil. Croisez de la même manière les faisceaux suivants.

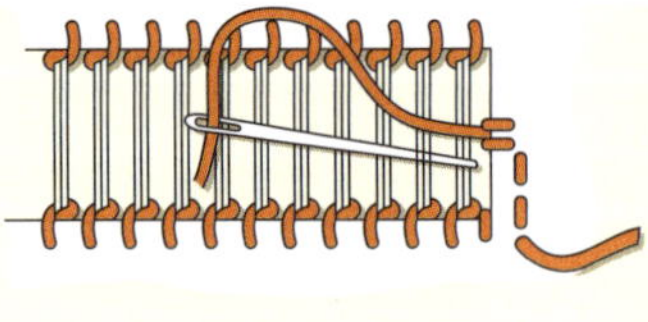

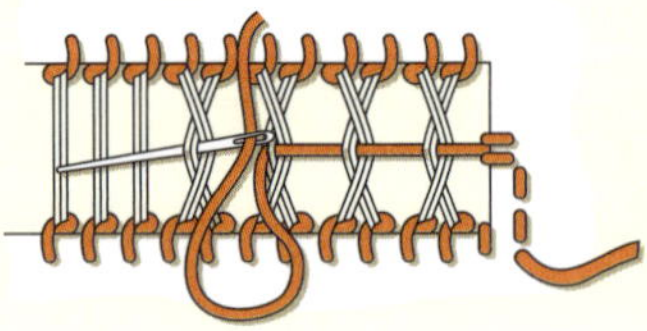

jour NOUÉ

1 Avec une aiguille à tapisserie, brodez la bordure en jours échelle (p. 145) en comptant un nombre de faisceaux divisible par trois.

2 Endroit du tissu face à vous, faites quelques points arrière provisoires à droite de la rivière, à mi-hauteur entre ses bords.

3 Formez une boucle sur les trois premiers faisceaux, puis glissez l'aiguille de droite à gauche sous ces derniers et faites-la sortir à l'intérieur de la boucle. Tirez pour resserrer le nœud et répétez sur les faisceaux suivants.

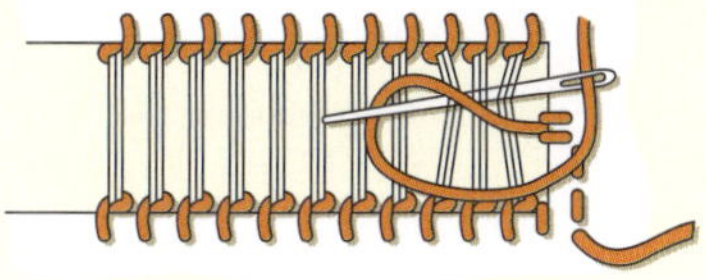

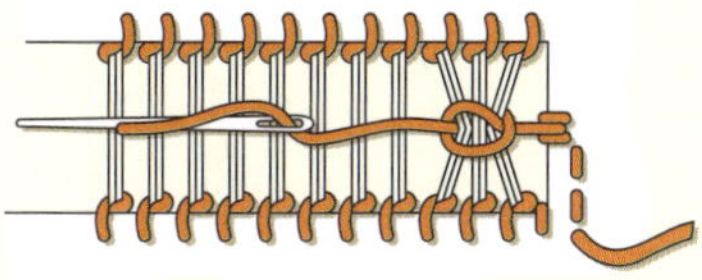

jour NOUÉ DOUBLE

1 Avec une aiguille à tapisserie, brodez la bordure en jours échelle (p. 145) en comptant un nombre de faisceaux divisible par quatre.

2 Endroit du tissu face à vous, faites quelques points arrière provisoires à droite de la rivière, à un tiers de sa hauteur.

3 Formez une boucle sur les quatre premiers faisceaux, glissez l'aiguille de droite à gauche sous ces derniers et faites-la sortir à l'intérieur de la boucle. Tirez sur l'aiguille et répétez jusqu'à la fin de la rivière.

4 Reprenez avec un nouveau fil à droite de la rivière. Regroupez les deux premiers faisceaux et répétez comme précédemment. Terminez en nouant deux faisceaux.

bride CORDONNÉE

Jour Venise

1 Vérifiez que le nombre de fils verticaux est divisible par le nombre de fils voulu par faisceau (généralement de trois à cinq).

2 Travaillez de droite à gauche, sur l'endroit du tissu. Posez le fil de travail sur les fils du premier faisceau et glissez l'aiguille de droite à gauche sous ces derniers.

3 Glissez de nouveau l'aiguille de droite à gauche sous le même faisceau, sous le premier surjet, et répétez jusqu'en bas du faisceau en tirant fermement sur l'aiguille et en plaçant les fils horizontaux les uns à côté des autres. Répétez sur les faisceaux suivants.

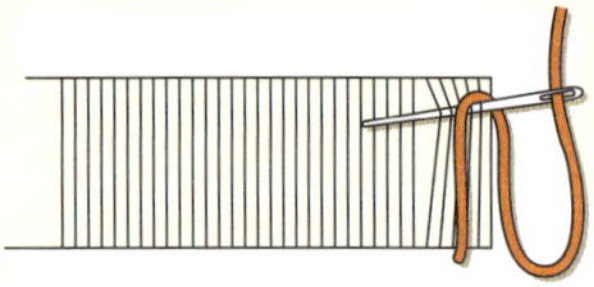

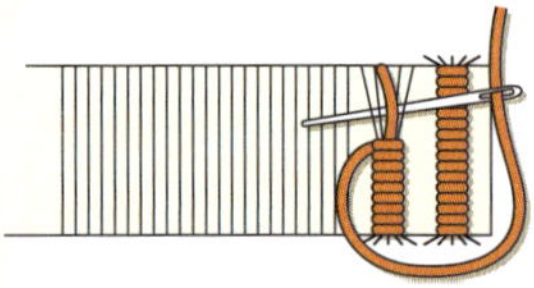

bride CORDONNÉE EN ZIGZAG

Ce point sert à réaliser de larges bordures. Brodez de droite à gauche, avec une aiguille à tapisserie.

1 Vérifiez que le nombre de fils verticaux est divisible par le nombre de fils voulu par faisceau (généralement de trois à cinq).

2 Brodez le premier faisceau de haut en bas au point de bride cordonnée (voir ci-dessus).

3 Enroulez deux fois le fil autour de la base du premier et du deuxième faisceau en tirant fermement sur l'aiguille.

4 Brodez le deuxième faisceau de bas en haut, puis enroulez deux fois le fil en haut du deuxième et du troisième faisceau. Répétez sur les faisceaux suivants.

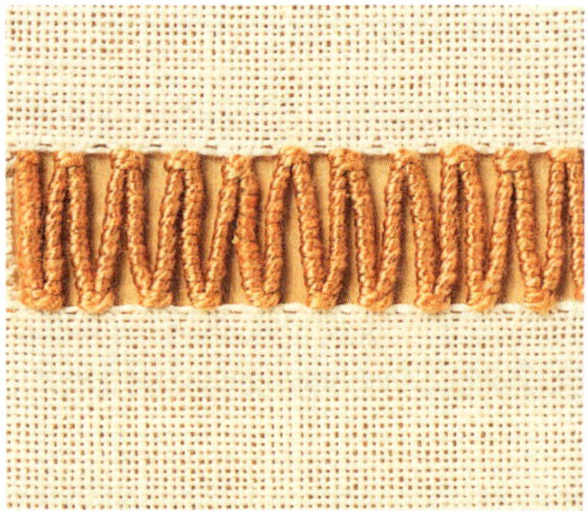

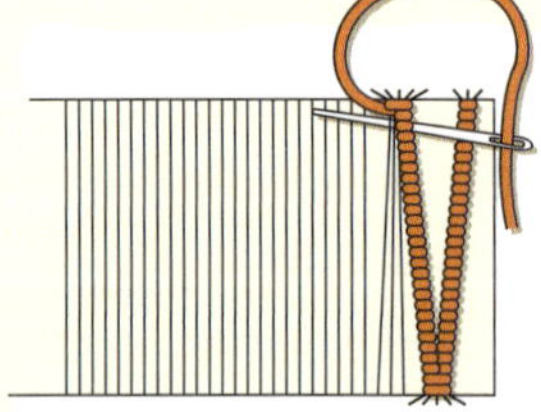

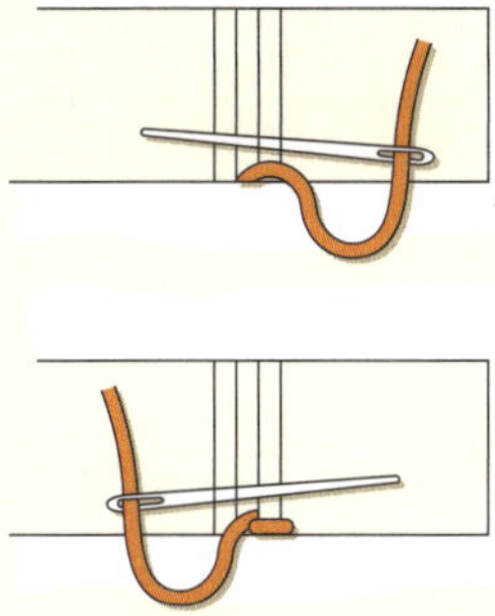

bride AU POINT DE REPRISE

Jour reprise

Brodez de droite à gauche, avec une aiguille à tapisserie.

1 Comptez les fils verticaux pour former des faisceaux réguliers contenant un nombre de fils pair.
2 Endroit du tissu face à vous, sortez l'aiguille en bas de la bande, au centre du premier faisceau. Glissez l'aiguille de droite à gauche sous les fils de droite du faisceau.
3 Glissez l'aiguille de gauche à droite sous les fils de gauche du faisceau.
4 Répétez jusqu'en haut du faisceau, sans faire trop de points. Réalignez les points avec la pointe de l'aiguille.

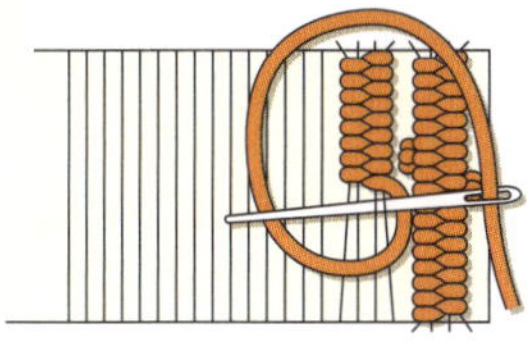

bride AU POINT DE REPRISE À PICOTS

1 Comptez les fils verticaux pour former des faisceaux réguliers contenant un nombre de fils pair.
2 Endroit du tissu face à vous, travaillez de droite à gauche. Posez le fil sur le premier faisceau, puis glissez l'aiguille de droite à gauche sous la moitié droite du faisceau et sortez-la au centre de ce dernier.
3 Glissez l'aiguille de gauche à droite sous la moitié gauche du faisceau et sortez au centre de ce dernier.
4 Répétez jusqu'à la moitié de la hauteur du faisceau. Formez une boucle à droite du faisceau, glissez l'aiguille sous les fils de droite et faites-la sortir à l'intérieur de la boucle. Tirez fermement sur l'aiguille. Répétez de l'autre côté, puis terminez la bride normalement.

coin au point DE BOUCLETTE

Ce point sert à remplir les angles des bordures ajourées à fils tirés. Brodez avec une aiguille à tapisserie.

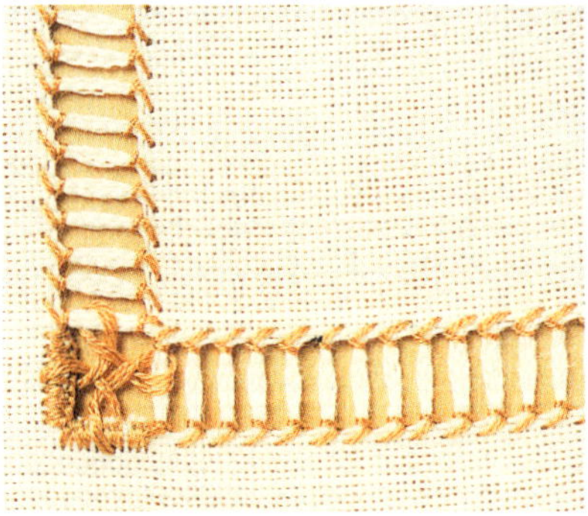

1 Endroit du tissu face à vous, faites un nœud provisoire au bout du fil et brodez le bord externe de l'angle, au point de feston (p. 81), de gauche à droite, en faisant des points rapprochés sur deux ou trois fils de tissu.
2 Glissez l'aiguille sous les points sur l'envers du tissu et sortez-la en A, au milieu du bord gauche de l'angle.
3 Piquez en B, au milieu du bord supérieur de l'angle, et tirez sur l'aiguille en la faisant passer au-dessus du fil de travail.
4 Glissez l'aiguille en C, sous le faisceau situé à droite de l'angle, en la faisant sortir au-dessus du fil de travail et répétez en D. Piquez en E dans la bordure au point de feston et arrêtez le fil.

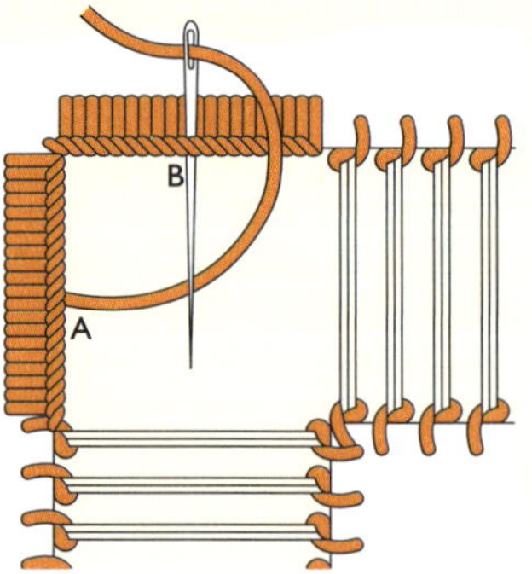

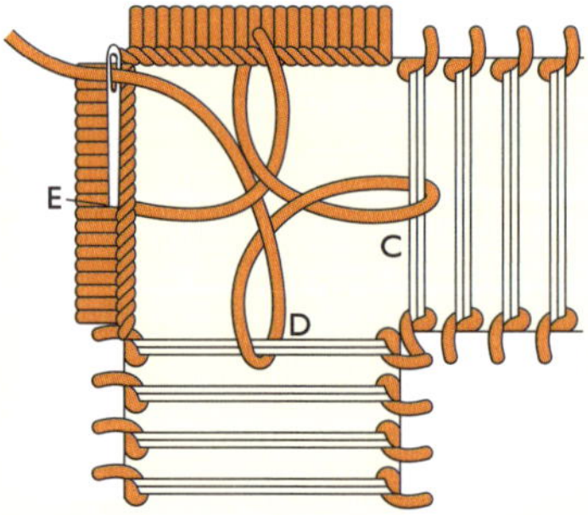

ASTUCE

Si un fil casse lorsque vous tirez dessus pour créer une bande ajourée, lissez bien le tissu. Récupérez l'extrémité du fil à l'aide d'une épingle et défaites le reste du fil jusqu'à l'endroit voulu.

coin au point D'ARAIGNÉE

Ce point sert à remplir et à consolider les angles des bordures ajourées à fils tirés. Brodez avec une aiguille à tapisserie.

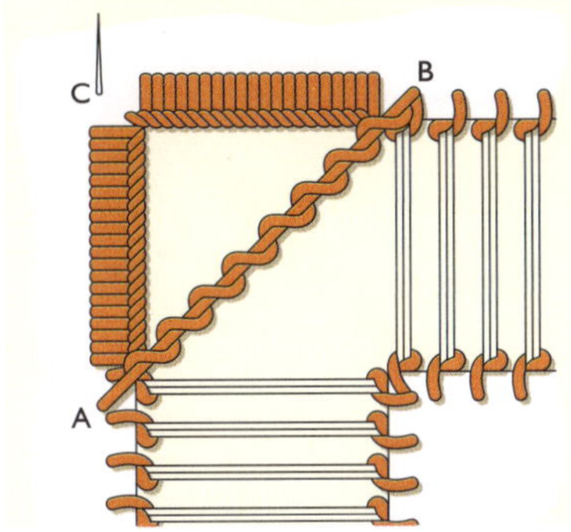

1 Endroit du tissu face à vous, faites un nœud provisoire au bout du fil et brodez le bord externe de l'angle au point de feston (p. 81), de gauche à droite, en faisant des points serrés sur deux ou trois fils.

2 Glissez l'aiguille sous les points sur l'envers du travail et sortez-la en A, en bas à gauche de l'angle.

3 Piquez en B, puis revenez sur le fil au point de bride cordonnée (p. 148) et piquez en A.

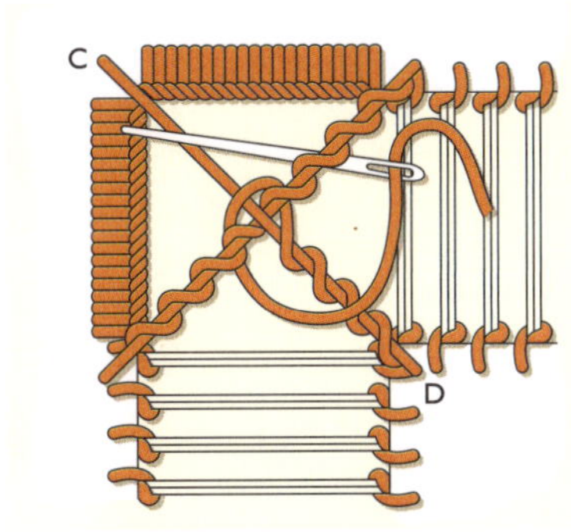

4 Glissez l'aiguille sous les points de feston, puis sortez-la en C, piquez en D et revenez comme précédemment sur le fil jusqu'au croisement.

5 Faites passer l'aiguille sous le fil tendu en diagonale en haut à droite, puis alternativement sous un fil et au-dessus du suivant pour former une spirale du diamètre voulu. Pour terminer, revenez au point de bride cordonnée jusqu'au point C. Piquez en C et arrêtez le fil.

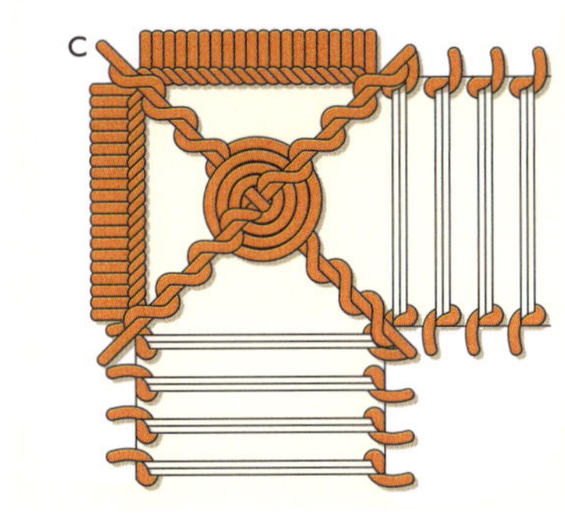

coin au point
D'ARAIGNÉE SURJETÉ

Ce point sert à remplir et à consolider les angles des bordures ajourées à fils tirés. Utilisez une aiguille à tapisserie.

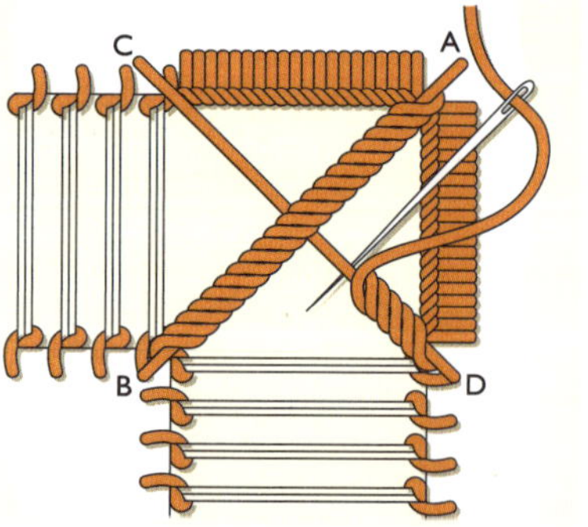

1 Endroit du tissu face à vous, faites un nœud provisoire au bout du fil et brodez le bord externe de l'angle au point de feston (p. 81), de gauche à droite, en faisant des points serrés sur deux ou trois fils.

2 Glissez l'aiguille sous les points sur l'envers du travail et sortez-la en A, entre les deux bords brodés au point de feston.

3 Piquez en B, revenez sur le fil au point de bride cordonnée (p. 148) et repiquez en A.

4 Glissez l'aiguille sous les points de feston et sortez-la en C. Glissez l'aiguille sous la bride cordonnée et piquez en D. Revenez comme précédemment sur le fil jusqu'au croisement.

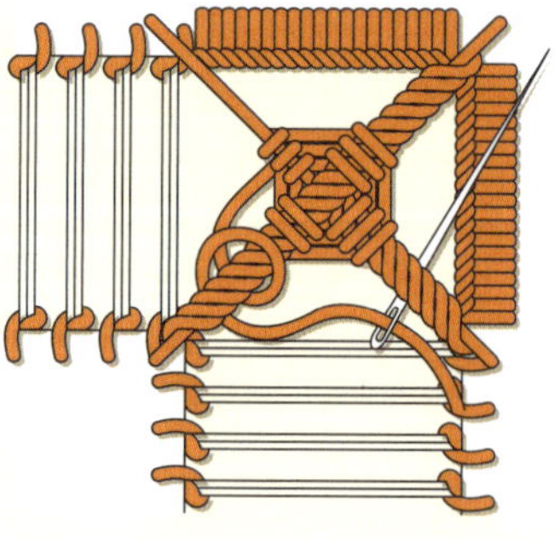

5 Glissez l'aiguille sous la diagonale située en haut à droite du croisement. Revenez en sens inverse par-dessus la même diagonale et glissez l'aiguille sous les deux diagonales du haut.

6 Revenez en sens inverse par-dessus la diagonale située en haut à gauche, puis glissez l'aiguille sous les deux diagonales de gauche. Continuez de la même façon pour former une spirale du diamètre voulu.

7 Pour terminer, revenez au point de bride cordonnée (p. 148) jusqu'au point C.

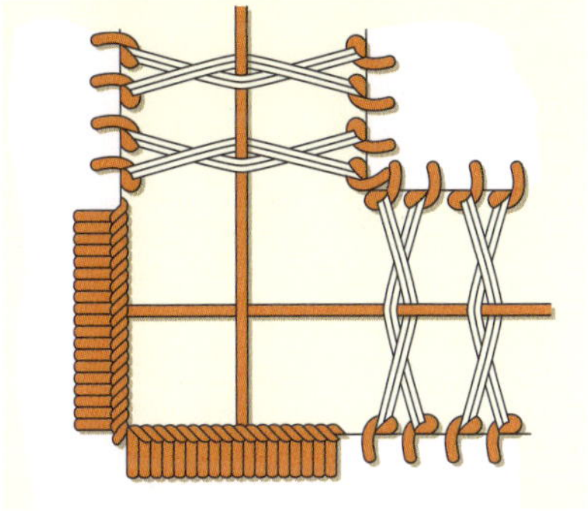

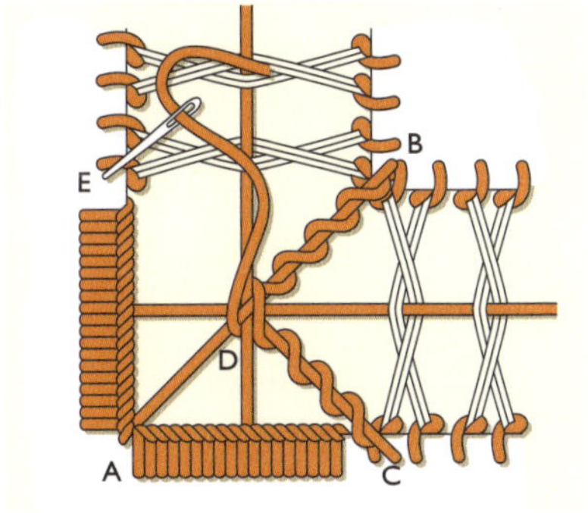

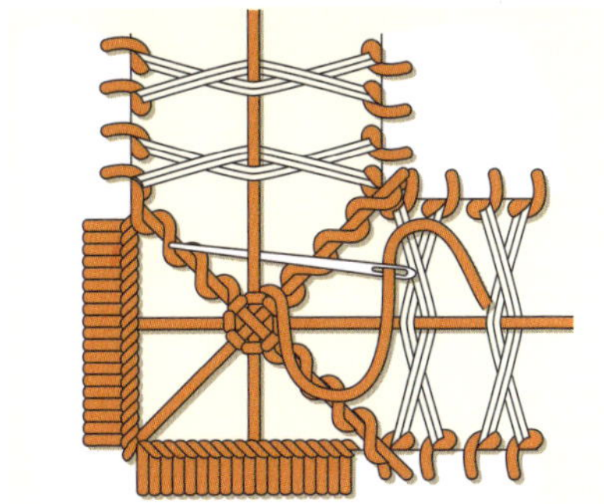

coin au point DE ROUE

Ce point sert à consolider les angles des bordures en jours à faisceaux contrariés. Brodez avec une aiguille à tapisserie.

1 Brodez une bordure au point de jour à faisceaux contrariés (p. 146) en croisant les fils de travail dans les angles.

2 Endroit du tissu face à vous, faites un nœud provisoire au bout du fil et brodez le bord externe de l'angle au point de feston (p. 81), de gauche à droite, en faisant des points serrés sur deux ou trois fils.

3 Glissez l'aiguille sous les points sur l'envers du travail et sortez-la en A, entre les deux séries de points de feston.

4 Piquez en B et revenez au point de bride cordonnée (p. 148) jusqu'au centre. Faites passer l'aiguille sous le croisement et piquez en C.

5 Revenez au point de bride cordonnée jusqu'au centre. Piquez au-dessus du croisement, entre le fil vertical et la bride cordonnée brodée entre le point B et le centre. Sortez l'aiguille en D, sous le croisement, entre le fil vertical et le fil allant du centre au point A.

6 Piquez en E et revenez au point de bride cordonnée jusqu'au centre.

7 Faites passer l'aiguille au-dessus du fil vertical du haut, puis sous le même fil et le fil suivant, en sens inverse des aiguilles d'une montre et répétez en faisant un point arrière sur un fil, puis sur le même fil et le suivant, jusqu'à l'obtention d'une roue du diamètre voulu.

les jours sans fils tirés

Les points qui suivent se brodent sur trame régulière, en rapprochant certains fils pour créer des jours et donner du relief à la broderie. Ils dessinent généralement des motifs fins et délicats. La plupart sont utilisés comme point de remplissage. Les points sans fils tirés se brodent avec une aiguille à tapisserie et un fil solide de la même épaisseur que les trames du support. Pour un résultat régulier, serrez bien les points et conservez la même tension d'un bout à l'autre du travail.

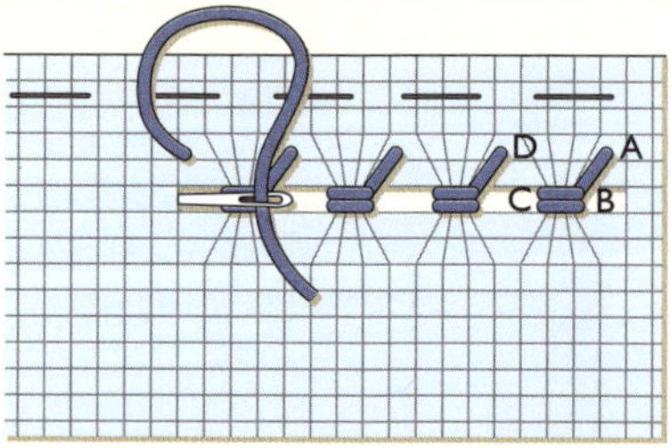

point DE PARIS

Ce point sert à faire des ourlets. Brodez de droite à gauche, sur un nombre de fils régulier, en tirant bien sur le fil.

1 Bâtissez l'ourlet, puis prenez l'ouvrage endroit vers vous, ourlet vers le haut.
2 Sortez l'aiguille en A sur l'endroit du tissu, en piquant dans l'ourlet. Piquez en B, sortez en C et répétez une fois.
3 Repiquez en B et sortez l'aiguille en D. Répétez jusqu'à la fin de l'ourlet, en serrant bien les points.

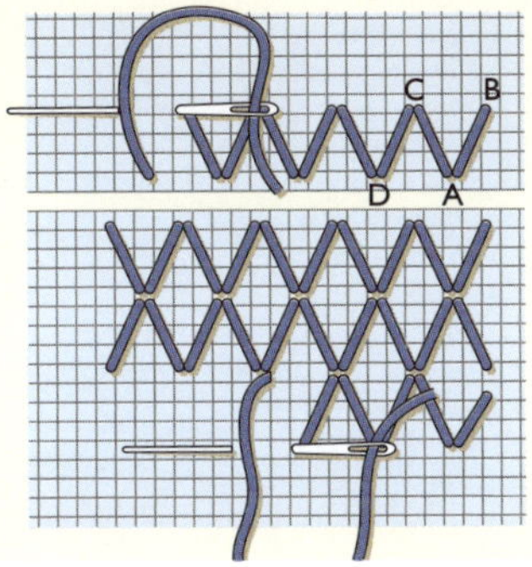

point DE VAGUE

Ce point est un point de bordure et de remplissage. Brodez sur trame régulière, avec une aiguille à tapisserie, en faisant chaque point sur le même nombre de fil quelle que soit sa direction et en tirant bien sur l'aiguille pour former des jours.

1 Sortez l'aiguille en A sur l'endroit du tissu, en haut à droite de la zone à broder.

2 Piquez en B, au-dessus et à droite du point A. Sortez l'aiguille en C et piquez en A. Le point C-A doit être exactement symétrique au point A-B.

3 Sortez l'aiguille en D et répétez jusqu'à la fin du rang. Tournez le tissu à 180 ° et faites le rang suivant en repiquant dans les trous situés à la base du premier rang.

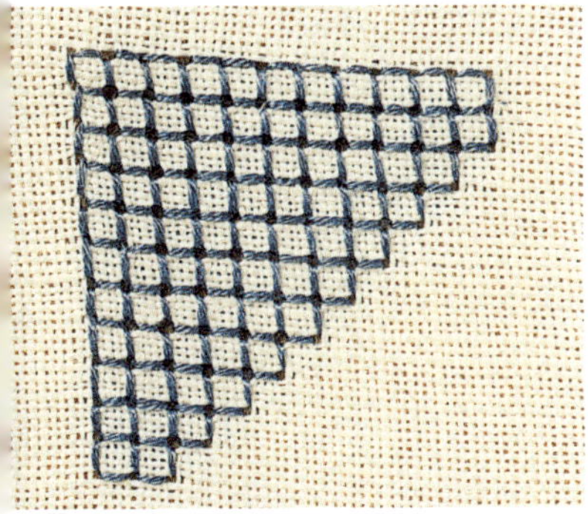

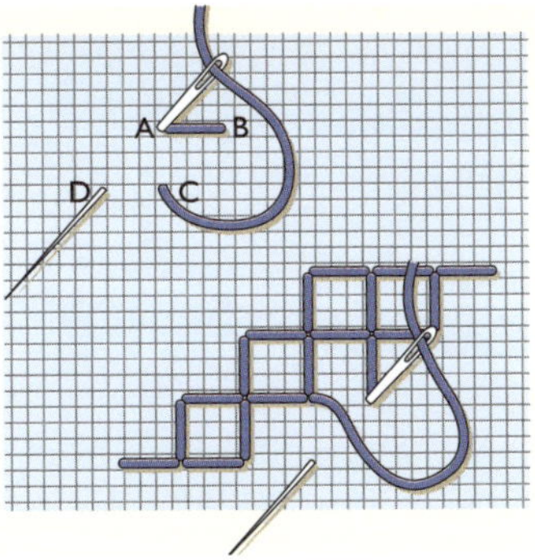

demi-point QUADRILLÉDE

Ce point est un point remplissage qui se brode en diagonale. Brodez sur trame régulière, avec une aiguille à tapisserie, en faisant chaque point sur le même nombre de fils (généralement quatre), en tirant sur le fil pour former des jours.

1 Sortez l'aiguille en A sur l'endroit du tissu.

2 Piquez en B, quatre fils à droite du point A et sortez l'aiguille en C, quatre fils sous le point A.

3 Piquez en A et sortez l'aiguille en D, quatre fils à gauche du point C. Piquez en C et sortez l'aiguille quatre fils sous le point D.

4 Continuez de la même façon jusqu'en bas de la zone à broder, puis tournez le tissu à 180 ° et répétez en repiquant dans les trous utilisés au premier rang.

point OCTOGONAL

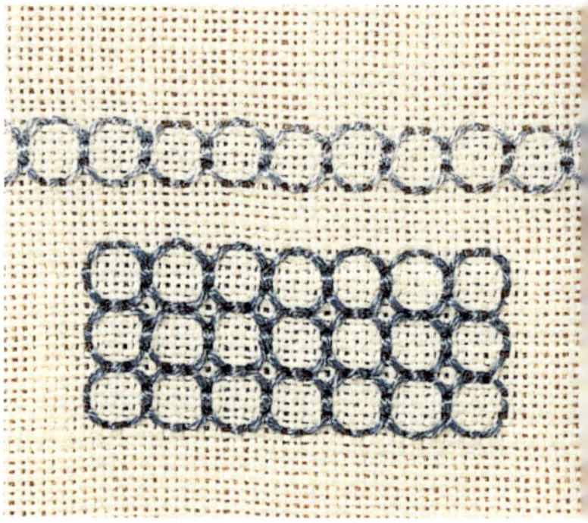

Ce point est un point de remplissage et de bordure qui se brode sur trame régulière. Utilisez une aiguille à tapisserie et faites tous les points sur le même nombre de fils, quelle que soit leur direction. Tirez bien sur le fil pour former des jours et travaillez de droite à gauche.

1 Sortez l'aiguille en A sur l'endroit du tissu et piquez en B. Sortez en C, piquez en A, sortez en D et piquez en C.
2 Continuez en disposant les points arrière en demi-cercles.
3 À la fin du rang, tournez le tissu à 180 ° et répétez pour compléter les cercles, en doublant les points situés aux endroits où les demi-cercles se chevauchent.

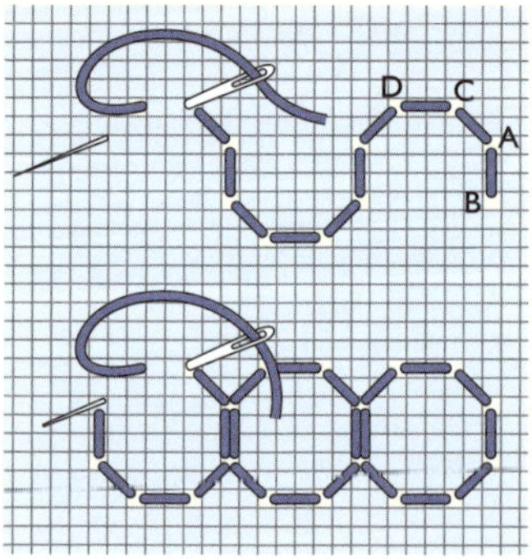

fond au point D'ALVÉOLES

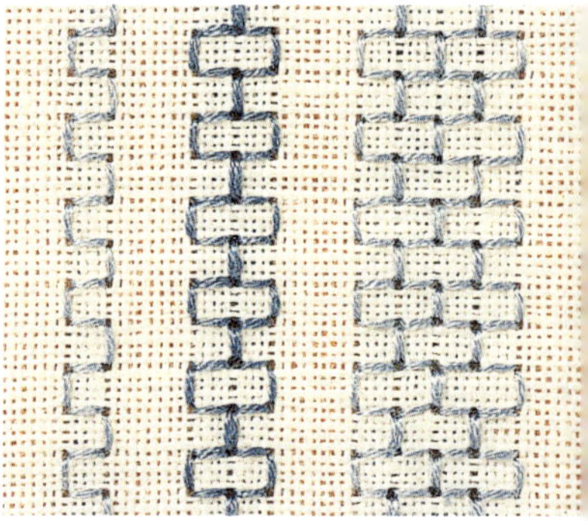

Ce point est un point de remplissage et de bordure qui se brode sur trame régulière. Utilisez une aiguille à tapisserie et faites tous les points sur le même nombre de fils, quelle que soit leur direction. Tirez bien sur le fil pour former des jours et travaillez de haut en bas.

1 Sortez l'aiguille en A sur l'endroit du tissu, en haut à droite de la zone à broder. Piquez en B, sortez l'aiguille en C, piquez en A, sortez en D et piquez en C.
2 Continuez à travailler en points arrière jusqu'à la fin du rang.
3 Tournez le tissu à 180 ° et répétez, en repiquant dans les mêmes trous pour doubler un point vertical sur deux.

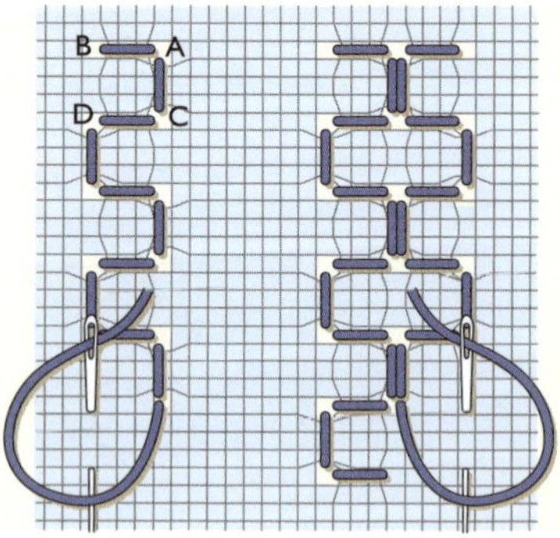

remplissage TURC

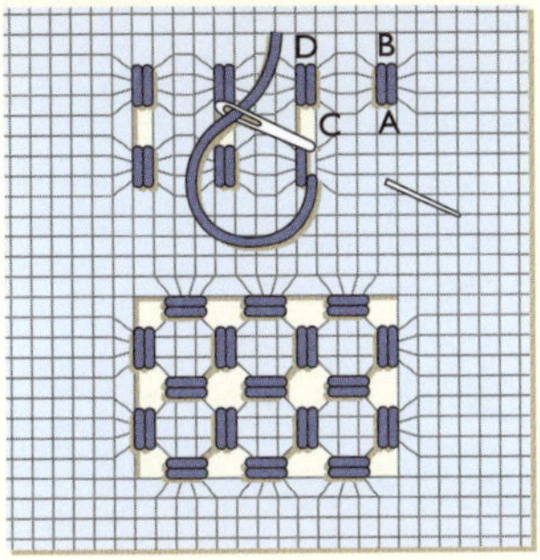

Ce point se brode sur trame régulière, en faisant tous les points sur le même nombre de fils. Commencez en haut à droite et tirez fermement sur le fil pour former des jours.

1 Sortez l'aiguille en A sur l'endroit du tissu et piquez en B. Répétez une fois.

2 Sortez l'aiguille en C et piquez en D. Répétez une fois. Continuez de la même façon pour former une rangée de points doubles.

3 Faites les rangs suivants en aller et retour, en réutilisant les trous employés pour les rangs précédents.

4 Tournez le tissu à 90 ° et répétez pour former des carrés, en réutilisant les mêmes trous.

point DE POSTE

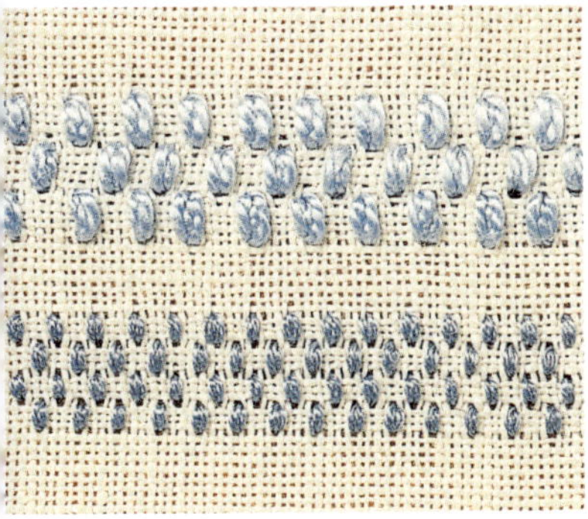

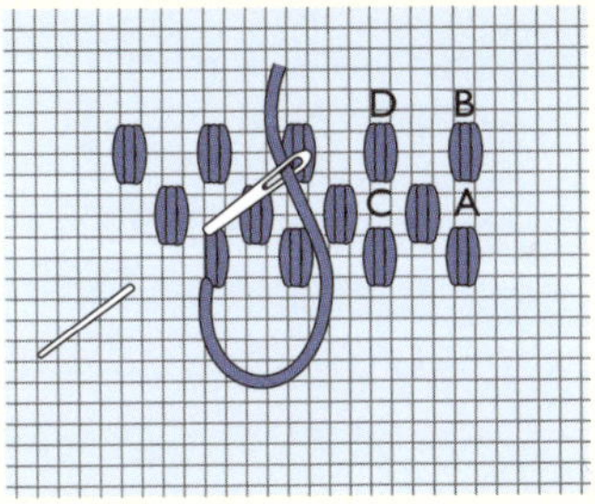

Ce point de remplissage se brode sur trame régulière. Faites tous les points sur le même nombre de fils, en les espaçant d'un nombre de fils pair pour pouvoir les broder parfaitement en quinconce. Utilisez une aiguille à tapisserie. Commencez en haut à droite et tirez fermement sur le fil pour former des jours.

1 Sortez l'aiguille en A sur l'endroit du tissu et piquez en B. Répétez deux fois.

2 Faites le point triple suivant de C à D et continuez de la même façon jusqu'à la fin du rang.

3 Brodez le rang suivant de gauche à droite, en plaçant les points en quinconce par rapport à ceux du premier rang.

4 Brodez les rangs suivant, en aller et retour.

les SMOCKS

Ce chapitre décrit les techniques et les points utilisés pour réaliser des smocks. Bien qu'ils se brodent sur tissu, les smocks sont présentés dans un chapitre à part en raison de l'effet de fronce particulier qu'ils permettent de créer.

LA TECHNIQUE

Les smocks sont des fronces décoratives et élastiques qui permettent de confectionner des vêtements sans couture. Ils conviennent à la réalisation d'empiècements, de corsages et de poignets. La technique, déjà connue au début du Moyen Âge, est devenue très en vogue aux XVIIe et XVIIIe siècles. Elle servait traditionnellement à fabriquer des blouses amples destinées à protéger les vêtements des paysans.

De nos jours, les smocks agrémentent principalement les vêtements d'enfants et la lingerie, mais ils peuvent aussi être brodés sur d'autres articles dans un but purement décoratif.

les matériaux

Les tissus les plus appropriés à la réalisation de smocks sont les étoffes légères en coton ou en soie qui se froncent facilement comme le linon, la batiste ou le voile. Les jerseys sont à éviter car le tissu ne doit pas être élastique pour que les points de smocks ne se déforment pas. Les smocks peuvent être brodés sur des tissus à petits motifs réguliers, mais ressortent moins bien sur ceux à grands motifs.

La plupart des fils à broder en coton et en soie peuvent servir à réaliser des smocks. Les tissus fins se brodent avec un ou deux brins et les plus épais avec au moins trois brins. Les smocks s'exécutent avec une aiguille à broder.

les fronces

Lors de la réalisation de smocks, le tissu doit être froncé avant d'être brodé. Prenez une étoffe trois fois plus large que l'article fini, lavez-la avant de la froncer afin d'être sûr qu'elle ne rétrécira pas une fois l'ouvrage terminé. Faites un test sur un échantillon pour évaluer la souplesse du résultat et vérifier l'aspect final du point choisi. Laissez au moins 2,5 cm de tissu tout autour des smocks et surfilez les bords ou recouvrez-les de biais pour les empêcher de s'effilocher.

méthode traditionnelle

1 Tracez une grille en pointillé sur l'envers du tissu, dans le sens du droit-fil. Pour cela, posez sur le tissu une feuille de papier carbone de couturière et une feuille de papier millimétré et appuyez sur les intersections voulues avec un stylo à bille. Les points sont généralement espacés de 3 à 6 mm. Vous pouvez aussi acheter des feuilles de points à transférer à chaud, à utiliser en suivant les instructions du fabriquant.

2 Lissez le tissu. Avec un fil de couleur contrastée, faites un rang de points avant sur chaque ligne en pointillé, en relevant quelques fils du tissu à chaque point. Faites un nœud au début de chaque rang et laissez pendre un peu de fil après le dernier point.

3 Froncez le tissu jusqu'à ce que sa largeur soit un peu plus petite que la largeur voulue et nouez les extrémités des fils deux par deux (la broderie s'élargira légèrement une fois ôtés les fils de

Le tissu peut être marqué à l'aide de feuilles de points à transférer à chaud.

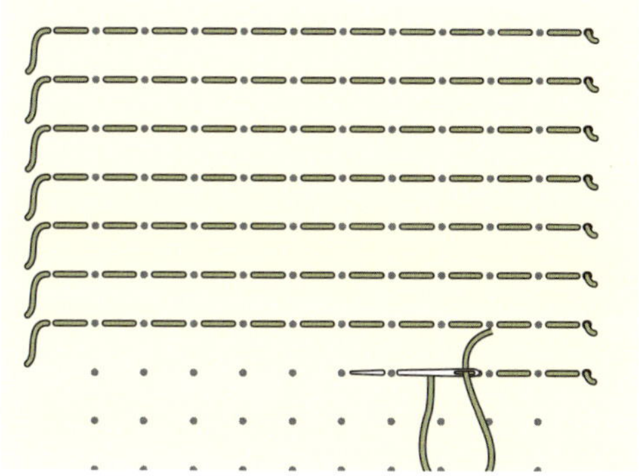

Relevez quelques fils du tissu à chaque point.

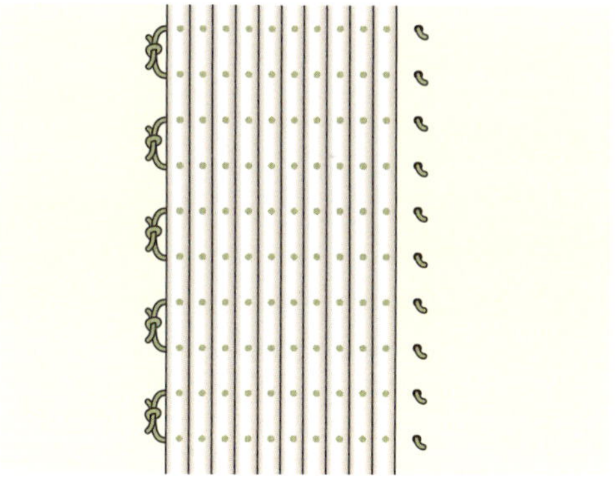

Le tissu est froncé régulièrement, sans trop serrer les fils de fronce.

fronce). Les fronces doivent être nettes sans être trop serrées. Répartissez régulièrement les plis.

4 Les fils de fronce s'enlèveront une fois les points brodés.

méthode alternative

Les tissus à petits motifs réguliers (carreaux, pois ou petites fleurs) peuvent être froncés sans qu'il soit nécessaire de tracer de points sur le tissu. Le motif sert alors de guide pour réaliser les fronces. Les « faux » smocks, brodés sans froncer le tissu et en marquant les points sur l'endroit du tissu, sont également de plus en plus fréquents.

conseils de base

- Marquez le milieu des fronces, en haut et en bas, pour vous aider par la suite à placer un patron sur les smocks.
- Travaillez sur l'endroit du tissu, le long d'un fil de fronce, de gauche à droite.
- Fixez solidement le fil au début de chaque rang, à l'aide d'un point arrière double ou d'un point de nœud.
- Ne relevez que le tiers supérieur du pli à chaque point et piquez toujours horizontalement et dans un pli à la fois.
- Faites les points au-dessus ou au-dessous du fil de fronce. Ne croisez jamais ce dernier pour éviter de déformer ou d'abîmer la broderie en enlevant les fils de fronce.
- Avant de commencer à broder, faites un rang au point de câble en haut et en bas de la zone froncée pour fixer les fronces. Ces rangs pourront être inclus à la broderie ou défaits une fois les smocks finis. Ils

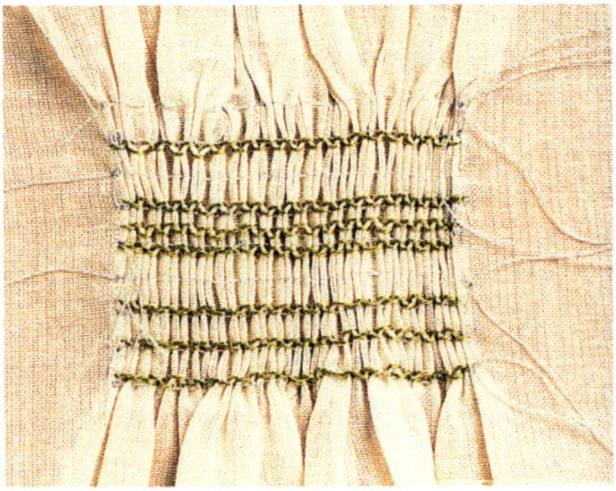

Les fils de fronce sont ôtés une fois les smocks brodés.

peuvent être aussi faits sur l'envers du tissu
- Si les points choisis sont trop espacés pour maintenir les plis en place et former des fronces régulières, faites des rangs au point de câble sur l'envers du tissu pour améliorer l'élasticité du travail. Ces rangs peuvent être brodés avant ou après les points de smocks et se font généralement juste sous les fils de fronce, avec deux brins de coton.
- Tirez sur le fil à chaque point pour conserver une tension égale du début à la fin du travail, mais ne tirez pas trop, pour ne pas ôter toute élasticité à l'ouvrage.

point DE CÂBLE

Point arrière

Ce point est le point de base des smocks. Il sert à broder des lignes seules ou plus ou moins espacées. Travaillez de gauche à droite sur l'endroit du tissu, le long d'un fil de fronce.

1 Sortez l'aiguille en A sur l'endroit du tissu, à gauche du premier pli.
2 Placez le fil au-dessus de l'aiguille, sautez deux plis et faites un petit point arrière en piquant en B et en sortant l'aiguille en C, sous le point A-B.
3 Placez le fil sous l'aiguille, sautez deux plis et faites un petit point arrière en piquant en D et en sortant l'aiguille en E, au-dessus du point C-D. Continuez jusqu'à la fin du rang en alternant un point « haut » et un point « bas ». Terminez par un point arrière double.
4 Ajoutez le nombre de rangs voulu, en les espaçant ou en les rapprochant selon l'effet recherché. Les rangs peuvent être tous identiques au premier ou brodés un rang sur deux en quinconce pour former des petits pavés de deux points.

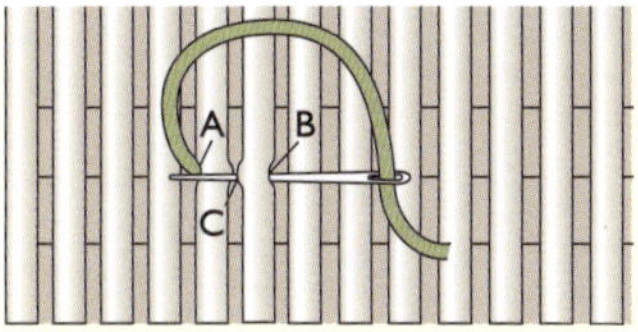

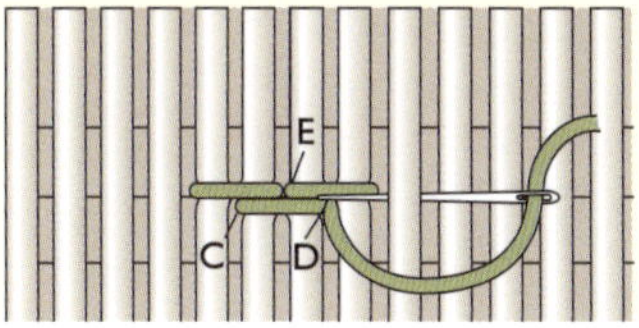

point DE TIGE

1 Sortez l'aiguille en A sur l'endroit du tissu, à gauche du premier pli.
2 Placez le fil sous l'aiguille, sautez deux plis et faites un petit point arrière en piquant en B et en sortant l'aiguille en C, au-dessus du point A-B.
3 Répétez jusqu'à la fin du rang et terminez par un point arrière double. Brodez les rangs suivants de la même manière.

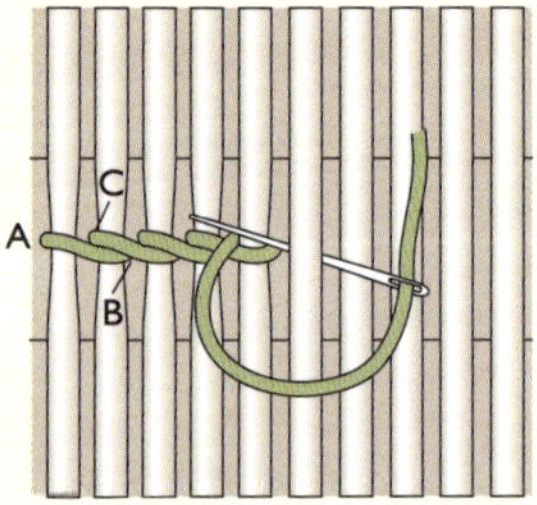

faux point de chaînette

Ce point, visible au centre de la photo présentée ci-contre, est constitué d'un rang au point de tige et d'un rang au point de contour (voir ci-dessous).

point DE CONTOUR

Ce point se brode comme le précédent, mais en plaçant le fil au-dessus de l'aiguille et en inclinant les points dans l'autre sens.

1 Sortez l'aiguille en A sur l'endroit du tissu, à gauche du premier pli.
2 Placez le fil au-dessus de l'aiguille, sautez deux plis et faites un petit point arrière en piquant en B et en sortant l'aiguille en C, sous le point A-B.
3 Répétez jusqu'à la fin du rang et terminez par un point arrière double. Répétez pour broder les rangs suivants.

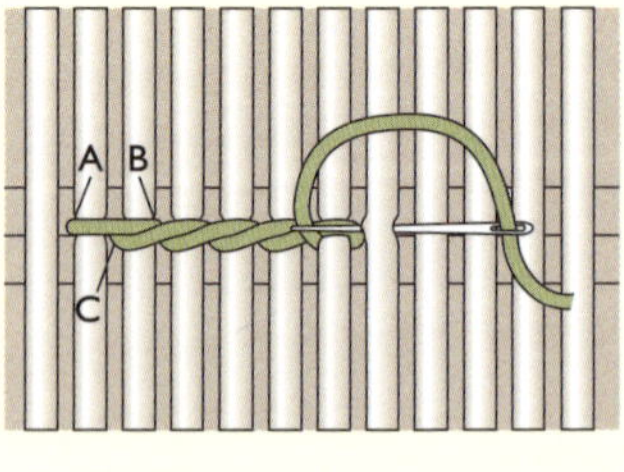

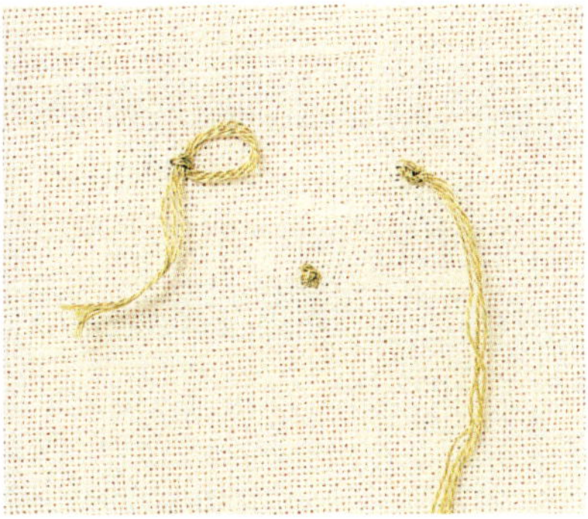

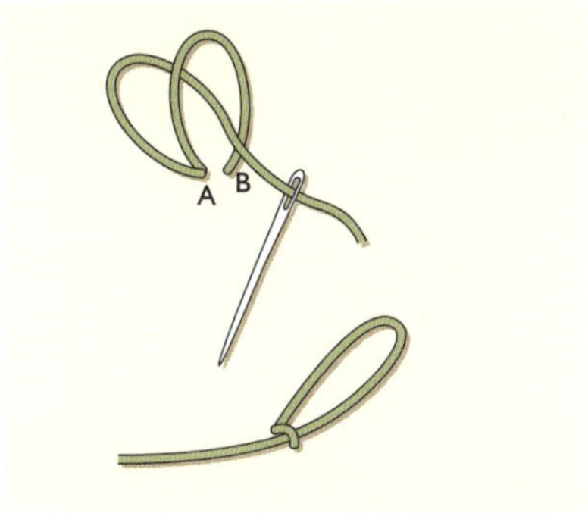

point DE NŒUD

Ce point solide et décoratif peut servir à orner la surface du tissu ou à arrêter le fil.

1 Sortez l'aiguille en A sur l'endroit du tissu. Faites un petit point arrière de B à A sans trop tirer sur l'aiguille pour former une petite boucle.
2 Glissez l'aiguille dans la boucle et tirez juste assez pour former une seconde boucle.
3 Prenez l'aiguille dans la main gauche et tirez sur la seconde boucle avec la main droite pour resserrer la première boucle.
4 Glissez l'aiguille dans la seconde boucle, tirez pour former un nœud solide, puis piquez sous le nœud.

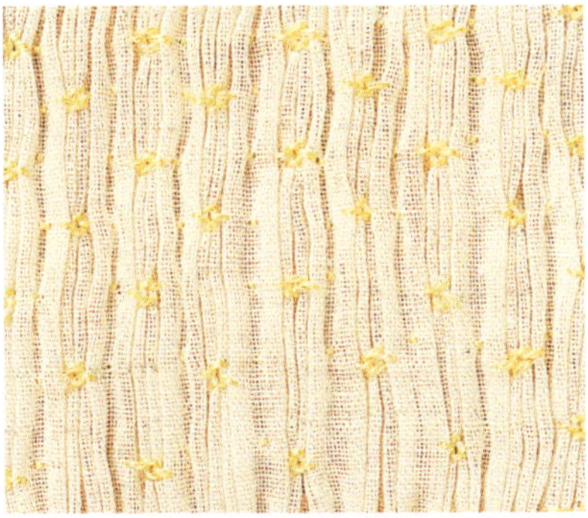

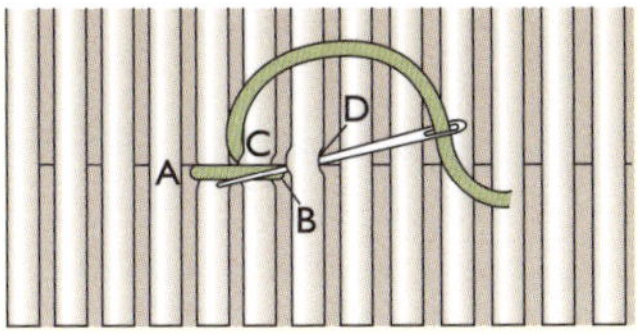

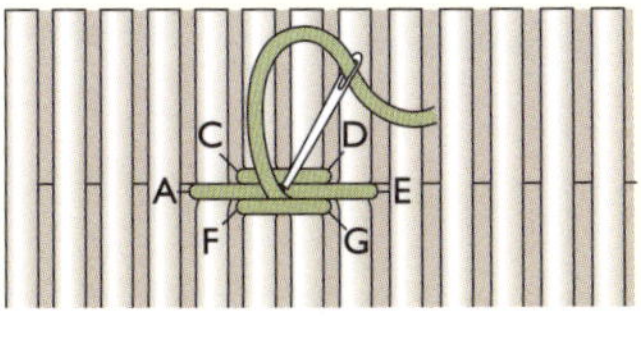

fleurettes au point DE CÂBLE

1 Sortez l'aiguille en A sur l'endroit du tissu, à gauche du premier pli.
2 Placez le fil sous l'aiguille, sautez deux plis et faites un petit point arrière en piquant en B et en sortant l'aiguille en C, au-dessus du point A-B.
3 Placez le fil au-dessus de l'aiguille, sautez deux plis, piquez en D, revenez sous un pli et sortez l'aiguille en B.
4 Placez de nouveau le fil au-dessus de l'aiguille, sautez deux plis, piquez en E, revenez sous trois plis et sortez l'aiguille en F, sous le point A-B.
5 Placez le fil sous l'aiguille, sautez deux plis, piquez en G et ressortez l'aiguille en B. Pour terminer, piquez le plus près possible du point B.

point DE LOSANGE

Point de vague

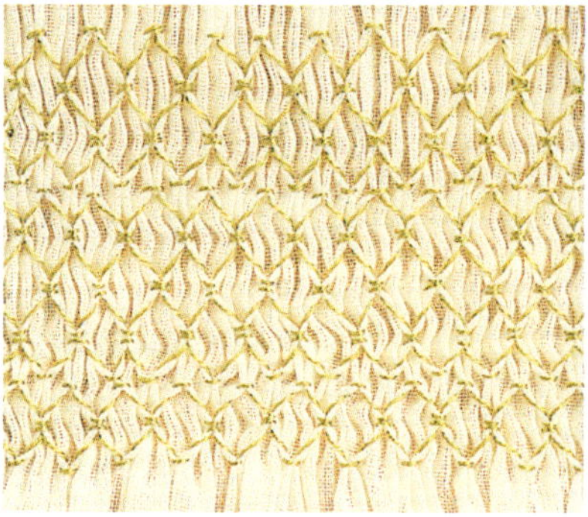

1 Brodez en suivant deux fils de fronce. Sortez l'aiguille en A sur l'endroit du tissu, à gauche du premier pli, près du fil de fronce du bas.

2 Placez le fil sous l'aiguille, sautez deux plis, piquez en B et sortez l'aiguille en C, entre les plis.

3 Laissez le fil sous l'aiguille et faites un point arrière sur le troisième pli, de D à E, près du fil de fronce du haut.

4 Placez le fil au-dessus de l'aiguille et faites un point sur le quatrième pli, de F à D. Faites le point suivant sur le cinquième pli, près du fil de fronce du bas.

5 Continuez de la même façon jusqu'à la fin du rang. Brodez le rang suivant de gauche à droite, en plaçant le fil sous l'aiguille quand vous « montez » et au-dessus quand vous « descendez ». Les rangs peuvent être identiques ou brodés en quinconce.

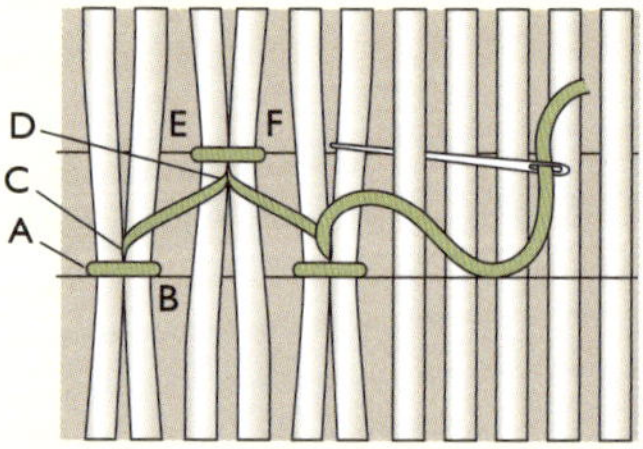

ASTUCE

Avant de broder des smocks sur un tissu imprimé, vérifiez que les motifs de ce dernier suivent bien le droit-fil de l'étoffe. (Dans le cas contraire, la broderie sera déformée.) Veillez aussi à choisir un tissu dont le motif ne risque pas de supplanter la broderie.

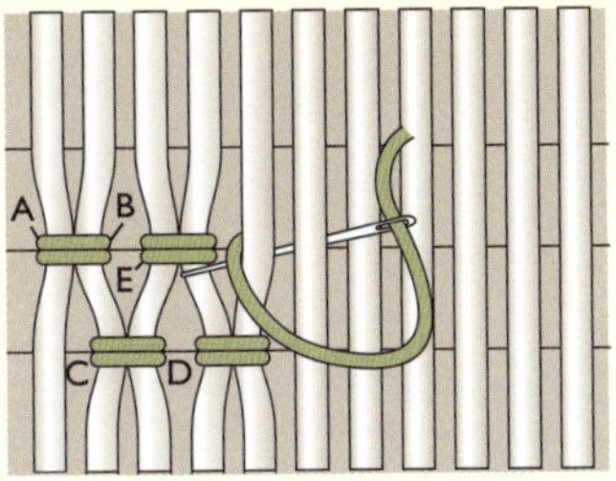

point NID-D'ABEILLES

1 Brodez en suivant deux fils de fronce. Sortez l'aiguille en A sur l'endroit du tissu, à gauche du premier pli, près du fil de fronce du haut.

2 Sautez deux plis et faites un petit point arrière de B à A. Repiquez en B et sortez l'aiguille en C, à gauche du deuxième pli, près du fil de fronce du bas.

3 Sautez deux plis et faites un petit point arrière de D à C. Repiquez en D et sortez l'aiguille en E, à gauche du troisième pli, près du fil de fronce du haut.

4 Continuez de la même façon et terminez par un point arrière double.

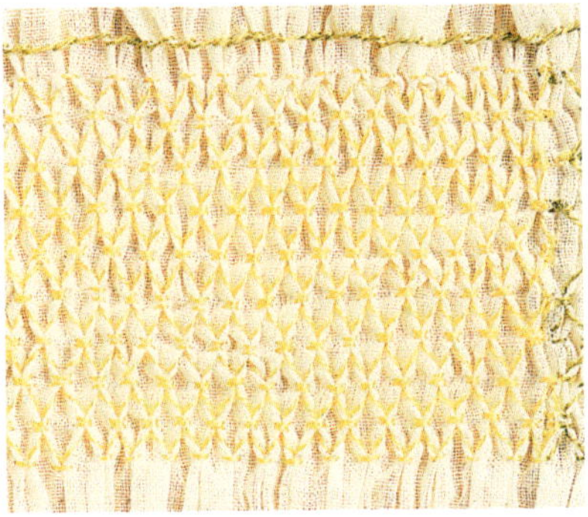

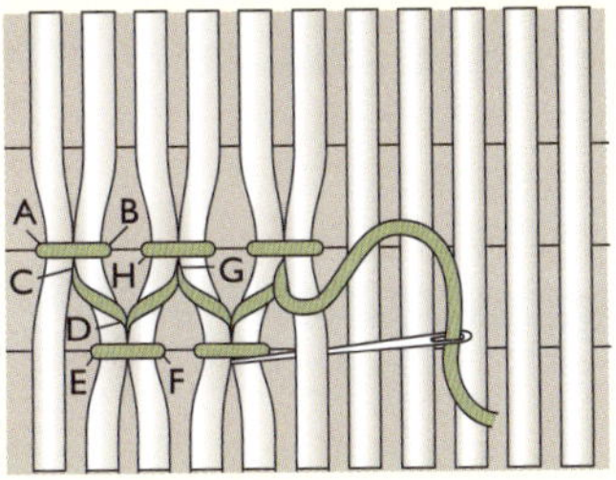

point NID-D'ABEILLES CHEVRON

Point Vandyke

1 Brodez en suivant deux fils de fronce. Sortez l'aiguille en A sur l'endroit du tissu, à gauche du premier pli, près du fil de fronce du haut. Sautez deux plis, piquez en B et sortez l'aiguille en C, entre le premier et le deuxième pli.

2 Piquez en D, entre le deuxième et le troisième pli, au-dessus du fil de fronce du bas, et sortez l'aiguille en E, à gauche du deuxième pli, un peu plus près du fil du bas.

3 Piquez en F et sortez l'aiguille en D. Piquez en G, entre le troisième et le quatrième pli, près du premier fil de fronce, et sortez l'aiguille en H.

4 Répétez jusqu'à la fin du rang et terminez ce dernier par un point arrière double.

point DE TREILLIS

Point de chevron, point de vague, point Vandyke

1 Brodez en suivant quatre fils de fronce. Sortez l'aiguille en A sur l'endroit du tissu, à gauche du premier pli, près du fil de fronce du bas.

2 Placez le fil sous l'aiguille, sautez deux plis, piquez en B et sortez l'aiguille en C, entre les plis.

3 Laissez le fil sous l'aiguille et faites un point arrière de D à E, près du fil de fronce du dessus. Répétez près du fil de fronce suivant sur le quatrième pli (de F à G) et près du fil de fronce du haut sur le cinquième pli (de H à I).

4 Placez le fil au-dessus de l'aiguille et faites un point sur le sixième pli, près du fil de fronce du haut (de J à H). Brodez des points descendants symétriques aux premiers, en laissant le fil au-dessus de l'aiguille.

5 Répétez jusqu'à la fin du rang. Brodez les rangs suivant de gauche à droite, en mettant le fil sous l'aiguille pour broder vers le haut et au-dessus pour broder vers le bas. Le second rang peut être identique au premier ou placé en quinconce pour former des losanges.

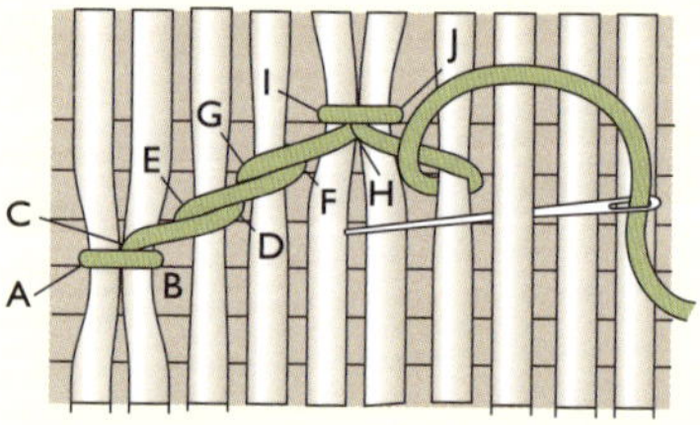

ASTUCE

Lavez toujours votre tissu avant de le broder, pour ôter toute trace d'apprêt et réaligner ses fils. Si vous brodez un tissu très léger, vaporisez un peu d'amidon dessus et repassez-le avant de le broder pour le rendre plus facile à utiliser.

point VANDYKE

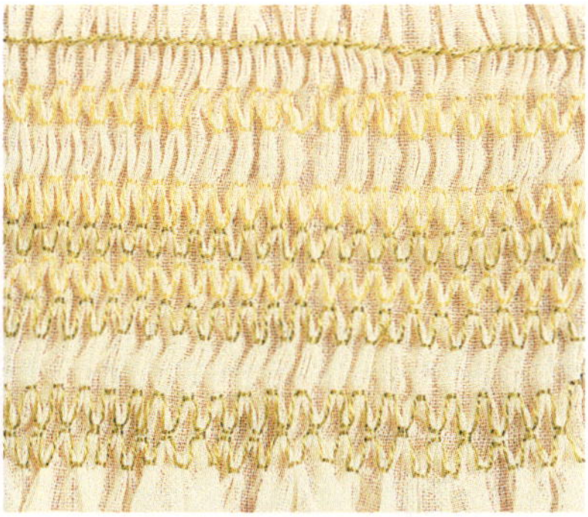

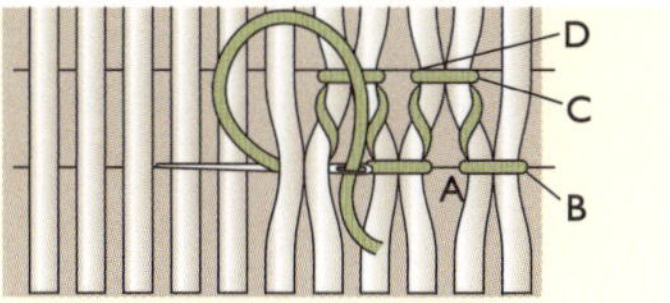

1 Brodez de droite à gauche, sur deux fils de fronce. Sortez l'aiguille en A sur l'endroit du tissu, à gauche du second pli, près du fil de fronce du bas. Placez le fil sous l'aiguille, sautez deux plis, piquez en B et sortez l'aiguille en A.

2 Faites le point suivant près du fil de fronce du haut, sur le deuxième et le troisième pli (de C à D).

3 Faites le point suivant sur le troisième et le quatrième pli, près du fil de fronce du bas.

4 Répétez jusqu'à la fin du rang. Brodez le rang suivant de droite à gauche, sur les mêmes plis que le premier ou en décalant les points d'un pli.

point DE POSTE

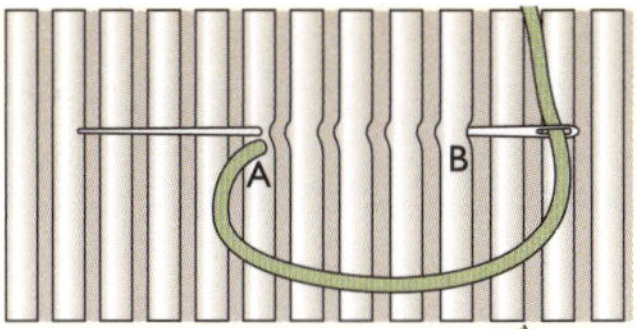

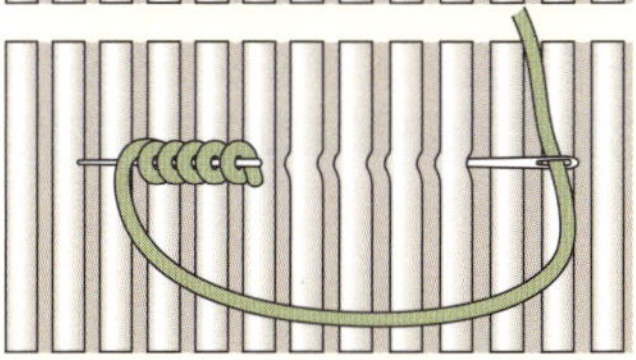

Ce point sert à réunir plusieurs fronces pour créer un relief supplémentaire. Il peut se broder sur quatre, cinq ou six plis, selon l'effet voulu.

1 Sortez l'aiguille en A sur l'endroit du tissu, à gauche du groupe de fronces voulu. Maintenez le fil sous l'aiguille avec le pouce. Piquez en B, à droite du pli voulu, puis piquez dans les plis intermédiaires et sortez la pointe de l'aiguille quelques fils au-dessus du point A.

2 Faites passer le fil qui sort en A sous la pointe de l'aiguille et enroulez-le autour de cette dernière en faisant une spirale assez longue pour relier les points A et B une fois les plis rapprochés. Ne serrez pas trop le fil et enroulez-le sans le faire se chevaucher.

3 Maintenez le fil en place sur l'aiguille, tirez cette dernière à travers le tissu et la spirale et piquez en B.

LA TAPISSERIE

Ce chapitre présente les techniques principales et les points les plus courants utilisés en tapisserie, broderie réalisée en comptant les fils de toile ajourée appelée canevas.

LA TECHNIQUE

Très solide, la tapisserie convient parfaitement aux articles d'ameublement et aux tentures. On distingue la tapisserie « de petit point », brodée sur canevas fin (plus de 6,5 fils/cm), « de gros point », brodée sur canevas épais (entre 3 et 6,5 fils/cm), et « de point rapide », brodée sur canevas à tapis (moins de 3 fils/cm). Le terme « tapisserie » appliqué à la broderie sur canevas fait référence à sa ressemblance avec les tapisseries de haute et basse lice.

les matériaux

Le canevas est un tissu solide en chanvre, en lin ou en coton, au tissage régulier peu serré. Il est recouvert d'un apprêt qui le rigidifie et doit rester sec jusqu'à la fin de la broderie. L'épaisseur des canevas est indiquée par un numéro qui correspond à leur nombre de fils au cm.

Il existe deux principaux types de canevas.

Le canevas unifil, ou monofil, est tissé avec un fil de trame et un fil de chaîne et se trouve dans des épaisseurs variées, de 4 à 9 fils au cm. Le canevas unifil interlock, plus solide que le précédent, a des fils de chaîne (verticaux) simples et des fils de trame (horizontaux) torsadés deux par deux.

Le canevas double, ou canevas Pénélope, est tissé avec deux fils dans les deux sens et se trouve en 3 à 4 fils au cm. Ses fils forment des grands trous carrés entourés de trous plus petits particulièrement utiles pour broder les détails.

Les canevas se brodent généralement avec de la laine, mais les fils de coton et de soie peuvent également être utilisés, en particulier sur les plus fins. Les fils fragiles risquent toutefois de s'accrocher sur le canevas et d'être difficiles

Canevas unifil, Pénélope et interlock.

à broder. Le canevas se brode avec une aiguille à tapisserie pour ne pas fendre ses fils.

les techniques

Le canevas est généralement entièrement recouvert par les points. Avant de commencer un ouvrage, faites un essai sur un échantillon pour vérifier que votre fil convient au canevas et au point que vous avez choisis. Surfilez les bords du canevas ou couvrez-les d'un biais pour éviter qu'ils ne s'effilochent.

- Prévoyez une marge d'au moins 5 cm de canevas tout autour de la broderie.
- La plupart des tapisseries sont brodées à

La technique du canevas convient bien aux motifs géométriques.

partir d'une grille, en comptant les fils du canevas. On trouve toutefois également des canevas imprimés et il est possible de tracer des motifs simples directement sur le canevas, avec un feutre indélébile puisque les traits seront couverts par la broderie.

- Commencez à broder près du centre de l'ouvrage pour faciliter le comptage des fils.
- Pour éviter que le fil de travail ne s'effiloche en passant et en repassant dans les trous du canevas, brodez chaque point en deux temps et utilisez des aiguillées d'environ 45 cm. Commen-

cez chaque aiguillée par un nœud ou par des points arrière provisoires.

- Brodez les motifs avant le fond.
- Bien qu'il ne soit pas indispensable d'utiliser un métier à broder, le travail se déformera moins si vous en employez un, en particulier si votre modèle contient des points obliques. Il n'est pas rare que le canevas se déforme en cours de travail et la plupart des ouvrages doivent être mis en forme (p. 14) une fois la broderie finie.

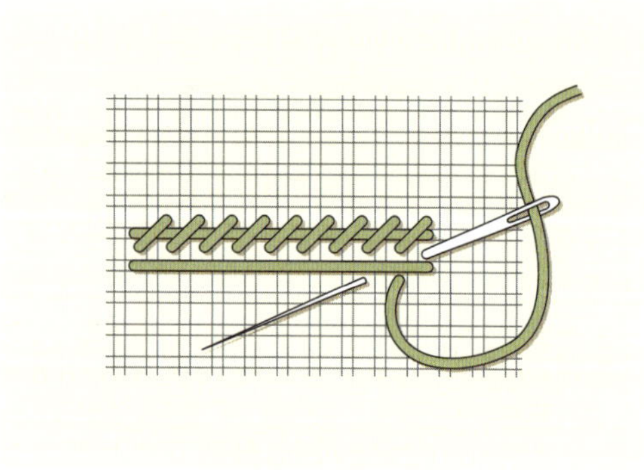

Tendez le fil le long d'un fil de trame double et brodez par-dessus.

les points tramés

Les points tramés sont des points brodés sur un point droit. Ils couvrent bien le canevas, donnent un léger relief et rendent la broderie plus résistante. Cette technique est employée avec des points brodés sur les deux fils de canevas doubles.

Sortez l'aiguille sur l'endroit du canevas, dans le grand trou situé à l'extrémité gauche du rang, et piquez dans le grand trou situé à l'autre extrémité du rang. Si le rang est particulièrement long, faites une série de longs points en les faisant se chevaucher sur au moins un fil double. Brodez le point choisi de droite à gauche et répétez sur le nombre de rangs voulu.

comment choisir ses points

La plupart des canevas sont ornés d'un motif en couleurs brodé à l'aide d'un seul point de base. Les petits points serrés comme le petit point (p. 178) et le demi-point (p. 179) sont les plus employés et donnent un résultat solide parfait pour les articles d'ameublement.

Il existe toutefois de nombreux autres points aux textures très variées parfaits pour réaliser des objets qui n'ont pas à résister à l'usure, comme les tableaux. Vous pouvez choisir vos points en fonction des motifs de votre modèle, par exemple broder un champ de fleurs au point d'œillet (p. 203) ou un bâtiment au point écossais (p. 220). Les détails comme les yeux peuvent être réalisés au point de nœud (p. 98) ou en ajoutant des petites perles (p. 44).

Les modèles qui contiennent des points variés sont généralement présentés sous forme de grilles colorées dont chaque couleur correspond à un point donné (p. 19 et 20).

le point arrière

En tapisserie, le point arrière (p. 48) sert à broder les contours et à couvrir les fils visibles entre d'autres points. Il se brode horizontalement (de droite à gauche), verticalement (de haut en bas) ou en diagonale (en commençant en haut à droite). Faites chaque point sur le même nombre de fils ou d'intersections. Sortez l'aiguille en A sur l'endroit du canevas, piquez en B, puis sortez l'aiguille le nombre de fils ou d'intersections voulu après le point A.

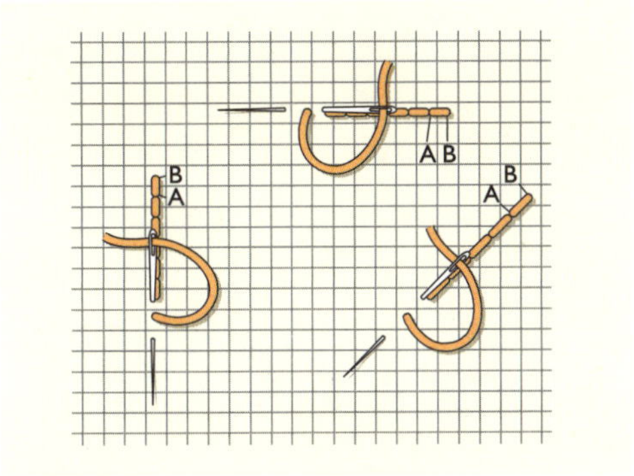

Points arrière horizontaux, verticaux et en diagonale.

comment broder avec plusieurs couleurs

L'emploi de différentes couleurs, notamment à l'intérieur d'une même zone de la broderie, permet de créer des effets variés.

Les points brodés en rangs peuvent être exécutés avec des fils de couleurs différentes pour former des rayures. Pour cela, brodez les rangs l'un après l'autre en arrêtant le fil à la fin de chaque rang pour broder le rang suivant avec un autre fil. Si le point se brode en aller et retour, faites le premier rang, piquez l'aiguille sur l'endroit du travail, prenez une autre aiguillée, faites le second rang, piquez la seconde aiguille dans le canevas, et ainsi de suite.

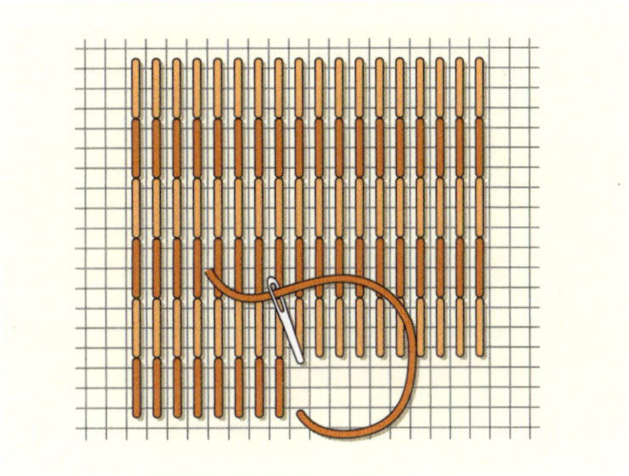

Point gobelin (p. 206) brodé en deux couleurs.

Si votre modèle contient des rangs composés de points de différentes couleurs, brodez tous les points de la première couleur, puis brodez les points de la seconde couleur.

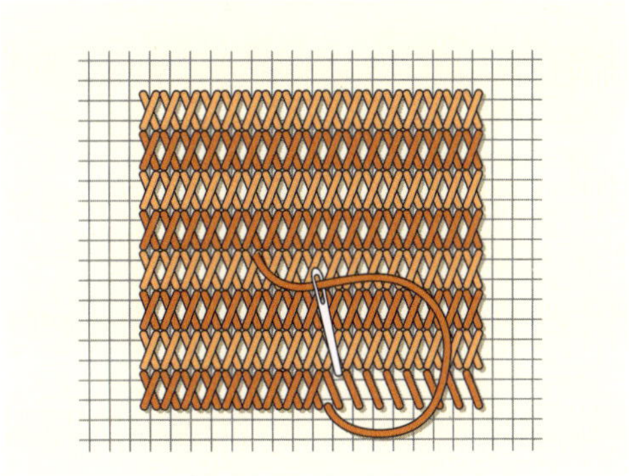

Point de croix allongé (p. 192) bicolore.

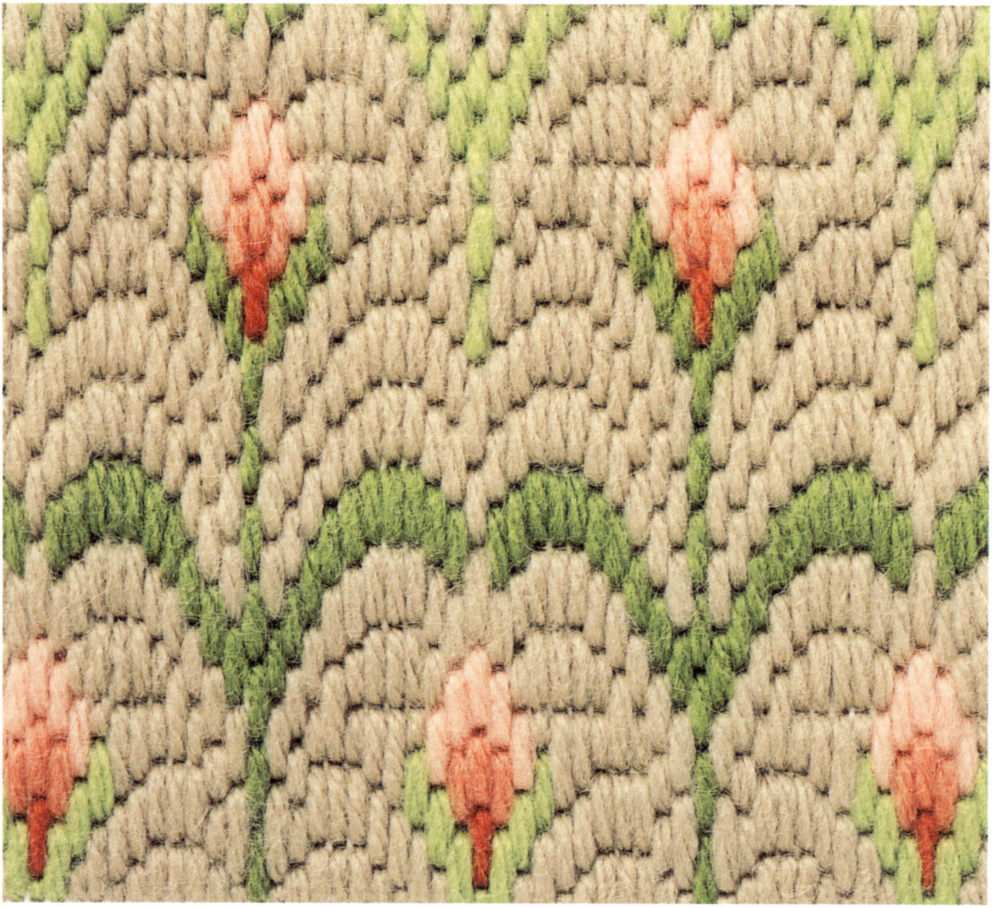

Les motifs répétitifs comme ces fleurs peuvent être brodés au point florentin.

le style florentin

Le point florentin (p. 211), également connu sous le nom de point Bargello et de point de Hongrie, a probablement vu le jour en Hongrie au cours du Moyen Âge et s'est répandu en Europe après avoir été utilisé au XVIIe siècle pour décorer le palais du Bargello, à Florence. Il est constitué de points verticaux agencés de manière à former des vagues ou des zigzags aux tons dégradés. C'est un point facile à broder une fois le premier rang mis en place.

Les meilleurs résultats s'obtiennent avec des canevas unifils et des fils épais. Le motif peut être placé horizontalement ou formé par quatre triangles disposés en carré. Dans le dernier cas, suivez attentivement le modèle pour que les bords des triangles s'alignent parfaitement. Tracez sur le canevas une ligne horizontale et une ligne verticale passant en son centre puis tracez les contours des triangles, à 45 °. Tracez ensuite le motif, à l'intérieur de chaque triangle. Les motifs « horizontaux » peuvent inclurent des petits motifs répétitifs si désiré.

la broderie de Berlin

Cette technique, très populaire au XIXe siècle, consistait à broder avec des fils de laine en suivant des grilles imprimées en couleurs.

les points les plus courants

Le petit point (p. 178) ou le point de croix (p. 190).

la technique du point long

Le point long permet de broder rapidement les motifs simples et les fonds. Les points sont brodés en suivant les contours du motif. Si nécessaire, chaque zone est divisée de manière à ce que les points ne dépassent pas 2 cm. Les meilleurs résultats s'obtiennent en brodant avec un fil épais sur un canevas unifil.

les points les plus courants

Le point long se brode comme le point gobelin (p. 206), mais sa longueur varie en fonction de la surface à broder.

Le point long se prête bien à la représentation de paysages.

les tapis en tapisserie

Les tapis contemporains en tapisserie sont généralement brodés en laine. Pour un tapis plat, choisissez un point résistant comme le petit point (p. 178), le point gobelin (p. 186), le point de croix (p. 190) ou le point hongrois (p. 208). Les tapis à poils courts sont souvent brodés au point de fourrure scandinave (p. 232).

Les tapis peuvent être brodés sur des canevas unifils ou doubles. Le canevas à tapis est généralement en coton ou en jute et est parfois agrémenté d'un quadrillage bleu.

les points obliques

Les points obliques, rapides et faciles à broder, recouvrent les points de base de la tapisserie : le petit point et le point gobelin. Les points les plus petits servent aussi bien à broder les détails qu'à remplir de larges surfaces.

Les points obliques déforment parfois le canevas, qui a besoin alors d'être mis en forme une fois la broderie terminée (p. 14).

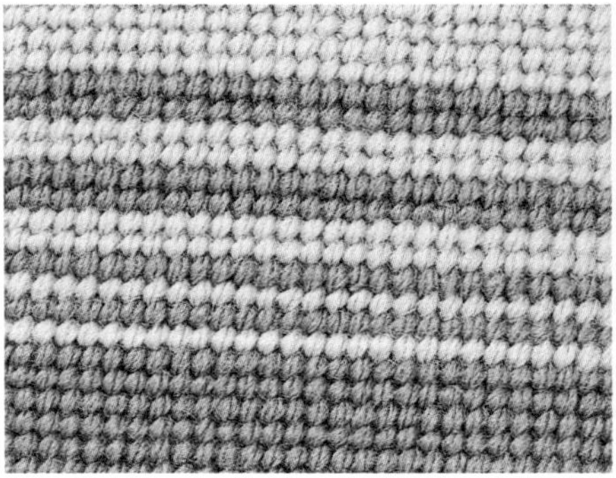

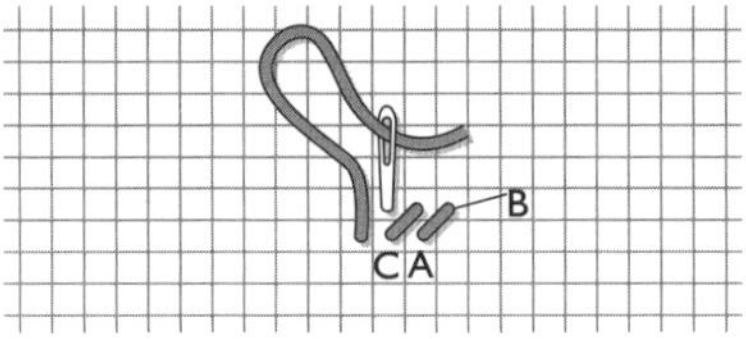

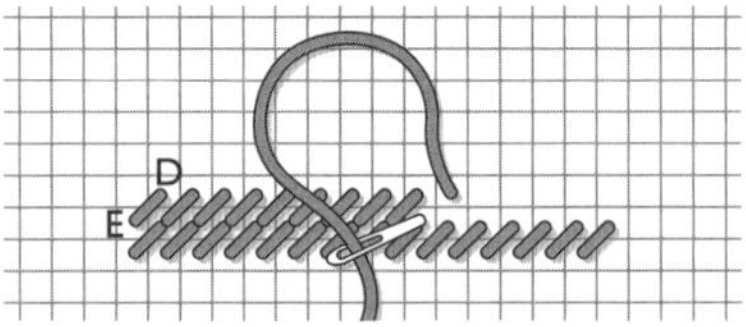

PETIT POINT

Point continental

Ce point de tapisserie est le plus court et le plus utilisé. Il se brode en diagonale sur une intersection. Travaillez de droite à gauche, en commençant par le rang du bas.

1 Sortez l'aiguille en A sur l'endroit du canevas. Piquez en B et sortez l'aiguille en C. Répétez jusqu'à la fin du rang. Le fil forme sur l'envers de longs points qui consolident le travail.

2 Brodez le second rang de gauche à droite en faisant les points de haut en bas (de D vers E) ou tournez le canevas et répétez comme pour le premier rang.

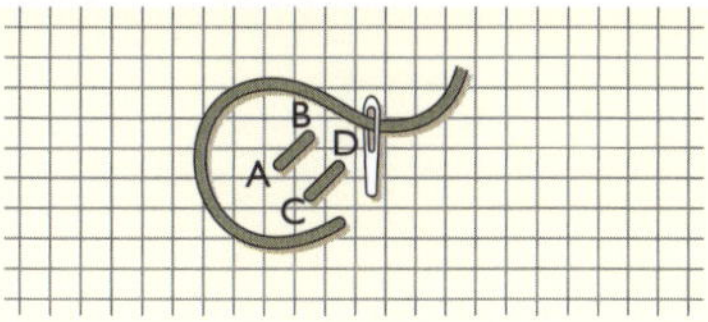

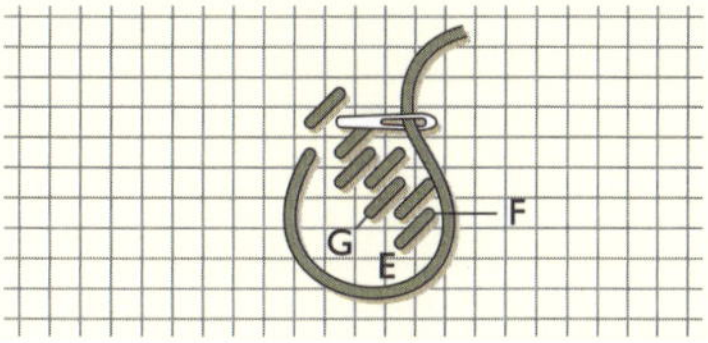

point DE SAINT-CYR

Ce point déforme moins le canevas que les points obliques brodés en rangs horizontaux. Commencez en haut à droite de la zone à broder.

1 Sortez l'aiguille en A sur l'endroit du canevas et piquez en B. Sortez l'aiguille en C, deux fils plus bas, et piquez en D. Répétez pour broder les points suivants.

2 Pour broder le second rang, sortez l'aiguille en E sur l'endroit du canevas et piquez en F. Glissez l'aiguille sous deux fils vers la gauche et sortez-la en G. Continuez en faisant les points suivants entre ceux du rang précédent.

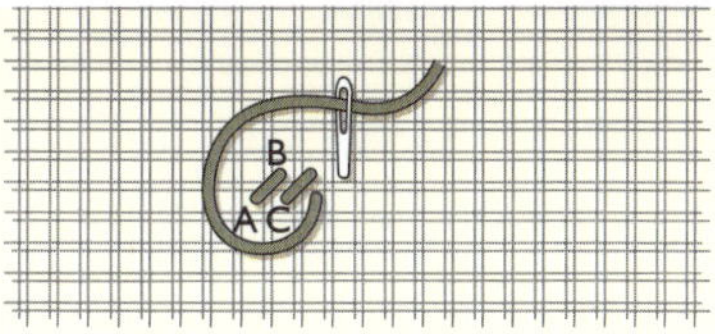

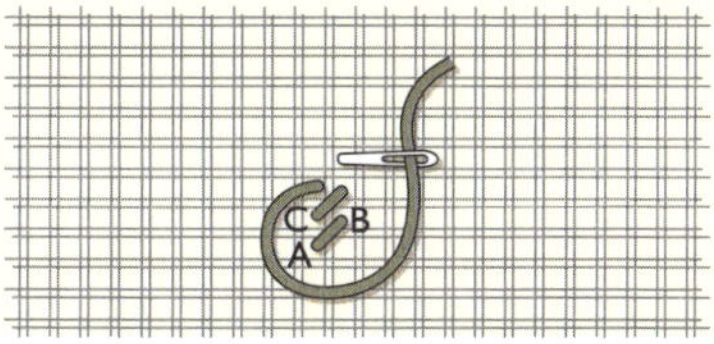

DEMI-POINT

Ce point ressemble au petit point, mais l'association des deux donne un résultat irrégulier. Le demi-point consomme moins de fil que le petit point, mais il est moins solide. Il donne de meilleurs résultats sur canevas double. Travaillez de gauche à droite (schéma du haut) ou de bas en haut (schéma du bas).

1 Sortez l'aiguille en A sur l'endroit du canevas.

2 Piquez en B en remontant sur une intersection, puis glissez l'aiguille sous un fil et sortez-la en C. Répétez jusqu'à la fin du rang.

3 Tournez le canevas à 180 ° et répétez pour faire le second rang.

point DE MOSAÏQUE

Ce point de remplissage forme des petits pavés carrés constitués d'un point long entouré de deux points courts.

travail à l'horizontal

1 Sortez l'aiguille en A sur l'endroit du canevas, en haut à droite de la zone à broder. Piquez en B et sortez l'aiguille en C.

2 Sautez deux intersections et piquez en D. Sortez l'aiguille en E, sur le même rang que le point B. Sautez une intersection et piquez en F pour compléter le carré.

3 Sortez l'aiguille en G, à côté du point C pour commencer le carré suivant et répétez jusqu'à la fin du rang.

4 Tournez le canevas à 180 ° et brodez le rang suivant de la même façon, de droite à gauche.

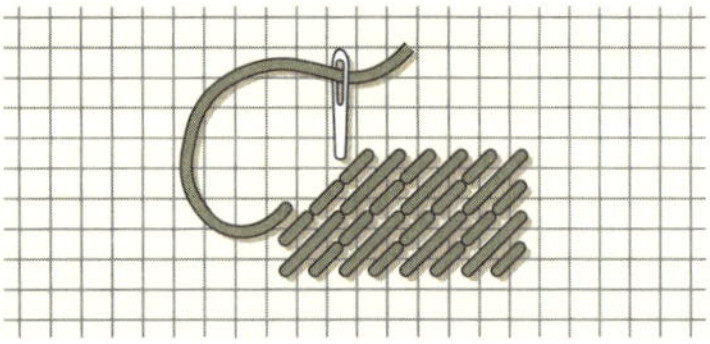

travail en diagonale

1 Sortez l'aiguille en A sur l'endroit du canevas, en haut à gauche de la zone à broder.

2 Sautez une intersection et piquez en B. Sortez l'aiguille en C, sous le point A.

3 Sautez deux intersections et piquez en D. Sortez l'aiguille en E, à droite du point C. Sautez une intersection et piquez en F pour compléter le carré.

4 Sortez l'aiguille en G, deux fils sous le point F, pour commencer le carré suivant, et répétez comme précédemment. Brodez le rang suivant de bas en haut à droite du premier rang, en faisant le point long de chaque pavé dans le trou laissé vacant au rang précédent.

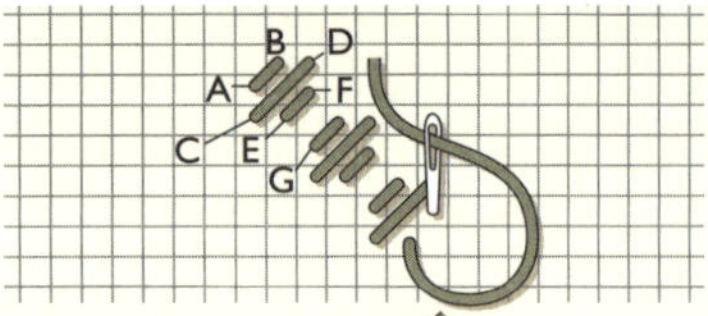

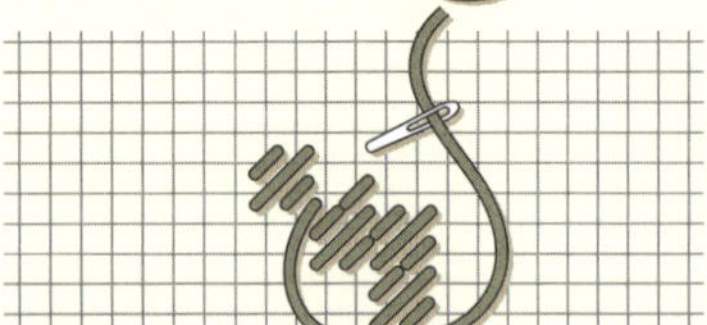

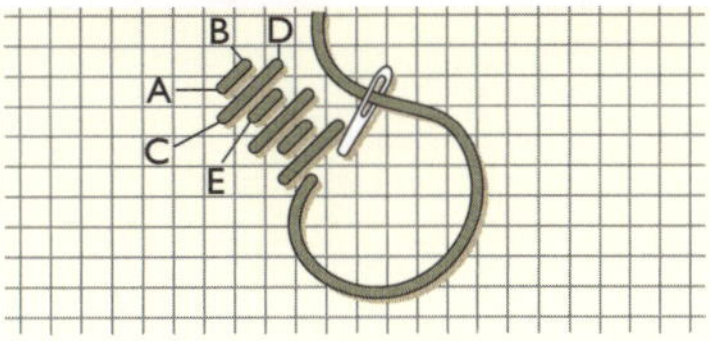

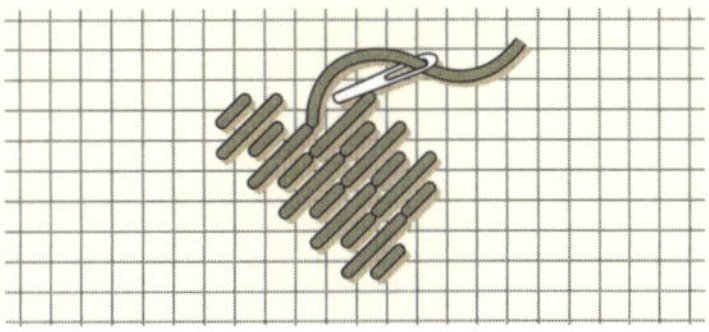

point DE FLORENCE

Ce point de remplissage forme des rayures obliques imbriquées réalisées en alternant un point long et un point court. Commencez en haut à gauche de la zone à broder.

1 Sortez l'aiguille en A sur l'endroit du canevas. Sautez une intersection et piquez en B.
2 Sortez l'aiguille en C, sous le point A. Sautez deux intersections et piquez en D.
3 Sortez l'aiguille en E, à droite du point C, et répétez jusqu'à la fin du rang.
4 Brodez le rang suivant de bas en haut à droite du premier rang, en faisant les points courts dans la continuité des points longs du rang précédent.

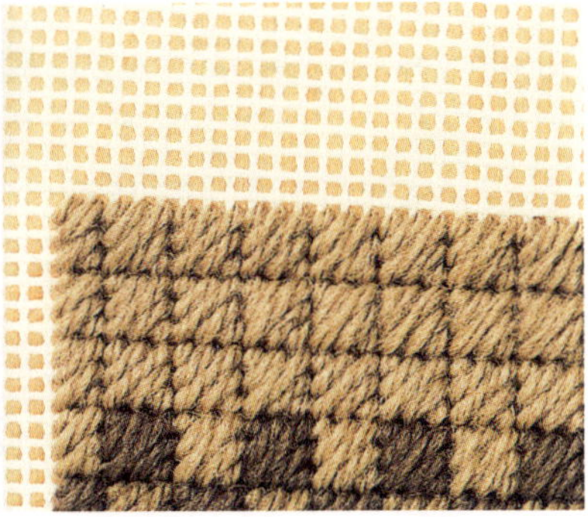

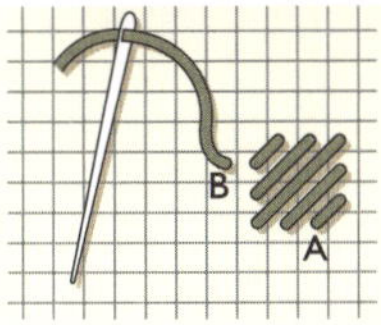

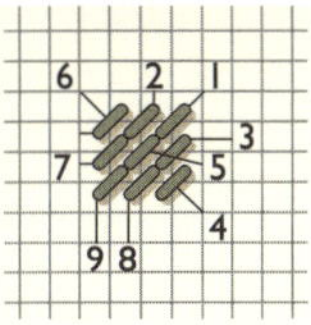

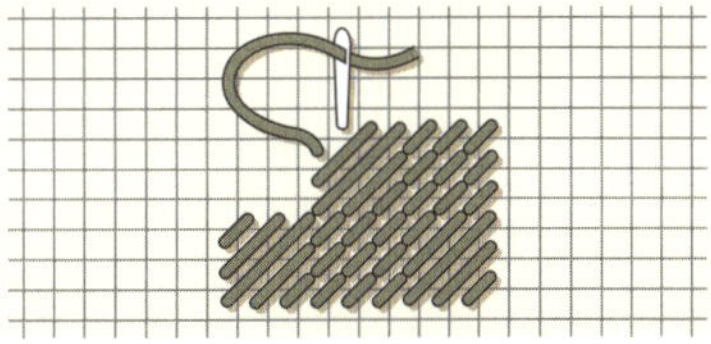

point DE DAMIER

avec une seule couleur (à l'horizontal)

Sortez l'aiguille en A sur l'endroit du canevas, en haut à droite de la zone à broder. Faites un pavé au point écossais (p. 182). Sortez l'aiguille en B et brodez un pavé de petits points (p. 178) dans l'ordre indiqué ci-contre. Répétez jusqu'à la fin du rang. Tournez le canevas et revenez en sens inverse en alternant les pavés.

avec deux couleurs (en diagonale)

Sortez l'aiguille sur l'endroit du canevas, en haut à gauche de la zone voulue, et faites un rang en diagonale au point écossais (p. 182). Faites un second rang identique, de bas en haut, en faisant se toucher les pavés à un angle. Répétez pour ajouter le nombre de rangs voulu. Reprenez en haut à gauche du travail et brodez des pavés en petits points entre les points écossais.

point ÉCOSSAIS

Ce point de remplissage forme des petits pavés carrés constitués de cinq points.

travail à l'horizontal

1 Sortez l'aiguille en A sur l'endroit du canevas, en haut à droite de la zone voulue. Sautez une intersection vers le haut et piquez en B.

2 Sortez l'aiguille en C, piquez en D, sortez en E, piquez en F, sortez en G, piquez en H, sortez en I et piquez en J pour compléter le pavé.

3 Sortez l'aiguille à côté du point E pour commencer le pavé suivant et répétez jusqu'à la fin du rang. Tournez le canevas et brodez le second rang de droite à gauche.

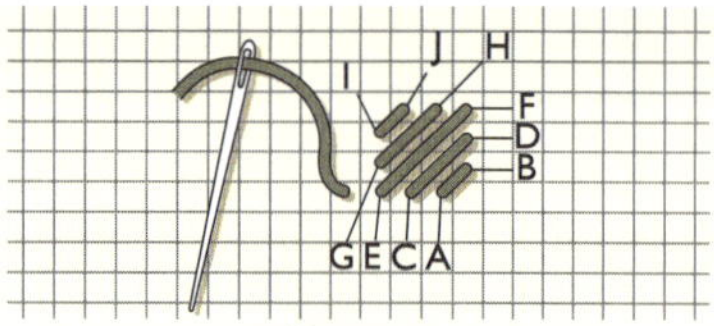

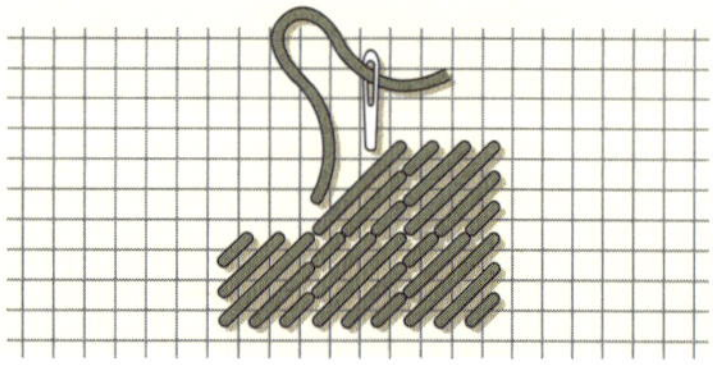

travail en diagonale

1 Sortez l'aiguille en A sur l'endroit du canevas, en haut à gauche de la zone voulue. Sautez une intersection vers le haut et piquez en B.

2 Sortez l'aiguille en C, piquez en D, sortez en E, piquez en F, sortez en G, piquez en H, sortez en I et piquez en J pour compléter le pavé.

3 Sortez l'aiguille deux fils sous le point J pour commencer le pavé suivant et répétez jusqu'à la fin du rang.

4 Brodez le second rang de droite à gauche et de bas en haut, en faisant le point le plus long de chaque pavé dans le trou laissé vacant au rang précédent.

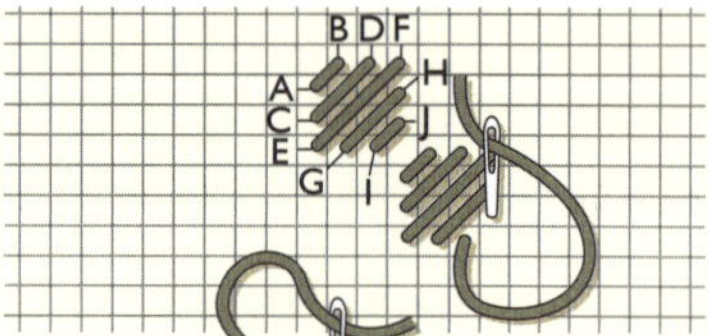

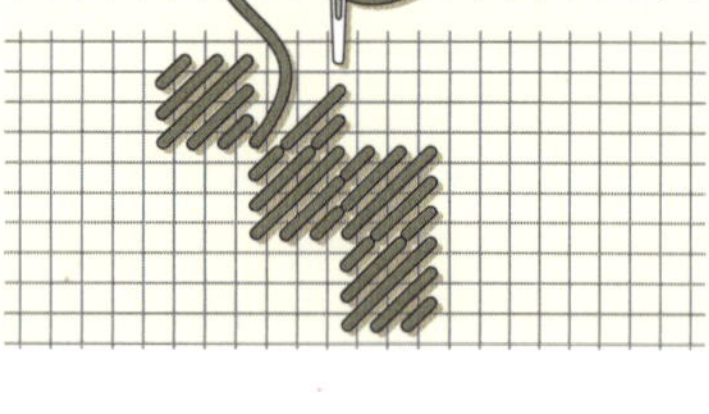

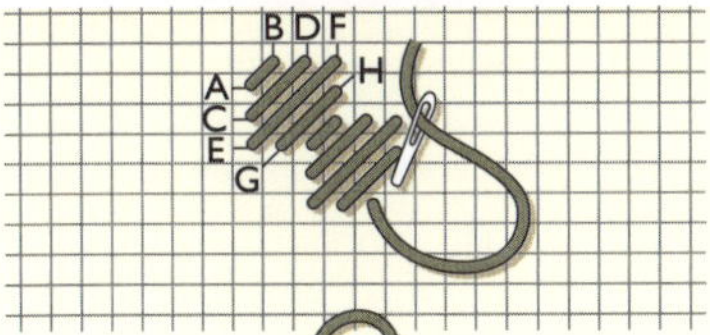

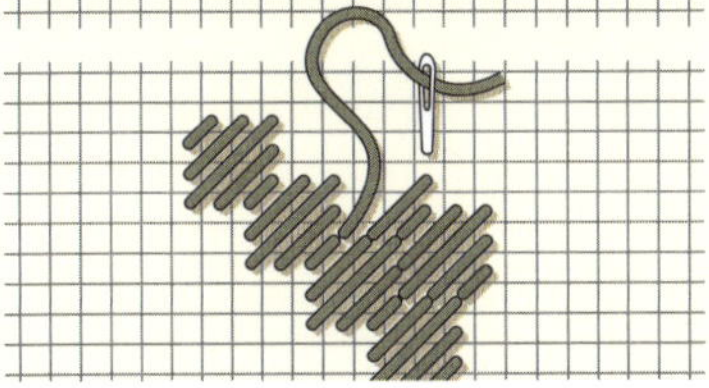

point ÉCOSSAIS SERRÉ

Ce point de remplissage forme des diagonales imbriquées constituées de pavés de quatre points. Commencez en haut à gauche de la zone à broder.

1 Sortez l'aiguille en A sur l'endroit du canevas, en haut à gauche de la zone voulue, et piquez en B.

2 Sortez l'aiguille en C, piquez en D, sortez en E, piquez en F, sortez en G et piquez en H.

3 Sortez l'aiguille à côté du point G pour commencer le pavé suivant et répétez jusqu'à la fin du rang.

4 Brodez le second rang de bas en haut à droite du premier, en faisant les points les plus courts dans l'alignement des points les plus longs du rang précédent.

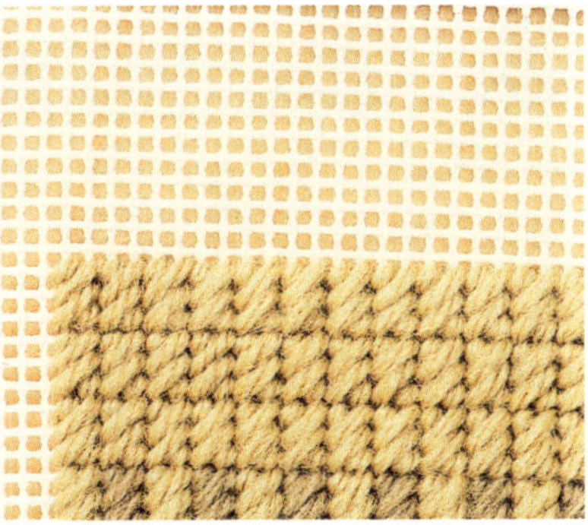

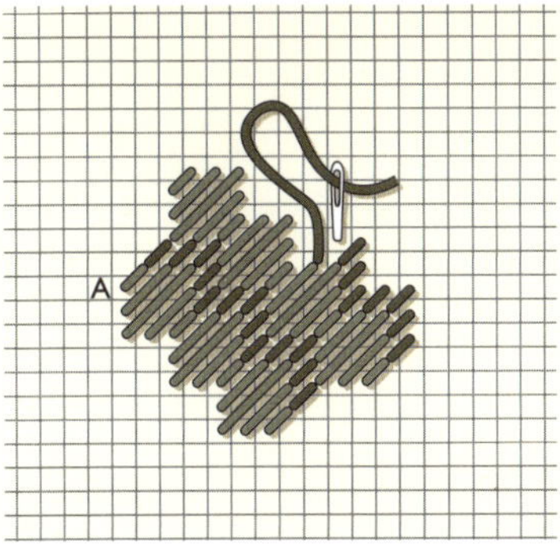

point MAURESQUE

travail avec une seule couleur

Sortez l'aiguille en A sur l'endroit du canevas, en haut à gauche de la zone voulue. Faites un rang au point écossais serré (voir ci-dessus). Brodez un rang au point de Saint-Cyr (p. 179) de bas en haut à droite du premier rang. Continuez en alternant les deux types de rangs.

travail en deux couleurs

Sortez l'aiguille en A sur l'endroit du canevas, en haut à gauche de la zone voulue, et faites un rang de points écossais serrés (voir ci-dessus). Faites un second rang identique, de bas en haut, à une intersection du premier rang. Reprenez en haut à gauche avec un fil d'une autre couleur et faites un rang au petit point (p. 178) sur les intersections situées entre les deux rangs.

point CACHEMIRE

Ce point de remplissage forme des petits pavés rectangulaires constitués de deux points courts et de deux points longs.

travail à l'horizontal

1 Sortez l'aiguille en A sur l'endroit du canevas, en bas à droite de la zone voulue. Piquez en B. Sortez l'aiguille en C, piquez en D.

2 Sortez l'aiguille en E, piquez en F. Sortez l'aiguille en G et piquez en H pour compléter le pavé.

3 Sortez l'aiguille dans le trou situé sous le point C pour commencer le pavé suivant et répétez jusqu'à la fin du rang.

4 Tournez le canevas et brodez le rang suivant de droite à gauche.

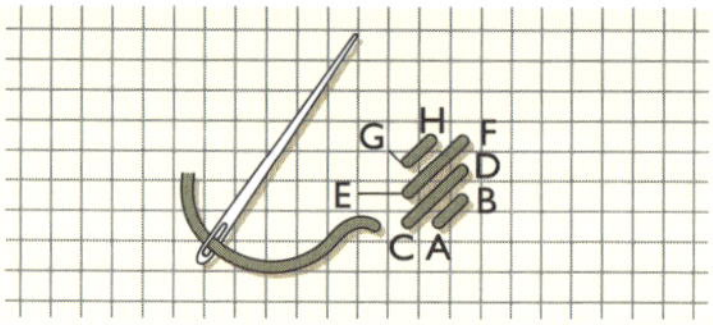

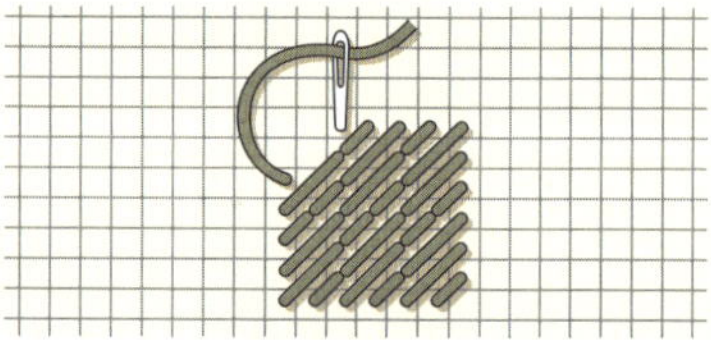

travail en diagonale

1 Sortez l'aiguille en A sur l'endroit du canevas, en haut à gauche de la zone voulue. Piquez en B, sortez l'aiguille en C, piquez en D, sortez l'aiguille en E, piquez en F.

2 Sortez l'aiguille en G et piquez en H pour compléter le pavé. Sortez l'aiguille deux fils sous le point H (en sautant un trou) pour commencer le pavé suivant et répétez jusqu'à la fin du rang.

3 Brodez le deuxième rang de droite à gauche et de bas en haut, en faisant le second point de chaque pavé dans le trou laissé vacant au rang précédent.

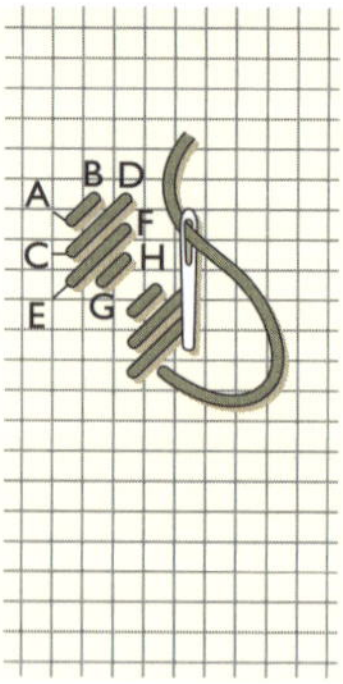

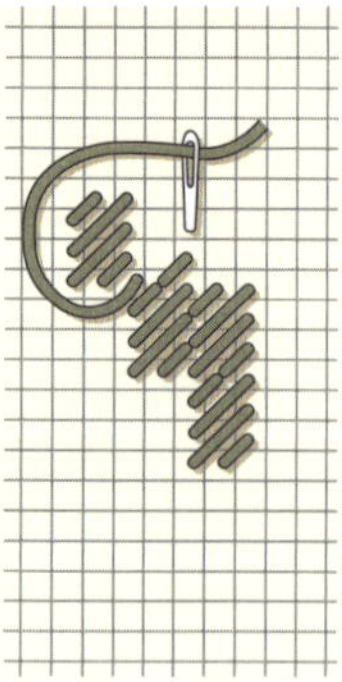

point CACHEMIRE SERRÉ

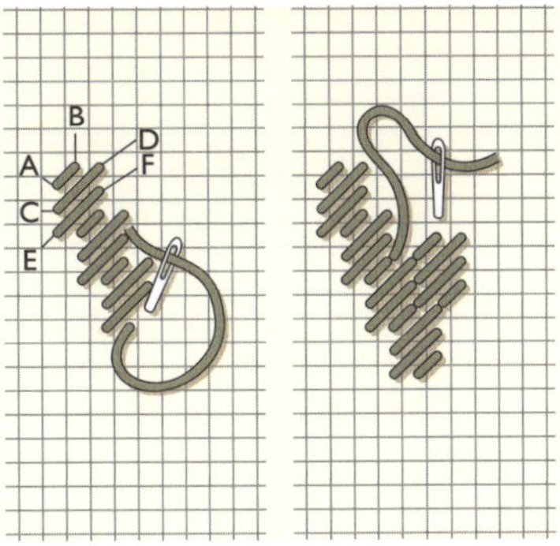

Ce point de remplissage est constitué de diagonales imbriquées, composées de pavés rectangulaires réalisés en brodant un point court et deux points longs.

1 Sortez l'aiguille en A sur l'endroit du canevas et piquez en B. Sortez l'aiguille en C et piquez en D. Sortez l'aiguille en E et piquez en F.

2 Sortez l'aiguille dans le trou situé à droite du point E et répétez jusqu'à la fin du rang.

3 Le second rang se brode de bas en haut, à droite du premier.

point DE REPS

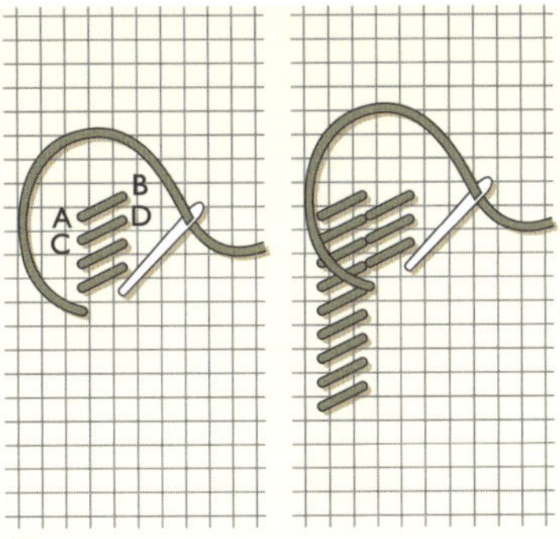

Ce point de remplissage forme des colonnes de points légèrement obliques. Il s'appelle point d'Aubusson lorsqu'il est réalisé en brodant entre les fils doubles d'un canevas Pénélope. Commencez en haut à droite de la zone à broder.

1 Sortez l'aiguille en A sur l'endroit du canevas.

2 Remontez en biais sur un fil horizontal et deux fils verticaux et piquez en B.

3 Sortez l'aiguille en C et piquez en D.

4 Continuez de la même façon jusqu'à la fin du rang. Tournez le canevas et répétez pour broder le rang suivant.

point GOBELIN

Point gobelin oblique

Ce point se brode sur deux fils horizontaux et un ou deux fils verticaux, en commençant en haut à droite de la zone à broder.

1 Sortez l'aiguille en A sur l'endroit du canevas. Sautez le nombre de fils voulus et piquez en B. Sortez l'aiguille en C et piquez en D. Continuez de la même façon jusqu'à la fin du rang.

2 Les points du deuxième rang doivent avoir la même longueur et la même inclinaison que ceux du premier. Sortez l'aiguille en E et piquez dans le trou utilisé par l'avant-dernier point du rang précédent. Continuez en brodant vers la droite.

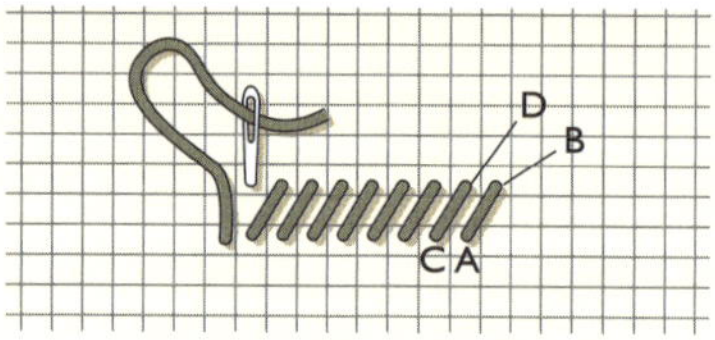

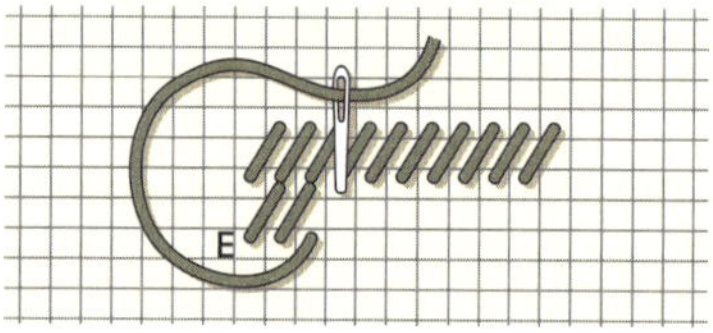

point GOBELIN EMPIÉTANT

Point gobelin oblique empiétant

Ce point se brode généralement sur canevas unifil, sur deux à cinq fils horizontaux et un ou deux fils verticaux. Commencez en haut à droite de la zone à broder.

1 Sortez l'aiguille en A sur l'endroit du canevas et piquez en B. Sortez l'aiguille en C et piquez en D. Continuez de la même façon jusqu'à la fin du rang.

2 Les points du second rang doivent avoir la même longueur et la même inclinaison que ceux du premier. Sortez l'aiguille en E et piquez en F, un fil au-dessus du bas des points du premier rang. Brodez les rangs suivants en empiétant à chaque fois sur le rang précédent.

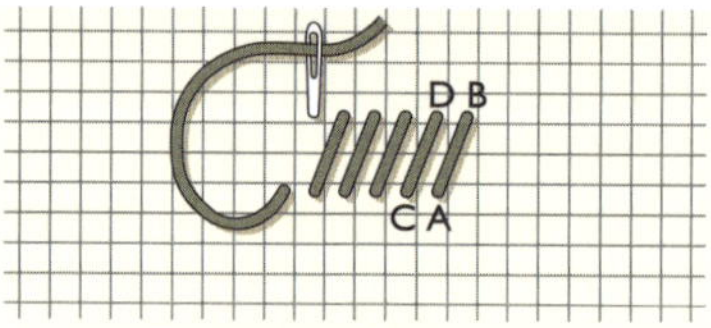

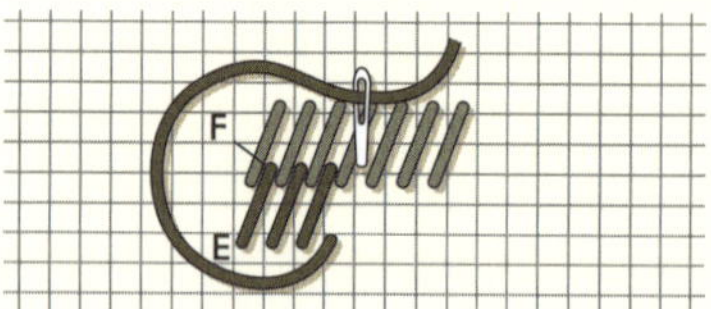

point BYZANTIN

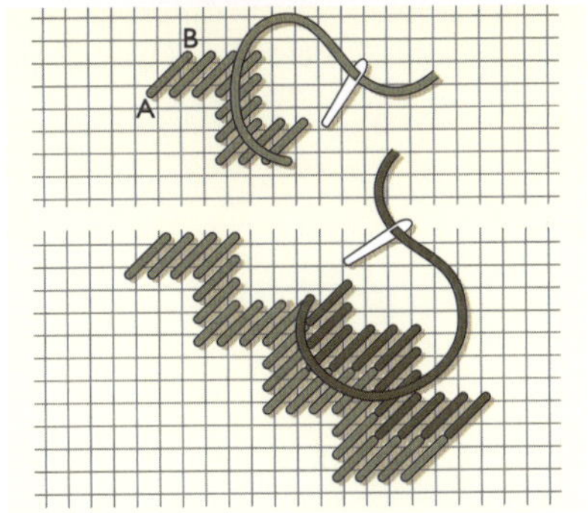

Ce point sert à couvrir de grandes surfaces. Il forme de larges bandes en escalier dont les « marches » peuvent être constituées de quatre à huit points. Commencez en haut à gauche de la zone à broder.

1 Sortez l'aiguille en A sur l'endroit du canevas et piquez en B.
2 Sortez l'aiguille dans le trou situé à droite du point A et piquez à droite du point B. Répétez deux fois pour obtenir quatre points alignés horizontalement.
3 Brodez trois points identiques vers le bas, puis trois vers la droite et répétez pour former un zigzag régulier.
4 Brodez le second rang de bas en haut, à côté du premier.

point JACQUARD

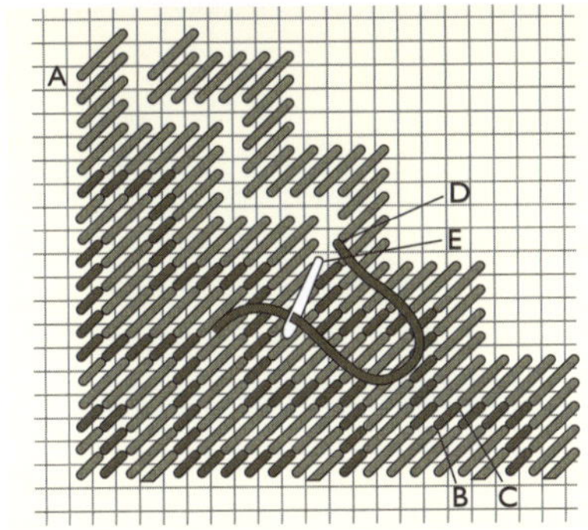

Ce point sert à couvrir de grandes surfaces. Il forme de larges bandes en escalier brodées au point byzantin et des bandes plus fines brodées au petit point. Chaque « marche » peut être constituée de quatre à huit points. Commencez en haut à gauche de la zone à broder.

1 Sortez l'aiguille en A sur l'endroit du canevas et brodez la surface voulue au point byzantin (voir ci-dessus) en laissant une intersection entre les rangs.
2 Sortez l'aiguille sur l'endroit du canevas en bas à droite et brodez un zigzag au petit point entre chaque rang de point byzantin, en faisant les points de bas en haut (de B à C) sur les segments horizontaux et de haut en bas (de D à E) sur les segments verticaux.

point DE MILAN

Ce point de remplissage forme des rangées obliques de triangles imbriquées les unes dans les autres. Chaque triangle est composé de quatre points. Commencez en haut à gauche de la zone à broder.

1 Sortez l'aiguille en A sur l'endroit du canevas et piquez en B. Sortez l'aiguille en C, piquez en D et répétez de E à F et de G à H.

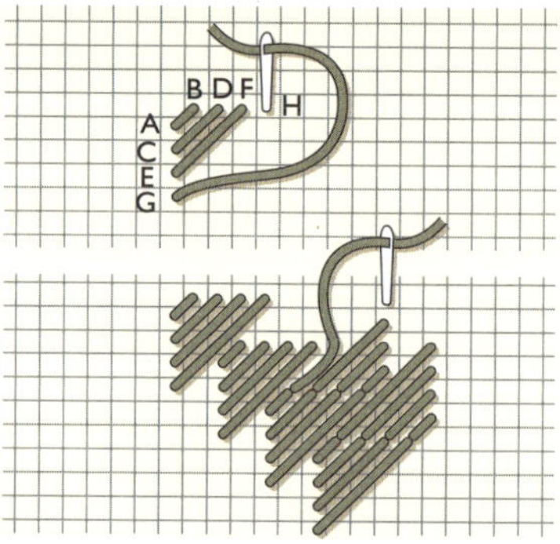

2 Sortez l'aiguille à deux fils à droite du point E pour commencer le triangle suivant. Répétez jusqu'à la fin du rang.

3 Brodez le second rang de bas en haut à droite du premier, en commençant chaque triangle par son point le plus court et en brodant les points les plus courts dans l'alignement des points les plus longs des triangles du rang précédent.

point D'ORIENT

Ce point de remplissage brodé en diagonale est constitué de points de Milan et de pavés de points obliques. Commencez en haut à gauche.

1 Sortez l'aiguille en A sur l'endroit du canevas et travaillez au point de Milan (voir ci-dessus) en espaçant les rangs de manière à aligner les points les plus longs des triangles.

2 Les points obliques sont brodés par groupe de trois, sur deux intersections. Sortez l'aiguille en B, en haut à gauche de la zone à remplir, piquez en C, sortez l'aiguille en D, piquez sous le point C. Répétez pour faire le troisième point. Répétez jusqu'à la fin du rang.

3 Sortez l'aiguille en E pour broder le second rang et travaillez par groupe de trois points comme précédemment.

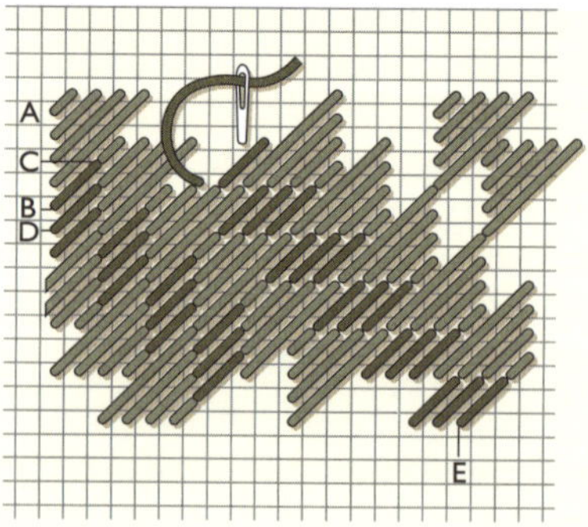

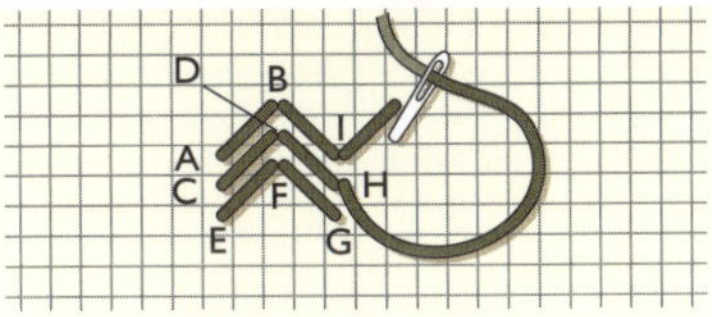

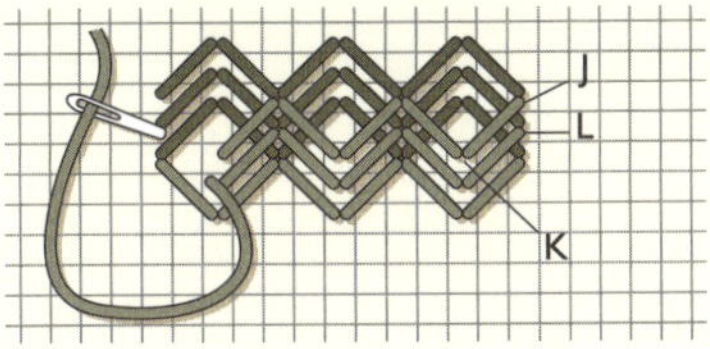

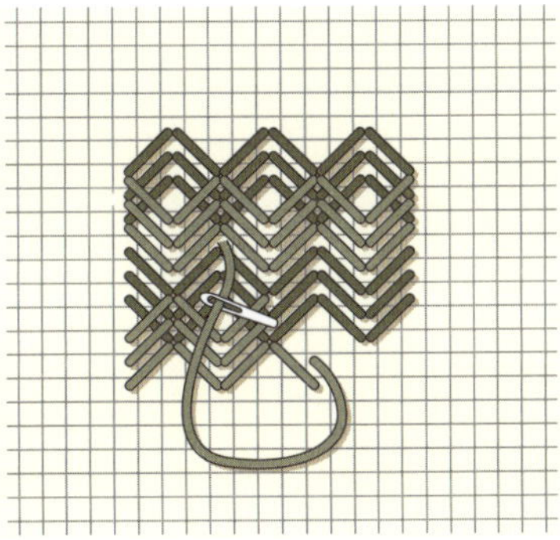

point DE PERSPECTIVE

Ce point de remplissage forme un motif en trompe-l'œil qui fait penser à des cubes en relief. Brodez avec deux fils de couleurs différentes, en commençant en haut à gauche.

1 Sortez l'aiguille en A sur l'endroit du canevas. Sautez deux intersections et piquez en B.

2 Faites deux points parallèles au premier, de C à D et de E à F puis trois points symétriques, de G à F, de H à D et de I à B.

3 Sortez l'aiguille en I et répétez jusqu'à la fin du rang. Laissez l'aiguille en attente sur le bord du canevas.

4 Sortez une autre aiguille, munie d'un fil d'une autre couleur, en J, sur l'endroit du canevas, à droite de la zone à broder. Piquez en K et sortez l'aiguille en L. Brodez trois points à cheval sur les trois derniers points du rang précédent, puis trois points symétriques, sur les trois points suivants, en faisant tous les points de bas en haut.

5 Répétez jusqu'à la fin du rang et laissez l'aiguille en attente sur le bord du canevas.

6 Sortez la première aiguille sur l'endroit du canevas, à droite de la zone à broder. Faites un rang de points parallèles à ceux du deuxième rang. Brodez le quatrième rang à cheval sur les points du troisième rang.

le point de croix et ses dérivés

Le point de croix et ses dérivés couvrent bien le canevas et créent une surface dense et texturée. Leurs points obliques étant croisés, ils ne déforment pas le canevas.

Pour un résultat régulier, brodez tous les points de la même façon : tous les fils du dessus doivent être inclinés dans la même direction.

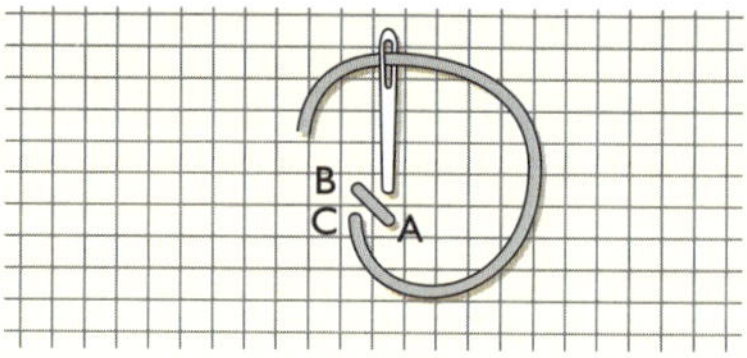

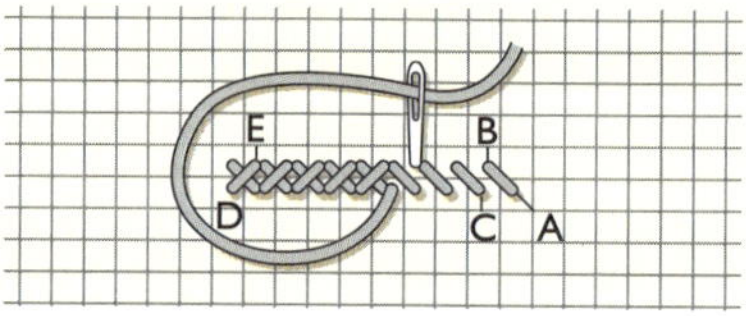

point DE CROIX

Ce point de base de la tapisserie est solide et se brode souvent sur canevas double. Commencez en haut à droite.

1 Sortez l'aiguille en A sur l'endroit du canevas. Sautez une intersection et piquez en B.
2 Sortez l'aiguille en C. Pour broder un point isolé, piquez au-dessus du point A pour compléter le point. Pour broder un rang, piquez à gauche du point B et répétez jusqu'à la fin du rang.
3 À la fin du rang, sortez l'aiguille en D et piquez en E en veillant à ne pas fendre le fil déjà en place. Répétez jusqu'à la fin du rang.

point DE CROIX DROIT

Point de Saint-Georges

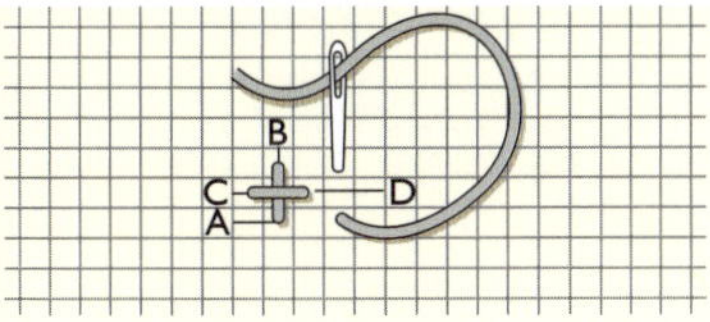

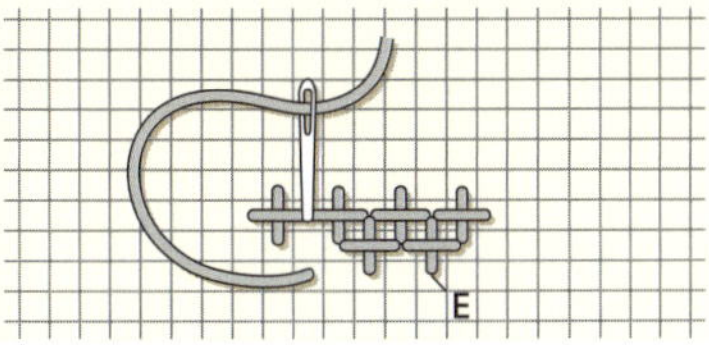

Ce point forme un remplissage en écailles assez original. Commencez en haut à gauche de la zone à broder.

1 Sortez l'aiguille en A sur l'endroit du canevas et piquez en B. Sortez l'aiguille en C, sautez deux fils verticaux et piquez en D. Sortez l'aiguille deux fils à droite du point A et répétez jusqu'à la fin du rang.
2 Pour faire le second rang, sortez l'aiguille en E et faites une croix identique à celles du premier rang, entre deux croix de ce dernier, sans fendre les fils déjà en place.

point SEMÉ

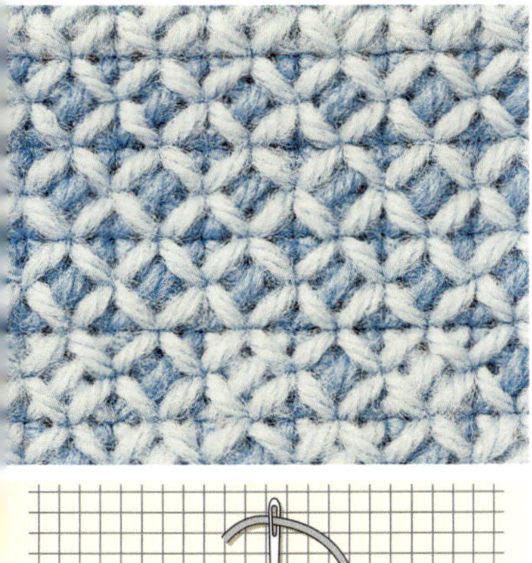

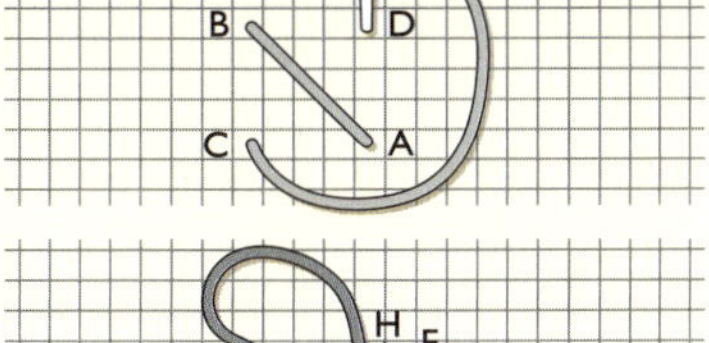

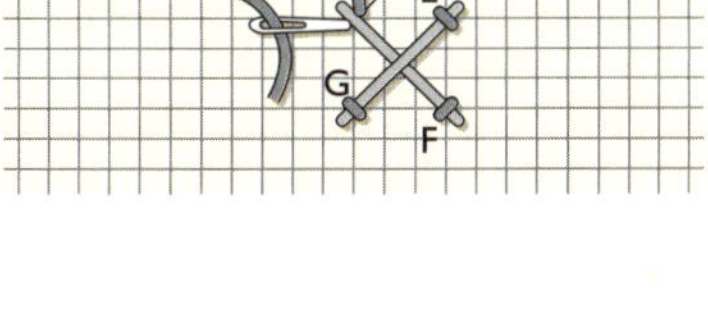

Ce point se brode sur deux ou, plus souvent, sur quatre fils. Commencez en haut à droite de la zone à broder.

avec une seule couleur

Sortez l'aiguille en A sur l'endroit du canevas, piquez en B, sortez en C et piquez en D pour former la première croix. Faites un point sur chacune des intersections situées sous les extrémités des branches de la croix en sortant l'aiguille en E, F, G et H. Sortez l'aiguille en C pour faire la croix suivante.

en deux couleurs

Brodez des rangs au point de croix en faisant chaque croix sur deux intersections. Sortez une aiguille munie d'un fil d'une seconde couleur en haut à droite de la zone à broder et faites un petit point sur chaque branche, dans l'ordre indiqué ci-dessus.

point DE CROIX ALLONGÉ

Ce point de remplissage forme des bandes horizontales aux contours réguliers. Commencez en haut à droite de la zone à broder.

1 Sortez l'aiguille en A sur l'endroit du canevas et piquez en B.
2 Sortez l'aiguille dans le trou situé à gauche du point A et piquez dans celui situé à gauche du point B. Continuez de la même façon jusqu'à la fin du rang.
3 À la fin du rang, sortez l'aiguille en C et piquez en D, en veillant à ne pas fendre le fil déjà en place. Continuez de la même façon jusqu'à la fin du rang.

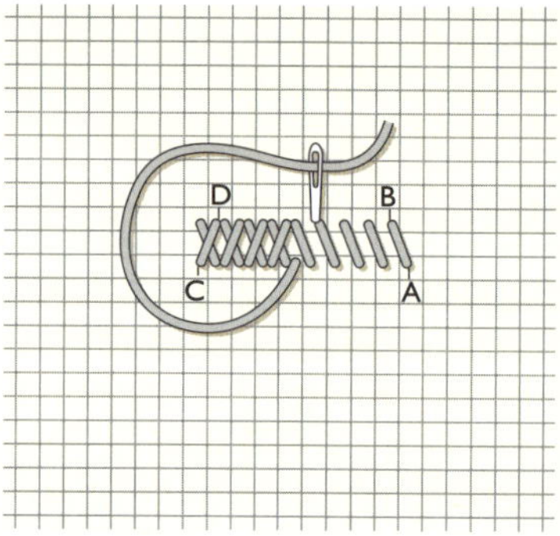

point DE CROIX ALLONGÉ AVEC POINT DE PIQÛRE

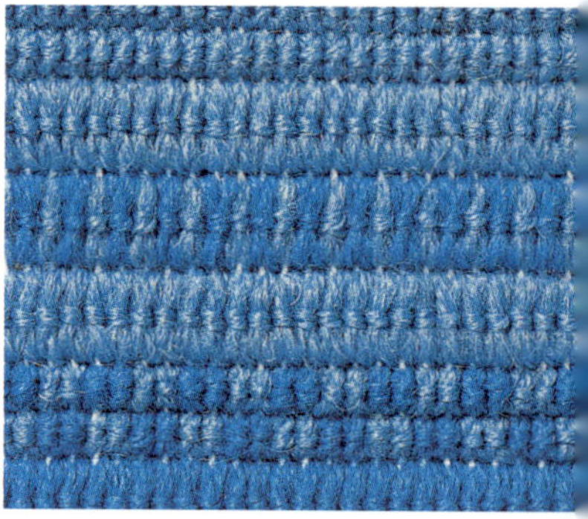

Ce point de remplissage forme de grandes bandes horizontales agrémentées d'une fine ligne horizontale. Commencez en haut à droite de la zone à broder.

1 Sortez l'aiguille en A sur l'endroit du canevas et piquez en B. Sortez l'aiguille en C, piquez en D, sortez en E et piquez en F pour compléter le premier point.
2 Ressortez l'aiguille en C et répétez jusqu'à la fin du rang.
3 Sortez l'aiguille en G pour commencer le rang suivant. Faites un point de croix allongé, puis brodez un point de maintien de droite à gauche (en sens inverse de ceux du premier rang). Répétez jusqu'à la fin du rang.

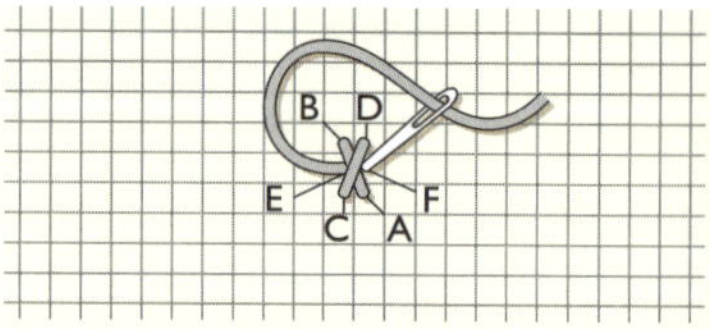

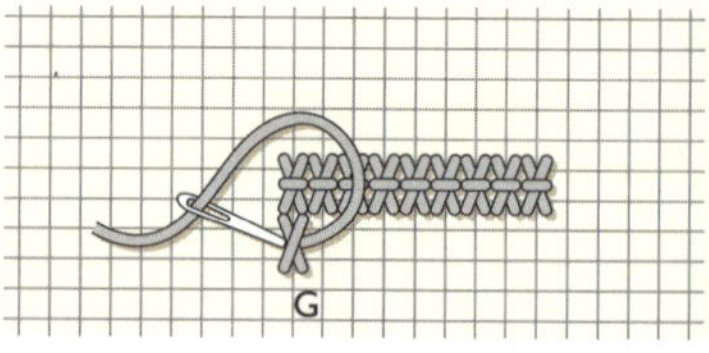

point DE CROIX ALTERNÉ

Point double

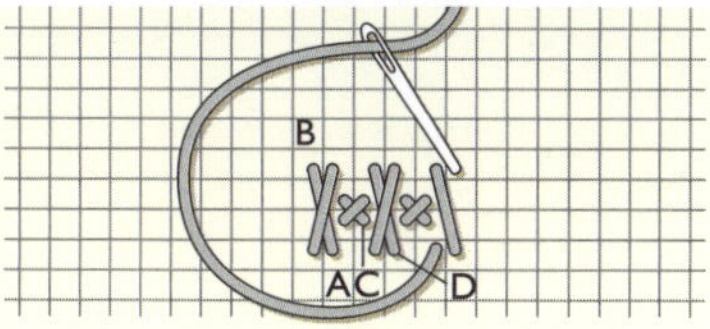

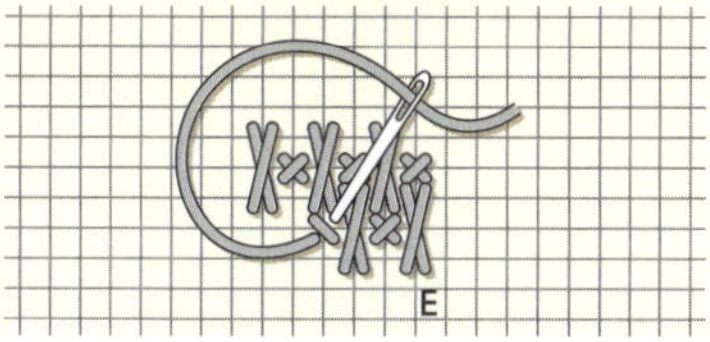

Ce point de remplissage ressemble à un tissage. Commencez en haut à gauche de la zone à broder.

1 Sortez l'aiguille en A sur l'endroit du canevas, piquez en B, sortez l'aiguille à gauche du point A et piquez à droite du point B pour former une croix allongée.
2 Sortez l'aiguille en C et faites un point de croix sur une intersection. Sortez l'aiguille en D pour faire le point de croix allongé suivant. Répétez jusqu'à la fin du rang.
3 Sortez l'aiguille en E pour broder le rang suivant, de droite à gauche. Travaillez comme pour le premier rang, en faisant les croix allongées sous les petites croix.

point DE CROIX DOUBLE

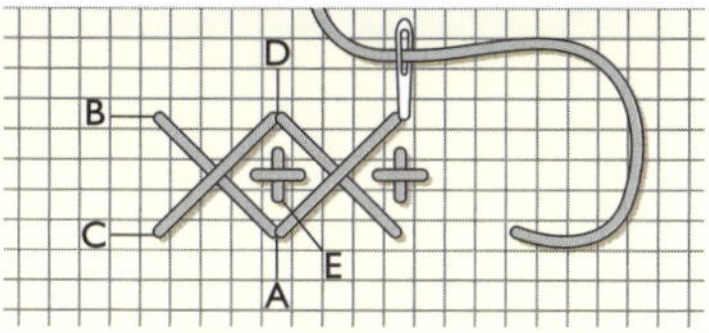

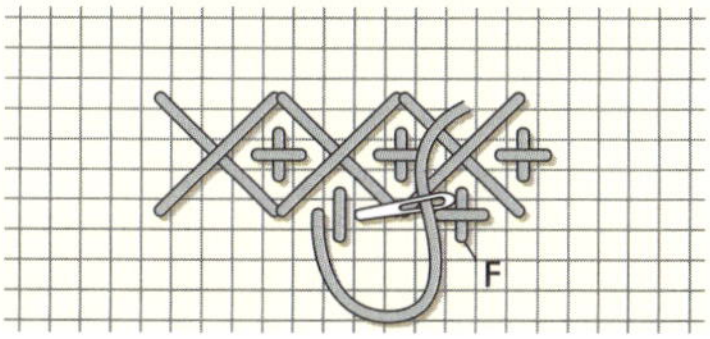

Ce point de remplissage est constitué de croix de tailles et d'inclinaisons variées. Commencez en haut à gauche de la zone à broder.

1 Sortez l'aiguille en A sur l'endroit du canevas et piquez en B. Sortez l'aiguille en C et piquez en D pour former un grand point de croix. Sortez l'aiguille en E et faites un point de croix droit sur deux fils horizontaux et deux fils verticaux.
2 Sortez l'aiguille quatre fils à droite du point A pour broder la croix suivante et répétez jusqu'à la fin du rang.
3 Sortez l'aiguille en F et broder une croix droite sous chaque grande croix. Répétez toujours ces deux rangs.

point DE CROIX INVERSÉ

Ce point est particulièrement beau quand il est brodé avec deux fils de couleurs différentes. Commencez en bas à gauche de la zone à broder.

1 Sortez l'aiguille en A sur l'endroit du canevas. Remontez sur deux intersections et piquez en B. Sortez l'aiguille en C et piquez en D pour compléter le premier point de croix.

2 Sortez l'aiguille en E, deux fils au-dessus du point D, et faites un second point de croix identique au premier. Sortez l'aiguille en F, deux fils à droite du point D, et faites un nouveau point de croix. Faites une troisième croix pour compléter le rang.

3 Sortez l'aiguille en G pour commencer le rang suivant et continuez en aller et retour sur toute la surface voulue.

4 Sortez l'aiguille en H, au-dessus du point B, et faites une croix droite sur deux fils. Continuez en brodant des rangs de croix droites entre ceux de croix en diagonale, en veillant à toujours placer le point vertical sur le point horizontal.

5 Sortez une aiguille munie du second fil en bas à gauche de la zone à broder et rebrodez chaque rang en faisant des croix droites sur les croix en diagonale et vice versa. Veillez à croiser tous les points dans le même sens.

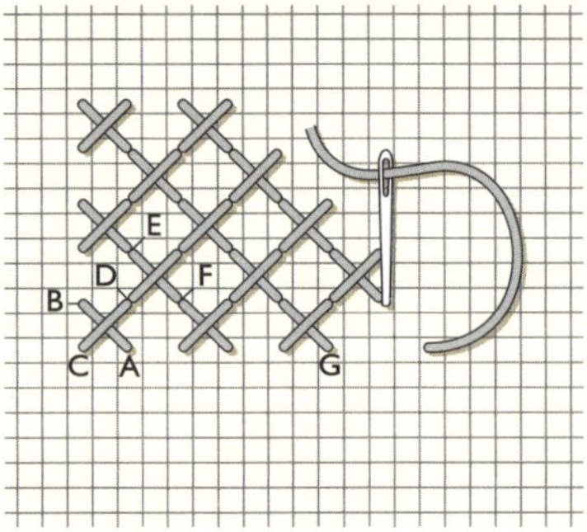

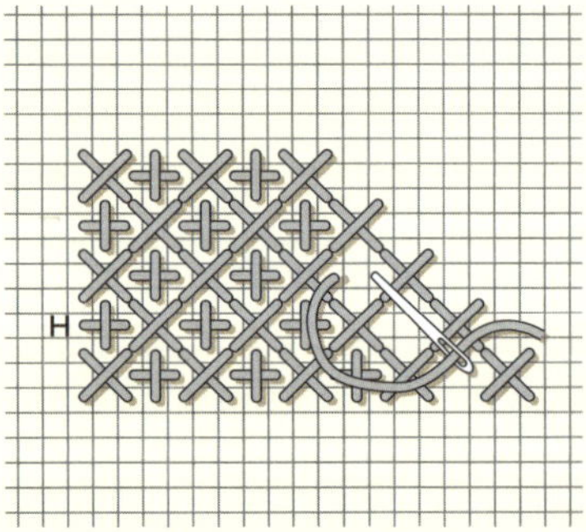

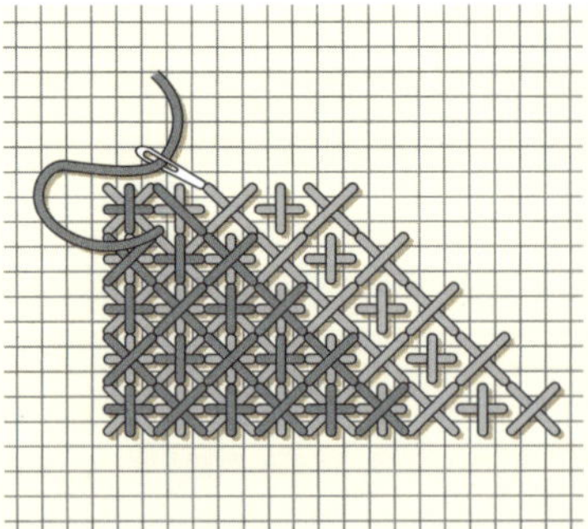

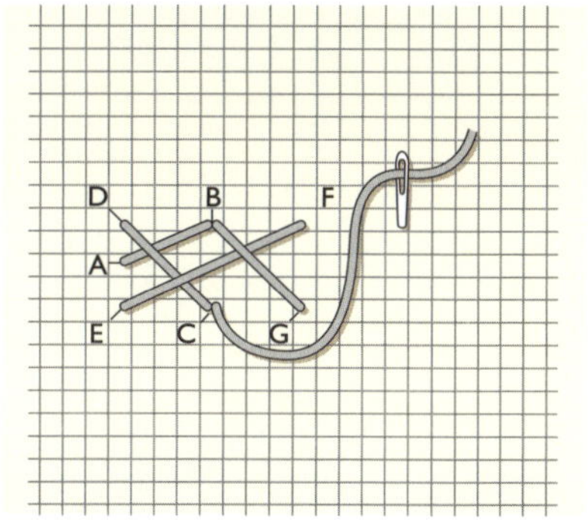

point DE CROIX NATTÉ

1 Sortez l'aiguille en A sur l'endroit du canevas, en haut à gauche de la zone à broder, et piquez en B, pour commencer le rang par un petit point.

2 Sortez l'aiguille en C, piquez en D, sortez en E, piquez en F, sortez en G, piquez en B et sortez l'aiguille en C.

3 Répétez en piquant toujours dans les mêmes rangées de trous et en faisant des points parallèles.

4 Arrêtez le fil et reprenez à gauche de la zone à broder ou, pour obtenir un effet légèrement différent, tournez le canevas et répétez comme pour le premier rang.

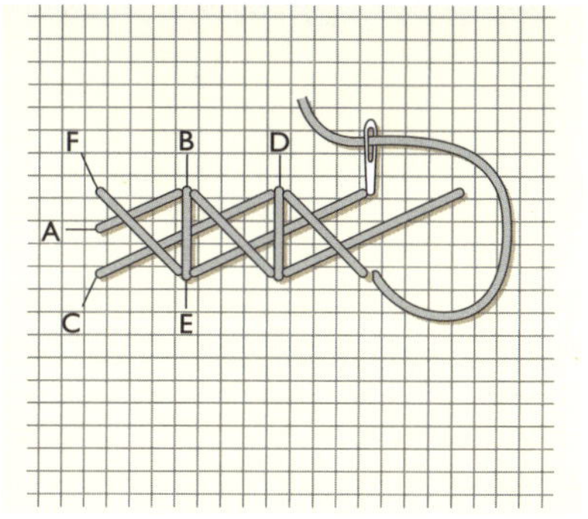

point DE CROIX MONTÉNÉGRIN

Ce point forme un motif décoratif sur l'endroit et sur l'envers du travail. Commencez en haut à gauche de la zone à broder.

1 Sortez l'aiguille en A sur l'endroit du canevas et piquez en B pour commencer le rang par un petit point.

2 Sortez l'aiguille en C, piquez en D, sortez en E, piquez en F, ressortez en E, piquez en B et sortez de nouveau en E.

3 Répétez jusqu'à la fin du rang en faisant tous les points sur les deux mêmes rangées de trous et en faisant des points parallèles.

4 Pour le second rang, arrêtez le fil et reprenez à gauche de la zone à broder ou, pour obtenir un résultat légèrement différent, tournez le canevas et répétez comme pour le premier rang.

point DE CROIX ITALIEN À DOUBLE FACE

Point d'Assise

Ce point de remplissage est constitué de croix serties dans des carrés. Commencez en haut à droite de la zone à broder.

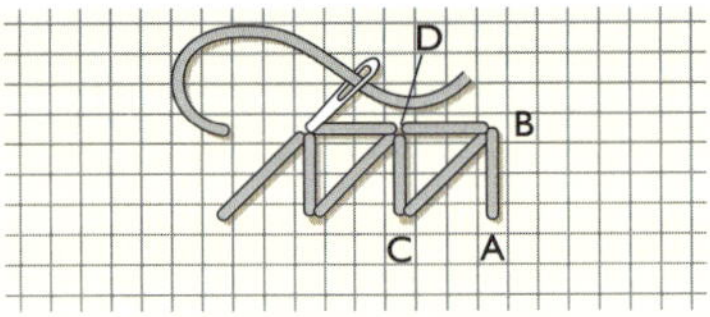

1 Sortez l'aiguille en A sur l'endroit du canevas, sautez trois fils vers le haut et piquez en B. Sortez en C, repiquez en B, sortez en D et repiquez en B.

2 Sortez de nouveau l'aiguille en C et répétez jusqu'à la fin du rang.

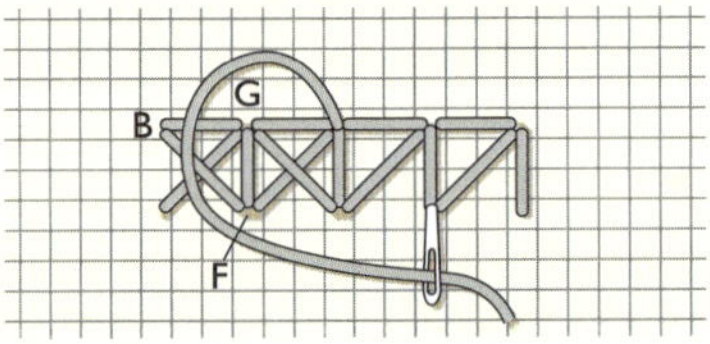

3 Sortez l'aiguille en E, en haut à gauche du rang, et piquez en F pour faire un point oblique. Sortez l'aiguille en G et répétez jusqu'à la fin du rang.

point DE CROIX GREC

Ce point de remplissage forme une surface à l'aspect irrégulier constituée de croix asymétriques. Commencez en haut à gauche de la zone à broder.

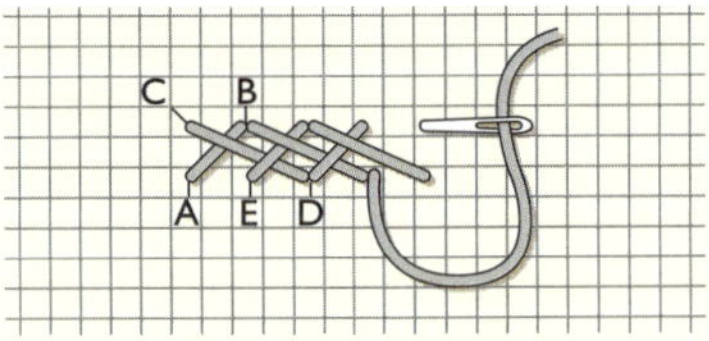

1 Sortez l'aiguille en A sur l'endroit du canevas, sautez deux intersections et piquez en B.

2 Sortez l'aiguille en C et piquez en D. Sortez l'aiguille en E, à mi-chemin entre les points A et D, et piquez deux fils à droite du point B.

3 Sortez l'aiguille en B et faites un second point long. Répétez jusqu'à la fin du rang et arrêtez le fil.

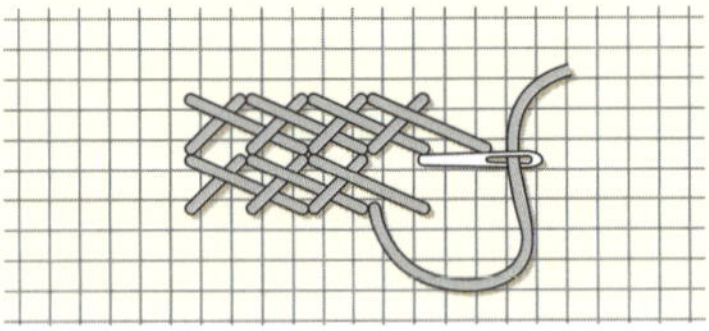

4 Brodez le second rang de gauche à droite, comme le premier.

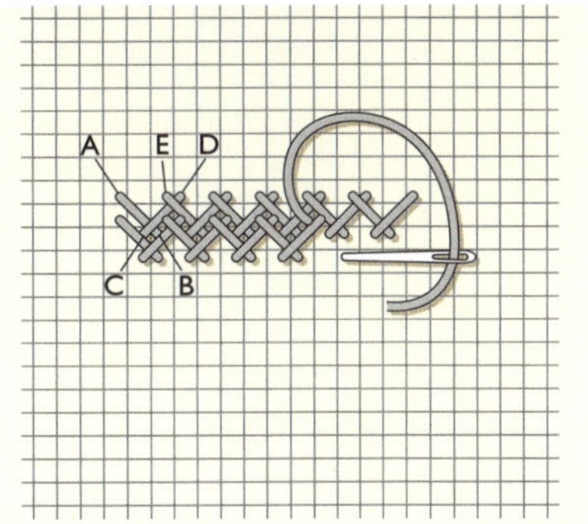

point DE CHAUSSON

Ce point est le même que le point de chausson brodé sur tissu. En tapisserie, il forme un motif serré très résistant. Il peut se broder sur un ou deux fils de trame. Commencez en haut à gauche de la zone à broder.

1 Sortez l'aiguille en A sur l'endroit du canevas.
2 Piquez en B et sortez l'aiguille en C.
3 Piquez en D et sortez l'aiguille en E. Répétez jusqu'à la fin du rang et arrêtez le fil.
4 Brodez le second rang de gauche à droite, en commençant dans le trou situé sous le point A.

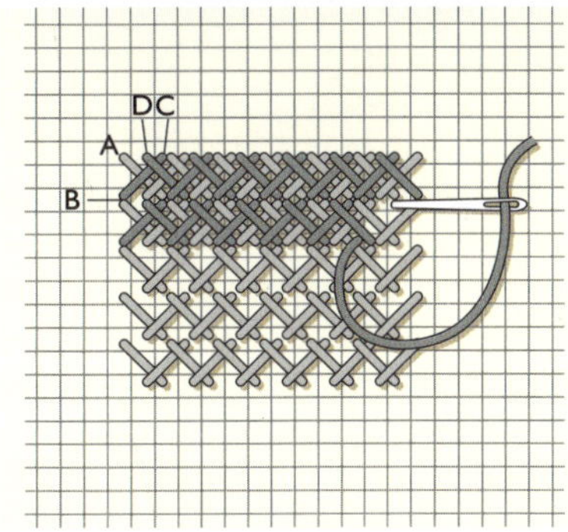

point DE CHAUSSON DOUBLE

Ce point forme un motif serré et résistant. Il se brode avec deux couleurs, la seconde formant en zigzag sur la première. Commencez en haut à gauche de la zone à broder.

1 Sortez l'aiguille en A sur l'endroit du canevas. Faites un rang au point de chausson (voir ci-dessus) et arrêtez le fil.
2 Sortez l'aiguille deux fils sous le point A et faites un second rang au point de chausson, de gauche à droite. Répétez sur toute la zone voulue.
3 Sortez une aiguille munie d'un fil d'une autre couleur en B et piquez en C. Sortez l'aiguille en D et piquez trois fils à droite du point B pour former un point de chausson à l'envers. Répétez jusqu'à la fin du rang et arrêtez le fil.

les points en étoile

Ces points sont constitués d'au moins quatre points distincts disposés sur ou autour d'un point central. Ils incluent aussi bien des points d'œillet, brodés en piquant dans un trou central, que des points croisés. La plupart peuvent être employés seuls, pour représenter des détails, ou brodés en rangs pour remplir une surface donnée de carrés ou de losanges aux reliefs variés.

Veillez à broder dans le même ordre les points de chacune des étoiles d'une même zone.

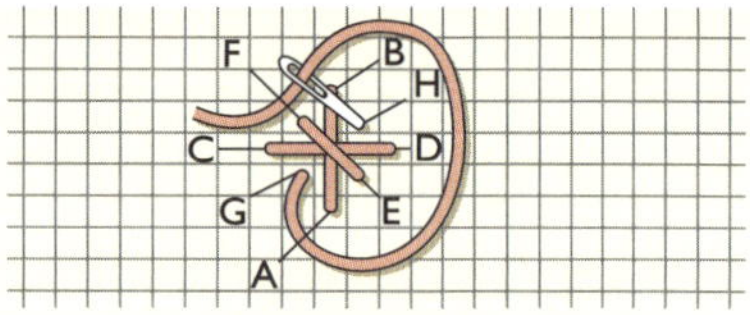

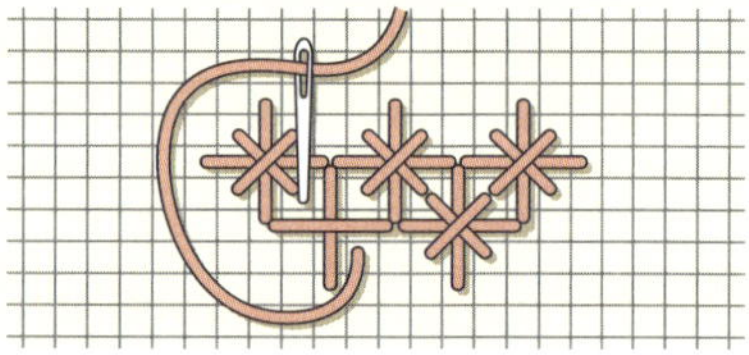

point D'ÉTOILE

Chaque étoile est formée de deux croix. Commencez en haut à gauche.

1 Sortez l'aiguille en A sur l'endroit du canevas, piquez en B, sortez l'aiguille en C et piquez en D.

2 Sortez l'aiguille en E, piquez en F, sortez en G et piquez en H pour faire une croix en diagonale sur la première.

3 Commencez l'étoile suivante quatre fils à droite du point A.

4 Brodez le rang suivant de droite à gauche, en faisant se toucher les branches des étoiles.

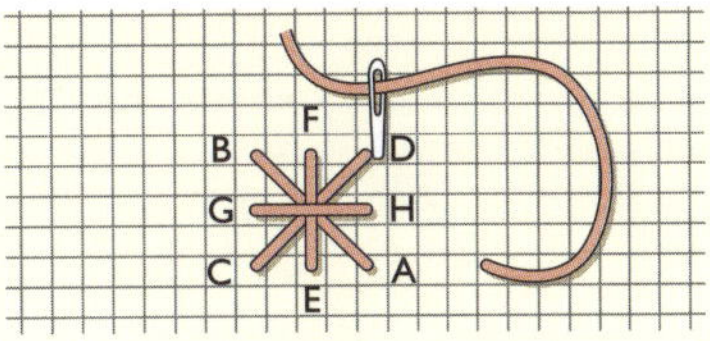

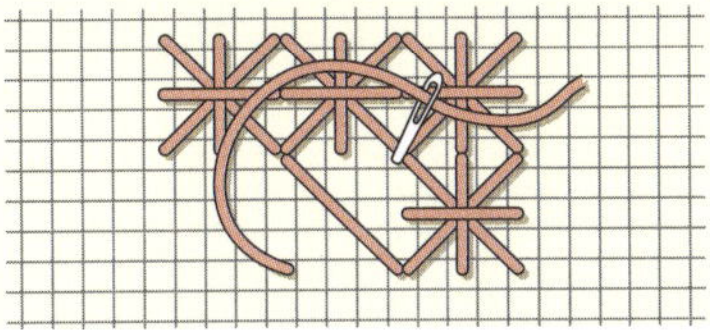

point DE SMYRNE

Point de croix de Smyrne, point de diable

Ce point de remplissage forme des pavés carrés en relief composés de deux croix superposées. Commencez en haut à gauche de la zone à couvrir.

1 Sortez l'aiguille en A sur l'endroit du canevas, piquez en B, sortez en C et piquez en D pour former une croix.

2 Sortez l'aiguille en E, à mi-chemin entre les points A et C, et piquez en F, à mi-chemin entre les points B et D. Sortez l'aiguille en G et piquez en H pour finir l'étoile.

3 Commencez l'étoile suivante quatre fils à droite du point A. Répétez jusqu'à la fin du rang. Commencez le rang suivant à droite du travail, quatre fils sous la dernière étoile du rang.

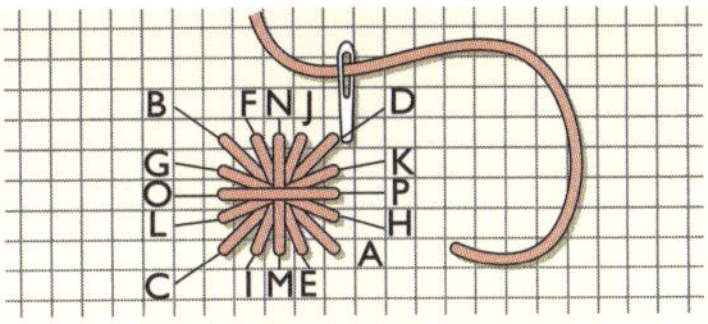

point DE SMYRNE DOUBLE

Ce point de remplissage forme des pavés carrés au relief marqué en forme d'étoile à seize branches. Commencez en haut à gauche de la zone à broder.

1 Sortez l'aiguille en A sur l'endroit du canevas, piquez en B, sortez en C et piquez en D pour former une croix.

2 Sortez l'aiguille en E, piquez en F, sortez en G et piquez en H.

3 Continuez comme indiqué ci-contre de I à P. Sortez l'aiguille quatre fils à droite du point A et répétez jusqu'à la fin du rang.

4 Commencez le rang en comptant quatre fils de trame sous le dernier point réalisé, puis revenez en sens inverse.

demi-point
DE RHODES

Ce point de remplissage est constitué de gerbes imbriquées formées de cinq points droits qui peuvent être plus longs que sur l'exemple présenté ci-contre. Commencez en haut à droite de la zone à broder.

1 Sortez l'aiguille en A sur l'endroit du canevas. Sautez quatre intersections vers le haut et piquez en B.

2 Sortez l'aiguille en C, dans le trou situé à droite du point A, et piquez en D, dans celui situé à gauche du point B. Sortez l'aiguille en E, à droite du point C, et piquez en F, à gauche du point D. Répétez de G à H et de I à J.

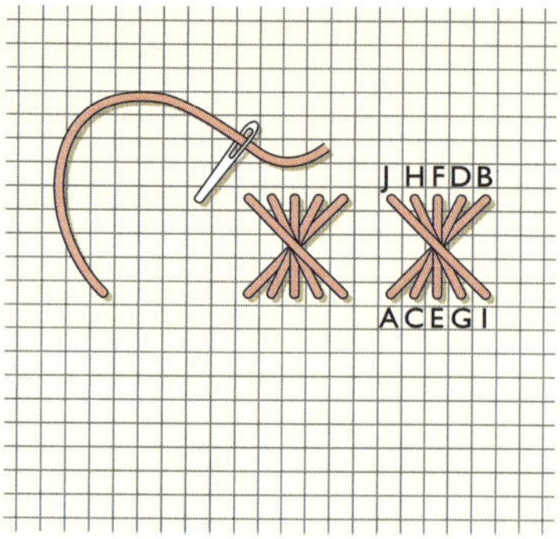

3 Commencez le point suivant six fils à gauche du point A pour broder le second demi-point de Rhodes à deux fils (un trou) du premier.

4 Pour commencer le second rang, sortez l'aiguille en K, deux fils sous le deuxième point en partant de la droite du dernier demi-point de Rhodes réalisé. Brodez de gauche à droite, en croisant les points lancés dans le même sens qu'au premier rang.

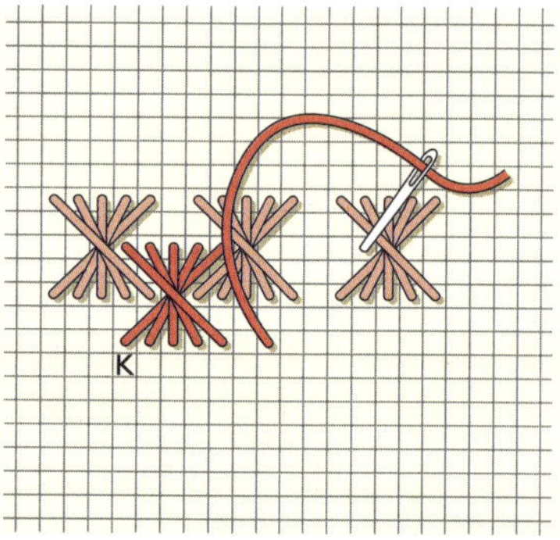

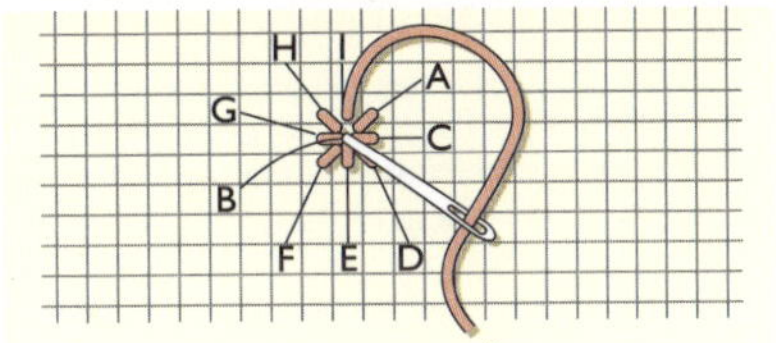

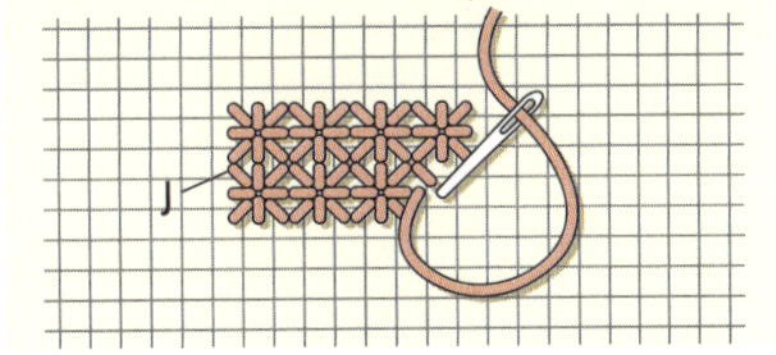

point D'ŒILLET ALGÉRIEN

Ce point est constitué de huit points lancés et se brode sur canevas unifil. Commencez en haut à droite.

1 Sortez l'aiguille en A sur l'endroit du canevas et piquez en B, au centre de l'œillet. Sortez en C, piquez en B et continuez dans le sens des aiguilles d'une montre, en sortant l'aiguille dans chacun des trous qui entourent le trou central.
2 Sortez l'aiguille en H pour commencer le second œillet. Répétez jusqu'à la fin du rang.
3 Commencez le second rang en J et revenez en sens inverse en faisant chaque œillet en sens inverse des aiguilles d'une montre.

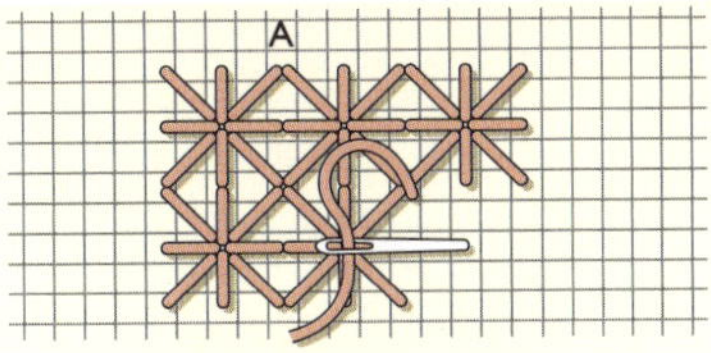

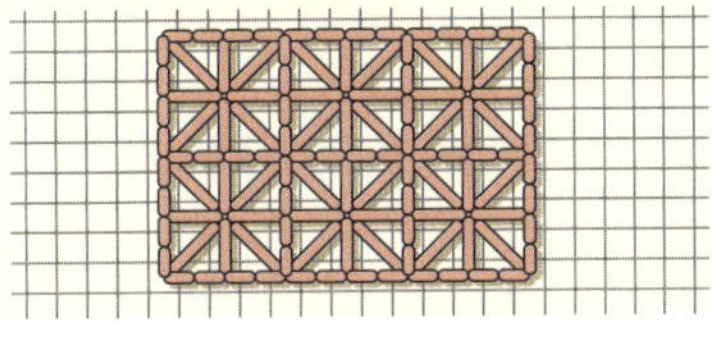

grand point D'ŒILLET ALGÉRIEN

Ce point de remplissage forme des pavés carrés dentelés deux fois plus grands que les points d'œillet algériens (voir ci-dessus) et se brode plus rapidement que ces derniers. Chaque pavé est entouré de points arrière qui cachent le canevas, souvent visible entre ce type de point. Commencez en haut à droite de la zone à broder.

1 Sortez l'aiguille en A sur l'endroit du canevas.
2 Brodez la zone voulue au point d'œillet algérien (voir ci-dessus) en faisant chaque point lancé sur deux fils.
3 Sortez l'aiguille en haut à droite de la zone ainsi brodée et faites un rang au point arrière (p. 175) entre chaque rang d'œillets.

point D'ŒILLET EN LOSANGE

Ce point de remplissage forme des losanges disposés en diagonale. Chaque losange est constitué de seize points lancés brodés en piquant dans le même trou. Pour un résultat optimal, utilisez un fil fin et un canevas unifil. L'œillet doit sa forme en losange à quatre points plus longs que les autres. Commencez en haut à gauche de la zone à broder.

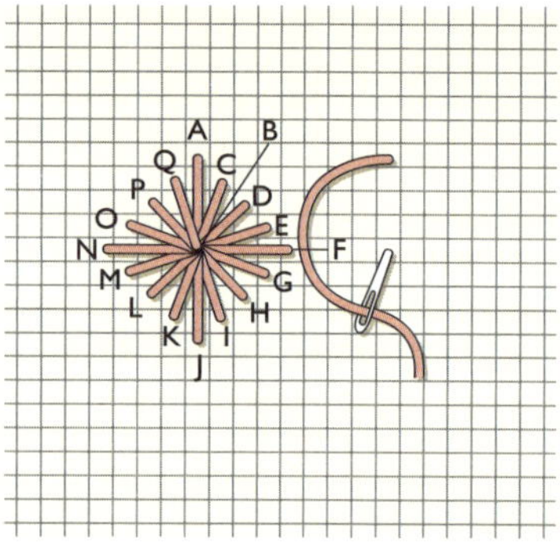

1 Sortez l'aiguille en A sur l'endroit du canevas, sautez quatre fils et piquez en B, au centre de l'œillet.

2 Sortez l'aiguille en C, à une intersection du A, et piquez en B. Continuez dans le sens des aiguilles d'une montre, en sortant l'aiguille dans chacun des trous qui entourent le point B et en repiquant en B. Vous pouvez aussi broder le point en allant en sens inverse si vous le souhaitez.

3 Sortez l'aiguille huit fils à droite du point A, brodez un second losange identique au premier et répétez jusqu'à la fin du rang.

4 Brodez le second rang de droite à gauche, en plaçant chaque losange entre deux losanges du premier rang et en réutilisant les mêmes trous que pour ces derniers. Vous pouvez broder les losanges dans un sens ou dans l'autre à condition de tous les broder de la même façon. Répétez ces deux rangs le nombre de fois voulu.

5 Si le point ne couvre pas entièrement le canevas, brodez des lignes au point arrière entre les losanges.

point D'ŒILLET CIRCULAIRE

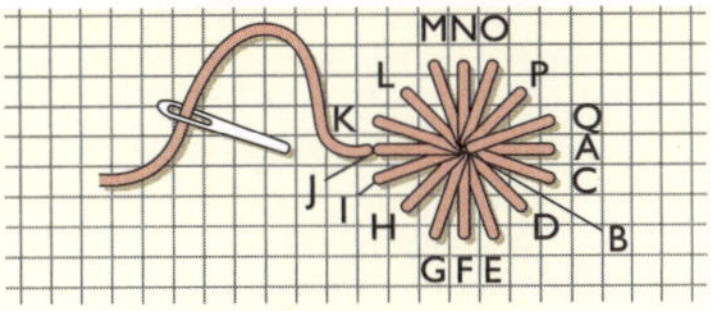

Ce point de remplissage forme des œillets ronds constitués de seize points de même longueur. Pour un résultat optimal, utilisez un fil fin et un canevas unifil. Commencez en haut à droite de la zone à broder.

1 Sortez l'aiguille en A sur l'endroit du canevas. Sautez trois fils de trame et piquez en B, au centre de l'œillet.

2 Sortez l'aiguille en C et piquez en B. Continuez en allant dans le sens des aiguilles d'une montre et en faisant un point de chacun des trous indiqués ci-contre au point B.

3 Sortez l'aiguille en J et brodez un second œillet identique au premier, en faisant les rayons C-B et Q-B dans les mêmes trous que les rayons I-B et K-B du premier œillet. Répétez jusqu'à la fin du rang.

4 Brodez le rang suivant de gauche à droite, en plaçant chaque œillet entre deux œillets du premier rang et en réutilisant les mêmes trous. Répétez ces deux rangs le nombre de fois voulu.

association d'œillets de différentes tailles

Ce point se brode généralement avec deux couleurs différentes. Brodez le nombre de rangs voulu au point d'œillet circulaire, en faisant les trois points du haut de chaque œillet dans les mêmes trous que les trois points du bas des œillets du rang précédent pour aligner les œillets les uns sous les autres. Reprenez en haut à droite avec une seconde aiguillée et brodez des œillets à douze points entre les grands œillets, en allant dans le même sens que pour ces derniers.

point DE MOULIN À VENT

Point de roue d'artifice

Ce point ressemble aux ailes d'un moulin à vent. Il peut se broder en rangs ou être éparpillé. Il est ensuite entouré de points obliques plus ou moins longs. Chaque motif contenant huit points faits en piquant dans le même trou, il est préférable d'utiliser un canevas unifil. Commencez chaque motif à droite et commencez à la distance voulue du haut de la zone à broder.

1 Sortez l'aiguille en A sur l'endroit du canevas, sautez sept fils verticaux et piquez en B. Sortez l'aiguille en C, sautez cinq fils de trame et piquez en D.
2 Sortez l'aiguille en E, sautez trois fils et piquez en F. Sortez l'aiguille en G, sautez un fil et piquez en H.
3 Sortez l'aiguille en I et piquez en B. Faites les points suivant de J à K, de L à M et de N à O.
4 Tournez le canevas à 90 ° et sortez l'aiguille en P, à sept fils du point B. Répétez les étapes 1 à 3. Répétez deux fois de plus pour compléter le motif.
5 Tournez de nouveau le canevas pour le remettre d'aplomb et sortez l'aiguille à l'extrémité gauche du motif. Répétez pour broder les motifs suivants.
6 Brodez le rang suivant de gauche à droite, en repiquant dans les mêmes trous pour les points les plus longs.
7 Brodez le fond entre les motifs. Si vous employez de longs points obliques, faites chaque point en sortant l'aiguille autour du motif et tournez le canevas comme précédemment.

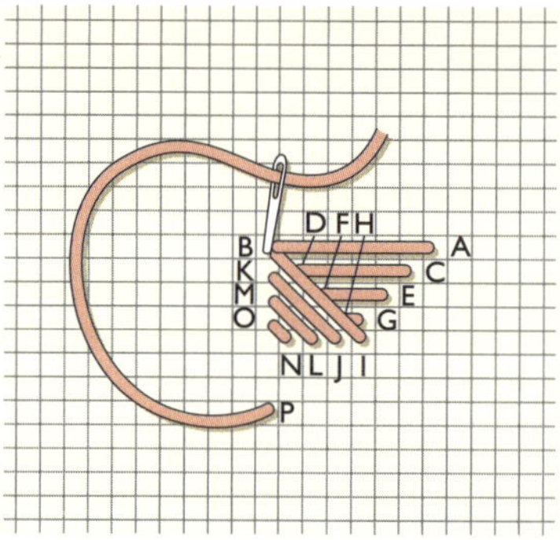

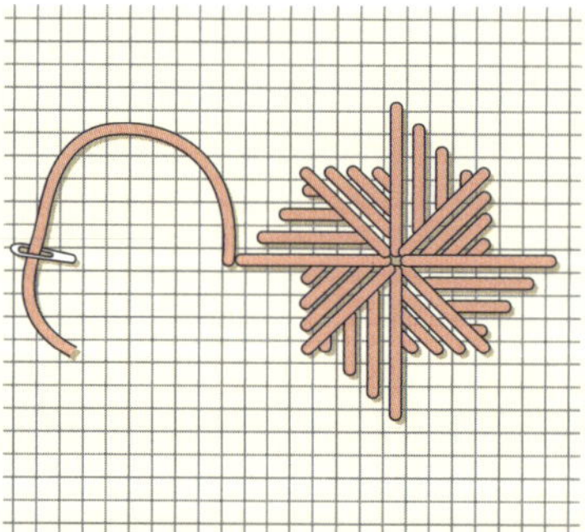

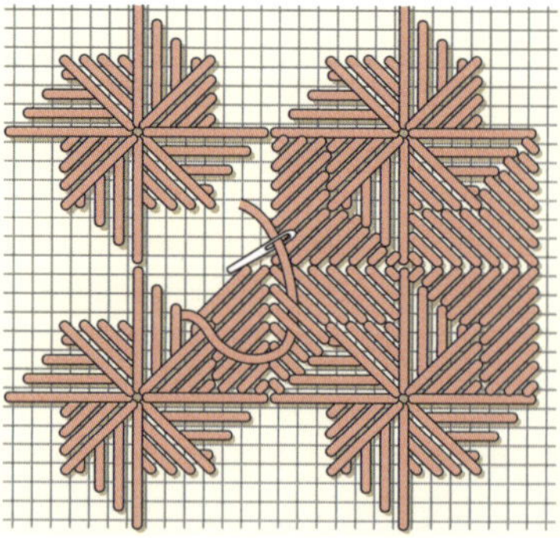

point DE PÉTALE

Ce point de remplissage est constitué de croix qui ressortent sur des spirales. Il peut se broder en rangs ou être éparpillé. Il est ensuite entouré d'un point différent. Chaque croix est formée de vingt points brodés en piquant dans le même trou. Pour un résultat optimal, brodez sur un cavenas unifil, avec un fil fin. Ce point est décoratif, mais il s'use vite. Commencez chaque motif en haut à droite de sa croix.

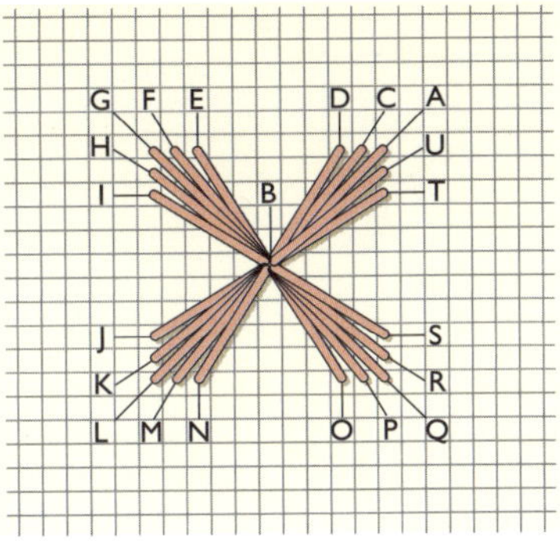

1 Sortez l'aiguille en A sur l'endroit du canevas.

2 Sautez cinq intersections et piquez en B. Sortez l'aiguille en C, piquez en B, sortez l'aiguille en D et piquez en B.

3 Sortez l'aiguille en E, dans le sixième trou à gauche du point D. Continuez de la même façon en allant en sens inverse des aiguilles d'une montre, jusqu'à ce que le motif soit constitué de quatre faisceaux de cinq points.

4 Sortez l'aiguille en G ou en A pour commencer le point de pétale suivant. (Le rang peut être brodé dans un sens comme dans l'autre.) Brodez le nombre de rangs voulu.

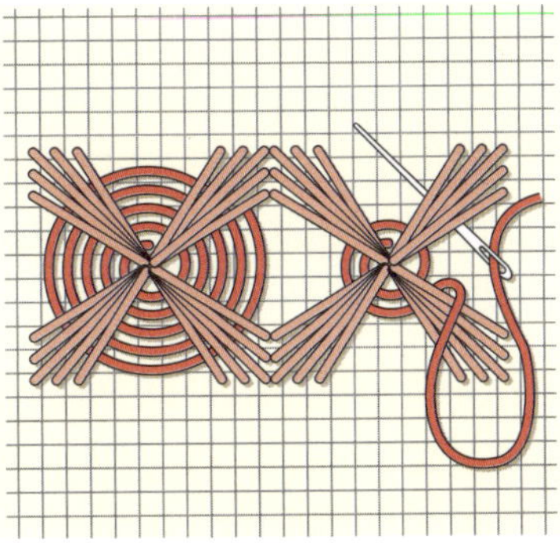

5 Sortez au-dessus du point B une aiguille munie du fil voulu pour les spirales. Glissez l'aiguille sous les « pétales » en allant en sens inverse des aiguilles d'une montre, sans piquer dans le canevas. Serrez les tours pour former une spirale opaque et plate. Pour terminer, piquez sous l'un des pétales. Faites des points lancés aux angles des motifs pour couvrir entièrement le canevas.

les points lancés

Ces points se brodent parallèlement à la trame du canevas. Il est généralement nécessaire d'employer un fil épais pour couvrir entièrement ce dernier. Faciles et rapides à broder, les points lancés sont parfaits pour couvrir des grandes surfaces. Lorsqu'ils sont réalisés avec plusieurs couleurs, ils permettent de réaliser des jeux d'ombres et d'obtenir des dégradés très variés.

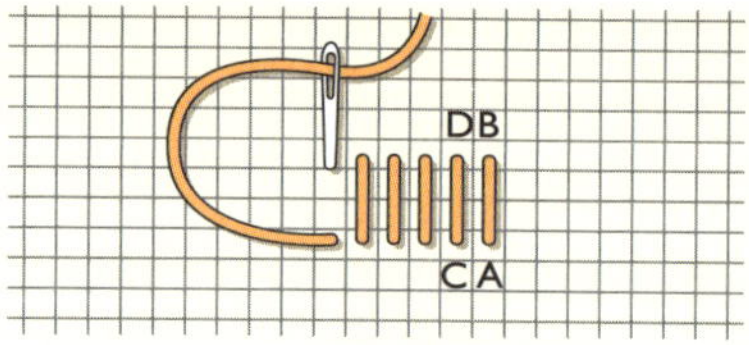

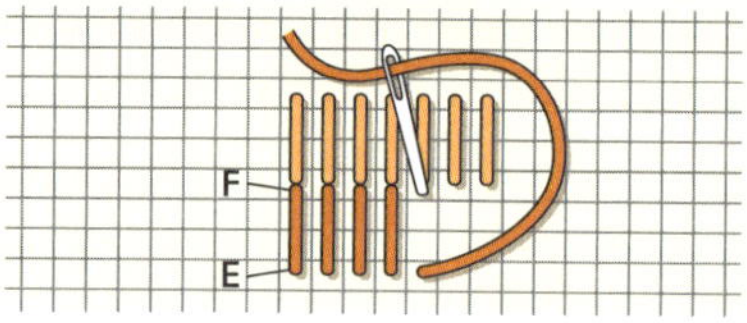

point GOBELIN DROIT

Point gobelin

Ce point se brode sur un ou deux fils en commençant en haut à droite.

1 Sortez l'aiguille en A sur l'endroit du canevas, sautez le nombre de fils voulu et piquez en B.

2 Sortez l'aiguille en C, piquez en D et continuez de la même façon jusqu'à la fin du rang.

3 Sortez l'aiguille en E et piquez en F, dans le même trou que le dernier point du rang précédent. Le point E-F doit avoir la même longueur que les points du premier rang.

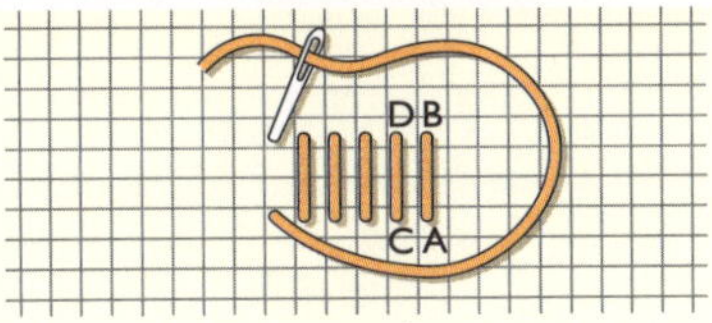

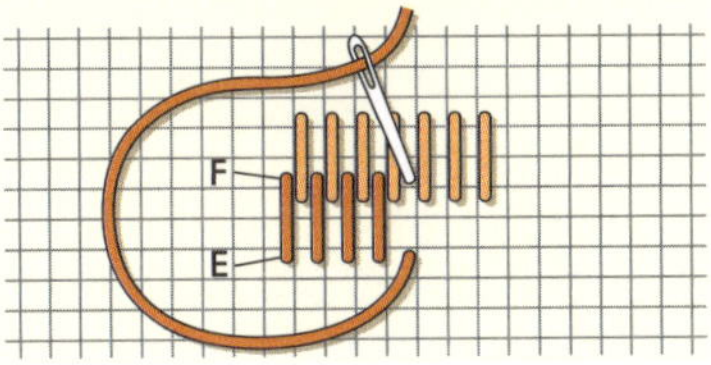

point GOBELIN DROIT EMPIÉTANT

Point gobelin empiétant

Ce point se brode sur au moins deux fils en commençant en haut à droite de la zone à broder.

1 Sortez l'aiguille en A sur l'endroit du canevas. Sautez le nombre de fils voulu et piquez en B. Sortez l'aiguille en C et piquez en D. Répétez jusqu'à la fin du rang.

2 Sortez l'aiguille en E et piquez en F, à gauche et un fil au-dessus du bas du dernier point du rang précédent. Répétez jusqu'à la fin du rang, en faisant chaque point entre deux points du rang du dessus.

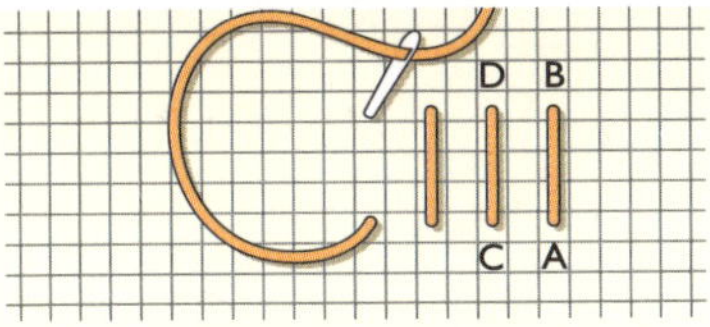

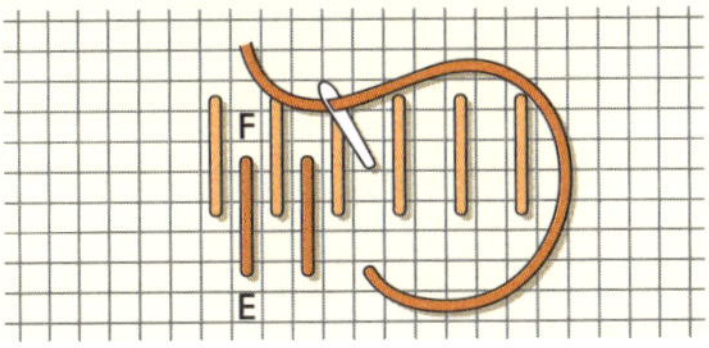

point GOBELIN DE REMPLISSAGE

Ce point se brode sur un nombre de fils pair. Commencez en haut à droite de la zone à broder.

1 Sortez l'aiguille en A sur l'endroit du canevas. Sautez le nombre de fils voulu et piquez en B. Sortez l'aiguille en C, piquez en D et répétez jusqu'à la fin du rang.

2 Pour commencer le rang suivant, sortez l'aiguille en E et piquez en F, deux fils au-dessus du bas des points du rang précédent. Répétez jusqu'à la fin du rang.

3 Brodez le troisième rang de droite à gauche, en piquant dans les mêmes trous que le bas des points du premier rang.

point HONGROIS

Ce point forme des losanges disposés en diagonale. Commencez en haut à droite de la zone à broder.

1 Sortez l'aiguille en A sur l'endroit du canevas et piquez en B. Sortez l'aiguille en C et piquez en D. Sortez l'aiguille en E et piquez en F pour compléter le losange.
2 Sortez l'aiguille deux fils à gauche du point E, en sautant un trou, et répétez jusqu'à la fin du rang.
3 Brodez le second rang de gauche à droite, en faisant les points longs des losanges dans les trous laissés vacants au premier rang.
4 Brodez le troisième rang de droite à gauche, en faisant les points longs des losanges sous ceux du premier rang.

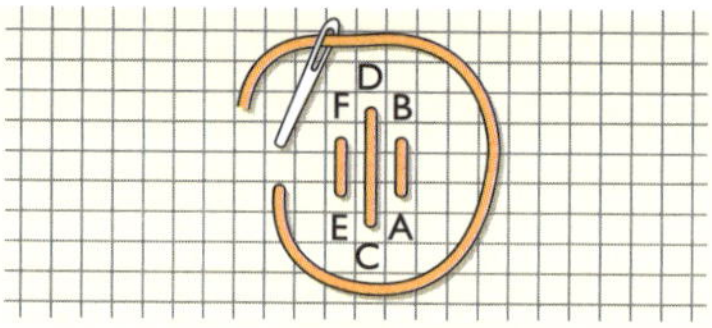

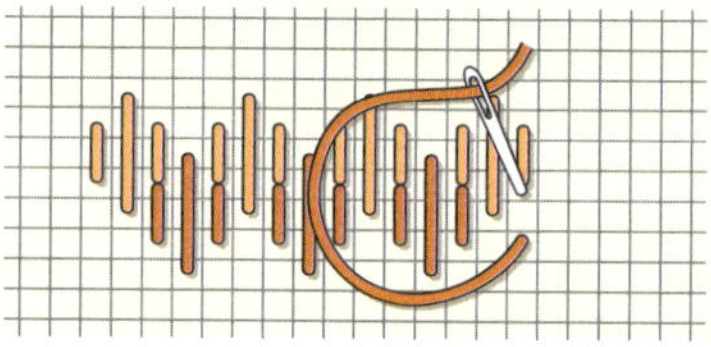

point HONGROIS EN LOSANGE

Ce point forme de grands losanges disposés en diagonale. Commencez en haut à droite de la zone à broder.

1 Sortez l'aiguille en A sur l'endroit du canevas et piquez en B. Sortez l'aiguille en C, sautez quatre fils et piquez en D. Sortez l'aiguille en E, sautez six fils et piquez en F.
2 Sortez l'aiguille en G, sautez quatre fils et piquez en H. Sortez en I, sautez deux fils et piquez en J pour compléter le losange. Brodez le losange suivant à deux fils du premier et répétez jusqu'à la fin du rang.
3 Brodez le second rang de gauche à droite, en faisant les points les plus longs dans les trous laissés vacants au premier rang. Brodez le troisième rang de droite à gauche, en faisant les points les plus longs sous ceux du premier rang.

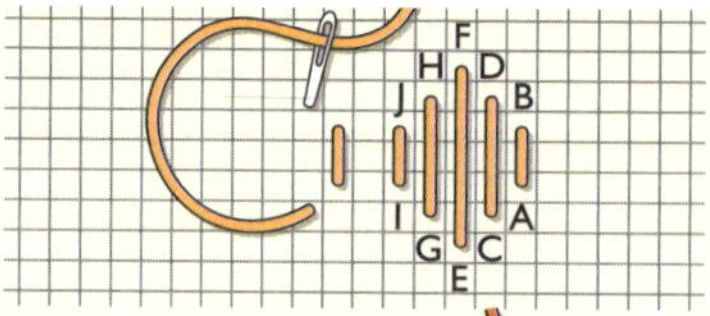

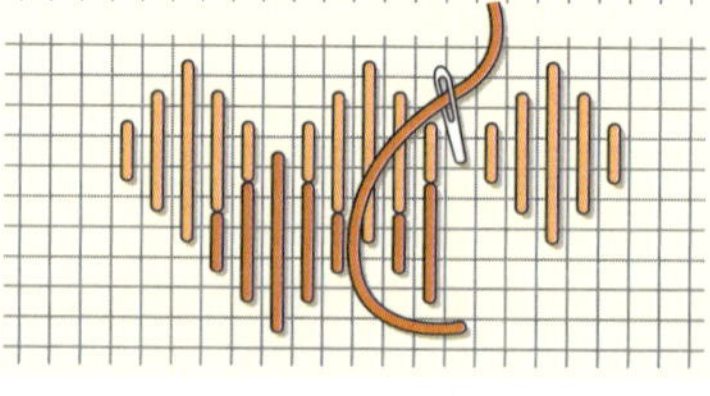

point HONGROIS DE REMPLISSAGE

Ce point est constitué de rangées de petits losanges séparées par des rangs en zigzags. Il peut se broder avec deux couleurs, en commençant tous les rangs à droite de la zone à broder ou avec une seule couleur, en brodant les rangs de losanges de gauche à droite.

1 Sortez l'aiguille en A sur l'endroit du canevas. Sautez quatre fils vers le haut et piquez en B.

2 Sortez l'aiguille en C, sautez quatre fils et piquez en D. Répétez de E à F.

3 Sortez l'aiguille en G et piquez en H. Répétez de I à J et continuez en alternant deux points vers le haut et deux vers le bas jusqu'à la fin du rang.

4 Brodez le second rang de droite à gauche, en commençant en K, deux fils sous le point C. Piquez en C, sortez l'aiguille en L, quatre fils sous le point E, et piquez en E. Sortez l'aiguille en M, deux fils sous G, et piquez en G pour compléter le losange.

5 Sautez deux fils (un trou) et répétez jusqu'à la fin du rang. Répétez les deux rangs précédents autant de fois que voulu.

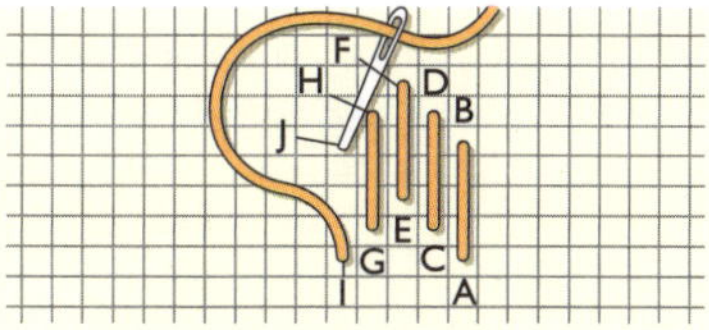

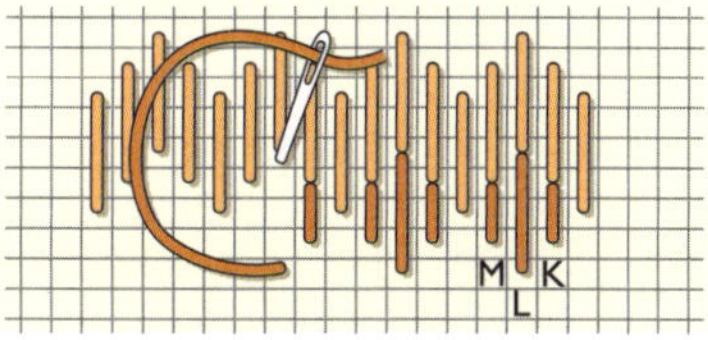

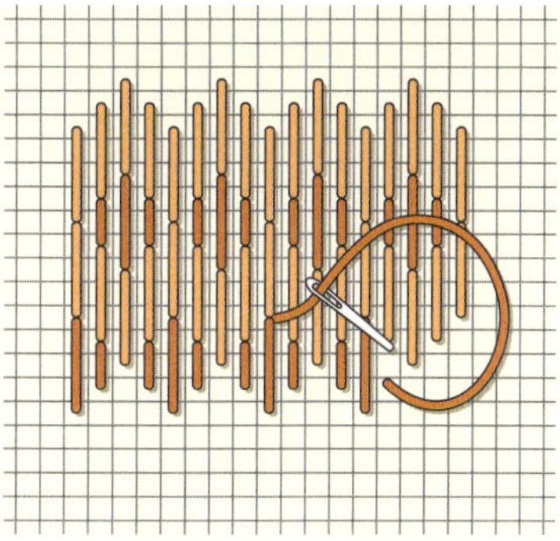

point PARISIEN

Ce point facile à broder créer un effet de tissage serré. Commencez en haut à droite de la zone à broder.

1 Sortez l'aiguille en A sur l'endroit du canevas, sautez deux fils vers le haut et piquez en B.
2 Sortez l'aiguille en C, sautez quatre fils vers le haut et piquez en D.
3 Continuez en alternant les points courts et longs jusqu'à la fin du rang.
4 Brodez le rang suivant de la même façon, de gauche à droite, en plaçant les points courts sous les points longs et vice versa.

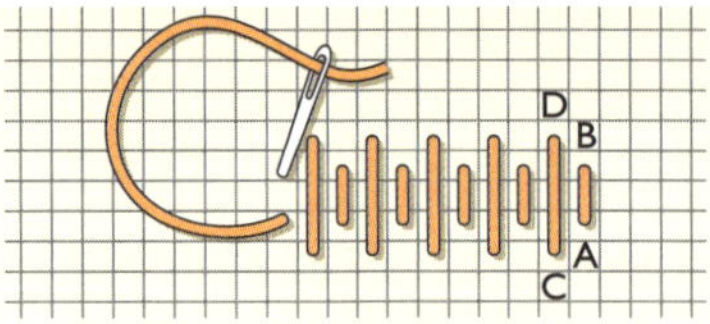

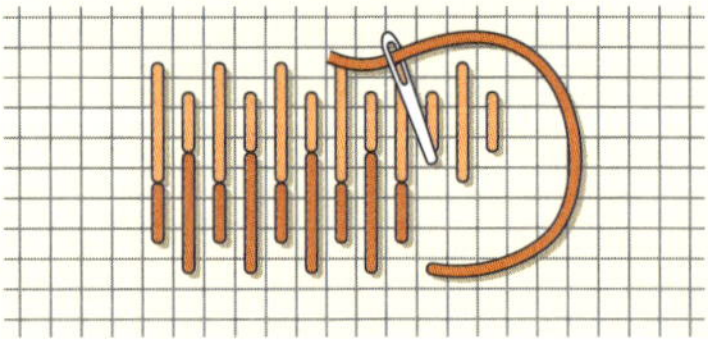

ancien point FLORENTIN

Ce point crée un effet de vannerie facile à réaliser. Les points courts peuvent être faits sur n'importe quel nombre de fils et les points longs doivent toujours être trois fois plus longs qu'eux. Commencez en haut à droite de la zone à broder.

1 Sortez l'aiguille en A sur l'endroit du canevas. Sautez deux fils vers le haut et piquez en B. Faites un second point identique de C à D.
2 Sortez l'aiguille en E, sautez six fils vers le haut et piquez en F. Faites un second point identique de G à H. Répétez ces quatre points jusqu'à la fin du rang.
3 Brodez le rang suivant de la même façon, de gauche à droite, en plaçant les points courts sous les points longs et vice versa.

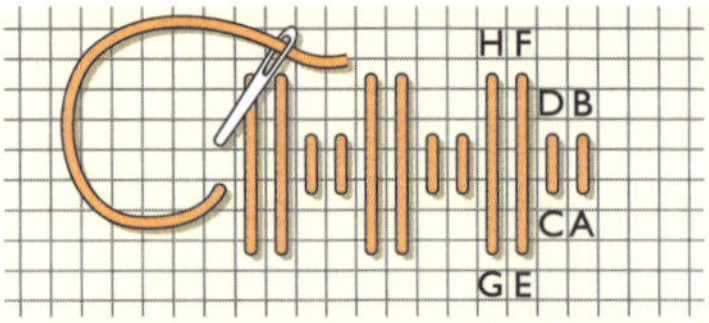

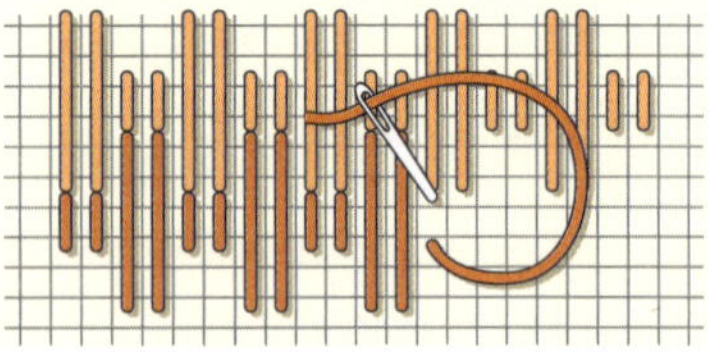

point FLORENTIN

Point de Hongrie, point Bargello, point de flamme

Ce point forme un motif en zigzag ou en flamme et peut se broder avec une ou plusieurs couleurs. Les points d'un même rang doivent tous avoir la même longueur, mais cette dernière peut varier d'un rang à l'autre. Plusieurs points peuvent être brodés côte à côte à condition que le pavé qu'ils forment reste plus haut que large. Les zigzags peuvent être réguliers (photo d'en haut) ou irréguliers pour former des flammes (photo d'en bas). Les lignes incurvées se brodent en jouant sur le nombre de points réalisés côte à côte. Pour plus de régularité, commencez au milieu du bord supérieur de la zone à remplir.

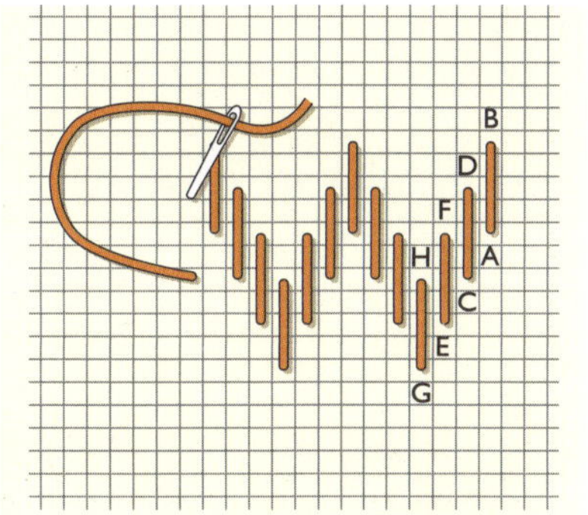

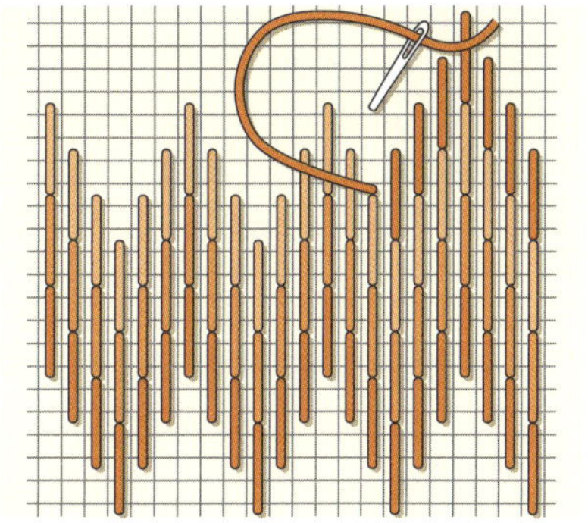

1 Sortez l'aiguille en A sur l'endroit du canevas. Sautez quatre fils vers le haut et piquez en B.

2 Sortez l'aiguille en C, sautez quatre fils vers le haut et piquez en D. Répétez deux fois, de E à F et de G à H.

3 Sortez l'aiguille un fil à gauche et deux fils au-dessus du bas de dernier point réalisé et faites trois points en allant vers le haut.

4 Continuez en alternant trois points vers le bas et trois vers le haut jusqu'à la fin du rang, puis revenez au milieu et brodez en sens inverse l'autre moitié du rang.

5 Brodez les rangs suivants de gauche à droite ou de droite à gauche.

point DE REPRISE

Ce point forme des colonnes verticales régulières à l'aspect côtelé. Commencez en haut à droite de la zone à broder.

1 Sortez l'aiguille en A sur l'endroit du canevas. Piquez en B, sortez l'aiguille en C et piquez en D en faisant les deux points de la même longueur et plus longs que l'espace qui les sépare. Continuez jusqu'à la fin du rang.

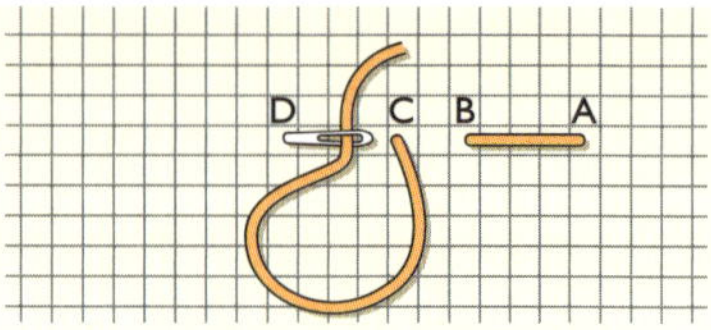

2 Tournez le canevas et sortez l'aiguille en E, sous le fil déjà en place, en veillant à ne pas fendre ce dernier. Piquez en F, sous le fil du point suivant, et continuez de la même façon jusqu'à la fin du rang.

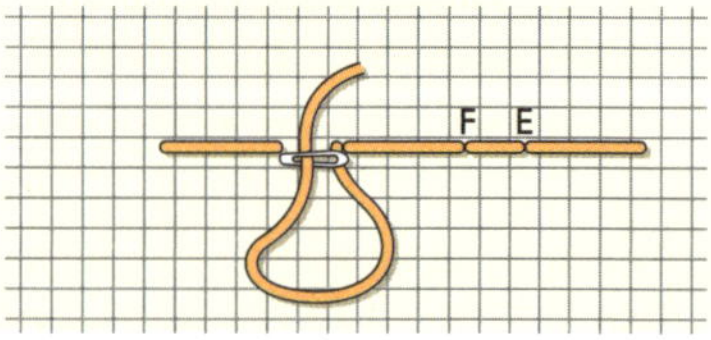

3 Tournez le canevas et le nombre de fois voulu.

point DE BRIQUE

Ce point forme un motif serré et couvrant facile à broder. Commencez en haut à droite de la zone à broder.

1 Sortez l'aiguille en A sur l'endroit du canevas. Sautez deux fils vers le haut et piquez en B.

2 Sortez l'aiguille en C, sautez deux fils vers le haut et piquez en D.

3 Sortez l'aiguille en E, sautez deux fils vers le haut et piquez en F. Continuez de la même façon jusqu'à la fin du rang.

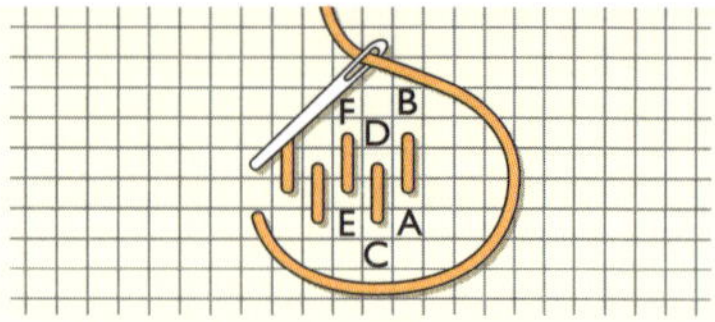

4 Brodez le rang suivant de gauche à droite en faisant le premier point de G à H. Continuez de la même façon jusqu'à la fin du rang, en faisant chaque point sur deux fils, sous un point du rang précédent.

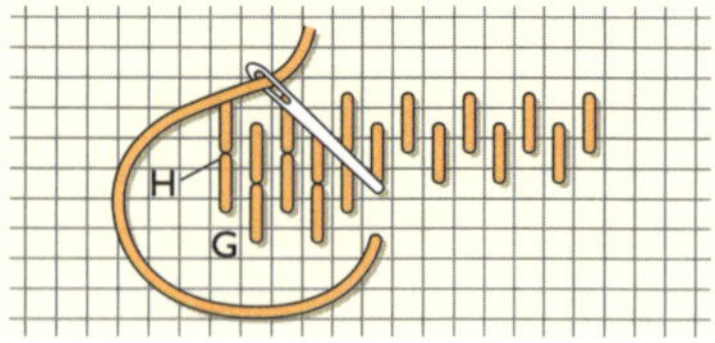

triangles EN LONGS POINTS LANCÉS

Ce point sert à réaliser des bordures ou à remplir de grandes surfaces. Il est constitué de triangles composés d'un nombre de points pair (quatre à huit) disposés de manière à former des zigzags (photo d'en haut) ou des losanges (photo d'en bas). Commencez en haut à droite de la zone à broder.

1 Sortez l'aiguille en A sur l'endroit du canevas, sautez un fil vers le haut et piquez en B.

2 Sortez l'aiguille en C et piquez en D. Sortez l'aiguille en E et piquez en F.

3 Pour former un triangle de quatre points, faites un point plus court. Pour un triangle de six points, faites un point plus long que les précédents, de G à H, suivi de deux points plus courts, de I à J et de K à L. Pour un triangle de huit points, faites deux points plus longs, puis trois plus courts.

4 Continuez à broder des triangles de la taille voulue jusqu'à la fin du rang.

5 Sortez l'aiguille en M pour commencer le rang suivant et brodez en sens inverse en faisant les triangles entre ceux du premier rang.

6 Répétez ces deux rangs le nombre de fois voulu, à l'identique pour former des zigzags ou inversant les rangs deux par deux pour former des losanges.

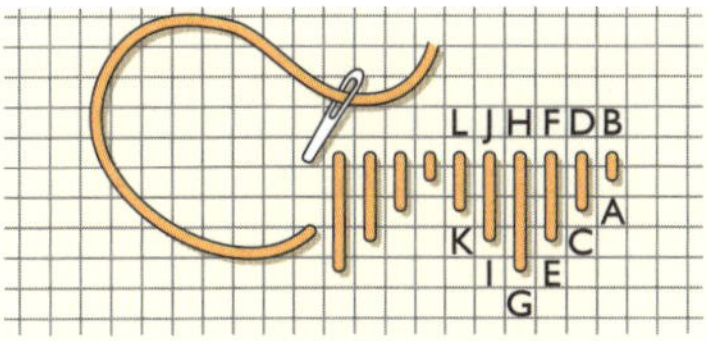

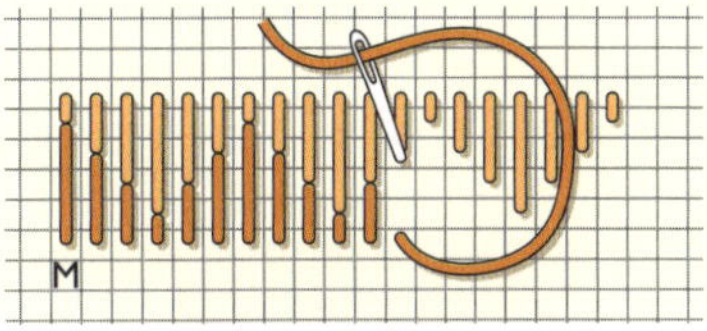

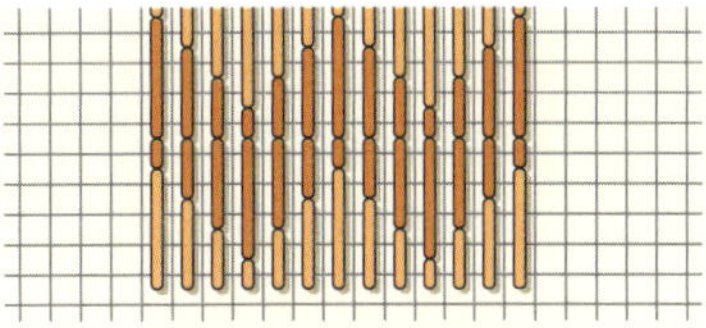

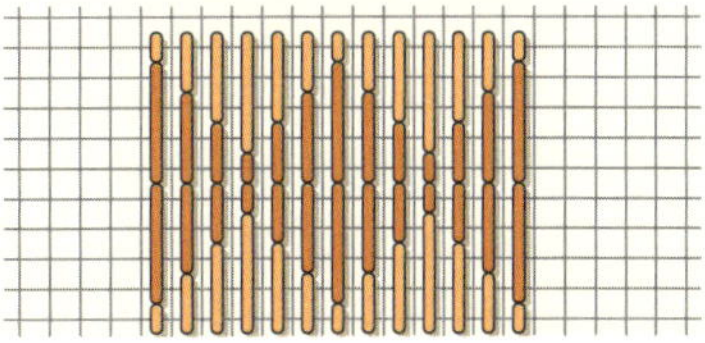

les points en éventail

Ces points sont constitués de points lancés agencés de manière à former des motifs évasés comme les coquillages ou les feuilles. Ils sont parfaits pour donner du relief à des grandes surfaces.

Les points en éventail brodés à partir d'un seul et même point se font en piquant à plusieurs reprises dans le même trou du canevas. Ils donnent donc de meilleurs résultats quand ils sont brodés sur un canevas unifil, avec un fil fin.

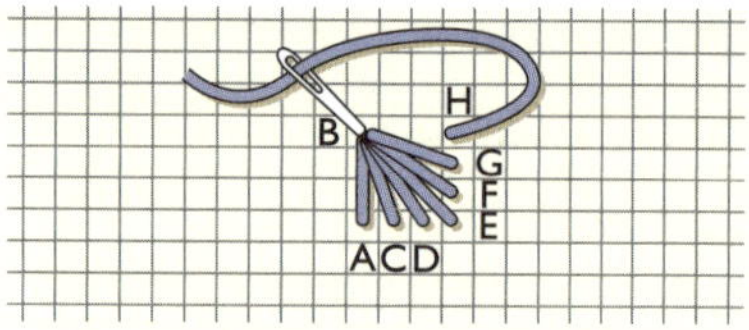

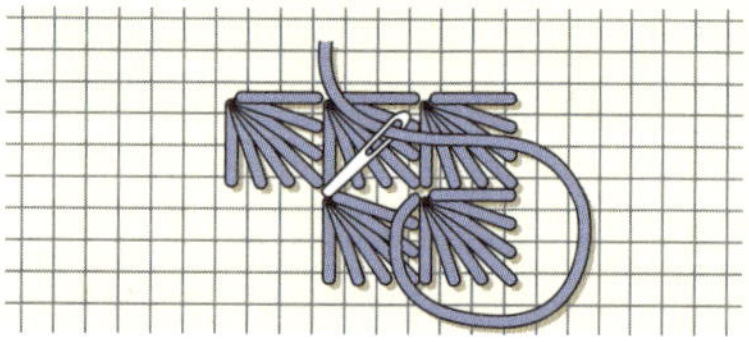

point RAYONNANT

Commencez en haut à gauche de la zone à broder.

1 Sortez l'aiguille en A sur l'endroit du canevas et piquez en B. Faites les points lancés suivants en sortant l'aiguille dans chacun des trois trous situés à droite du point A (C, D et E) puis dans chacun des trois trous situés au-dessus du point E (F, G et H) et en piquant en B, pour former un éventail.

2 Sortez l'aiguille en E et brodez un second éventail identique au premier. Répétez jusqu'à la fin du rang. Brodez le second rang de droite à gauche.

point RAYONNANT OUVERT

Brodez sur un canevas unifil pour pouvoir piquer treize fois dans le même trou. Commencez en haut à gauche de la zone à broder.

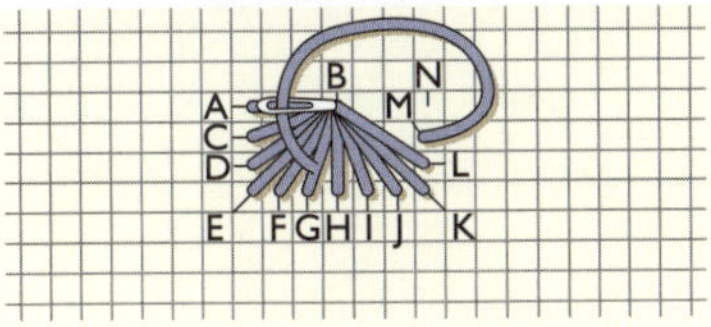

1 Sortez l'aiguille en A sur l'endroit du canevas et piquez en B. Faites trois points des trous situés sous le point A (C, D et E) à B, six points des trous situés à droite du point E (F, G, H, I, J et K) à B puis trois points des trous situés au-dessus du point K (L, M et N) à B.

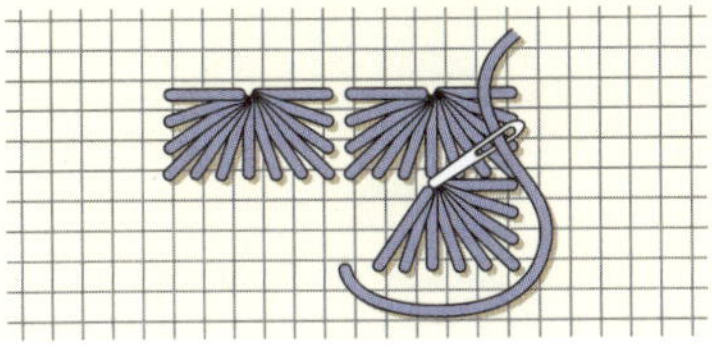

2 Sortez l'aiguille en N pour commencer l'éventail suivant. Brodez le rang suivant de droite à gauche, en faisant chaque éventail en sens inverse.

point D'ÉVENTAIL OUVERT

Ce point forme de grands éventails distincts séparés par de petits éventails à « manche ». Il donne de meilleurs résultats sur un canevas unifil car ses grands éventails sont formés de quinze points lancés brodés en piquant dans le même trou. Commencez en haut à gauche de la zone à broder.

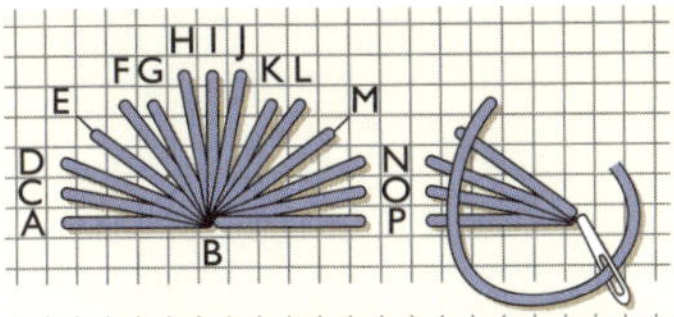

1 Sortez l'aiguille en A sur l'endroit du canevas et piquez en B. Faites les points lancés suivants dans l'ordre indiqué ci-contre pour former un éventail de quinze points.

2 Sortez l'aiguille en P et brodez l'éventail suivant de la même façon. Répétez jusqu'à la fin du rang. Brodez le rang suivant de droite à gauche, en faisant les éventails en sens inverse.

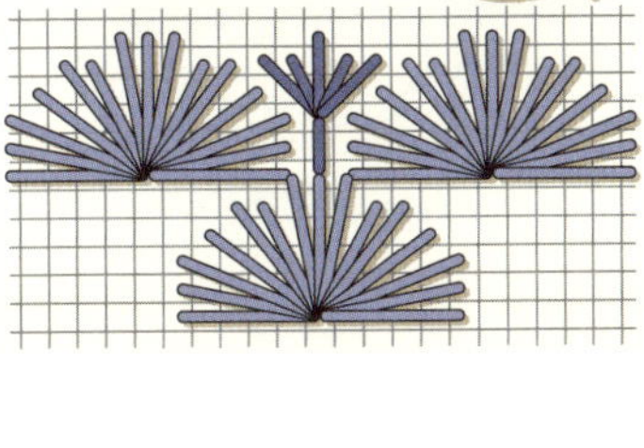

3 Brodez les petits éventails entre les plus grands en suivant le schéma.

point DE FEUILLE

Ce point forme un motif de feuille très couvrant. Commencez en haut à gauche de la zone à broder.

1 Sortez l'aiguille en A sur l'endroit du canevas et piquez en B. Sortez l'aiguille en C et piquez en D. Répétez de E à F.
2 Sortez l'aiguille en G et piquez en H. Répétez de I à J et de K à L (le dernier point étant vertical).
3 Sortez l'aiguille en I et faites les points suivants symétriques aux précédents pour compléter la feuille.
4 Commencez la feuille suivante six fils à droite du point A. Répétez jusqu'à la fin du rang.
5 Commencez le second rang six fils en dessous et trois fils à gauche du bas de la dernière feuille réalisée. Brodez les feuilles du second rang en allant de droite à gauche.

tige au point arrière

Vous pouvez si vous le souhaitez ajouter un rang de points arrière au milieu de chaque feuille (photo du bas). Pour cela, partez du bas de la feuille et faites six points arrière (p. 175), jusqu'au point K. Vous pouvez broder ces points en même temps que les feuilles si vous les brodez avec le même fil, mais si vous utilisez un fil différent, vous devrez les broder une fois que toutes les feuilles seront finies.

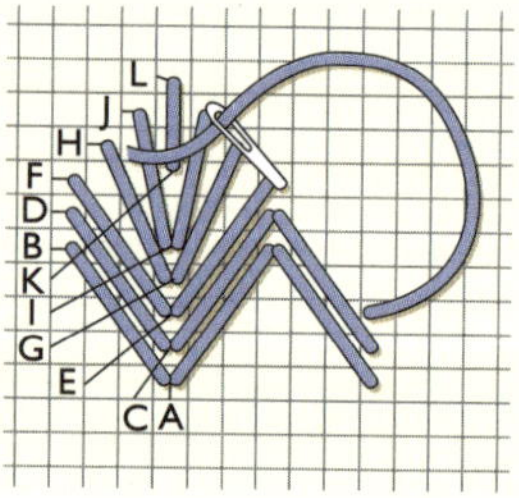

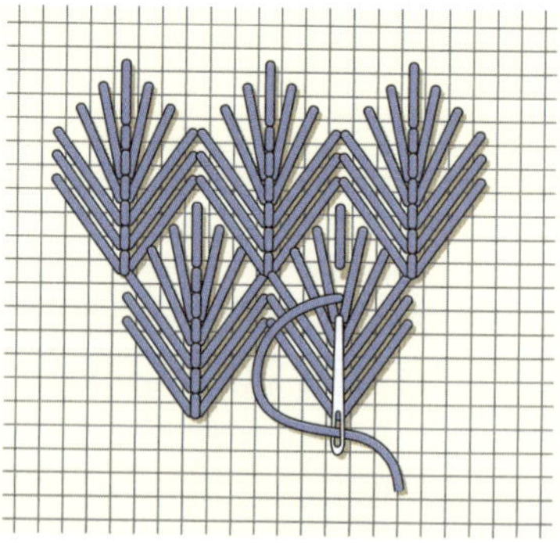

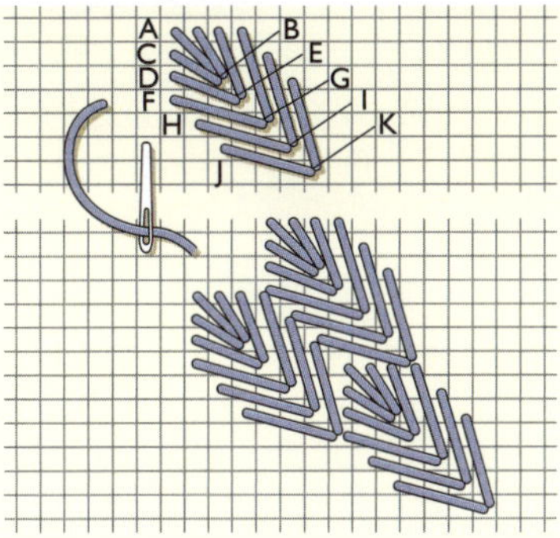

point DE FEUILLE EN DIAGONALE

1 Sortez l'aiguille en A sur l'endroit du canevas, en haut à droite de la zone à broder, et piquez en B. Sortez l'aiguille en C, piquez en B, sortez en D, piquez en E. Répétez de F à G, de H à I et de J à K pour former le premier côté de la feuille.

2 Brodez en sens inverse l'autre côté de la feuille. Commencez la feuille suivante trois fils à gauche du point F. Répétez le nombre de fois voulu.

3 Brodez le second rang de bas en haut, en emboîtant les feuilles dans celle du premier rang.

point D'ÉVENTAIL

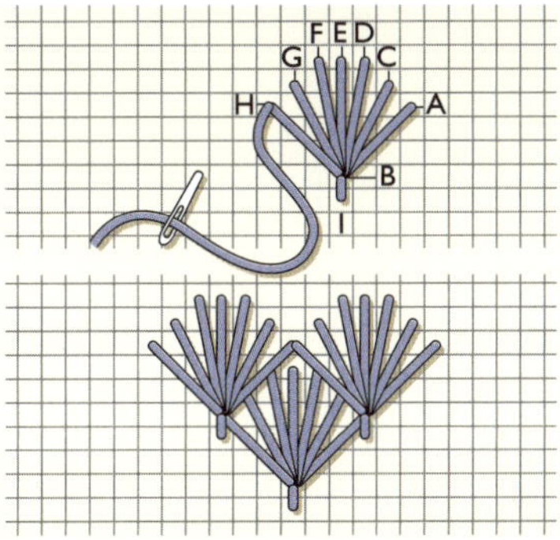

Ce point forme des éventails dont tous les points lancés sont faits en piquant dans le même trou. Pour un résultat optimal, brodez sur un canevas unifil. Commencez en bas à droite de la zone à broder.

1 Sortez l'aiguille en A sur l'endroit du canevas et piquez en B. Sortez l'aiguille en C, piquez en B et continuez dans l'ordre indiqué ci-contre jusqu'à ce que vous ayez sept points. Sortez l'aiguille en I, un fil sous le point B, et piquez en B pour compléter l'éventail.

2 Ressortez l'aiguille en H pour faire l'éventail suivant. Répétez jusqu'à la fin du rang.

3 Brodez le deuxième rang à gauche du premier, en faisant les éventails de haut en bas et de gauche à droite.

les points carrés

Ces points forment des carrés eux-mêmes constitués de carrés de tailles variées. Très couvrants, ils sont particulièrement utiles pour créer des motifs géométriques et pour broder les détails architecturaux.

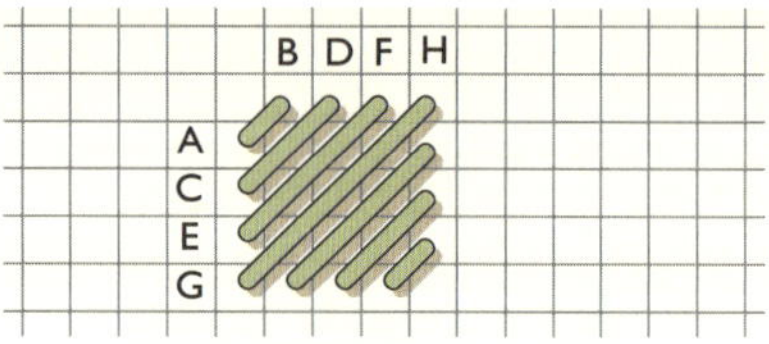

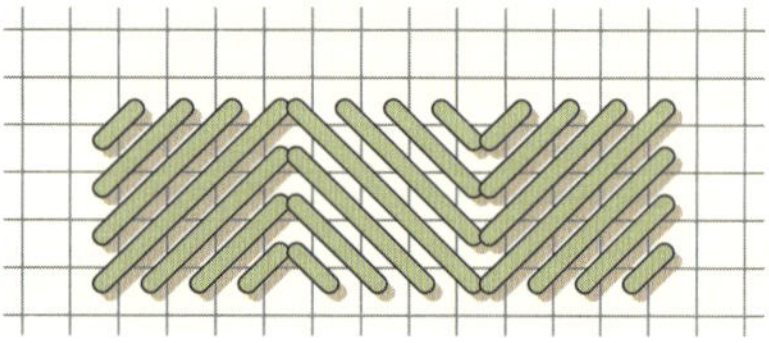

point DE COUSSIN

Point de pavé

Ce point forme des pavés carrés ou rectangulaires plus ou moins grands, constitués de points inclinés d'un côté ou de l'autre. Vous pouvez accoler des pavés symétriques pour former des motifs plus grands (voir ci-dessus). Commencez en haut à gauche de la zone à broder.

1 Sortez l'aiguille en A sur l'endroit du canevas. Piquez en B. Répétez de C à D, de E à F et de G à H.

2 Répétez jusqu'à ce que le pavé ait la taille voulue, en faisant des points parallèles.

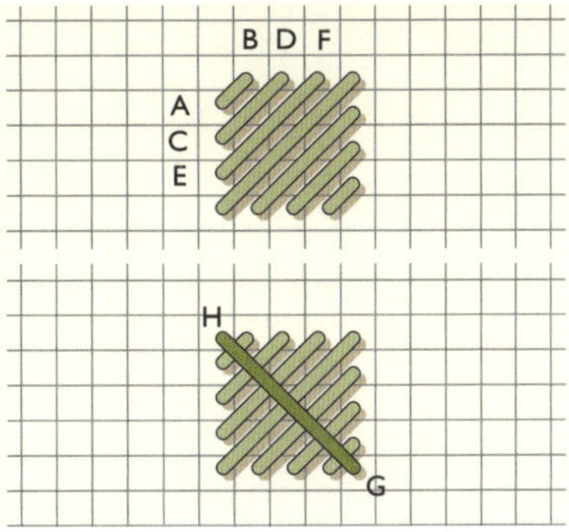

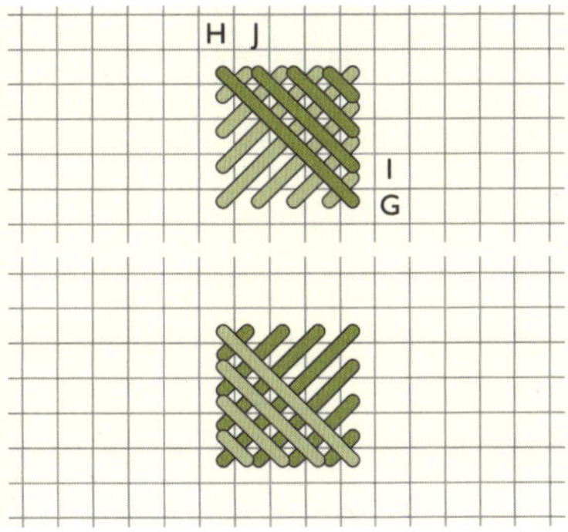

point DE PAVÉ CROISÉ

Ce point de remplissage forme des pavés carrés texturés. Il se brode sur des pavés brodés au point de coussin (p. 218), en faisant un point oblique sur chaque pavé (schéma d'en haut) ou en couvrant la moitié des pavés de points perpendiculaires aux leurs (schéma du bas). Les pavés de base peuvent être de n'importe quelle taille et inclinés vers la droite ou vers la gauche. Il est possible d'associer des pavés différents pour créer des motifs variés. Commencez en haut à gauche de la zone à broder.

1 Sortez l'aiguille en A sur l'endroit du canevas. Piquez en B. Sortez l'aiguille en C, piquez en D, sortez l'aiguille en E et piquez en F.

2 Continuez de manière à former un pavé carré de la taille voulue, en inclinant tous les points dans la même direction. Brodez tous les carrés de base.

3 Sortez l'aiguille en G et piquez en H pour former un point perpendiculaire à ceux du pavé.

4 Pour couvrir la moitié inférieure du pavé, sortez l'aiguille en I, piquez en J et continuez en formant des points parallèles au point I-J jusqu'à l'angle du pavé.

point D'ŒILLET CARRÉ

Utilisez un fil fin et un canevas unifil pour pouvoir piquer seize fois de suite dans le même trou. Les points situés aux angles des œillets sont plus longs que les autres pour former des carrés. Brodez chaque œillet en tournant dans le même sens et commencez en haut à droite de la zone à broder.

1 Sortez l'aiguille en A sur l'endroit du canevas et piquez en B, au centre de l'œillet. Répétez de C, D, E et F à B et continuez en sens inverse des aiguilles d'une montre pour compléter l'œillet. Terminez en piquant en B.

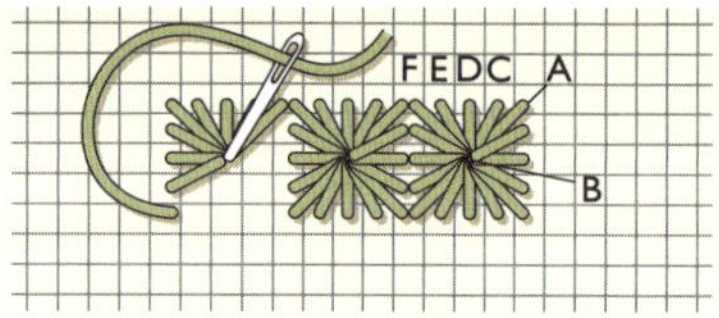

2 Sortez l'aiguille en F pour broder le carré suivant et répétez jusqu'à la fin du rang. Brodez le rang suivant de gauche à droite.

point ÉCOSSAIS

Ce point forme une grille dont les lignes et les cases sont souvent brodées avec des couleurs différentes. Commencez en haut à droite de la zone à broder.

1 Sortez l'aiguille en A sur l'endroit du canevas, avec le fil voulu pour broder la grille. Brodez les lignes horizontales au petit point (p. 178), sur un ou deux fils selon l'effet voulu, puis brodez les lignes verticales.

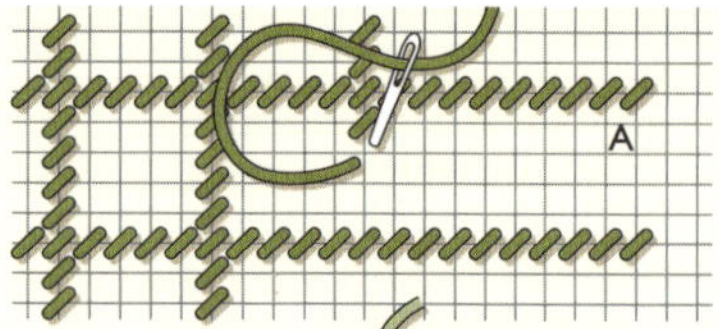

2 Sortez en B une aiguille munie du fil voulu pour remplir les cases. Piquez en C, en inclinant l'aiguille comme pour les petits points. Sortez l'aiguille en D, piquez en E et continuez jusqu'à ce que la case soit remplie.

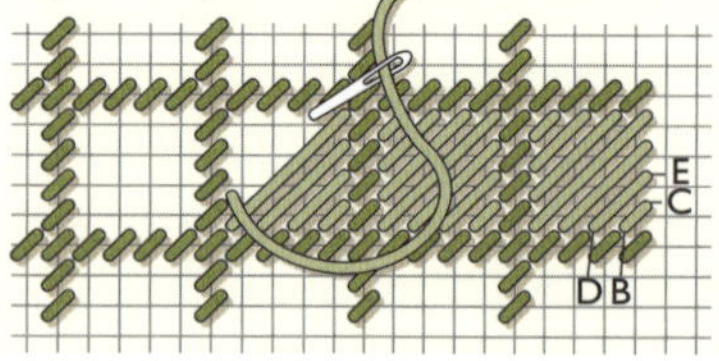

point DE RHODES

Ce point forme des carrés au relief marqué. Les carrés peuvent être de n'importe quelle taille, brodés dans le sens des aiguilles d'une montre ou en sens inverse. Le dernier point des grands carrés est généralement maintenu en place par un petit point (photo du bas). Commencez en haut à gauche de la zone à broder.

1 Sortez l'aiguille en A sur l'endroit du canevas, en bas à gauche du carré, et piquez en B, dans l'angle opposé.
2 Sortez l'aiguille en C et piquez en D en faisant se croiser les deux points.
3 Continuez en sortant et en piquant l'aiguille dans le trou situé à côté du dernier trou utilisé, en croisant les points lancés pour former un carré.
4 Si nécessaire, maintenez le dernier point en place à l'aide d'un petit point, aussi près que possible du centre du carré.
5 Sortez l'aiguille en bas à droite du premier carré pour broder le carré suivant et répétez jusqu'à la fin du rang.

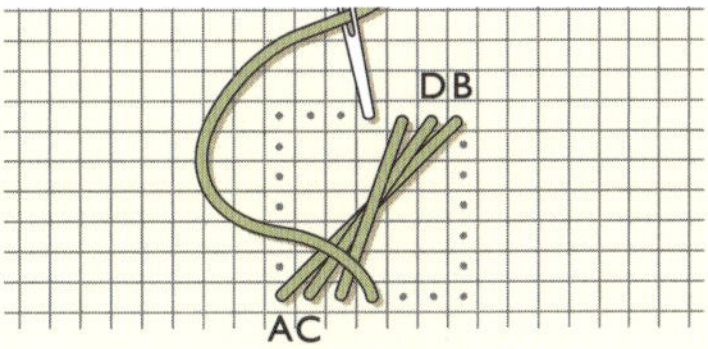

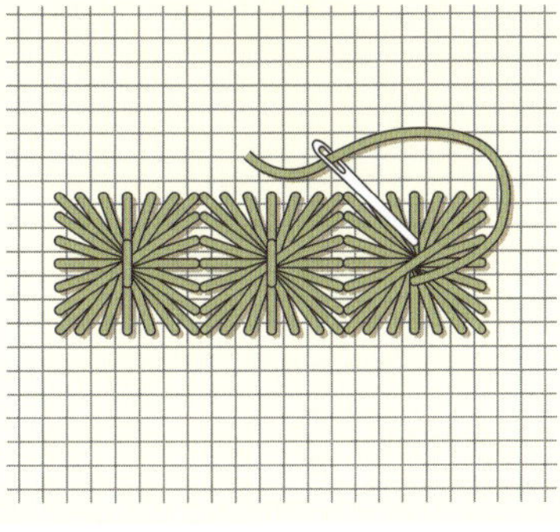

ASTUCE

Si le canevas reste visible entre les carrés, vous pouvez le couvrir en brodant des lignes horizontales et verticales au point arrière, avec un fil contrasté ou de même couleur.

point GAUFRÉ

Ce point forme des pavés carrés dont les fils entrelacés semblent tissés. Les pavés peuvent avoir n'importe quelle taille mais donnent de meilleurs résultats quand ils sont brodés sur un nombre de fils impair (photo du haut). Lorsqu'ils sont brodés sur un nombre de fils pair (photo du bas), le trou central reste vide. Commencez en haut à gauche de la zone à broder.

1 Sortez l'aiguille en A sur l'endroit du canevas, en bas à gauche du carré et piquez en B, dans le coin opposé.
2 Sortez l'aiguille en C, en haut à gauche, et piquez en D, dans l'angle opposé.
3 Sortez l'aiguille en E, dans le trou situé au-dessus du point A. Piquez en F pour former un point parallèle au point A-B. Sortez l'aiguille en G, dans le trou situé à droite du point C, et piquez en H pour former un point parallèle au point C-D.
4 Continuez en suivant l'ordre indiqué ci-contre jusqu'à ce que tous les trous du bord du carré soient utilisés (leur nombre dépend de la taille du carré).
5 Terminez en piquant sous un point perpendiculaire pour former un pavé complètement symétrique.

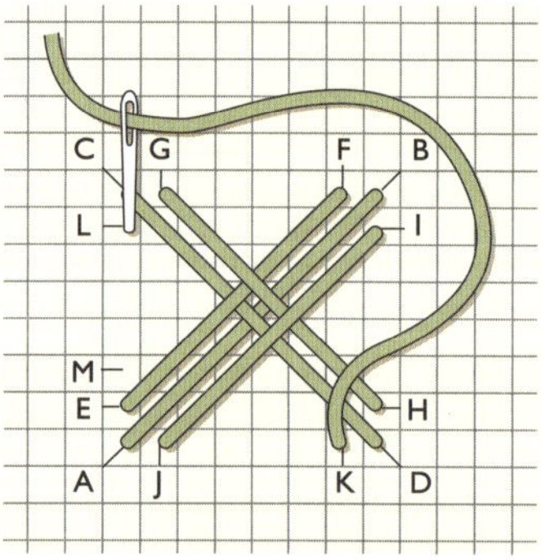

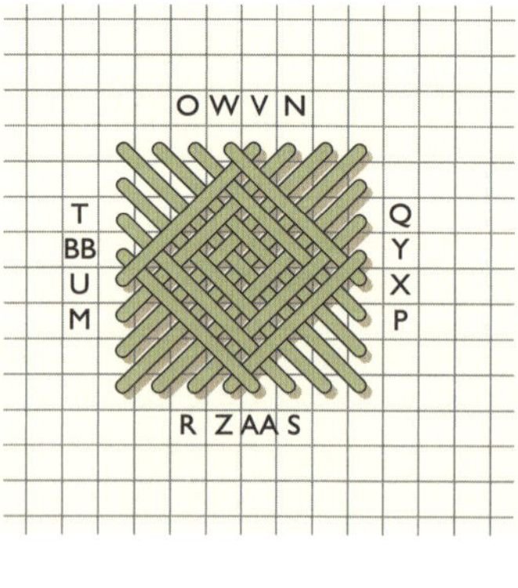

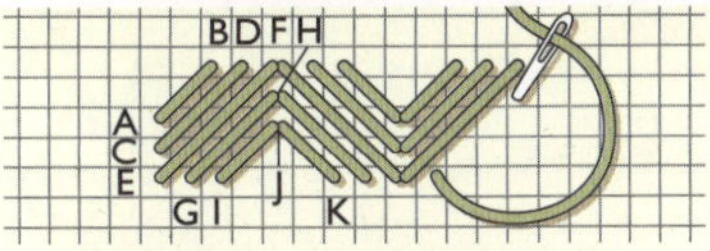

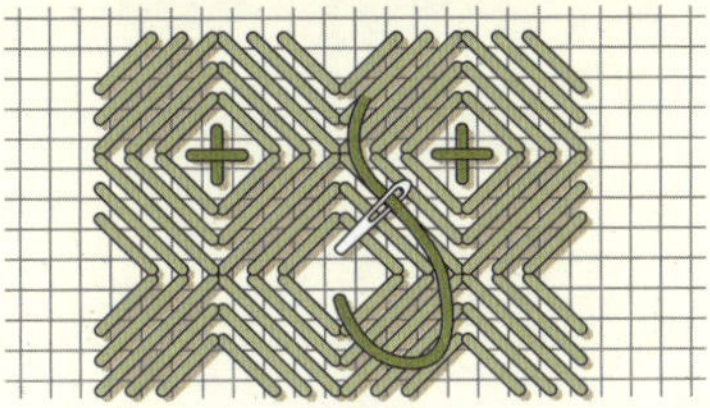

point DE BRIGHTON

Ce point est constitué de croix droites entourées de pavés de points obliques. Commencez en haut à gauche de la zone à broder.

1 Sortez l'aiguille en A sur l'endroit du canevas et piquez en B. Sortez l'aiguille en C, piquez en D et continuez en suivant le schéma jusqu'à J.
2 Sortez l'aiguille en K et brodez cinq points symétriques aux cinq premiers. Répétez jusqu'à la fin du rang.
3 Tournez le canevas et brodez le second rang en alternant l'inclinaison des pavés par rapport à ceux du premier rang.
4 Faites un point de croix droit (p. 191) dans chaque espace vide, aux angles des pavés.

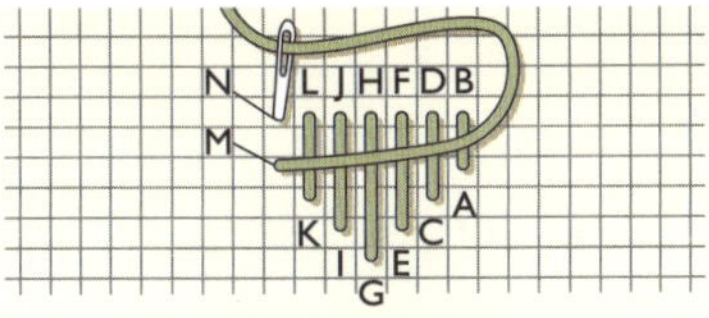

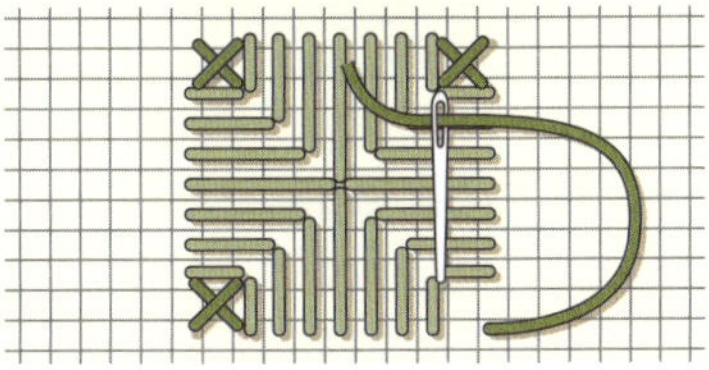

point DE TRIANGLE

Ce point forme des carrés composés de quatre triangles, agrémentés aux angles de petits carrés brodés au point de croix. Commencez en haut à droite de la zone à broder.

1 Sortez l'aiguille en A sur l'endroit du canevas et piquez en B. Sortez l'aiguille en C et piquez en D. Répétez de E à F, de G à H, de I à J, de K à L et de M à N.
2 Tournez le canevas à 90 ° et sortez l'aiguille en M pour broder le triangle suivant. Répétez deux fois pour former un carré. Brodez les carrés suivants de la même manière.
3 Brodez un point de croix (p. 190) à l'angle de chaque carré.

point D'ORIENT

Ce point forme des carrés ajourés à l'aspect dentelé. Il ne couvre pas totalement le canevas et donne de meilleurs résultats quand il est réalisé avec un fil de soie ou de coton, sur un canevas unifil. Il peut se broder sur d'autres points comme le point écossais (p. 182 et photo du bas). Commencez en bas à gauche de la zone à broder.

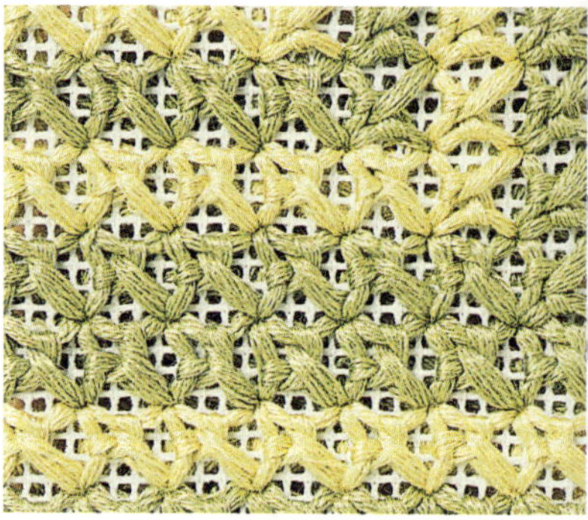

1 Sortez l'aiguille en A sur l'endroit du canevas, sautez quatre fils et piquez en B.

2 Sortez l'aiguille en C et repiquez en A.

3 Sortez l'aiguille en D, formez une boucle avec le fil au-dessus des points et glissez l'aiguille de gauche à droite sous le point C-A en la faisant ressortir sous le fil de travail.

4 Formez une seconde boucle et glissez l'aiguille de haut en bas sous le point A-B en la faisant ressortir au-dessus de la boucle précédente.

5 Piquez en D, sortez l'aiguille en B pour commencer le carré suivant et répétez jusqu'à la fin du rang.

6 Brodez le second rang de droite à gauche, en faisant les carrés comme ceux du premier rang.

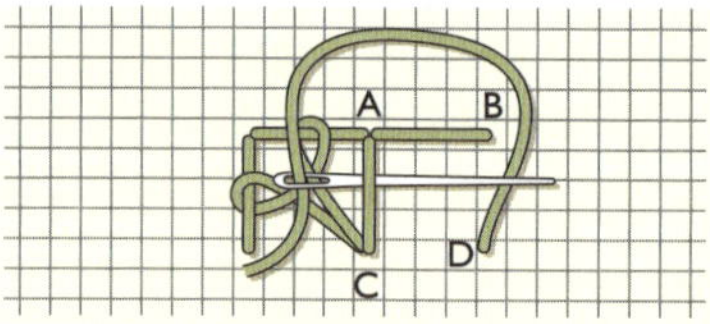

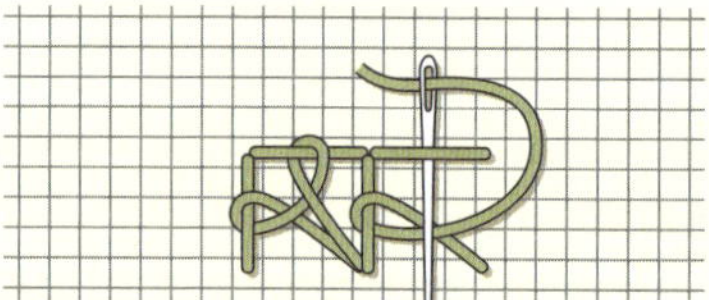

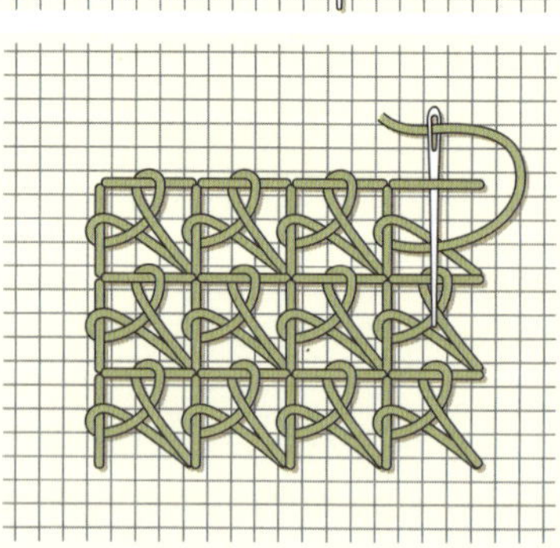

les points tressés et noués

Les points tressés ont l'aspect d'une natte. Leurs rangs horizontaux à texture dense servent à couvrir de larges surfaces. Ils donnent souvent de meilleurs résultats sur canevas double.

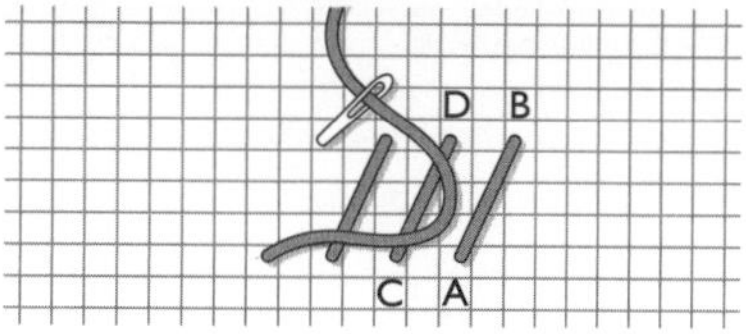

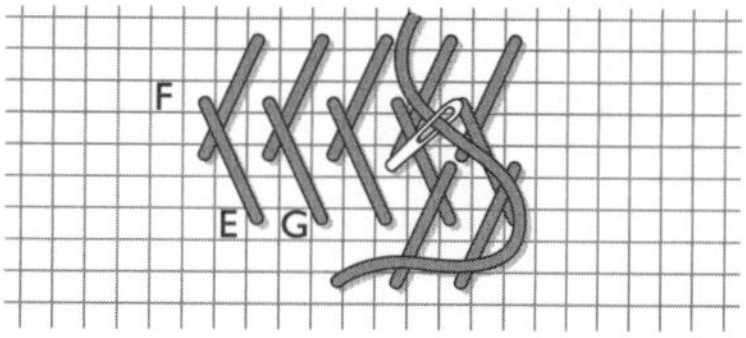

point NATTÉ

Ce point forme des bandes horizontales à l'aspect natté. Commencez en haut à droite de la zone à broder.

1 Sortez l'aiguille en A sur l'endroit du canevas et piquez en B. Sortez l'aiguille en C, piquez en D et répétez jusqu'à la fin du rang.
2 Commencez le rang suivant en E, piquez en F, sortez l'aiguille en G et continuez de la même façon jusqu'à la fin du rang.
3 Faites le troisième rang en piquant, dès le deuxième point, dans les mêmes trous que pour le bas du premier rang.

point NATTÉ ALGÉRIEN

Ce point de remplissage forme de fines tresses horizontales serrées. Il donne de meilleurs résultats sur les canevas doubles. Commencez en bas à gauche de la zone à broder.

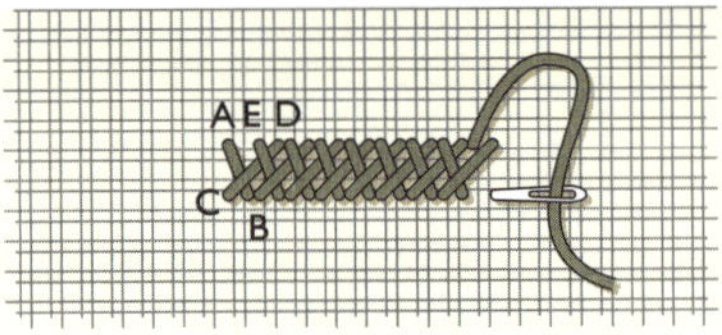

1 Sortez l'aiguille en A sur l'endroit du canevas et piquez en B.

2 Sortez l'aiguille en C et piquez en D. Sortez en E et continuez de la même façon jusqu'à la fin du rang.

3 Brodez les rangs suivants comme le premier, de gauche à droite.

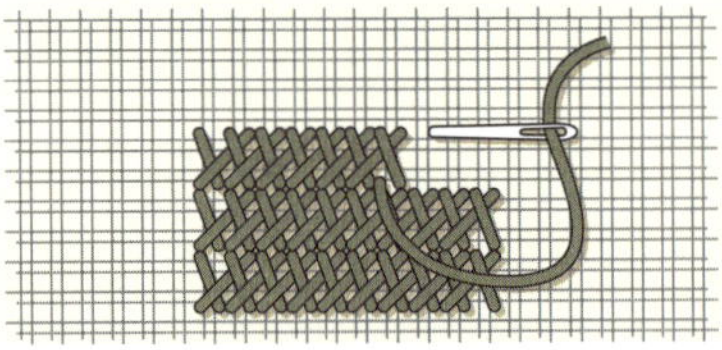

point GOBELIN NATTÉ

Ce point forme des bandes horizontales imbriquées à l'aspect tressé. Pour un résultat optimal, brodez sur un canevas double. Commencez en haut ou en bas, à droite de la zone à broder.

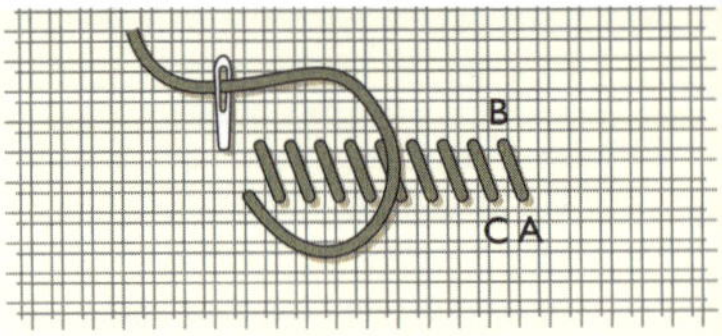

1 Sortez l'aiguille en A sur l'endroit du canevas et piquez en B.

2 Sortez l'aiguille en C et faites des points parallèles au premier jusqu'à la fin du rang.

3 Commencez le rang suivant en D, un trou en dessous et à gauche du dernier point réalisé. Remontez en biais sur deux fils horizontaux et un fil vertical et piquez en E. Faites des points parallèles jusqu'à la fin du rang.

4 Brodez le nombre de rangs voulu, en faisant chacun à cheval sur le précédent.

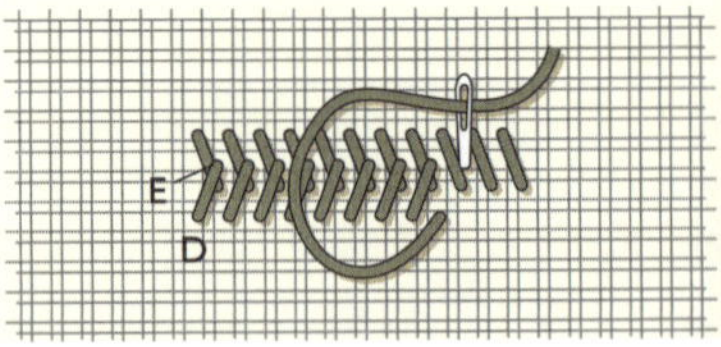

point GOBELIN NOUÉ

Point noué

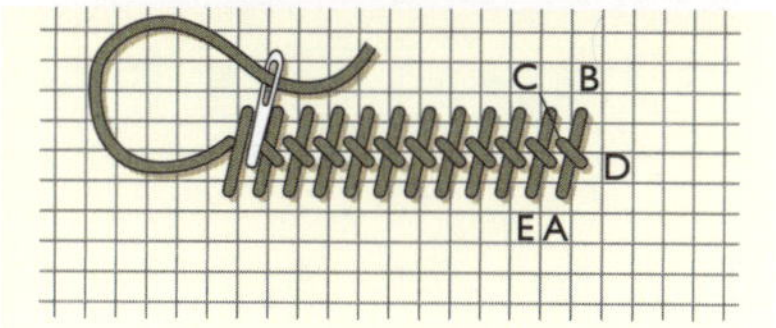

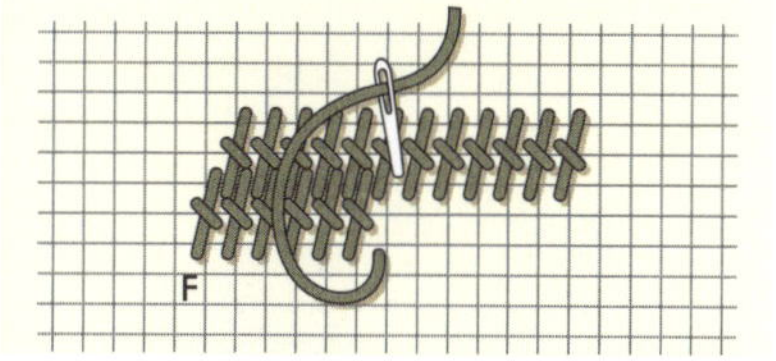

Ce point compact est constitué de points noués. Il est parfait pour créer des dégradés car ses rangs se chevauchent. Commencez en haut à droite de la zone à broder.

1 Sortez l'aiguille en A sur l'endroit du canevas et piquez en B. Sortez l'aiguille en C et piquez en D pour former un « nœud » sur le point lancé. Sortez l'aiguille en E et répétez jusqu'à la fin du rang.
2 Sortez l'aiguille en F pour commencer le second rang et brodez ce dernier en sens inverse, en piquant dans les mêmes trous que les points de maintien du rang précédent.

point DE FRANCE

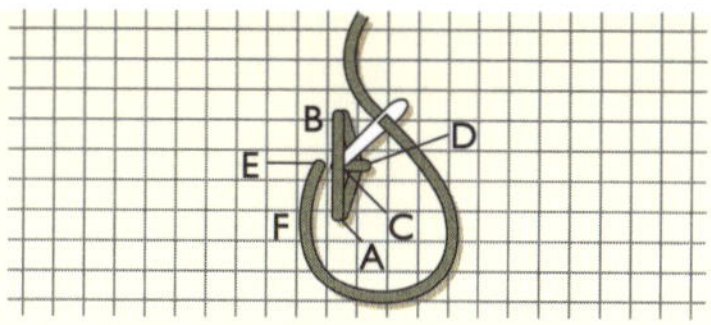

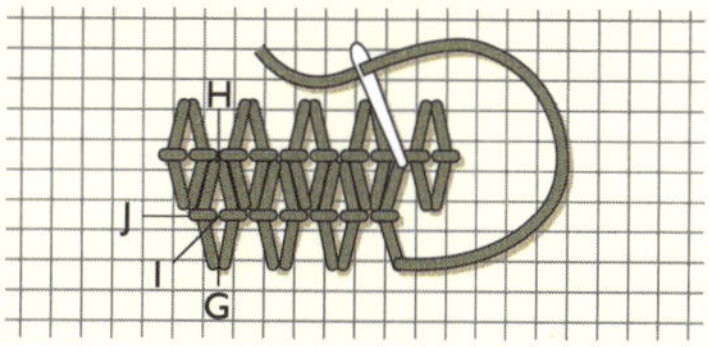

Ce point dense est constitué de points noués en losange. Les points de maintien forment des lignes horizontales sur les points lancés. Commencez en haut à droite de la zone à broder.

1 Sortez l'aiguille en A sur l'endroit du canevas, sautez quatre fils et piquez en B. Sortez l'aiguille en C et piquez en D, un fil à droite du point C, pour ramener le fil sur le côté.
2 Faites un nouveau point de A à B, puis faites un point de C à E pour compléter le losange. Sortez l'aiguille en F pour commencer le losange suivant et répétez jusqu'à la fin du rang.
3 Commencez le rang suivant en G et piquez en H. Sortez l'aiguille en I et piquez en J. Répétez jusqu'à la fin du rang.

point ROCOCO

Point de rocaille

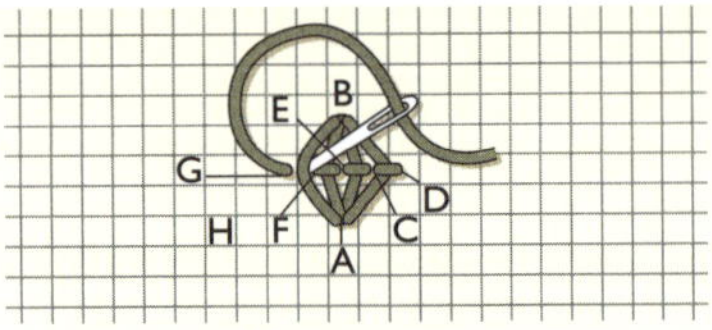

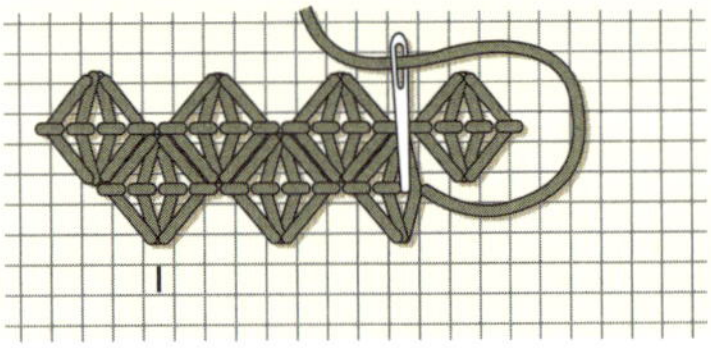

1 Sortez l'aiguille en A sur l'endroit du canevas, en haut à droite de la zone à broder. Sautez quatre fils et piquez en B.
2 Sortez l'aiguille en C et piquez en D pour ramener le fil sur le côté.
3 Faites un second point de A à B puis un point de maintien de E à C et répétez de A à B et de F à E puis de A à B et de G à F.
4 Sortez l'aiguille en H pour commencer le losange suivant. Sortez l'aiguille en I et revenez en sens inverse en brodant les losanges de gauche à droite.

point DE TIGE CANEVAS

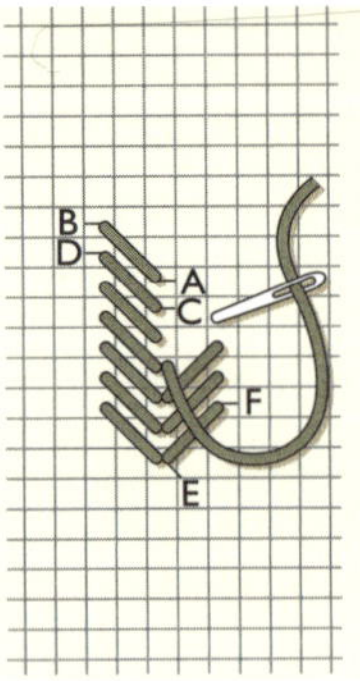

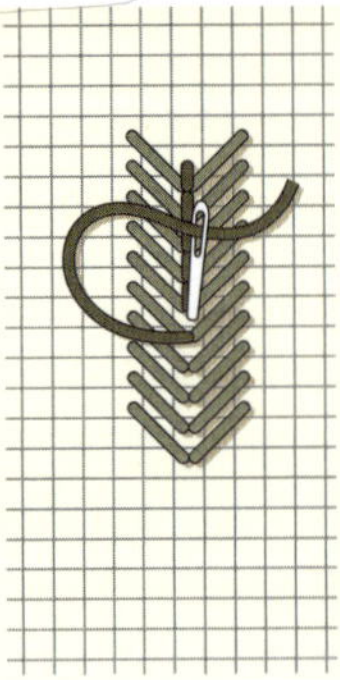

Ce point de remplissage forme des bandes verticales côtelées. Les points peuvent se faire sur plus de deux fils. Commencez en haut de la zone à broder.

1 Sortez l'aiguille en A sur l'endroit du canevas, sautez deux intersections et piquez en B.
2 Sortez l'aiguille en C et piquez en D. Continuez de la même façon jusqu'en bas du rang.
3 Sortez l'aiguille en E et piquez en F pour revenir en sens inverse. Continuez jusqu'en haut du premier rang.
4 Sortez l'aiguille dans le trou situé au-dessus du point A et piquez en A, sortez en C, piquez en A et continuez au point arrière entre les deux rangs de points obliques.

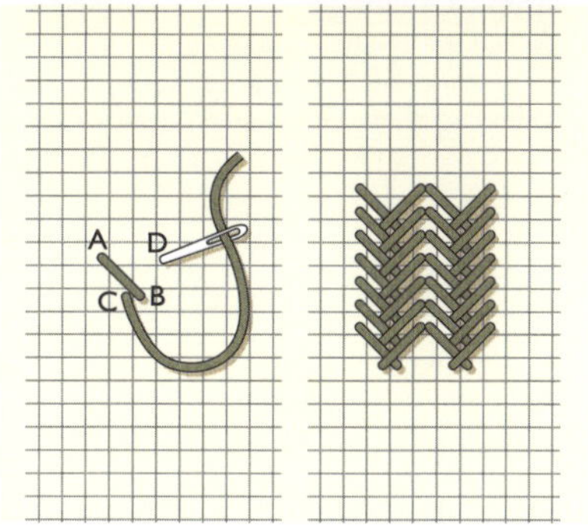

point DE FOUGÈRE CANEVAS

Ce point de remplissage forme des bandes verticales à l'aspect tressé. Commencez en haut à gauche de la zone à broder.

1 Sortez l'aiguille en A sur l'endroit du canevas, sautez deux intersections et piquez en B.
2 Sortez l'aiguille en C et piquez en D.
3 Sortez l'aiguille dans le trou situé sous le point A et répétez jusqu'en bas du rang.
4 Commencez le second rang en D et répétez pour broder les rangs suivants.

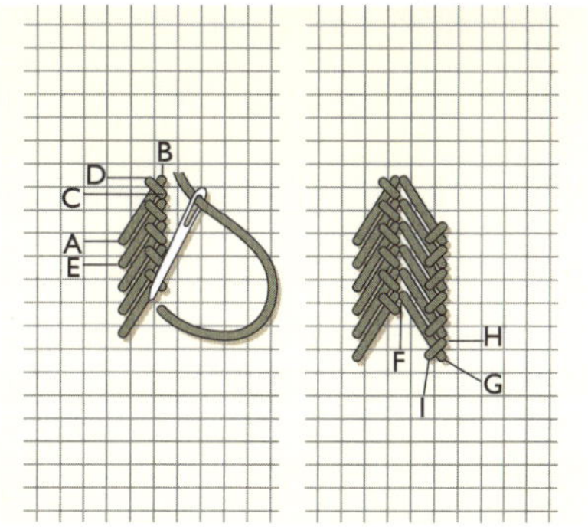

point D'ARÊTE CANEVAS

Ce point de remplissage forme des bandes verticales asymétriques. Pour un résultat optimal, brodez sur canevas double. Commencez en haut à gauche de la zone à broder.

1 Sortez l'aiguille en A sur l'endroit du canevas et piquez en B. Sortez l'aiguille en C, sautez une intersection et piquez en D.
2 Sortez l'aiguille en E et répétez jusqu'en bas du rang.
3 Pour revenir en sens inverse, sortez l'aiguille en F et piquez en G, sortez l'aiguille en H et piquez en I pour faire un petit point de maintien.
4 Sortez l'aiguille dans le trou situé au-dessus du point F et répétez jusqu'en haut du rang.

les points de boucle

Ces points forment des boucles en relief sur l'endroit du canevas. Elles peuvent être coupées pour créer des touffes semblables à celles d'un tapis ou bien laissées telles quelles. Les points à longues boucles donnent de meilleurs résultats avec les fils de laine et le coton non mouliné. Aidez-vous d'une baguette pour former des boucles régulières.

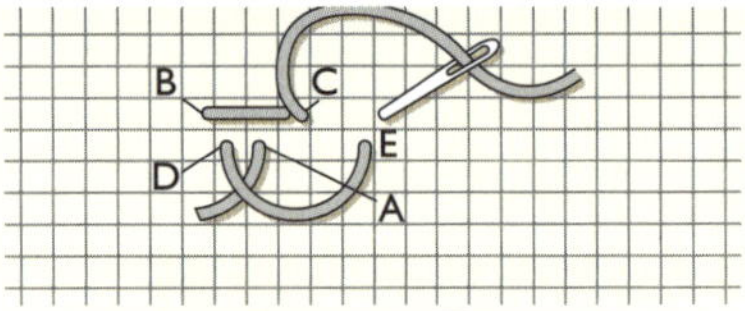

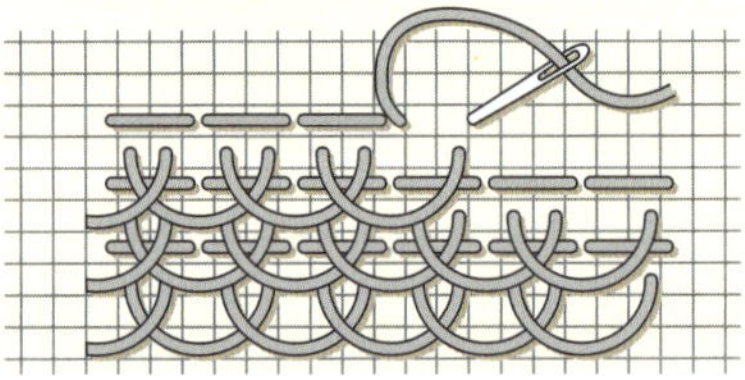

point NOUÉ SIMPLE

1 Piquez en A, en haut à gauche, en laissant l'extrémité du fil sur l'endroit du canevas.

2 Sortez l'aiguille en B et piquez en C. Sortez l'aiguille en D, formez une boucle autour d'un de vos doigts ou d'une baguette et piquez en E.

3 Sortez l'aiguille en C et répétez jusqu'à la fin du rang. Si vous souhaitez couper les boucles, laissez un fil de la longueur voulue sur l'endroit du travail à l'extrémité du rang. Reprenez à gauche pour broder le second rang.

point DE RYA

Ce point forme des boucles maintenues en place par des points arrière. Il sert notamment à broder des tapis et ses boucles peuvent être coupées. Brodez sur chacun des fils des canevas doubles pour former un point très dense et très solide. Commencez en bas à gauche de la zone à broder.

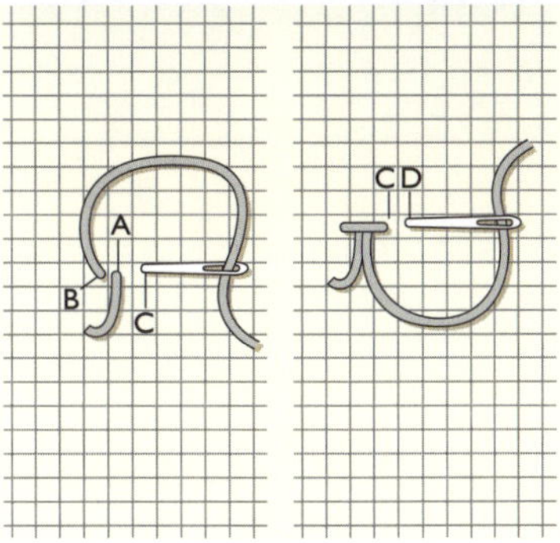

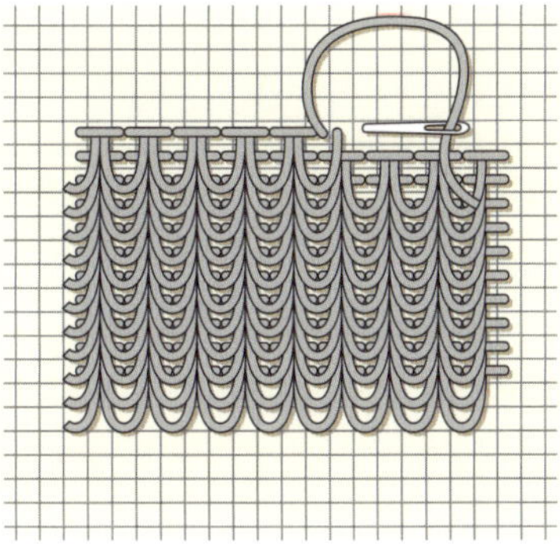

1 Piquez en A et laissez l'extrémité du fil sur l'endroit du travail.

2 Sortez l'aiguille en B. Formez une boucle vers le haut, piquez en C, sortez l'aiguille en A et tirez dessus pour faire un point arrière.

3 Formez une boucle vers le bas, en enroulant le fil autour d'un de vos doigts ou d'une baguette. Piquez en D et sortez l'aiguille en C. Formez une boucle vers le haut, piquez dans le trou situé à droite du point D et ressortez en C pour former un point arrière.

4 Répétez l'étape 3 jusqu'à la fin du rang. Si vous souhaitez couper les boucles une fois la broderie finie, laissez l'extrémité du fil sur l'endroit du travail.

5 Pour commencer le second rang, sortez l'aiguille dans le trou situé sous le point A et brodez le rang comme le précédent.

ASTUCE

Si vous souhaitez couper les boucles pour former des franges, brodez toutes les boucles, puis coupez au centre de chacune avec des ciseaux à broder. Passez la main dans les franges pour les redresser, puis égalisez la surface.

point DE FOURRURE SCANDINAVE

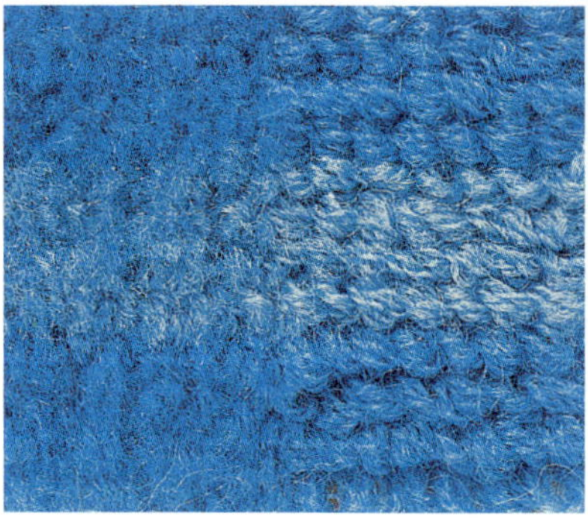

Ce point est constitué de longues boucles maintenues en place par des points obliques. Il sert notamment à confectionner des tapis et ses boucles peuvent être coupées. Brodez sur chacun des fils des canevas doubles pour former un point très dense et très solide. Commencez en bas à gauche de la zone à broder.

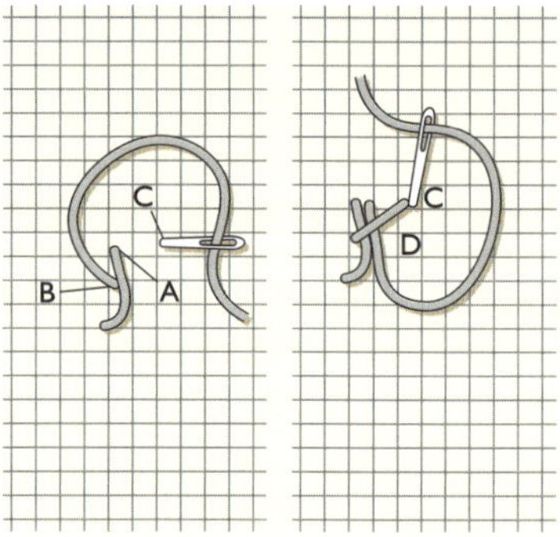

1 Piquez en A et laissez l'extrémité du fil sur l'endroit du travail.
2 Sortez l'aiguille en B, à gauche de l'extrémité du fil.
3 Formez une boucle vers le haut, piquez en C et sortez l'aiguille en A, sous la boucle et à droite du fil déjà en place. Tirez sur l'aiguille pour resserrer la boucle.
4 Formez une boucle vers le bas, autour d'un de vos doigts ou d'une baguette. Piquez en C et sortez l'aiguille en D, deux fils plus bas, à l'intérieur de la boucle.
5 Répétez les étapes 3 et 4 jusqu'à la fin du rang. Si vous souhaitez couper les boucles une fois la broderie finie, laissez l'extrémité du fil sur l'endroit du travail.
6 Commencez le rang suivant deux fils au-dessus du point A, en laissant l'extrémité du fil sur l'endroit du canevas.

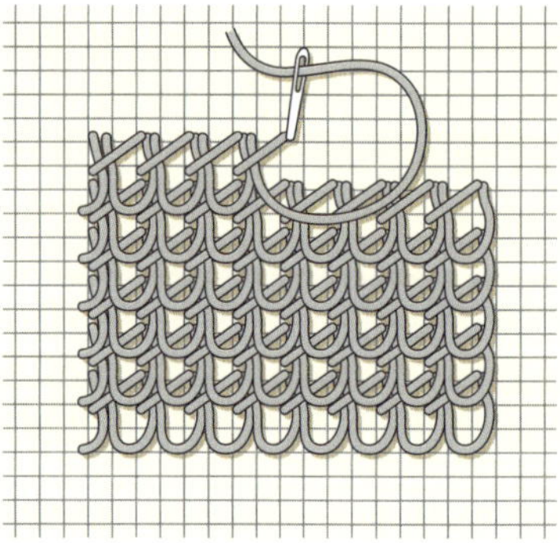

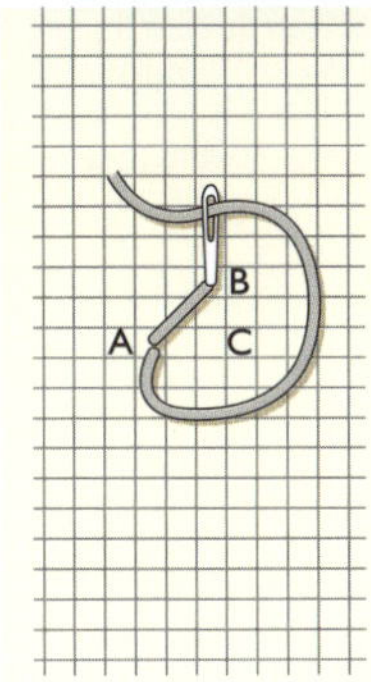

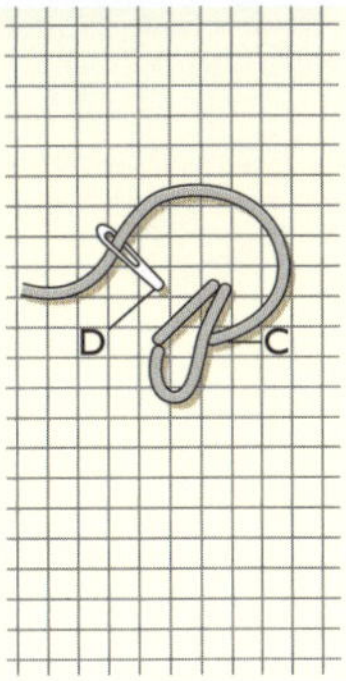

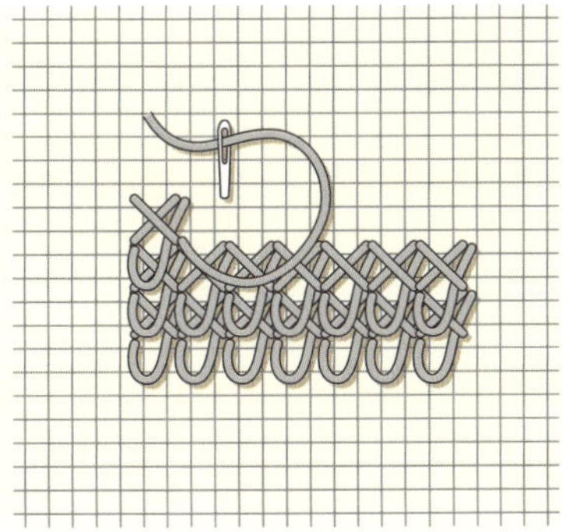

point DE VELOURS

Ce point forme de longues boucles maintenues en place par des points de croix. Il sert notamment à confectionner des tapis et ses boucles peuvent être coupées. Brodez sur chacun des fils des canevas doubles pour former un point très dense et très solide. Commencez en bas à gauche de la zone à broder.

1 Sortez l'aiguille en A sur l'endroit du canevas et piquez en B.

2 Ressortez l'aiguille en A, formez une boucle autour d'un de vos doigts ou d'une baguette et repiquez en B.

3 Sortez l'aiguille en C, à droite de la boucle.

4 Piquez en D et sortez l'aiguille en C, toujours à droite de la boucle. Tirez sur l'aiguille pour resserrer le point.

5 Répétez jusqu'à la fin du rang. Si vous souhaitez couper les boucles une fois la broderie finie, laissez l'extrémité du fil sur l'endroit du travail à la fin du rang.

6 Brodez le rang suivant de gauche à droite, en commençant en D.

LA FINITION

Ce chapitre décrit les meilleures façons de présenter, de nettoyer et de ranger vos broderies. Les conseils qu'il prodigue vous aideront à conserver vos ouvrages en bon état aussi longtemps que possible.

L'ENTRETIEN DES BRODERIES FINIES

nettoyer une broderie

Les broderies ne se nettoient pas à sec car les produits chimiques utilisés lors de l'opération risquent de faire déteindre les fils. Si l'article brodé ne se nettoie qu'à sec, exposez le problème au teinturier au moment de lui remettre l'ouvrage. Si l'article ne peut être lavé, ôtez les taches à l'aide d'un produit détachant après avoir fait un essai sur un échantillon du tissu utilisé.
Les canevas se nettoient avec un aspirateur muni d'un embout spécial ameublement, en réglant au minimum la puissance d'aspiration de l'ap pareil. Protégez les plus fragiles en aspirant à travers un morceau de voile fixé sur un cadre ou fixé sur les côtés avec du ruban adhésif.

laver une broderie

Certains ouvrages devront être lavés de temps en temps et d'autres plus régulièrement.

- Lavez toujours vos broderies séparément et à la main.
- Tamponnez un morceau de coton hydrophile humide sur l'envers de l'ouvrage, sur un fil de chaque couleur, pour vérifier que les fils sont grand teint. Si ce n'est pas le cas, mieux vaut ne pas laver l'ouvrage.
- Lavez la broderie à l'eau tiède, avec du savon doux (et non une lessive trop agressive), en évitant de frotter ou de tordre l'ouvrage.
- Rincez à l'eau claire. Si les fils ou le tissu déteignent, rincez jusqu'à ce que l'eau soit claire.
- Pour sécher l'ouvrage, roulez-le entre deux serviettes de bain et appuyez sur ces dernières pour extraire toute l'eau possible. Laissez ensuite l'ouvrage sécher à plat sur une serviette, dans un endroit ombragé.

ASTUCE

Les broderies qui contiennent des fils métallisés ne doivent être ni lavées ni nettoyées à sec. Les fils métallisés se nettoient avec une brosse douce.

comment repasser une broderie

La plupart des ouvrages ont besoin d'être repassés, pour lisser le tissu une fois la broderie finie et obtenir une finition parfaite après lavage. La vapeur est propice aux ouvrages brodés avec des fils de soie, car elle accentue leur brillance. Posez la broderie sur une serviette de bain, envers vers vous, et couvrez-la avec un tissu humide qui ne risque pas de déteindre. Appuyez un fer à vapeur chaud sur la broderie, puis déplacez-le en le soulevant et en le reposant, sans le faire glisser. Évitez les produits destinés à faciliter le repassage : leurs composants pourraient faire déteindre les fils de la broderie.

ranger vos broderies

Vos broderies finiront inévitablement par s'abîmer, mais il existe quelques règles simples concernant leur rangement qui vous permettront de les garder en bon état le plus longtemps possible.

Évitez de plier vos broderies pour ne pas les fragiliser au niveau des plis. Rangez-les à plat ou enroulez-les, à l'envers, dans un tissu propre de type mousseline ou dans une feuille de papier non acide. Les sacs en tissu sont parfaits pour ranger la plupart des ouvrages. Les fibres synthétiques étant susceptibles de « transpirer », mieux vaut éviter les sacs et les boîtes en plastique, qui retiennent l'humidité. Si un article est trop grand pour être rangé sans être plié, placez du papier de soie à l'intérieur des plis et secouez-le puis repliez-le tous les trois mois.

Rangez vos broderies dans un endroit sec et sombre (tiroir, placard, boîte en carton non acide, etc.). Protégez les ouvrages contenant de la laine avec un produit naturel qui repousse les insectes (lavande, éclats de cèdre ou camphre) en évitant tout contact entre le produit et la broderie.

METTRE EN VALEUR UNE BRODERIE

Les broderies destinées à être suspendues, encadrées ou trasformer en coussin doivent être montées ou encadrées dans les règles de l'art pour ne pas s'abîmer.

monter une broderie

Une fois repassée et mise en forme (p. 14), la broderie peut être montée sur un châssis ou sur un carton rigide avant d'être encadrée. Lors de cette opération, n'employez jamais de colle ou de ruban adhésif, ces derniers risqueraient de marquer ou d'abîmer le tissu.

montage sur un carton rigide

Choisissez un support de montage en carton fort non acide. Si vous le souhaitez, agrafez dessus un morceau de molleton, en le faisant dépasser de chaque côté, pour protéger davantage la broderie.

Posez la broderie sur une table, envers vers vous, et centrez le carton dessus (molleton vers le bas). Pliez et épinglez sur le carton deux bords opposés de la broderie. Lacez les deux bords à l'aide d'une aiguille et d'un fil solide, en commençant à un angle par un simple point arrière. Répétez pour lacer les deux autres bords. Retournez le carton et vérifiez que la broderie est bien centrée. Ajustez le laçage si nécessaire et arrêtez le fil par quelques points arrière.

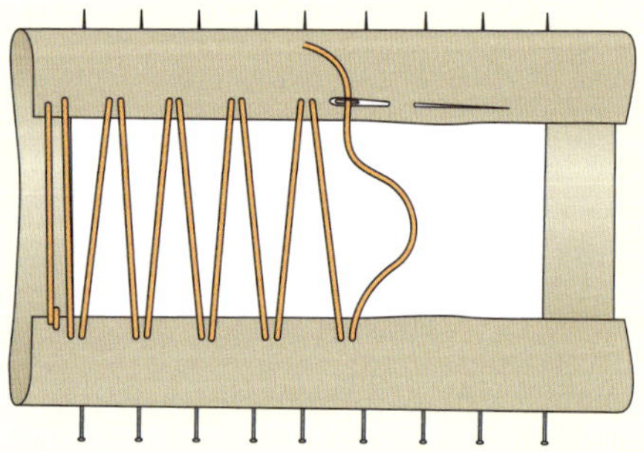

Lacez les bords de la broderie avec un fil solide.

montage sur un cadre

Les canevas se montent généralement sur des châssis. Choisissez un modèle légèrement plus petit que la surface brodée. Posez l'ouvrage à plat, endroit vers le bas puis posez le châssis dessus. Ramenez les bords du canevas sur le

Clouez ou agrafez les bords du tissu au châssis.

Avant d'encadrer définitivement un ouvrage, n'hésitez pas à essayer différents cadres pour faire le bon choix.

châssis et agrafez-les ou clouez-les au centre de chaque bord. Continuez à fixer l'ouvrage sur le châssis en allant du milieu des bords vers les angles. Tendez bien l'ouvrage sans pour autant déformer la broderie.

encadrer une broderie

- Choisissez un cadre dont la fenêtre est légèrement plus petite que le châssis ou le carton de montage pour cacher les bords de ces derniers.
- Si vous souhaitez mettre votre ouvrage sous verre, choisissez un cadre muni d'un renfoncement qui évite que le verre touche la broderie ou un cadre assez grand pour utiliser une marie-louise en carton non acide.
- Choisissez un cadre à verre antireflet. Certains verres filtrent les ultraviolets qui abîment les tissus. Fermez hermétiquement l'arrière du cadre pour éviter la condensation. La texture de l'ouvrage sera mieux mise en valeur par un cadre sans verre, mais la broderie aura alors besoin d'être nettoyée.

doubler une broderie

Les ouvrages non encadrés comme les tapis et les jetés doivent être doublés pour éviter que leurs fils se défassent et que leurs points se déforment quand on les utilise.

Repassez l'ouvrage et procédez à sa mise en forme (p. 14). Coupez les bords non brodés à 3 cm de la broderie et pliez-les sur l'envers pour former un ourlet. Cousez l'ourlet à point glissé. Repassez au point de surjet sur les bords des ouvrages en tapisserie pour recouvrir le canevas au niveau des plis, avec un fil assorti à ceux de l'ouvrage.

Coupez un morceau de doublure mesurant de chaque côté 5 cm de plus que la broderie et posez-le sur cette dernière, envers contre envers. Assemblez les bords à point glissé. Vous pouvez aussi coudre une triplure ou un molleton fin au dos de la doublure avant de la coudre en place. Laissez ouvert le bord inférieur des tentures et suspendez-les pendant quelques jours avant de terminer la couture.

Repassez au point de surjet sur les bords des canevas avec un fil assorti avec ceux de l'ouvrage.

ASTUCE

Si vous confiez vos broderies à un professionnel, vérifiez qu'il a l'habitude d'encadrer des broderies. Tous les encadreurs ne savent pas mettre en forme et préparer correctement les broderies à l'encadrement.

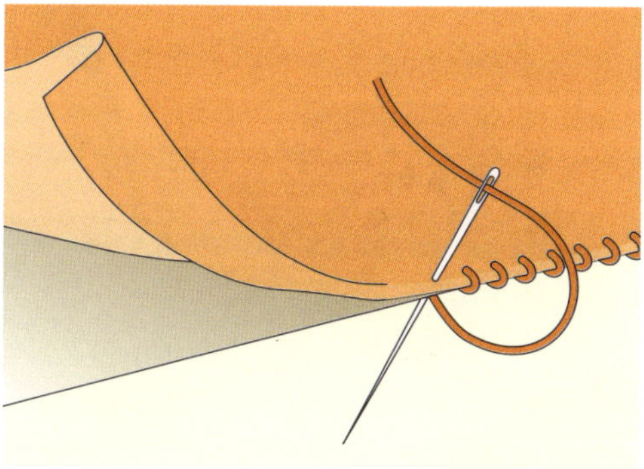

Fixez la doublure au dos de la broderie.

finitions des tentures

Si vous souhaitez suspendre une broderie sans l'encadrer, commencez par la repasser, mettez-la en forme et doublez-la.

fixation sur une barre

Pour suspendre une broderie à une barre, cousez un morceau de coton en haut de l'ouvrage et confectionnez une coulisse de la taille voulue. Faites une entaille ou un trou à chaque extrémité de la barre et fixez-y une cordelière. Vous pouvez aussi confectionner plusieurs pattes en tissu dans lesquelles glisser la barre.

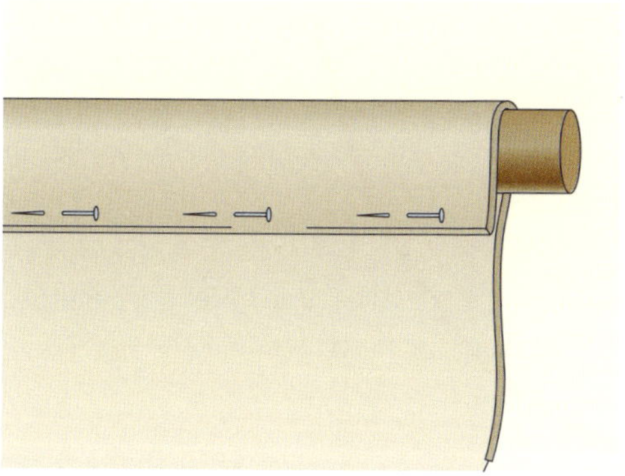

Confectionnez une coulisse de la taille voulue.

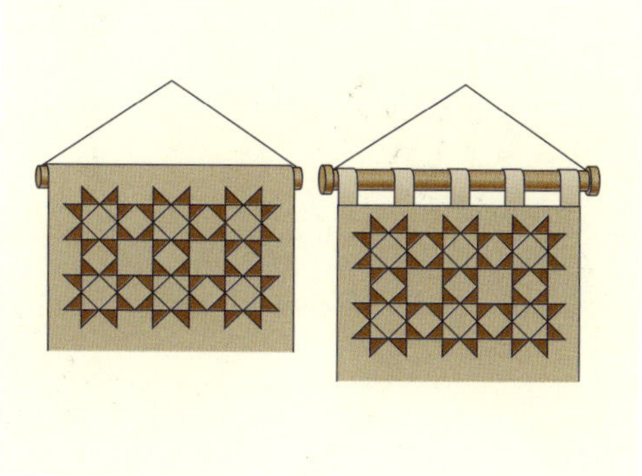

Glissez la barre de fixation dans une coulisse ou une série de pattes en tissu.

suspendre les grands ouvrages

Mieux vaut fixer les ouvrages particulièrement grands et lourds directement sur un tasseau fixé au mur. Pour cela, coupez une bande de ruban Velcro de la largeur de l'ouvrage et une bande de la même longueur dans une toile de coton solide. Cousez un côté du ruban Velcro sur la bande de coton, puis cousez cette dernière en haut de la broderie, sur l'envers du travail. Clouez ou agrafez l'autre partie du ruban Velcro sur le tasseau et réunissez les deux moitiés.

GLOSSAIRE

A

Ajouré Se dit des ouvrages ornés de jours créés en enlevant ou en resserrant des fils du tissu.

Application Morceau de tissu cousu sur l'ouvrage.

B

Bâti Assemblage temporaire de deux tissus qui sont défaits une fois la broderie finie.

Broderie à fils comptés Ouvrage brodé sur une toile à trame régulière en comptant les fils de cette dernière pour savoir où piquer.

Broderie à fils couchés Technique consistant à coucher un fil sur le tissu, puis à le maintenir en place à l'aide de points.

Broderie à fils tirés Broderie à fils comptés dans laquelle des fils sont enlevés pour créer des zones ajourées en ne conservant que les fils tendus dans l'autre sens.

Broderie à jours coupés Technique de broderie dans laquelle certaines zones du tissu sont coupées une fois la broderie finie.

Broderie anglaise Broderie à jours coupés caractérisée par des œillets et des bords festonnés.

Broderie blanche Broderie réalisée en fil blanc sur du tissu blanc.

Broderie chenille-Mèche technique de broderie dans laquelle des points de nœud servent à broder les contours des motifs.

Broderie crewel Broderie exécutée avec des fils de laine fins et représentant des plantes et des animaux curvilignes.

Broderie d'Assise Technique à fils comptés dans laquelle le motif est formé par le tissu non brodé et ressort sur un fond brodé au point de croix.

Broderie de Madère Variante de la broderie anglaise réalisée avec des fils colorés.

Broderie en relief Ouvrage réalisé en brodant sur des fils, des points, des morceaux de rembourrage, etc.

Broderie Hardanger Broderie ajourée réalisée sur trame régulière, constituée de blocs de points lancés, de barrettes brodées et de points de remplissage plus ou moins ajourés.

Broderie libre Technique réalisée d'après tracé, par opposition à la broderie à fils comptés.

Broderie monochrome Ouvrage brodé d'une seule couleur ou présentant des nuances d'une seule couleur.

Broderie noire ou monochrome Broderie constituée de petits points droits réalisés en comptant les fils, généralement brodée avec du fil noir sur un support blanc.

Broderie ombrée Broderie réalisée avec des fils colorés sur une étoffe très fine, en plaçant les points sur l'envers pour que leurs couleurs transparaissent sur l'endroit.

Broderie Renaissance Broderie ajourée dont le fond est ôté pour ne garder que les motifs brodés.

Broderie Richelieu Broderie à fils coupés caractérisée par la présence de picots et de barrettes brodées au point de feston.

C

Canevas Toile ajourée qui a le même nombre de fils de trame et de chaîne au centimètre.

Canevas Pénélope Canevas à fils doubles.

Cannetille Fil métallique enroulé en spirale comme un ressort.

Couché rentré Technique de broderie à fils couchés dans laquelle les points de maintien sont faits en tirant sur le fil de travail pour comprimer les fils couchés afin que ces derniers semblent former des points.

D

Damas Tissu réversible en coton, en soie, en lin ou en laine, dont le tissage forme des motifs brillants d'un côté et mats de l'autre.

E

Échevette Petit écheveau. Mode de présentation du fil, plié et retenu par une bandelette de papier et non enroulé comme dans une pelote. Certains écheveaux sont conçus de manière à pouvoir tirer l'extrémité du fil sans ôter la bande de papier.

Entoilage Étoffe, généralement non tissée, que l'on fixe sur l'envers du tissu pour éviter qu'il se déforme.

Entre-deux Couture décorative plus ou moins ajourée utilisée pour relier deux morceaux de tissu.

Étamine Tissu en coton qui a le même nombre de fils de trame et de fils de chaîne au centimètre, et dont les fils sont régulièrement espacés. On l'utilise particulièrement pour broder à fils comptés.

F

Festonné Brodé au point de feston ou, pour un bord, ayant l'aspect arrondi d'une guirlande fixée à intervalles réguliers pour former des demi-cercles.

Fils de chaîne Fils tendus dans le sens de la longueur (généralement verticalement) sur un métier à tisser, croisés avec les fils de trame pour confectionner des étoffes.

Fils de trame Fils tissés avec les fils de chaîne dans le sens de la largeur.

Fil métallisé Fil en métal (or, argent, aluminium ou cuivre) ou imitant ce dernier.

Fil mouliné Fil constitué de six brins séparables qui se brodent par aiguillées d'un ou plusieurs brins.

Florentin, style Motif brodé sur canevas, constitué de longs points de différentes couleurs agencés en flamme ou en zigzag. Également connu sous le nom de style Bargello.

G

Grand teint Tissu ou fil dont la couleur ne déteint pas au contact de l'eau.

Grosseur du tissu Celle des tissus et des canevas est exprimée en nombre de fils au cm et celle des toiles Aïda en nombre de points au cm.

J

Jours à fils coupés Jours créés en coupant le tissu après l'avoir brodé.

Jours à fils tirés Jours créés en enlevant certains fils du tissu et en rebrodant ceux restants.

Jours sans fils tirés Jours créés en rapprochant des fils à l'aide de points serrés.

L

Lame Ruban en métal.

Linon Fine toile de lin ou de coton.

Lurex Fil contenant des filaments métalliques, plus doux que les fils en véritable métal auxquels il ressemble.

M

Mise en forme Opération consistant à redonner sa forme à un tissu.

Molleton rembourrage naturel ou synthétique utilisé lors du matelassage et de l'encadrement des broderies.

Mousseline Fine toile de coton.

O

Œillet Petit trou bordé de points.

Or nué Peinture à l'aiguille dont les motifs sont créés en couchant des fils d'or sur le tissu et en les maintenant en place à l'aide de points colorés, agencés de manière à créer des effets d'ombre et une perspective.

Or ou argent japonais Fil de métal fabriqué en enroulant une lame d'or ou d'argent autour d'une âme en fibre textile.

Organza Tissu léger en coton, en soie…

P

Papier carbone de couturière Papier carbone ciré utilisé pour reporter sur le tissu les motifs et les patrons. Il ne tache pas comme le papier carbone ordinaire.

Pavé kloster Pavé au passé plat constitué de cinq points lancés utilisé en broderie Hardanger.

Picot Boucle ou nœud décoratif placé au bord d'un rang.

R

Point tramé Point brodé sur un fil couché afin de mieux couvrir le support.

Rayonne à broder tissu ou fil synthétique fabriqué à base de cellulose.

Rembourrage Tissu, feutre, ouate ou tout autre matériau posé sur le tissu avant de le broder pour donner du relief à l'ouvrage.

S

Satin Tissu lisse et brillant.

Smocks Fronces décoratives créées en brodant sur des plis réguliers.

T

Tapisserie Broderie sur canevas.

Tire-fil Canevas dont les fils peuvent être tirés un à un une fois mouillés, utilisé pour broder à fils comptés sur des étoffes fines et denses.

Toile Étoffe au tissage irrégulier ou dont les fils ne sont pas nettement visibles.

Toile Aïda Toile dont le tissage forme des carrés, utilisée pour broder à fils comptés, en particulier au point de croix.

Toile Hardanger Toile à trame régulière comptant des fils de trame et de chaîne doubles.

Triplure Étoffe non tissée placée entre deux tissus pour éviter qu'ils se déforment.

V

Vichy Toile de coton, généralement à carreaux.

Voile Tissu souple et translucide en coton, en soie, en rayonne ou en laine.

INDEX

Points linéaires 47-53

R

S

T

Texte traduit et adapté de l'anglais par Hélène Nicolas et Virginie Mahieux-Mahoudeau
Relecture : Catherine Berranger

Édition : Catie Ziller, Christine Eslick
Maquette et mise en page : Michelle Cutler
Broderies réalisées par Jennifer Campbell (broderie libre et smocks),
Ann-Marie Bakewell (tapisserie), Michelle Cutler (couverture et p. 234),
Christine Eslick (p. 37), Marjorie Eslick (pp. 237, 242)
Photographies : Ian Hofstetter
Illustrations : Stephen Pollitt

Achevé d'imprimé en Espagne par Gráficas Estella, S.L.
Dépôt légal : septembre 2010
ISBN : 978-2-501-06750-8
40.5997.8/04